Martin Schwab

Kirche leben und Gesellschaft gestalten

Der Bund der Deutschen Katholischen Jugend (BDKJ) in der Bundesrepublik Deutschland und der Diözese Würzburg 1947–1989

D1668821

Quellen und Forschungen zur Geschichte des Bistums und Hochstifts Würzburg

QUELLEN UND FORSCHUNGEN ZUR GESCHICHTE DES BISTUMS UND HOCHSTIFTS WÜRZBURG

Herausgegeben von

KLAUS WITTSTADT

BAND LI

MCMXCVII

KOMMISSIONSVERLAG FERDINAND SCHÖNINGH WÜRZBURG

Martin Schwab

Kirche leben und Gesellschaft gestalten

Der Bund der Deutschen Katholischen Jugend (BDKJ)
in der Bundesrepublik Deutschland und der
Diözese Würzburg 1947–1989

MCMXCVII

KOMMISSIONSVERLAG FERDINAND SCHÖNINGH WÜRZBURG

*Dieses Buch ist gewidmet meinem Vater Theodor Schwab, der in mir
das Interesse am kirchlichen und politischen Leben weckte, sowie
meinen Freunden und Freundinnen im Würzburger
BDKJ-Diözesanvorstand, insbesondere Brigitte Amend und
Ralph Neuberth, mit denen ich manche Vision entwerfen
und in die Tat umsetzen durfte.*

Foto Schutzumschlag: Diözesanjugendtreffen im Hofgarten der Würzburger Residenz Ende der 40er Jahre (Diözesanarchiv Würzburg).
Logo Titelseite und Seite 1: BDKJ Diözesanverband Würzburg

ISBN 3-87717-055-2

Gesamtherstellung:
Echter Würzburg, Fränkische Gesellschaftsdruckerei und Verlag GmbH

INHALTSVERZEICHNIS

VORWORT

Der Bund der Deutschen Katholischen Jugend (BDKJ) feiert 1997 sein 50jähriges Jubiläum. Ein gutes Datum für die Veröffentlichung einer Arbeit, die versucht, seine Entstehung im Jahre 1947 und seine Entwicklung bis zum Fall der Mauer 1989 zu skizzieren und auf dem Hintergrund gesellschaftlicher wie kirchlicher Entwicklungen verständlich zu machen. Denn die Vergangenheit darf einem nicht fremd sein, wenn man die Gegenwart gestalten und die Zukunft vorbereiten will. Mein Wunsch ist, daß dieses Buch den derzeitigen BDKJ-Leitungen hilft, den Visionen und Taten ihrer Vorväter und -mütter näherzukommen und, daß es den ehemaligen Verantwortlichen hilft, die enormen und für manchen von ihnen schmerzhaften Umbrüche besser zu verstehen.

Nicht nur historisches und theologisches Interesse motivierten mich zu dieser Arbeit. Seit knapp 20 Jahren ist die katholische Jugendverbandsarbeit ein wesentlicher Teil meines kirchlichen, sozialen und politischen Lebens. Nach einer klassischen ehrenamtlichen „Verbandskarriere" vom Gruppenleiter bis zum Diözesanleiter der Katholischen Jungen Gemeinde (KJG) bin ich nun seit fünf Jahren BDKJ-Diözesanvorsitzender in Würzburg. In den 20 Jahren sind mir immer wieder thematische Dauerbrenner begegnet, beispielsweise die Verbindung von Mystik und Politik, die Frage der kirchlichen Loyalität, die Angriffe von konservativen kirchlichen Gruppen oder die strukturelle Problematik der Dachverbandskonstruktion. Das Erlebte und im begrenzten Rahmen Mitgestaltete im historischen und theologischen Zusammenhang wissenschaftlich zu reflektieren, reizte mich.

Die vorliegende Arbeit wurde unter dem Titel „Der Bund der Deutschen Katholischen Jugend (BDKJ) in der Bundesrepublik Deutschland und der Diözese Würzburg 1947–1989" im Sommersemester 1996 von der Katholisch-Theologischen Fakultät der Julius-Maximilians-Universität Würzburg als Dissertation angenommen. Ich danke meinem Doktorvater Prof. DDr. Klaus Wittstadt für sein Vertrauen, auf das ich jederzeit bauen konnte, und für die Gelegenheit, die Arbeit in der von ihm herausgegebenen Reihe „Quellen und Forschungen der Geschichte des Bistums und Hochstifts Würzburg" zu veröffentlichen. Mein Dank geht weiter. Die Diözese Würzburg unterstützte die Arbeit finanziell. Bernd Börger vom Referat Dokumentation bei der BDKJ-Bundesstelle in Düsseldorf versorgte mich mit vielen Informationen und gab zahlreiche weiterführende Anregungen. Dr. Martin Lechner, Leiter des Jugendpastoralinstituts in Benediktbeuern, half mit konstruktiver Kritik. Ralph Neuberth las die Dissertation sorgfältig Korrektur, ebenso mein Vater Theodor Schwab, der sich diese Mühe noch ein zweites Mal mit den Druckfahnen des Buches machte. Dankbar bin ich meiner Frau Stefanie, die oft auf mich verzichten mußte, deren Toleranz die Arbeit aber erst ermöglichte.

Würzburg, Ostern 1997   *Martin Schwab*

1. EINFÜHRUNG

Die Geschichte des 1947 gegründeten Bundes der Deutschen Katholischen Jugend (BDKJ) ist – wissenschaftlich gesehen – weitgehend unerforscht. Dies betrifft sowohl den BDKJ auf Bundesebene als auch seine Entwicklungen in den meisten Diözesen. Die einzige längere Darstellung der BDKJ-Geschichte in der Bundesrepublik gibt das Buch „Kirchlich – Kritisch – Kämpferisch", das 1994 im Echter Verlag (Würzburg) erschienen ist.[1] Dieser schmale Band bietet, da er für ein größeres Publikum geschrieben ist, nur einen knappen Aufriß und beansprucht keinen wissenschaftlichen Standard. Darüber hinaus fehlt ihm der Vergleich zwischen Bundes- und Diözesanebene.

Daß für die Geschichte des BDKJ eine wissenschaftliche Lücke besteht, hängt mit dem immer noch eher geringen Stellenwert des Katholizismus, insbesondere des Laienkatholizismus, in der zeitgeschichtlichen Forschung zusammen. Eine Ausnahme bildet dabei das Buch Thomas Grossmanns über das Zentralkomitee der deutschen Katholiken, das die Geschichte des organisierten Katholizismus – allerdings nur bis 1970 – chronologisch und unter politikgeschichtlichem Blickwinkel behandelt.[2] Verständlicherweise mußte hier die Geschichte der einzelnen Organisationen unberücksichtigt bleiben. Der geringe Stellenwert des Katholizismus in der zeitgeschichtlichen Forschung entspricht nicht seinem gesellschaftlichen und politischen Gewicht, das im Jugendbereich beispielsweise am BDKJ deutlich wird. Ganz zu schweigen von seiner spirituellen Orientierungskompetenz, deren – allerdings nachlassende – gesellschaftsgestaltende Kraft mit wissenschaftlichen Maßstäben schwer faßbar ist. Diese Lücke will diese Arbeit ansatzweise zu schließen versuchen.

Drei Fragestellungen prägen die Studie. Die erste ist die naheliegende Frage nach einem chronologischen Längsschnitt der Geschichte des BDKJ seit Ende des Zweiten Weltkrieges. Dabei erhält die Genese eine besondere Beachtung, weil ohne ihre differenzierte Ausleuchtung viele spätere Entwicklungen schwer verstehbar sind. Die zweite Frage untersucht den fundamentalen Umbruch der katholischen Jugendverbandsarbeit ab Mitte der 60er Jahre vor dem Hintergrund gesellschaftlicher Modernisierungsprozesse und innerkirchlicher Reformen. Dieser als Paradigmenwechsel klassifizierte Umbruch prägt den BDKJ bis heute und bietet einen Nährboden für vielfältige Konflikte. Der zeitgeschichtliche Ebenenvergleich bildet die dritte Frage. Verlaufen die Entwicklungen auf Bundes- und Diözesanebene weitgehend parallel oder gibt es wichtige Unterschiede? Die Diözese Würzburg bietet hier unter wissenschaftlichen Gesichtspunkten als ländlich strukturierte, traditionell geprägte und in vielen Bereichen dem klassi-

---

[1] Vgl. Schwab, Kirchlich.
[2] Vgl. Grossmann, Zentralkomitee.

schen katholischen Milieu verhaftete Region einen in Teilen kontrastreichen Vergleichspunkt.

Eine solche breit angelegte Studie sieht sich mit einer Stofffülle konfrontiert, die eine Konzentration auf das Wesentliche herausfordert und erzwingt. Deswegen benennt der Band nur Marksteine der Entwicklung und legt den Schwerpunkt auf die Entstehungsgeschichte und auf den Zeitraum des Paradigmenwechsels. Darüber hinaus klammert die Studie ganze Bereiche aus, die inhaltlich durchaus mit der Geschichte des BDKJ zu tun haben, methodisch aber den Rahmen sprengen würden. Dies gilt beispielsweise für die Geschichte des katholischen Sportverbandes Deutsche Jugendkraft (DJK), dessen Jugendorganisation dem BDKJ bis heute nahesteht. Auf Diözesanebene gilt dies unter anderem für die Entwicklung der Landvolkshochschulen, deren Entstehung eng mit der Arbeit des BDKJ verbunden war, oder für die Ostarbeit des BDKJ und Bischöflichen Jugendamtes in den DDR-Dekanaten Saalfeld und Meiningen, die aufgrund geringer schriftlicher Belege ohne eine groß angelegte Zeitzeugenbefragung nicht auskommen kann.

Als Beginn des Untersuchungszeitraumes drängt sich die Gründung des BDKJ im Jahre 1947 auf, allerdings unter Berücksichtigung der historisch wichtigen Vorlaufzeit. Der fundamentale Umbruch ab Mitte der 60er Jahre fordert eine Einteilung der Geschichte in zwei Phasen. Als Ende bietet sich das Jahr 1989 an, das den BDKJ mit dem Fall der Mauer und seinen gesamtdeutschen Perspektiven vor neue Aufgaben stellt. Unbestreitbar ist, daß ein solcher historischer Ausflug bis fast in die Gegenwart problematisch sein kann, beispielsweise weil hier noch kaum größere Zusammenhänge auf höherem Systemniveau sichtbar werden. Jedoch scheint eine Begrenzung auf Anfang oder Mitte der 70er Jahre schwierig, weil der angesprochene Paradigmenwechsel dann nicht auf seine Kontinuität und verbandliche Verwurzelung geprüft werden kann.

Die Arbeit stützt sich auf eine breite Materialbasis. Für die Entstehungsgeschichte des Bundes-BDKJ bietet das Archiv des Jugendhauses Düsseldorf unverzichtbares Material. Für die Diözesangeschichte kann man gleiches über den umfangreichen Nachlaß von Oskar Neisinger sagen. Die weitere Geschichte des BDKJ auf Bundesebene ist überwiegend anhand publizierter Quellen und Literatur nachzuverfolgen. Allerdings hat sie den zeitraubenden Nachteil, daß die Informationen aufgesplittet sind in zahllose einzelne, meist fachfremde Veröffentlichungen aus dem pädagogischen und pastoralen Bereich. Ganz anders sieht die Situation im diözesanen Teil aus. Hier gibt es ausschließlich nicht publizierte Quellen und keine Ansätze von Sekundärliteratur. Nur ein geringer Teil der Quellen ist im Diözesanarchiv Würzburg nach wissenschaftlichen Maßstäben geordnet. Der weitaus größere Teil ist nach dem Kontenplan des Bischöflichen Jugendamtes im Keller des Jugendamtes abgelegt und daher in sehr unterschiedlichem Maße für die wissenschaftliche Arbeit brauchbar.

Die Forschungen wurden flankiert durch die Tätigkeit des Autors als BDKJ-Diözesanvorsitzender, die privilegierte Kontakte, Vernetzungsmöglichkeiten und Quellenzugänge ermöglichte. Die sonst zeitgeschichtlichen Forschungen hinderlichen Sperrfristen trafen kaum zu, so daß ein weitgehend ungehindertes Arbeiten möglich war – allerdings unter der Prämisse, sensibel mit geschützten, personenbezogenen Daten umzugehen.

Trotz dieser günstigen Ausgangsposition klafften aufgrund nicht vollständiger Quellen immer wieder spürbare Lücken, insbesondere im diözesangeschichtlichen Teil. Daher war der Griff zur Zeitzeugenbefragung unvermeidlich. Die dort gewonnenen Informationen können im günstigsten Fall Lücken schließen, auf jeden Fall aber Sachverhalte ergänzend erhellen. Dabei ist allerdings eine nicht geringe Kompetenz des Forschers notwendig, um das Spannungsfeld zwischen dem historischen Erklärungshorizont des Fragenden und dem Erlebnishorizont des Zeitzeugen fruchtbar zu machen. Neben eigenen Gesprächen konnte in diesem Fall teilweise auf Interviews und Informationen zurückgegriffen werden, die im Rahmen eines Projektes zur Erforschung der Geschichte der kirchlichen Jugendarbeit in der Diözese Mitte der 80er Jahre durchgeführt wurden.[3]

Ein weiteres Problem für eine historisch seriöse zeitgeschichtliche Betrachtungsweise ist der Mangel an Distanz. Gemeint ist nicht nur die zeitliche, sondern die damit zusammenhängende inhaltliche Nähe. Die Gefahr besteht erst recht, wenn die eigene Geschichte so eng mit dem zu untersuchenden Gegenstand verbunden ist, wie es beim Verfasser als langjähriger ehren- und nebenamtlicher Leitungskraft der Fall ist. Es wurde redlich versucht, diese Gefahr durch Einhaltung der gängigen Methoden der Wissenschaft zu minimieren. Die „Insiderstellung" besitzt aber auch einen entscheidenden Vorteil: die Möglichkeit, durch strukturelle und psychologische Kenntnis der Organisationen, Institutionen und Personen Quellen besser einordnen und interpretieren zu können.

Die Gliederung ist in allen vier Hauptkapiteln weitgehend gleich aufgebaut. Das erleichtert die Vergleichbarkeit sowohl der geschichtlichen Phasen als auch der Ebenen. Der Preis dafür sind kurze Überschneidungen oder Wiederholungen. Der eigentlichen Verbandsgeschichte gehen Schlaglichter aus Katholizismus, Jugendforschung und allgemeiner Jugendverbandsarbeit voran, da sich die Geschichte des BDKJ nicht im luftleeren Raum vollzieht. Auswahlkriterium ist die Relevanz dieser Schlaglichter für die Entwicklung des BDKJ. Der einzige größere Unterschied bei der Gliederung besteht im Fehlen dieser Kapitel im diözesanen Teil, weil es aufgrund kaum vorhandenen Materials nicht möglich scheint, die Schlaglichter für den mit dem Bistum Würzburg weitgehend deckungsgleichen Regierungsbezirk Unterfranken noch einmal zu spezifizieren. Jedes Hauptkapitel wird durch eine knappe Zusammenfassung abgeschlossen. Diese enthält die wichtigsten Informationen – nicht zuletzt unter dem Blickwinkel der Ausgangsfragestellungen.

Wird vom BDKJ gesprochen, sind entweder der Bund als Dachorganisation oder Grundlinien, die alle Mitgliedsverbände betreffen, gemeint. Während in der ersten Phase der Geschichte die Orientierung am Bund als inhaltlich greifbarer Dachorganisation dominiert, spielt in der zweiten Phase mit dem zurückgehenden Einfluß des Dachverbandes der Konsens der Mitgliedsverbände eine größere Rolle.

---

[3] Vgl. Diözesanarchiv, Klinkhammer.

In ihrer Sprache bemüht sich die vorliegende Arbeit um Schlichtheit und Verstehbarkeit, um trotz wissenschaftlicher Ausrichtung für ein größeres Publikum lesbar zu sein. Auch hier war eine Konzentration auf das Wesentliche angesagt. Das hat viel Mühe gekostet, da es schwierig ist, die Dinge verständlich auf den Punkt zu bringen. Jedoch half dem Verfasser dabei seine journalistische Berufserfahrung.

Trotz aller Konzentration auf das Wesentliche bleibt ein spürbares Defizit, das allerdings bewußt in Kauf genommen wurde: der Skizzencharakter. Viele aufgezeigten Grundlinien bedürfen noch einer differenzierten und regionalisierten Ausleuchtung, um das dargebotene Gerüst mit „Fleisch" zu füllen. Diese Skizze der Geschichte des BDKJ hat versucht, für solche Projekte die Vorarbeit zu leisten und die Fundamente zu legen. Darauf aufbauen sollen andere.

2. DER BDKJ AUF BUNDESEBENE 1947–1965

2.1. Schlaglichter[1] zur Situation der Jugend

Sie haben es nach dem Zweiten Weltkrieg nicht leicht, die Jugendlichen zwischen 14 und 25 Jahren. Deutschland liegt in Trümmern, die Zukunft ist ungewiß. Die totale Niederlage hat sie desillusioniert. Hunger, Wohnungsnot und Arbeitslosigkeit prägen den Alltag. Die wenigen übriggebliebenen Schulen und Universitäten sind überfüllt, im Osten breitet sich der Kommunismus aus. Viele Väter sind gefallen, manchmal beide Eltern tot. Nicht wenige junge Menschen haben ihre Berufsausbildung unterbrochen und suchen jetzt mühsam den Anschluß. Zahlreiche Flüchtlingsjugendliche sind gezwungen, sich fern der Heimat zurechtzufinden.
Die jungen Frauen und Männer müssen früh für sich und ihre Familien sorgen. Der Schonraum Jugend ist zerstört, das Schwinden einer eigenen Jugendphase feststellbar.[2]
Es geht ums Überleben und das, was man dazu braucht. Die Jugendlichen wollen erst einmal Arbeit und Wohnung finden sowie das Essen und eine Ausstattung mit dem Notwendigsten sichern. Für romantische Schwärmereien haben sie keine Zeit, von Idealen haben sie genug.[3]
Obwohl sie oft unvollständig ist, gelingt es der Familie, die von vielen befürchtete Jugendverwahrlosung zu einem guten Teil aufzufangen. Sie bewährt sich als Solidargemeinschaft.[4]
Vor allem die ersten Nachkriegsjahre sind von existentieller Not geprägt. Dazu kommt eine geistige Desorientierung, die sich bei manchen in großer

---

[1] Folgende grundlegende Literatur bildet die Basis der Schlaglichter:
Fend, Sozialgeschichte, 225f (Bietet einen Überblick über die damaligen repräsentativen Jugendstudien);
Schelsky, skeptisch;
Krüger, Handbuch, S. 208 (Benennt die Defizite Schelskys);
Flitner, Jugendforschung, S. 69ff (Benennt ebenfalls die Defizite Schelskys);
Blücher, Unbefangenen;
Allerbeck/Hoag, Jugend, S. 182–192 (Bietet eine generelle methodische Kritik der damaligen Untersuchungen).
Die Altersspanne der von mir in beiden Phasen benutzten Jugenduntersuchungen liegt schwerpunktmäßig zwischen 15–24 Jahren.
[2] Schelsky, skeptisch, S. 79;
Rössler, Erziehungsfeld, S. 11ff.
[3] Schelsky, skeptisch, S. 88f;
dj 1988, S. 498ff.
[4] Schelsky, skeptisch, S. 135;
Jaide, Generationen, S. 312.

Gleichgültigkeit, bei anderen in Vergnügungssucht oder krassem Egoismus bemerkbar macht.[5] Die Lage der Flüchtlingsjugend ist besonders hart, und ihre Integration dauert bis weit in die 50er Jahre.

In den Jahren nach 1950 geht es wirtschaftlich für die Mehrheit der Jugendlichen aufwärts. Es gibt mehr Arbeitsplätze und Möglichkeiten, beruflich aufzusteigen. Die Freizeit- und die Konsummöglichkeiten wachsen. Das Mitte der 50er Jahre einsetzende „Wirtschaftswunder" verstärkt diese Entwicklungen.

Die Wirtschaftsform sowie die gesellschaftlichen und politischen Verhältnisse werden nach den – in diesen Fragen offenen – unmittelbaren Nachkriegsjahren akzeptiert. Die Jugend wächst ohne große Schwierigkeiten in die Erwachsenengesellschaft hinein. Sie integriert sich schnell, und die Älteren können das für den Wiederaufbau gut brauchen.[6] Ab Mitte der 50er Jahre bekommt diese reibungslose Integration Risse, die sich jedoch gesamtgesellschaftlich noch nicht auswirken und auf seiten der Erwachsenen kaum Beachtung finden.[7]

Wie bei den Erwachsenen findet eine intensive Auseinandersetzung mit dem Nationalsozialismus kaum statt.[8] Politisch ist die Jugend wenig interessiert. Über den Organisationsgrad gibt es anfangs kaum verläßliche Angaben. Bei den repräsentativen Umfragen Mitte der 50er Jahre schwankt er zwischen 35% und 45%. Zwischen 10% und 20% der Jugendlichen sind in konfessionellen Gruppen aktiv. Zieht man Doppelmitgliedschaften und nur entfernt verbandlich organisierte Gruppen wie Singkreise ab, dürfte rund ein Drittel der Jugendlichen in Vereinen und Verbänden organisiert sein und rund ein Zehntel in konfessionellen Gruppen. Die Zahlen bleiben im wesentlichen bis Mitte der 60er Jahre gleich.[9]

In den ersten Jahre nach dem Krieg ist die religiöse Empfänglichkeit und Ansprechbarkeit groß. Vor allem Jugendwallfahrten und religiöse Jugendkundgebungen sind sehr gut besucht.[10] Dabei spielt ein gewisses Nachholbedürfnis mit, endlich wieder ungehindert tun zu können, was vorher nur unter Schwierigkeiten möglich oder verboten war.

Ludwig Wolker, der erste Bundespräses des BDKJ, beschreibt 1947 die Lage der katholischen Jugend: „Die Irrlehren des Nationalsozialismus scheinen nicht so sehr in Geist und Blut katholischer Jugend eingedrungen zu sein. Die Schädigung ist hauptsächlich sichtbar in den ethischen Grundsätzen und der sittlichen Haltung, geht hier aber freilich bei vielen bis an die

[5] HK 1947/48, S. 33;
    KB 1951, S. 343ff;
    Fischer, Pastoral II, S. 17ff.
[6] Biemer, Handbuch I, S. 30;
    Schelsky, skeptisch, S. 79/88/93;
    dj 1988, S. 502.
[7] Börger/Kortmann, Haus, S. 107ff.
[8] Jaide, Generationen, S. 312.
[9] NWDR, Jugendliche, S. 157ff;
    EMNID, 1955, S. 130ff;
    Blücher, Unbefangenen, S. 170ff.
[10] KB 1987, S. 853 und 859.

Wurzeln des Religiösen. Ein Teil der inzwischen groß gewordenen Generation wird darum für die unmittelbare Einwirkung der Kirche abgeschrieben werden müssen ... Die Offenheit für das Religiöse ist allgemein vorhanden, wo immer lebendige Seelsorge am Werk ist ... Ins Innerste zu dringen ... scheint freilich äußerst schwierig ... Armut mag die religiöse Entwicklung fördern, zu großes Elend zerstört alle geistige Entwicklung ... Nach außen ist in vielen Orten Gottesdienstbesuch und Kirchentreue durchaus noch gegeben; im inneren Bereich lockern sich alle Bindungen, geht mehr und mehr Substanz verloren."[11]

Anfang der 50er Jahre läßt die religiöse Ansprechbarkeit nach. Religion gilt als nützlicher ethischer Orientierungspunkt für den einzelnen und die Gesellschaft, Ansprüche dogmatischer Art werden zurückgewiesen. Der Glaube bleibt ohne existentielle, radikale Entscheidung.[12]

Einige Zahlen zur meßbaren Kirchlichkeit Mitte der 50er Jahre.[13] Sie gelten in etwa auch zehn Jahre später noch: Von den katholischen jungen Menschen im Alter von 15 bis 25 Jahren gehen 60% bis 70% regelmäßig sonntags in die Kirche. Dabei liegen die weiblichen Jugendlichen und die Jugendlichen auf dem Land über dem Durchschnitt, die städtischen und die männlichen darunter. Religion ist für 73% der männlichen Jugendlichen und 84% der weiblichen Jugendlichen bedeutend, an das Weiterleben nach dem Tode glauben 62% der männlichen und 68% der weiblichen Jugendlichen.[14]

2.2. Der Katholizismus

Nach dem Krieg kommt es zu einer Entflechtung von Kirche und Politik; so setzt sich beispielsweise die Unvereinbarkeit zwischen Klerikerstatus und parteipolitischer Tätigkeit durch. Der Politische Katholizismus geht zu Ende, weil er durch die gesellschaftliche Emanzipation der Katholiken nicht mehr nötig ist. Erstmals seit der Reichsgründung bilden die Katholiken fast die Hälfte der Bevölkerung. Der Einfluß katholischen Denkens auf die Öffentlichkeit und auf die Politik wächst. Der Katholizismus wird eine

---

[11] Wolker, Überblick, S. 3 (Der Zeitpunkt des Überblicks läßt sich aus dem Text auf ca. Dezember 1947 datieren).
[12] Rössler, Erziehungsfeld, S. 341f;
Schelsky, skeptisch, S. 481ff;
Halbfas, Diagnose, S. 108ff;
Blücher, Unbefangenen, S. 188ff.
[13] Obwohl die bei standardisierten Meinungsumfragen untersuchte meßbare Kirchlichkeit nur einen bedingten Aussagewert hinsichtlich Glaube, Religion und Kirche hat, kann sie Hinweise über Trends geben und soll daher angesprochen werden.
[14] Reigrotzki, Verflechtungen, S. 33f;
EMNID, 1955, S. 307;
NWDR, Jugendliche, S. 91;
KB 1955, S. 208f;
Thun, religiöse Entscheidung, S. 322;
Gabriel/Kaufmann, Katholizismus, S. 45.

ernst zu nehmende gesamtgesellschaftliche Kraft. Zunehmend gehen aber seine konfessionellen Sondermerkmale verloren.[15]

Durch die Bevölkerungsumschichtung infolge der Vertreibung löst sich die Homogenität der katholischen Konfessionszonen weitgehend auf. Es treten Konflikte bei der Integration der Vertriebenen auf: „In der Konfrontation verschiedener katholischer Lebensformen brachen soziokulturelle Differenzen und Anpassungsprobleme auf, die nicht zuletzt auch von sozialstrukturellen Unterschieden und Deklassifizierungsprozessen begleitet waren und die durch ethnozentrische Ressentiments und Eigenbrötelei der ortsansässigen Bevölkerung weiter verschärft wurden."[16]

Für die Kirche selbst gibt es keine Stunde Null. Ihre Organisation ist weitgehend intakt, die staatskirchenrechtlichen Bestimmungen der Weimarer Zeit werden von den Alliierten zumindest vorläufig respektiert, später in die neue Verfassung der Bundesrepublik übernommen und durch Länderkonkordate ausgebaut. Die Entnazifizierung findet in der katholischen Kirche kaum einen Ansatzpunkt, da es dem Nationalsozialismus nicht gelungen ist, in diese weltanschauliche Geschlossenheit nennenswert einzudringen. Die katholische Kirche ist neben der evangelischen Kirche die einzige Institution, die nicht erst nach dem Willen und unter der Kontrolle der Alliierten wiederbelebt werden muß. Ihre Ausgangsposition ist stark.[17]

Die Mitschuld des Katholizismus am NS-Regime ist sicher geringer als die vieler anderer gesellschaftlicher Gruppen. Jedoch wird nun der Widerstand einiger verallgemeinert und der manchmal fehlende Protest gegen Taten des Regimes nicht differenziert aufgearbeitet, obwohl es Ansätze einer Schulddebatte gibt. Die Kirche konzentriert sich wie die Gesellschaft auf die Zukunft und läßt die Vergangenheit ruhen.[18]

Gegen einen allzu bruchlosen Übergang nach dem 8. Mai 1945 wehren sich die später so genannten Linkskatholiken. Sie wollen den Einschnitt 1945 dazu nutzen, Kirche und Gesellschaft radikal zu erneuern. Sie lehnen die enge Verbindung mit den Unionsparteien ab und streiten gegen die Wiederbewaffnung. Sozialistische Ideen sind ihnen nicht fremd, und sie lehnen

---

[15] Gabriel/Kaufmann, Katholizismus, S. 42f;
Gabriel, Christentum, S. 50 und 114;
Hehl, Zeitgeschichtliche Forschung, S. 154;
Doering-Manteuffel, Integrationsprobleme, S. 97.

[16] Schmidt, Zentrum, S. 141;
vgl. auch Roegele, Otto B. in: Hochland 41 (1948/49), S. 205–233;
vgl. auch Birke, Katholische Kirche, S. 185.

[17] Hürten, Geschichte, S. 243;
Schmidt, Zentrum, S. 129ff;
Doering-Manteuffel, Wiederbewaffnung, S. 41;
Gabriel/Kaufmann, Katholizismus, S. 44;
Birke, Katholische Kirche, S. 187ff;
Repgen, Erfahrungen, S. 128ff.

[18] Doering-Manteuffel, Wiederbewaffnung, S. 41f;
Hollenstein, Kirche, S. 131ff;
Repgen, Erfahrungen, 148ff;
vgl. Hirtenwort des deutschen Episkopates vom 23.08.1945,
abgedruckt in: Stasiewski/Volk, Akten VI, S. 688–694;
vgl. Bücker, Schulddiskussion.

die Forderung nach einem geschlossenen katholischen Auftreten ab. Nach einiger politischer Anerkennung in den unmittelbaren Nachkriegsjahren haben sie bis Mitte der 60er Jahre allerdings eher publizistische als politische Bedeutung.[19]

Auch bei den westlichen Alliierten erlebt die Kirche anfangs viel Vertrauen. Doch bald gibt es Konflikte und Reibereien, das Verhältnis kühlt ab. Reibungspunkte sind beispielsweise die kirchliche Ablehnung einer Kollektivschuld, die Kritik am Entnazifizierungsverfahren sowie der Streit um kirchliche Interessen, wie die schnelle Zulassung von katholischen Zeitungen. Die Alliierten reagieren mit dem Abbau kirchlicher Privilegien und einer Entkonfessionalisierung des öffentlichen Lebens.[20]

Durch die Distanz zum Nationalsozialismus, durch ihre geistigen und geistlichen Orientierungsangebote, durch die praktische materielle Hilfe und durch die von ihr gebotenen sozialen Kommunikations- und Versammlungsmöglichkeiten[21] genießt die Kirche in der unmittelbaren Nachkriegszeit hohes Ansehen. Ihre Autorität bleibt bis Mitte der 60er Jahre wenig angefochten, auch wenn sich die hochgesteckten Missionserwartungen der ersten Nachkriegsjahre nicht erfüllen.[22] Der regelmäßige Gottesdienstbesuch liegt über 50%, die Jugendlichen stehen hier den Erwachsenen nicht nach. Es findet sich eine hohe Akzeptanz kirchlicher Doktrinen, die Kirchenaustritte haben das geringste Niveau im ganzen Jahrhundert, und die institutionell verfaßte christliche Religion stimmt weitgehend mit gesellschaftlichen Kulturmustern des Christentums und mit persönlichen Religiositätsstilen überein.[23]

Damit korrespondieren eine Fundamentalisierung des kirchlichen Selbstverständnisses, eine überwiegend konservative Grundstimmung in der Bevölkerung mit Betonung von Pflicht und Akzeptanzwerten sowie eine staatlich privilegierte Stellung, beispielsweise durch den staatlichen Einzug der Kirchensteuer oder die Bekenntnisschulen. Das kirchliche Selbstverständnis ist geprägt von einem geschlossenen Weltbild, das sich durch den historischen Prozeß als überlegen erwiesen hat.[24]

---

[19] Doering-Manteuffel, Integrationsprobleme, S. 101;
Hehl, Zeitgeschichtliche Forschung, S. 149f;
vgl. Schmidt, Linkskatholische Positionen;
vgl. Dirks, anderer Katholizismus;
HK 1950/51, S. 281f;
FH 1950, S. 942ff.
[20] Hehl, Zeitgeschichtliche Forschung, S. 157;
Repgen, Erfahrungen, S. 133ff;
vgl. Schmidt, Zentrum;
vgl. Morsey, Neubeginn.
[21] Birke, Katholische Kirche, S. 180;
vgl. Morsey/Gotto, Die Kirche in der Nachkriegszeit.
[22] Christ in der Gegenwart 1995, S. 116.
[23] Reigrotzki, Verflechtungen, S. 33;
Gabriel/Kaufmann, Katholizismus, S. 44f;
Gabriel, Christentum, S. 46ff und 108;
Hanssler, Pluralisierungsprozeß, S. 103f;
Repgen, Erfahrungen, S. 140f.
[24] Gabriel, Christentum, S. 28 und 50 und 110.

Das Ziel des politischen Wirkens der Kirche und der Katholiken ist die Wiederbelebung rechtsstaatlichen Denkens im Rahmen der christlichen Werteordnung. Dazu gehören unter anderem die Beachtung der Grundrechte, der Schutz von Ehe und Familie, die Bekenntnisschule und eine auch wirtschaftlich gerechte Neugestaltung der Gesellschaft im Sinne der katholischen Soziallehre. Katholiken sind maßgeblich an der Formulierung des Grundgesetzes beteiligt. So entwickelt der Katholizismus ein positives Verhältnis zu der wertgebundenen Demokratie des Grundgesetzes. Gedanken der katholischen Soziallehre wirken sich beispielsweise in der Montanmitbestimmung, im Betriebsverfassungsgesetz und im Kindergeldgesetz aus.[25]

Nach dem Urteil Hans Maiers darf man allerdings die Rolle der Kirche in der Entstehungsgeschichte der Bundesrepublik nicht überschätzen. Die politischen Existenzfragen seien ohne spezifischen Beitrag der Kirchen gelöst worden. Der Beitrag der Kirchen sei oft indirekt gewesen, selten in Form einer zielgerichteten Aktion.[26]

Kirche und Katholiken stehen der CDU/CSU nahe.[27] Gemeinsame Ziele, wie christliche Wertorientierung und katholische Soziallehre, betonter Antikommunismus, personelle Verflechtungen sowie eine nicht immer kirchenfreundliche Haltung der anderen größeren Parteien legen dies nahe. Besonders deutlich zeigt sich das in der Debatte um die Wiederbewaffnung der Bundesrepubik Deutschland. Die fast vollkommen geschlossene Unterstützung des aktiven deutschen Katholizismus ist die stärkste Stütze Bundeskanzler Adenauers in der Debatte.[28] Seit dem „Godesberger Programm" der SPD 1959 findet zwar eine Entspannung im Verhältnis zwischen Katholiken und Sozialdemokraten statt.[29] Weiterhin jedoch steht der Katholizismus mit deutlicher Mehrheit hinter den Unionsparteien.

Im pastoralen Bereich favorisiert die Kirche das Konzept der missionarischen Seelsorge. Diese will fernstehende Katholiken wieder für Glauben und Kirche gewinnen sowie ein christliches Deutschland und Europa aufbauen. Dazu brauchen die Priester verstärkt die Mitarbeit der Laien.[30]

Hier bietet sich das Konzept der Katholischen Aktion an. Die Katholische Aktion ist ursprünglich eine späte Antwort der Kirche auf die Herausforderungen durch Aufklärung, Säkularisierung und Individualisierung gewesen. Papst Pius X. gründet die Katholische Aktion, unter Pius XI. gewinnt

[25] Doering-Manteuffel, Wiederbewaffnung, S. 43f;
    Hürten, Geschichte, S. 253;
    Hollenstein, Kirche, S. 135ff;
    vgl. Gotto, Grundgesetz;
    vgl. Schewick, Katholische Kirche.
[26] Maier, zitiert bei Hollenstein, Kirche, S. 129;
    Doering-Manteuffel, Wiederbewaffnung, S. 249 (Er bestätigt diese
    These in seiner Dissertation am Beispiel der Wiederbewaffnung).
[27] Gabriel, Christentum, 108f.
[28] Vgl. Doering-Manteuffel, Wiederbewaffnung;
    vgl. Hürten, Sicherheitspolitik.
[29] Hehl, Zeitgeschichtliche Forschung, S. 151;
    vgl. Brehm, Gesellschaft.
[30] Repgen, Erfahrungen, S. 138f;
    Lechner, Pastoraltheologie, S. 120;
    vgl. Löhr, Rechristianisierung.

sie ab 1925 an Profil. Er definiert sie als „Mitarbeit und Teilhabe der Laien am hierarchischen Apostolat der Kirche".[31] Neben der persönlichen Heiligung und sozialen Aktivitäten gilt es, alle Menschen zu Christus zu führen. Dies ist Aufgabe kämpferischer, missionarischer Laien, allerdings in enger Anbindung an die kirchliche Hierarchie und an Rom. Die Priester haben die Aufgabe, die Laien geistig zu inspirieren und zu führen. Die Katholische Aktion ist anfangs grundsätzlich nicht nach Berufsständen, sondern nach Naturständen (Jungmänner, Jungfrauen, Männer, Frauen) aufgebaut und hat ihren Schwerpunkt auf Pfarrei- und Diözesanebene. In Deutschland kommt sie vor 1945 nicht über Ansätze hinaus.[32]

Dagegen gibt es in Deutschland eine starke Tradition des Verbandskatholizismus. Entscheidende Unterschiede gegenüber der Katholischen Aktion sind mächtige überdiözesane Verbandszentralen, eine strukturell schwächere Anbindung an die kirchliche Hierarchie und der Aufbau nach Berufsständen.

1945 stehen sich nun diese zwei Modelle gegenüber. Die deutschen Verbände sind vom Nationalsozialismus zerschlagen, und die Laien haben sich in der NS-Zeit eher am Prinzip der Katholischen Aktion orientiert. Doch die große Verbandsvergangenheit ist in den Köpfen und Herzen vieler Verbandsmitglieder noch lebendig. Sie streben sofort zum Wiederaufbau ihrer Organisationen. Auf der anderen Seite plädieren die Mehrheit der Bischöfe und auch viele Laien dafür, die Katholische Aktion in Deutschland anzuwenden. Den Bischöfen sind die alten Verbände mit ihren Zentralen zu unabhängig gewesen. Die Männer und Frauen in den Pfarreien haben in der NS-Zeit mit der erzwungenen engen Zusammenarbeit gute Erfahrungen gemacht – trotz sehr unterschiedlicher Verbands- oder Pfarreivergangenheit. Einig ist man sich überall, daß die fast unüberschaubare Vielfalt und die daraus folgende Zersplitterung nicht wieder entstehen soll.[33]

Papst Pius XII. empfiehlt am 1. November 1945 den deutschen Bischöfen einen Kompromiß. Er lehnt eine totale Neukonstruktion ab und empfiehlt teilweise die Anknüpfung an die Vergangenheit, ohne die enge Koordination der Verbände in der Katholischen Aktion aufzugeben.[34] Ähnlich verfahren die deutschen Bischöfe. Sie verhindern die Neugründung von Verbänden nicht (was auch schwierig gewesen wäre), fordern aber eine enge Bindung an Pfarrei, Diözese und kirchliche Hierarchie sowie Konzentration im Sinne der Katholischen Aktion.[35] Der BDKJ ist dafür ein gutes Beispiel. Die Verbände reorganisieren sich schnell. Sie haben durch die Entschädigungen einen materiellen Grundstock und können sich auf die Treue ihrer Mitglieder verlassen. Allerdings erlangen sie ihre Stärke und Bedeutung aus

---

[31] Lexikon für Theologie und Kirche, S. 74.
[32] Vgl. Zauner, Katholische Aktion;
Doering-Manteuffel, Wiederbewaffnung, S. 45f.
[33] Hürten, Geschichte, S. 243ff;
Doering-Manteuffel, Wiederbewaffnung, S. 45f;
Forster, Neuansätze, S. 114ff.
[34] Schreiben Papst Pius' XII. an die deutschen Bischöfe vom
1. 11. 1945, in: Rauscher, Kirche, S. 115.
[35] Hirschmann, Wandlungen, S. 63.

der Zeit vor 1933 nicht vollständig wieder.[36] Das katholische Verbandswesen nach dem Kriege kennzeichnen eine stärkere Verkirchlichung, eine ausgeprägte Treue zur kirchlichen Hierarchie und eine große Geschlossenheit.[37] Mitte der 50er Jahre beginnt jedoch eine Krise. Die Mitgliederzahlen gehen zurück. Den Verbänden werden Selbstzufriedenheit, Gettomentalität, Durchschnittlichkeit und Unfähigkeit, sich mit der Welt auseinanderzusetzen, vorgeworfen. Die Strukturen und Arbeitsweisen gelten als veraltet und unflexibel.[38]

Zur Information, Koordination, Integration und Kooperation wird 1952 das Zentralkomitee der deutschen Katholiken (ZdK) gegründet. In ihm sind die Verbände, aber auch nicht organisierte Laien aus den Diözesen sowie Repräsentanten der Bischöflichen Hauptarbeitsstellen – so der Bischöflichen Hauptarbeitsstelle für Jugendseelsorge – vertreten. Im Statut des ZdK findet sich sowohl die Betonung der Eigenständigkeit von Laien und Verbänden als auch der Hinweis auf die bischöfliche Autorität. Beispielsweise brauchen Beschlüsse von grundsätzlicher Bedeutung die Zustimmung der Bischöfe. Nicht zuletzt im Kontext der propagierten katholischen Geschlossenheit hat die Hierarchie im ZdK viel Einfluß.[39]

Im ZdK versucht ab Mitte der 50er Jahre sein neuer geistlicher Direktor, Bernhard Hanssler, die Kompetenzen dieser Institution unter Aufwertung der Verbände zu erweitern, um das ZdK zum Sprecher aller Katholiken zu machen. Ziel Hansslers ist es, mittels des ZdK und der Verbände den deutschen Katholizismus zu einer geschlossenen und schlagkräftigen Einheit zu formen. Hanssler setzt sich nicht durch, und in den 60er Jahren öffnet sich das ZdK einem vorsichtigen Pluralismus, versucht, nichtverbandliche Kräfte stärker dialogisch einzubinden und signalisiert gegenüber den sogenannten Linkskatholiken eine gewisse Offenheit.[40]

[36] Mehrheitsmeinung in der Literatur, vgl. bspw.
Gabriel/Kaufmann, Katholizismus, S. 44;
Löhr, Rechristianisierung, S. 32f;
Hehl, Zeitgeschichtliche Forschung, S. 157;
Hirschmann, Wandlungen, S. 66.
Ich halte diese These für zu undifferenziert. Innerkirchlich sind die Verbände bis Mitte der sechziger Jahre zwar etwas mehr Richtung Hierarchie und Pfarrei akzentuiert, aber bspw. nach außen in den gesellschaftspolitischen Raum sind sie mindestens so stark wie vorher, so zum Beispiel beim Engagement des BDKJ bei der Jugendgesetzgebung oder beim Einsatz von Kolping und vor allem Katholischer Arbeitnehmerbewegung in der Sozialgesetzgebung. Auch zahlenmäßig erreicht bspw. der BDKJ, rechnet man die Teilung Deutschlands mit ein, den Mitgliederstand aus der Zeit vor 1933.
[37] Gabriel/Kaufmann, Katholizismus, S. 44;
Doering-Manteuffel, Wiederbewaffnung, S. 250f.
[38] Hürten, Geschichte, S. 255;
Hirschmann, Wandlungen, S. 67;
Forster, Deutscher Katholizismus, S. 501.
[39] Hirschmann, Wandlungen, S. 64f;
Grossmann, Zentralkomitee, S. 42ff;
Gabriel, Christentum, S. 110f;
Doering-Manteuffel, Integrationsprobleme, S. 96.
[40] Grossmann, Zentralkomitee, S. 137ff;
Hehl, Zeitgeschichtliche Forschung, S. 148;
Gabriel, Christentum, S. 116.

Die Katholikentage wandeln sich von Verbändetreffen zu Großveranstaltungen des gesamten deutschen Katholizismus, ob organisiert oder nicht. Die Ökumene macht theologisch und pastoral wenig Fortschritte. Die gesellschaftliche Zusammenarbeit der Konfessionen funktioniert dagegen.[41] Für den Katholizismus beginnt aus historischer und soziologischer Perspektive Anfang der 60er Jahre eine neue Ära: „Die gesellschaftlichen Prozesse vollzogen sich nun nicht mehr vornehmlich außerhalb des katholischen Bevölkerungsteils und seines Milieus, sondern wirkten – nachdem das Visier einmal geöffnet war – viel stärker in den Katholizismus hinein. Als die kirchliche Hierarchie sich der Öffnung zu widersetzen begann, war es für den Erfolg einer Gegenstrategie schon zu spät. Der in den 60er Jahren geführte Kampf um die Konfessionsschule sollte dies bald deutlich werden lassen. Die Entwicklung verzögerte sich, bis sie in der Konzilsära und im gesellschaftlichen Umbruch der späten 60er Jahre eine neue Dynamik erhielt und zur weitgehenden Auflösung des Katholizismus in seiner spezifischen Sozialform führte. So läßt sich insgesamt die historisch einmalige kulturelle Stellung des Katholizismus in den 50er Jahren als ‚Sattelzeit‘ seiner Auflösung begreifen."[42]

Theologisch und pastoral bahnt sich zur gleichen Zeit ebenfalls ein Umbruch in der katholischen Kirche an. Mit Papst Johannes XXIII. gibt es einen neuen Stil an der Kirchenspitze, geprägt von Offenheit und Dialogbereitschaft.[43] Seine Sozialenzyklika „Mater et magistra" (1961) läßt durch einfache Sprache und die Würdigung soziologisch-empirischer Methoden aufhorchen. Die Enzyklika „Pacem in terris" wendet sich an alle Menschen guten Willens und ruft die Katholiken zur sachbezogenen Zusammenarbeit mit anderen auch dort auf, wo dies früher aus weltanschaulichen Gründen undenkbar gewesen ist.[44] Beide Enzykliken finden im bundesdeutschen Katholizismus eine weite Verbreitung. Im Oktober 1962 beginnt das Zweite Vatikanische Konzil: Wendepunkt des Katholizismus.

2.3. Die Jugendverbände[45]

Die Ausgangslage für die Jugendverbandsarbeit ist je nach Besatzungszone verschieden. Schon 1945 sind in der amerikanischen Besatzungszone auf Ortsebene Jugendgruppen – allen voran kirchliche – wieder zugelassen. Bedingung für eine Lizenz ist das Erziehungsziel Demokratie. 1946 sind landesweite Organisationen wieder erlaubt; allerdings favorisieren die Ameri-

[41] Hollenstein, Kirche, S. 144;
Schmidt, Zentrum, S. 144.
[42] Gabriel, Christentum, S. 116f.
[43] Vgl. die Eröffnungsrede Johannes XXIII. zum Zweiten Vatikanischen Konzil, die vom Geist des Aggiornamento, der gegenseitigen Durchdringung von Kirche und Welt, geprägt ist, in: Kaufmann/Klein, Johannes XXIII., S. 116ff.
[44] Grossmann, Zentralkomitee, S. 163ff;
Brehm, Gesellschaft, S. 118.
[45] Vgl. Fehlern/Schubert, Jugendverbandsarbeit, S. 67ff;
vgl. Faltermaier, Nachdenken, S. 11–26 und 58–61.

kaner aus ihrem Verständnis von Jugendarbeit die Orts- und Kreisebene. Ab 1947 bekommen die deutschen Behörden mehr Verantwortung. Statt zu kontrollieren, begleitet die Militärregierung die Arbeit eher.

Daneben entwickelt die amerikanische Armee 1946 ein groß angelegtes eigenes Jugendarbeitsprogramm mit dem Namen „German Youth Activities" (GYA). Mehr als 300 GYA-Häuser bieten organisierten und nichtorganisierten Jugendlichen Raum für Spiel, Sport, Bildung und kleinere handwerkliche Arbeiten für den persönlichen Bedarf. Demokratische Verhaltensweisen sollen in den Hausparlamenten eingeübt werden. Daneben unterstützt das GYA-Programm Jugendgruppen und Jugendverbände materiell, beispielsweise durch Ausrüstungen für Zeltlager.[46]

Die Zulassung von Jugendgruppen und Jugendorganisationen verläuft in der britischen Besatzungszone ähnlich wie in der amerikanischen. Falken, FDJ und Pfadfinder haben allerdings Schwierigkeiten. Landesweite Zusammenschlüsse werden erst 1948 offiziell zugelassen. Die britische Militärregierung fördert die kommunale Jugendpflege und die Zusammenarbeit der verschiedenen Jugendorganisationen in Jugendringen. Damit hängt die Gründung von Jugendhöfen zusammen, von denen der bekannteste Vlotho ist. Auf ihnen begegnen sich Leiterinnen und Leiter weltanschaulich unterschiedlicher Organisationen. Anfangs werden dort Gruppenleiter ausgebildet. Später sind sie Zentren, die der gesamten Jugendarbeit politische und pädagogische Impulse geben.

Anders als die Briten und Amerikaner legen die Franzosen in ihrer Zone den Schwerpunkt eindeutig auf überregionale Organisationen. Sie fördern internationale Begegnungen zwischen deutschen und französischen Jugendgruppen sowie die kulturelle Jugendarbeit.

Die deutschen Jugendverbände organisieren sich allmählich wieder auf allen Ebenen. Kennzeichnend sind eine Art zupackender Pragmatismus und Anleihen bei gewohnten Formen wie der festen Heimabendgruppe. Parallel dazu entwickeln sich die Jugendringe auf Kreis- und Landesebene von „Runden Tischen" aller mit Jugendarbeit befaßten Personen und Institutionen zu Zusammenschlüssen der Jugendverbände. 1949 wird auf Initiative der Verbände, vor allem des BDKJ, der Deutsche Bundesjugendring (DBJR) gegründet. Er vertritt die gemeinsamen Interessen der Jugendverbände in Politik und Gesellschaft. Die zentrale Struktur der Jugendverbände hat sich gegen den lokalen Ansatz der Amerikaner und Briten durchgesetzt. Das ist nicht ohne Konflikte geschehen.

Aber auch der Ansatz der Alliierten bringt Früchte. Offene Jugendarbeit, Internationale Arbeit, Gruppenpädagogik und praktische sowie politische Zusammenarbeit trotz unterschiedlicher Weltanschauungen werden die Jugendarbeit zu unterschiedlichen Zeitpunkten noch beeinflussen.

Wie vor 1933 bieten die Jugendverbände Gemeinschaft, Bildung und Aktion, je nach ihrer Ausrichtung. Die Mehrheit geht von der Jugendgruppe als Lebensgemeinschaft aus und hat den Anspruch, den jungen Menschen in

---

[46] Vgl. Rathfelder, GYA;
dj 1989, S. 547f.

intensiver Gemeinschaft aufgrund der jeweiligen Weltanschauung zu prägen.

So entsteht die Argumentation der „geistigen Mitte". Arnold Dannemann, Vorsitzender des DBJR, erläutert diesen Begriff 1953 so: Die weltanschaulich orientierten Jugendverbände vermittelten dem Jugendlichen eine geistige Mitte, die er brauche, um sich als Erwachsener in der Gesellschaft zurechtzufinden und Verantwortung tragen zu können. Die Weltanschauung habe gestalterische Kraft im Gemeinschaftsleben und begleite den einzelnen auch später, wenn er sich längst aus der Gemeinschaft der Gruppen entfernt habe. Früher habe die mittlerweile verlorengegangene Familiengemeinschaft diese geistige Mitte fast automatisch vermittelt.[47]

Diese Aussage ist nicht nur pädagogisch motiviert, sondern dient auch der politischen Legitimation für die staatliche Förderung der Jugendverbandsarbeit. Diese setzt 1950/51 mit dem ersten Bundesjugendplan ein. Die Argumentation der geistigen Mitte begründet u. a. auch den Anspruch des Vorrangs verbandlicher Jugendarbeit gegenüber jeglicher Jugendarbeit von Behörden.

Diesen Anspruch können die Jugendverbände die ersten Jahre halten. Der neue deutsche Staat erkennt ihre Arbeit als wertvolle Integrationsleistung an. Jugendarbeit wird meist automatisch mit Jugendverbandsarbeit gleichgesetzt.

Etwas verblaßt ist die stürmische Idee der bündischen Lebensgemeinschaft. Es werden keine blauen Blumen mehr gesucht, auch wenn jugendliche Romantik auf Fahrt und Lager weiterhin eine Rolle spielen. Nützlichkeitserwägungen, Gemeinschaftsbedürfnis, Geselligkeit und sozialkaritative Motive bewegen die jungen Frauen und Männer mitzumachen. Nüchternes Dienstleistungsdenken, inklusive einer gewissen Unverbindlichkeit, prägt meist die Beziehung zum Verband. Man erkennt, daß Jugendverbände Integrationsleistungen der Gesellschaft sind und nimmt dieses Angebot an. Allerdings dürfen keine totalen Ansprüche gestellt werden. Ideologien und starke weltanschauliche Bindungen fehlen weitgehend. Bei den konfessionellen Jugendverbänden bleibt die Gesinnungs- und Lebensgemeinschaft im Sinn der bündischen Tradition noch am stärksten.[48]

Mitte der 50er Jahre diskutieren die Jugendverbände ihr Selbstverständnis, weil sich eine Krise andeutet. Die Mitgliederzahlen gehen zurück, ehrenamtliche Mitarbeiter fehlen und innerverbandliche Langeweile kommt auf. Die wachsende Freizeitindustrie ist eine harte Konkurrenz. Die oft noch auf jugendbewegten Idealen aufbauende Jugendverbandsarbeit trifft nicht mehr das konsumistisch orientierte, nüchterne Lebensgefühl der jungen Generation. Eine Folge ist, daß die Jugendgruppe zwar ihre zentrale Stellung behält, von der jugendbewegten Lebensgemeinschaft aber zu einer Bildungs- und Aktionsgemeinschaft wird. Offene Formen der Gruppenarbeit

---

[47] dj 1953–8, S. 13ff;
dj 1954–4, S. 167ff.
[48] Schelsky, skeptisch, S. 468ff;
dj 1988, S. 498ff.

wie Interessenkreise zu bestimmten Themen oder auch „Heime der offenen Tür" zeigen sich auch bei Jugendverbänden zahlreicher.[49]

Der endgültige Abschied vom Jugendreich der Jugendbewegung und die Zuwendung zur sogenannten vergesellschafteten Jugendarbeit führen beim Grundsatzgespräch des DBJR 1962 zu einem neuformulierten Selbstverständnis verbandlicher Jugendarbeit: „Die Jugendverbände verstehen sich als Glieder der Gesellschaft. Sie sehen ihr Aufgabenfeld im außerschulischen Bildungs- und Erziehungsbereich. Sie erfüllen bewußt eine ergänzende Erziehungsfunktion neben Elternhaus und Schule und isolieren sich dabei nicht vom gesellschaftlichen Leben. Ein ‚autonomes Jugendreich' wird nicht angestrebt ... Die Jugendverbände orientieren sich in ihrer Arbeit an Erziehungsleitbildern und weitgesteckten Aufgaben, die auf das Leben der Gesamtgesellschaft gerichtet sind. In ihren Gruppen werden menschliche Tugenden und Wertvorstellungen vermittelt. Darüber hinaus trägt schon die Bildungsarbeit der kleinen Gemeinschaften dazu bei, den Aufbau der Großgesellschaft überschaubar zu machen. Den unmittelbaren Bezug zur Großgesellschaft stellen die Verbandsorganisationen dar, in welche die Gruppen eingeordnet sind. So wird auch das Einüben von Verhaltensweisen in der demokratischen Massengesellschaft möglich ... Die Erziehungs- und Bildungsarbeit in den Jugendverbänden dient neben der Freizeiterfüllung vor allem der Einführung des jungen Menschen in seine späteren Aufgabenkreise. Es werden ihm seine Pflichten und Rechte innerhalb der Familie, im Rahmen des Berufs- und Arbeitslebens und in Politik und Gesellschaft deutlich gemacht. Die politische Bildung erfordert dabei ein besonderes Schwergewicht ..."[50]

Die Jugend(verbands)arbeit ist nach diesem Selbstverständnis eine gesellschaftliche Notwendigkeit, weil sie wichtige gesellschaftliche Aufgaben übernimmt. Die verbandliche Jugendarbeit versteht sich zunehmend als dritte Erziehungsinstanz neben Elternhaus und Schule.

Doch es wächst die Unruhe. Die Jugendlichen empfinden ihr Eigenleben „als ein von den Erwachsenen geduldetes Experimentierfeld, ein pädagogisches Reservat, das von der politischen Realität getrennt war".[51]

Zwei Jahre nach dem Grundsatzgespräch von 1962 gibt es mit dem Buch „Was ist Jugendarbeit?" erstmals eine theoretische Fundierung der Jugendarbeit.[52] Das von vier Autoren verfaßte Buch distanziert sich vom bisherigen Integrationsschema und fordert von der Erziehungsinstanz Jugendarbeit kritische Aufklärung, Mündigkeit und politisches Engagement inklusive einer entsprechenden Professionalisierung. Es finden sich Unterschiede zwischen den vier Autoren, die jeweils eine eigene Theorieskizze bieten. Müller betont besonders die Leitlinien Mündigkeit und Kommunikation, Mollenhauer die Bedürfnis- und Interessensorientierung, Giesecke die Pra-

---

[49] Hafeneger, Jugendverbandsarbeit, S. 20ff;
  Giesecke, Jugendarbeit, S. 28ff;
  vgl. Münchmeier, Vergesellschaftung.
[50] dj 1962, S. 449ff.
[51] Börger/Kortmann, Haus, S. 107.
[52] Vgl. Müller u.a., Jugendarbeit.

xisveränderung und Kentler die Gesellschaftskritik. Gemeinsam ist der Blickwinkel, Jugend als Innovationspotential in der Gesellschaft zu sehen. Folie des Buches sind eine kritische Theorie der Gesellschaft und das neue Selbstverständis der Jugendverbände. Seine Wirkung entfaltet es erst in der zweiten Phase ab Mitte der 60er Jahre.

Parallel dazu wandeln sich bei einem Teil der Jugendverbände die Formen; so wird aus dem Jugendführer der Jugendleiter. Es beginnt der Einfluß gruppenpädagogischer Methoden. Immer lauter wird der Ruf nach einer Professionalisierung, nach mehr Hauptamtlichen in der Jugendarbeit.

2.4. Personen, Strukturen und Grundlagen im BDKJ

2.4.1. Die Entstehungsgeschichte

Die katholische Jugendverbandsarbeit nach 1945 kann nicht ohne einige Informationen aus der Zeit davor verstanden werden. Ich greife punktuell Fakten heraus, die für das Verständnis der Jugendarbeit nach 1945 wichtig sind.[53]

In der Weimarer Republik und teilweise noch unter erschwerten Bedingungen in den ersten Jahren der NS-Zeit gibt es ein blühendes katholisches Jugendverbandswesen mit begeisternden Großveranstaltungen, rund eineinhalb Millionen Mitgliedern und auflagestarken wie selbstbewußten Zeitungen. Die katholischen Jugendverbände sind teilweise Massenverbände wie der Katholische Jungmännerverband mit 400 000 und der Zentralverband der katholischen Jungfrauenvereinigungen Deutschlands mit 800 000 Mitgliedern, teilweise aber auch kleinere, jugendbewegte Bünde wie Quickborn oder die Kreuzfahrer.

Unter den Bünden treten hervor der aus Gymnasiasten bestehende Bund Neudeutschland (ND) und die Sturmschar, eine jugendbewegte Elitetruppe des Katholischen Jungmännerverbandes. Vor allem in den Bünden erfolgt eine tiefe Prägung der Persönlichkeit, die oft das ganze Leben anhält. Die Zusammenarbeit der katholischen Jugendverbände läßt zu wünschen übrig, trotz der Arbeitsgemeinschaft Katholischer Jugend Deutschlands (KJD). Kennzeichnend für die meisten katholischen Jugendorganisationen ist ein großer Einfluß der Priester. Dies hängt damit zusammen, daß die katholische Jugendarbeit um die Jahrhundertwende von Priestern und Bischöfen eher „von oben" gegründet worden ist. Der Einfluß der selbständigeren Jugendbewegung liegt mehr in den Formen.

Nach der Machtübernahme der Nationalsozialisten werden die katholischen Jugendorganisationen zuerst aus dem öffentlichen Raum gedrängt und dann stückchenweise zerschlagen. Zäh leisten die Jugendlichen Wider-

---

[53] Vgl. Börger, Sturmschar;
vgl. Hastenteufel, Jugend I-II;
vgl. Kösters, Katholische Verbände;
vgl. Pahlke, Trotz Verbot;
vgl. Schellenberger, Jugend.

stand. Das stärkt den Zusammenhalt unter den Mitgliedern sehr unterschiedlicher Verbände. Dieser wächst in der folgenden Zeit. Die Diözesen richten bischöfliche Jugendämter ein, die statt der Verbände nun die Leitungs- und Bildungsarbeit übernehmen. Die Arbeit ist durch die politische Situation auf den religiösen Bereich beschränkt. Ein bischöflicher Dreierrat um Bischof Dr. Albert Stohr (Mainz) koordiniert ab 1938 die katholische Jugendseelsorge und macht sich später Gedanken um den Neuaufbau. Die kirchliche Jugendarbeit im Nationalsozialismus führt zu einer Rückbesinnung auf die Bibel und die Sakramente, insbesondere die Feier der Eucharistie. Beides erleben die jungen Frauen und Männer als Kraftquelle. Die Arbeit leitet der Priester, da er die theologische Qualifikation hat und den Schutzraum Kirche vor den Nationalsozialisten verkörpert. Die bisher wichtigen geschlechtsspezifischen oder berufsständischen Unterschiede werden bedeutungslos. Zentrum der Jugendarbeit ist die Pfarrei. Pfarrjugend bedeutet nicht mehr alle katholischen Jugendlichen einer Pfarrei, sondern als Gemeinschaft bewußt zur Kirche zu stehen, auch wenn es persönliche Nachteile bringt. Pfarrjugend ist ein Begriff für Distanz zum Nationalsozialismus.

Nach dem 8. Mai 1945 finden sich überall schnell wieder katholische Jugendgruppen zusammen. Trotz schwierigster äußerer Umstände sind die Begeisterung und das Interesse groß.[54] Die Arbeit geschieht spontan, konzeptionelle und strukturelle Gedanken sind unter dem Eindruck der Not zweitrangig.

Im Grunde gibt es nach dem Krieg drei Möglichkeiten für die katholische Jugendarbeit: Wiederbelebung des Verbandswesens der Zeit vor 1933; Beibehalten der Jugendarbeit aus der NS-Zeit, eventuell ergänzt um eine politische und soziale Dimension; ein Kompromiß aus der Zeit vor 1933 und nach 1933.[55]

Viele wollen die Einheit der katholischen Jugendarbeit aus der Zeit des Nationalsozialismus beibehalten. Sie haben mit der Zusammenarbeit in den letzten Jahren gute Erfahrungen gemacht, erinnern sich an die Zersplitterung der Kräfte vor 1933 und sind der Meinung, die anstehenden Aufgaben im pastoralen, sozialen und politischen Bereich nur durch eine Konzentration der Kräfte bewältigen zu können. Die Mehrzahl der Jugendseelsorger und Laienführer ist für eine Konzentration.[56]

Auf der anderen Seite stehen die von den katholischen Bünden geprägten jungen Erwachsenen, Erwachsenen und auch Priester. Sie sind in der Minderheit, finden sich aber schnell zusammen. Sie plädieren gegen ein zu star-

---

[54] Reineke, Kreuz, S. 210ff.

[55] Hastenteufel nennt auch drei Möglichkeiten, vgl. Hastenteufel, Dissertation, S. 55. Bei der ersten und der dritten Möglichkeit stimmt er mit mir überein. Als zweite Möglichkeit nennt er jedoch eine nicht genug präzisierte völlige Neuordnung der Jugendarbeit. Hier erscheint mir mein Vorschlag für die Situation 1945–1947 angemessener. Um eine völlige Neuordnung zu entwerfen, hätte man meiner Meinung nach viel mehr Zeit gebraucht und der Bruch mit der Vergangenheit hätte länger als zwölf Jahre sein müssen.

[56] Übereinstimmung in der Literatur, bspw.
Schröder, Dachverband, S. 27;
Reineke, Kreuz, S. 215;
Bundesführung, 20 Jahre BDKJ, S. 6.

res Festhalten an der Jugendarbeit der NS-Zeit und sind nicht bereit, ihre bündische Vergangenheit widerspruchslos aufzugeben.[57]
Wer wird sich durchsetzen? Am 15. Mai 1945 treffen sich die rheinischen Bischöfe in Koblenz. Im Hintergrund stehen offensichtlich Anfragen, ob der Bund Neudeutschland wiederbelebt werden soll oder darf. Die Bischöfe beschließen, das Wiederaufleben zwar nicht eindeutig abzulehnen, aber das Prinzip der Pfarrjugend durchgängig zu betonen und einen eventuellen neuen Bund nicht in die Hand eines Ordens zu geben.[58] Das richtet sich beides gegen den alten Bund Neudeutschland, der von den Jesuiten begleitet und überpfarrlich organisiert war.
Vom 4. bis 6. Juni treffen sich die westdeutschen Bischöfe in Werl. Sie beschließen: „Die Standesseelsorge soll auf Grundlage und nach den Richtlinien der Katholischen Aktion neu aufgebaut werden. Die früheren großen Verbände mit ihren Verbandszentralen und Generalpräsides sollen nicht wieder aufleben."[59]
Am 4. und 5. Juli werden in Altenberg bei Köln „Richtlinien für die kirchliche Jugendarbeit" verabschiedet. Sie sind Modifizierungen der „Richtlinien für die katholische Jugendseelsorge" von 1936.[60] Inhalt und Form der letzten Jahre geben die Grundlage für die zukünftige Gestaltung der Jugendseelsorge. Der Aufbau muß nach Diözesen, Dekanaten und Pfarreien geschehen (kirchenorganisches Prinzip). Das Diakonat der Jugend soll ausgebaut werden. Der Zusammenschluß der Jugend soll nicht nach berufsständischen oder sozialen Zielgruppen vor sich gehen.[61]
Gleichzeitig nimmt nun Ludwig Wolker – der ehemalige Generalpräses des Jungmännerverbandes – seine Arbeit als Jugendseelsorger wieder auf. Durch sein Organisationstalent, seine Erfahrungen und sein ungewöhnliches Leitungscharisma kann er als der führende Jugendseelsorger in den ersten Jahren nach dem Krieg gelten. Dr. Franz Mahr, ND-Geistlicher Leiter auf Bundesebene, charakterisiert Wolker rückblickend als einen „urkräftigen Altbayern, gefühlsbetont, voll Pathos, eine Herrscherpersönlichkeit".[62] Wolker plädiert am 25. Juli 1945 in seinem programmatischen „Schreiben an die Freunde" dafür, die Einheit der katholischen Jugendarbeit beizubehalten. Er befürwortet die enge Bindung an die Kirche im Sinne des kirchenorganischen Aufbaus und spricht sich gegen die Wiederbelebung der

---

[57] Vgl. bspw. den Brief von Romano Guardini an Jugendbischof Stohr vom 14.08.1945, abgedruckt in: Stasiewski/Volk, Akten VI, S. 646–649.

[58] Volk, Akten Faulhaber, S. 1058.

[59] Stasiewski/Volk, Akten VI, S. 517.

[60] Zum Inhalt der Richtlinien von 1936 vgl. Lechner, Pastoraltheologie, S. 106ff.

[61] Stasiewski/Volk, Akten VI, S. 567f (Die Teilnehmer des Treffens sind unbekannt; wahrscheinlich Jugendseelsorger unter Vorsitz von Bischof Stohr).

[62] Diözesanarchiv, Klinkhammer, Kasten I, I–2, Buchmanuskript Franz Mahr, Teil II, S. 26. Die biographischen Daten sind bei allen Personen mühsam aus verschiedenen Quellen zusammengesucht und teilweise ausgewählt. Sie sind daher nicht vollständig und können kleinere Ungenauigkeiten enthalten.
Ludwig Wolker: * 1887; ab 1926 Generalpräses des Jungmännerverbandes und Vorsitzender des katholischen Sportverbandes DJK, bis beide Organisationen aufgelöst werden; Mitglied des bischöflichen Dreierrates für Jugendseelsorge; seit 1945 Leiter der Bischöflichen Hauptstelle in Altenberg und 1947–1952 Bundespräses-Mannesjugend im BDKJ; danach freigestellt für den Entwurf eines Jugendpastoralkonzeptes; + 1955.

alten Verbände aus. Gleichzeitig fordert er aber für die Jugend die Freiheit der Bewegung, wendet sich gegen jede Beschränkung auf rein religiöse Arbeit und fordert, den Laien im Sinne des Diakonates des Jungführers mehr Raum zu geben. Schließlich plädiert er für eine enge Zusammenarbeit von Frauenjugend und Mannesjugend.[63]

In seiner ebenfalls programmatischen Michaelspredigt am 1. Oktober 1945 in München betont Wolker die Einheit als kostbares Gut der Verfolgungszeit, die Autorität der Kirchenleitung für die Jugendführung und die Bedeutung der Pfarrjugend. Er deutet aber auch an, daß jede Gruppe „die Freiheit ihrer Art und ihres Lebens" haben soll.[64]

Vom 11. bis 13. September treffen sich die Diözesanjugendseelsorger in Salmünster. Sie betonen das Prinzip des Jungführertums und mahnen die Bünde, keine Sonderwege zu gehen.[65]

Am 1. November 1945 gründet sich der Bund Neudeutschland wieder. P. Ludwig Esch SJ, der frühere ND-Bundeskanzler, ist federführend dabei. Bald darauf erkennt der Kölner Kardinal Josef Frings die Gründung an. Andere Verbandsgründungen folgen.[66]

Bei ihrem Treffen vom 6. bis 8. November 1945 in Bonn-Pützchen verabschieden die Bischöfe der Kölner und Paderborner Kirchenprovinzen die „Richtlinien für die kirchliche Jugendseelsorge und Jugendorganisation". Sie sind von einem Team unter Vorsitz des Kölner Kardinals kurz zuvor erarbeitet worden. Die Vorarbeit leisten unter anderem die Bischöfe von Mainz, Fulda, Münster, Aachen sowie Ludwig Wolker und Herman Klens, ein führender Frauenjugendseelsorger.[67] Die Bischöfe stimmen der Vorlage zu.[68] Später übernehmen alle anderen Diözesen die Richtlinien. Die Erklärung soll wegen ihrer Bedeutung in den wichtigsten Auszügen wiedergegeben werden:

„Die kirchliche Jugendseelsorge soll gebaut und geführt werden nach den bischöflichen Richtlinien von 1936 ... Die ‚Katholische Jugend', d. h. die Körperschaft der aktiven jungen Katholiken, soll aufgebaut und geführt

[63] Bokler, Wolker, S. 110f.
[64] A.a.O., S. 120.
[65] Biemer, Handbuch II, S. 16f (Jungführertum);
Hastenteufel, Dissertation, S. 47 (Sonderwege).
Die verwendete Formulierung „... muß von allen Freunden der bündischen Freiheit erwartet werden, daß sie sinn- und auftragsgemäß sich einordnen in das Ganze ..." findet sich auch im Dezemberbericht von 1945 wieder (vgl. Fußnote 20). Entweder es wurde zweimal dieselbe Formulierung verwendet oder Hastenteufel irrt sich.
[66] Cron, Neudeutschland, S. 110f;
Bischöfliche Hauptstelle, Dezember 1945, S. 10f;
Die erste Hauptkonferenz, S. 14f;
Bischöfliche Hauptstelle, März 1946, S. 6.
[67] Herman Klens: * 1880; seit 1915 Generalsekretär und seit 1922 Generalpräses des Zentralverbandes der katholischen Jungfrauenvereinigungen; Mitglied des Dreierrates; ab 1945 in der Hauptstelle für die Frauenjugend verantwortlich; 1947–1952 Bundespräses-Frauenjugend im BDKJ; danach Generalpräses des Zentralverbandes der katholischen Frauen- und Müttergemeinschaften Deutschlands; + 1972.
[68] Stasiewski/Volk, Akten VI, S. 832;
Bischöfliche Hauptstelle, Dezember 1945, S. 4f und Anlage 1.

werden als eine wohlgeordnete Einheit der Mannes- und Frauenjugend. Wir wünschen nicht ein Nebeneinander oder gar ein Gegeneinander verschiedener Verbände und Bünde. Es genügt auch nicht ein kartellmäßiger Zusammenschluß von in sich völlig selbständigen Verbänden und Bünden. Die Aufgabe der Kirche in der Gegenwart läßt vielmehr geboten erscheinen, die ‚Katholische Jugend‘ als eine organische Einheit und Körperschaft zu bilden, die dabei aber nach der Besonderheit der Aufgaben und aus der Freiheit des Gemeinschaftswillens der Jugend verschiedene eigenständige Gliederungen umfassen kann und soll. Es gilt, nach den verschiedenen Wegen und Weisen möglichst viele junge Katholiken aus allen Ständen und Schichten zu erfassen und diese zu einer lebendigen inneren Einheit einer Jugend der Kirche wachsen zu lassen ... Grundprinzip für den Aufbau ... bleibt ... der kirchenorganische Aufbau nach Diözesen und Pfarreien ... Um bei der Vielgestaltigkeit katholischer Jugendarbeit die Einheit zu gewährleisten, muß eine einheitliche kirchliche Leitung gegeben sein. Diese vollzieht sich in der Diözese nach den Weisungen des Bischofs und im bischöflichen Jugendamt ... durch den Diözesanjugendseelsorger ... Die Vertretung der ‚Katholischen Jugend‘ nach außen gegenüber Behörden und anderen Organisationen soll mit durch die gewählten Diözesanjugendführer und Diözesanjugendführerinnen geschehen. Für die überdiözesanen Aufgaben der kirchlichen Jugendseelsorge und Jugendorganisation wird eine Hauptstelle gebildet ... Die Leitung für die gesamte Mannesjugend, ebenso für die gesamte Frauenjugend, hat mit dem bischöflichen Referenten je ein vom Episkopat beauftragter Jugendseelsorger ... Dazu werden zwei Laien für die Mannesjugend und für die Frauenjugend mit der Vertretung der ‚Katholischen Jugend‘, besonders gegenüber der Militärregierung und deutschen Behörden, wie gegenüber anderen Jugendorganisationen beauftragt ... Wo Gruppen studierender Jugend etwa nach Art von ND sich zusammenschließen wollen, soll dem Raum gegeben werden. Diese Gruppen sind nach Möglichkeit pfarrlich zu gliedern. Sie können im Rahmen des Ganzen ‚Katholischer Jugend‘ bündischen Zusammenschluß pflegen ... Die Führer solcher Gliederungen müssen für die Gemeinde vom Pfarrer (bzw. Dekan), für die Diözese vom Bischof bestätigt sein ... Als eine vordringliche Aufgabe soll von den bischöflichen Stellen in Verbindung mit der Hauptstelle eine systematische Klerusschulung und der systematische Aufbau des Apostolates (Diakonates) der Jungführer und Jungführerinnen mit allem Nachdruck durchgeführt werden ..."[69]*

Die Bischöfe beauftragen Wolker, die Arbeitsstelle für die männliche Jugend, und Klens, die Arbeitsstelle für die weibliche Jugend, zu leiten. Zwischen beiden Stellen wird eine Zusammenarbeit vereinbart, um in wichtigen Fragen gemeinsam vorzugehen. Die Gesamtleitung der Hauptstelle hat Wolker.[70]

---

[69] Abgedruckt in: Bokler, Richtlinien, S. 15–17.
[70] Stasiewski/Volk, Akten VI, S. 832f;
Bischöfliche Hauptstelle, Dezember 1945, S. 9f;
Bischöfliche Hauptstelle, März 1946, S. 4f.

Die Richtlinien sind ein Kompromiß. Die Jugend ist eng an die Hierarchie angebunden, und der Schwerpunkt liegt auf Pfarrei und Diözese. Hier spiegeln sich die Erfahrungen der NS-Zeit wider. Andererseits besteht Raum für den bündischen Zusammenschluß. Die Richtlinien bilden das Grundgerüst des eineinhalb Jahre später gegründeten BDKJ.

Im Bericht der neu eingerichteten „Bischöflichen Hauptstelle für katholische Jugendseelsorge und Jugendorganisation in den deutschen Diözesen"[71] vom Dezember 1945 beschreibt Wolker deren Aufgabe: Sie ist geistiges Zentrum und Brennpunkt der Einheit für die ganze katholische Jugend. Sie ist nicht direkt Führungsstelle, da die verantwortliche Führung in den Diözesen liegt. Wolker mahnt die Vertreter der Bünde, am Einheitsgedanken festzuhalten und plädiert für ein Diakonat der Jungführerschaft.[72]

Die überregionale katholische Jugendarbeit bekommt erste Strukturen. Im Rahmen der Hauptstelle wird unter anderem aus dem Personal der Hauptstelle ein Führerring gebildet, der die Interessen der katholischen Jugend in Deutschland vertritt. Da noch keine Wahl stattfinden kann, werden die Mitglieder berufen. Später soll die demokratische Legitimation nachgeholt werden. Ein ähnliches Vorgehen empfiehlt die Hauptstelle auch den Diözesen.[73]

Dennoch ist keine zentrale Leitung angezielt. Die verantwortliche Führung soll in den Diözesen auf Weisung des Bischofs geschehen. Strenggenommen ist der Diözesanbischof nun der oberste Jugendführer der Diözese. Das hat es vorher so nicht gegeben.[74]

Das Jahr 1945 hat für die katholische Jugendarbeit einige Vorentscheidungen gebracht. Das Verbot verbandlicher Strukturen ist nicht durchsetzbar, die Wiederbelebung der Vielfalt vor 1933 von den Bischöfen und von vielen Laienführern nicht gewünscht. Die großen Verbände aus der Zeit der Weimarer Republik, der Jungmännerverband und der Zentralverband, werden nicht wiedergegründet. Es deutet sich an, daß die künftige katholische Jugendarbeit ein Kompromiß aus der Zeit vor und nach 1933 sein wird. Ungeklärt ist noch, ob der Schwerpunkt der künftigen Körperschaft katholischer Jugend mehr auf der Einheit oder auf der Vielfalt liegt. Hier kommt es auf die organisatorischen Konkretisierungen der Richtlinien von 1945 an. Wolker hat durch die Einrichtung der Bischöflichen Hauptstelle eine gute strukturelle Basis für die Auseinandersetzung mit den wiederbe-

---

[71] Die Hauptstelle wechselt öfter den Namen, deswegen eine Auflistung der Bezeichnungen, orientiert an Börger/Kortmann, Haus, S. 57 und 72:
ab 1950 Bischöfliche Hauptarbeitsstelle für Jugendseelsorge und Jugendorganisation in den Diözesen;
ab 1956 Bischöfliche Hauptarbeitsstelle für die Jugendseelsorge der Mannes- und Frauenjugend;
ab 1957 Bischöfliche Hauptarbeitsstelle für Jugendseelsorge.
[72] Bischöfliche Hauptstelle, Dezember 1945, S. 3f.
[73] Bischöfliche Hauptstelle, Dezember 1945, S. 8f;
Diözesanarchiv, Nachlaß Neisinger, Kasten 6, 3.3., Rundbrief Ludwig Wolker vom Advent 1945.
[74] Vgl. Börger, 1945, S. 1;
Wolker, Planung, S. 1;
Bischöfliche Hauptstelle, Dezember 1945, S. 3.

lebten Bünden. An der engen Bindung an die kirchliche Hierarchie und am kirchenorganischen Aufbau ist schon im Dezember 1945 nur noch schwer zu rütteln.

Die Arbeit der Bischöflichen Hauptstelle geschieht unter schwierigsten Bedingungen. Haus Altenberg[75], Sitz der Hauptstelle, ist zwar von Kardinal Josef Frings der katholischen Jugend zurückgegeben. Doch befindet sich dort noch ein Altenheim, und auch die Rechtsfragen sind anfangs teilweise unklar. Um jeden freien Raum muß gekämpft werden. Fahrten, schon nach Düsseldorf oder Köln, sind abenteuerlich und zeitaufwendig. Finanziert wird die Hauptstelle unter anderem durch eine Diözesanumlage und durch ein jährliches Jugendopfer beim Bekenntnistag. Das Personal bilden unter anderem Mitarbeiter aus der Zeit vor dem Krieg, vertriebene Jugendseelsorger und -führer aus den Ostgebieten und neue Leute. Mit Idealismus versucht ein kleines Team von Jugendseelsorgern und Laien den Wiederaufbau.[76]

Ein paar Beispiele aus der Arbeit der Hauptstelle: Dr. Franz Wothe, Mitarbeiter der Hauptstelle, gibt am 29. März 1946 in einer Grußadresse der deutschen katholischen Jugend an eine Konferenz über deutsche Jugendfragen in Großbritannien eine Situationsbeschreibung. Er weist auf die materielle Not hin und legitimiert die katholische Jugendarbeit durch ihren Widerstand gegenüber dem NS-Staat. Ludwig Wolker bemüht sich um die Freilassung von Walter Casott aus der britischen Kriegsgefangenschaft. Die Begründung lautet: Der ehemalige Reichsfeldmeister der Georgspfadfinder wird zum Wiederaufbau dringend gebraucht. Ein anderer Brief dokumentiert den Streit zwischen der britischen Militärregierung und (wahrscheinlich) Wolker um den Begriff Jungführer und seine Benutzung in der katholischen Jugendarbeit. Mehrmals regt die Hauptstelle an, sich intensiv um die Flüchtlingsjugend zu kümmern.[77]

Reibereien gibt es 1946 weiterhin zwischen dem mehr um die Einheit besorgten Wolker und den auf Freiheit pochenden Bünden. Beispielsweise gibt es beim ersten Bundestag des Heliand (Bund studierender Mädchen)

[75] Dom und Haus Altenberg in der Nähe von Köln sind in etwa in den Jahren 1930 bis 1960 der spirituelle und pädagogische Mittelpunkt der katholischen Jugend(verbands)arbeit in Deutschland. Vor dem Krieg ist es das Schulungszentrum des Jungmännerverbandes, nachher Sitz der Hauptstelle und von 1947–1954 Bundesstelle des BDKJ; gleichzeitig gibt es wieder eine vielfältige Schulungsarbeit. Der Dom gilt laut Bundesordnung 1955 als „Herz und Mitte des Bundes", ein Satz, der zu dieser Zeit nicht nur auf dem Papier steht. Generalstabsmäßige Lichtstaffetten gehen vom Dom und seiner Madonna aus, Jugendwallfahrten zum Dom reißen das ganze Jahr nicht ab. Später wird es ruhiger um Altenberg, doch heute noch tagt das höchste BDKJ-Organ, die Hauptversammlung, jedes Jahr dort. Und in den Herzen und Köpfen der Ehemaligen ist Altenberg ein Wort mit besonderem Klang.

[76] Bischöfliche Hauptstelle, Dezember 1945, S. 5;
Bischöfliche Hauptstelle, März 1946, S. 10f;
Diözesanarchiv, Nachlaß Neisinger, Kasten 6, 3.3., Rundbrief Ludwig Wolker vom Advent 1945;
Die erste Hauptkonferenz, S. 10f;
Bundesführung, 10 Jahre BDKJ, S. 6 und 33f.

[77] Bischöfliche Hauptstelle, März 1946, S. 14;
Altenberger Brief, Jahresanfang 1947, S. 20ff;
vgl. Katholische Jugendverbände.

im Juli in München-Fürstenried heftige Auseinandersetzungen um die zukünftige Gestalt der katholischen Jugend. Der (geistliche) Bundesführer Kifinger spricht von einem „Eintopf".[78]
Daneben entstehen Konflikte, wenn Diözesen Sonderwege gehen. In Paderborn versucht die Schar, bündische Elemente und die Einheitlichkeit in einer Art Überbund zu verwirklichen. Daraus entstehen drastische Konflikte mit Wolker, der keine diözesanen Vorentscheidungen will.[79]
Wolker fordert am 24. Februar 1946 in Köln vor 5000 Jugendlichen eine fruchtbare Spannung zwischen Kirchenverwaltung und jugendlicher Selbstbestimmung. Das kirchenorganische Prinzip darf die Selbstbestimmung und die Bewegung der Jugend seiner Meinung nach nicht ersticken. Gleichzeitig plädiert er immer wieder intensiv für die Zusammenfassung der Kräfte und die Einheit der katholischen Jugend.[80]
Vom 29. April bis 3. Mai 1946 findet in Bad Soden-Salmünster die Hauptkonferenz für katholische Jugendseelsorge und Jugendorganisation statt. Anwesend sind Jugendseelsorger aus ganz Deutschland, unter ihnen auch Geistliche Leiter der alten Verbände, mehrere Bischöfe und einige wenige Laien, meist mitgebracht von den Diözesanjugendseelsorgern. Wolker stellt dort fest: Bei der Durchführung der Richtlinien von Bonn-Pützchen hätten sich Schwierigkeiten ergeben, die überwunden werden müßten. Er nennt als Beispiele eine Überbetonung religiöser Jugendarbeit und Klerikalismus in der Jugendführung sowie die Übersteigerung des kirchenorganischen, aber auch des bündischen Prinzips. Grundsätzlich bestätigen die Teilnehmer den Kompromiß von Bonn-Pützchen. Der Bund Neudeutschland wird aber vor allem von den Diözesanjugendseelsorgern wegen seines Eigenbewußtseins kritisiert. Der Aufbau einer eigenen Führungsstruktur der katholischen Jugend soll in den Diözesen entsprechend der konkretisierten Empfehlungen vom Dezember 1945 verstärkt angegegangen werden.[81] Konkrete Entscheidungen für die Jugendverbände fallen noch nicht.[82] Die Ergebnisse der Konferenz werden in einem später folgenden Treffen den deutschen Diözesanjugendführern nahegebracht.[83]
Bald darauf fordert P. Johannes Hierschmann SJ, NDer und führender Vertreter der bündischen Freiheit, in einem Brief an den Paderborner Erzbischof Jäger, selbst NDer, das freie Koalitionsrecht der Katholiken im Raum der Kirche. Er weist den amtskirchlichen Strukturen nur subsidiäre Funk-

---

[78] Wachter, Heliand, S. 273;
Altenberger Brief, Jahresanfang 1947, S. 16.
[79] Reineke, Kreuz, S. 216ff.
[80] Hastenteufel, Dissertation, S. 47 (zeitlich fixiert in Hastenteufel, Verwöhnt, S. 14); bspw. Altenberger Brief, Jahresanfang 1947, S. 4.
[81] Vgl. Die erste Hauptkonferenz.
[82] Vgl. Reineke, Kreuz, S. 235f;
Reineke schreibt auch, daß Bedenken gegen Wolker und Klens im Raum standen, weil sie eher als Vertreter des früheren Verbandskatholizismus und nicht der Einheit der NS-Zeit galten. Aus weiteren Stellen in seinem Buch wird deutlich, daß er selbst ebenfalls dieser Meinung war. Wolker stand also in der Auseinandersetzung mit zwei Gegnern: den Bünden und den Einheitsverfechtern.
[83] Vgl. Diözesanarchiv, Nachlaß Neisinger, Kasten 11, 1.1.8d, Bericht über ein Treffen der deutschen Diözesanjugendführer in Altenberg (ohne Datum, ca. Sommer/Herbst 1946).

tion zu. Er begründet seine Forderung vor allem kirchenrechtlich.[84] Viele Verbände gründen sich wieder. In Vereinbarungen mit der Hauptstelle werden Kompromisse zwischen Einheit und Vielfalt ausgehandelt.[85] 1947 ist das Jahr der Entscheidung. Die Organisationsstruktur der katholischen Jugend muß beschlossen werden. Wolker entwirft mit anderen Jugendseelsorgern den Zeitplan für zwei Konferenzen im Frühjahr 1947, die entscheiden sollen.[86] Die Gründung des BDKJ findet somit nicht an einem Tag statt, sondern erstreckt sich über das Jahr 1947.

Hier zur besseren Übersicht kurz die entscheidenden Daten: Der Auftakt ist die Konferenz der Führerschaft vom 24.–28. März in Hardehausen. Sie wählt eine Bundesführung und spricht Leitsätze zur Ordnung des Bundes aus. Die Hauptkonferenz der Katholischen Jugendseelsorge und Jugendorganisation in München-Fürstenried bestätigt die Entscheidungen von Hardehausen und beschließt sie damit endgültig. Die Deutsche Bischofskonferenz erkennt am 22. 8. 1947 die Gründung an. Die erste Hauptversammlung des BDKJ vom 24. bis 28. November 1947 in Walberberg stimmt aufgrund der Leitsätze von Hardehausen einer Bundesverfassung zu.[87]

Zur Konferenz der Führerschaft in Hardehausen[88] hat die Hauptstelle in Altenberg namentlich Laienführer und -führerinnen aus den deutschen Diözesen eingeladen. Damit ist das Abstimmungsrecht verbunden.[89] Diese Laienführer sind oft nicht gewählt, sondern bischöflich beauftragte Sprecherinnen und Sprecher der diözesanen Jugend.[90] Am ersten Tag geht es um die Arbeiterjugend. Kanonikus Joseph Cardijn aus Belgien überzeugt. Die Delegierten beschließen, die Arbeiterjugend in der Form der CAJ in dem noch zu gründenden katholischen Jugendbund zu integrieren.[91] Am zweiten Tag referiert Prof. Joseph Pascher (München) zum Thema „Priester und Laien in der Kirche". Er plädiert unter Beachtung der Ordnung der Kirche für eine intensive Mitverantwortung der mündigen Laien und führt als Bei-

---

[84] Das Schreiben ist auszugsweise abgedruckt in: Reineke, Kreuz, S. 338f.

[85] Altenberger Brief, Jahresanfang 1947, S. 12ff.

[86] Reineke, Kreuz, S. 238.

[87] Zu diesem Gründungsablauf gibt es in der Literatur viele kleine Ungereimtheiten. Mir erscheint die Darstellung Bernd Börgers in den KB 1987, S. 853 am überzeugendsten.

[88] Über Hardehausen liegen mir keine protokollarischen Unterlagen vor. Wichtige Informationen enthalten:
Diözesanarchiv, Nachlaß Neisinger, Kasten 11, 1.1.10, Tagung der Führerschaft der Deutschen katholischen Jugend in Hardehausen (Manuskript und Anwesenheitsliste), o.D., o.V.;
Altenberger Brief, 1947;
Reineke, Kreuz, S. 238–241;
Bundesführung, 10 Jahre BDKJ, S. 5 und 14–17;
Bundesführung, 20 Jahre BDKJ, S. 25f;
KB 1987, S. 860–862.

[89] Reineke, Kreuz, S. 238;
Diözesanarchiv, Nachlaß Neisinger, Kasten 11, 1.1.10, Tagung der Führerschaft der Deutschen katholischen Jugend in Hardehausen (Manuskript und Anwesenheitsliste), o.D., o.V.;
in der Anwesenheitsliste sind statt der Namen der ostdeutschen Vertreter Leerstellen, um sie zu schützen, vgl. Börger/Kortmann, Haus, S. 46.

[90] Vgl. Rommerskirchen, Neuorganisation.

[91] Altenberger Brief, 1947, S. 13;
Diözesanarchiv, Nachlaß Neisinger, Kasten 11, 1.1.10, Tagung der Führerschaft der Deutschen katholischen Jugend in Hardehausen (Manuskript und Anwesenheitsliste), o.D., o.V.

spiel die Stärkung des Jungführertums an.[92] Das spiegelt sich in den Leitsätzen wider. Diese diskutiert und verabschiedet die Führerschaft am dritten Tag.[93] Die ersten zwei Tage sind also nicht zufällig im Programm, sondern haben politische Bedeutung – nicht zuletzt Wolkers Regie.

Der dritte Tag erhitzt schon vorher die Gemüter. Die Vertreter der Bünde und der Einheit streiten Tag und Nacht über die Organisationsstruktur.[94] Teile der Frauenjugend befürchten, bei der geplanten Zusammenarbeit mit den Männern benachteiligt zu werden.[95] Manche Delegierte sind von den strukturellen Feinheiten und Machtkämpfen überfordert. Sie wollen aus missionarischem Geist die Welt erneuern und nicht über Organisatorisches streiten.[96] Zwar ist es die Konferenz der Laienführer, aber das Sagen scheinen die geistlichen Leiter zu haben.[97]

Stück für Stück kommt die Versammlung voran. Als Name für die neue Organisationsform wählen die Teilnehmer „Bund der Deutschen Katholischen Jugend". Der kürzere Name „Katholische Jugend" wird abgelehnt, weil er zur Verwechslung mit der gesamten katholischen Jugend führt. Der Begriff Körperschaft der katholischen Jugend gilt als richtig, da der Bund eine juristische Einheit und keine unverbindliche Arbeitsgemeinschaft sein soll, aber er ist für den Sprachgebrauch zu umständlich. Wer will schon Körperschaftsvorsitzender heißen?

Man einigt sich auf eine Struktur von Stamm und Gliederungen. Der Bund besteht aus den Stammgruppen von Mannes- und Frauenjugend, die rund 90% der Mitglieder ausmachen. Zu ihnen gehören alle männlichen und weiblichen katholischen Jugendlichen einer Pfarrei, soweit sie bei der Gruppenarbeit mitmachen. Daneben gibt es die Gliederungen Kolpingjugend, Neudeutschland, Verband der Marianischen Congregationen studierender Jugend, Christliche Arbeiter-Jugend, Deutsche Pfadfinderschaft St. Georg, Schar, Heliand, Jugendbund des katholischen deutschen Frauenbundes, Kongregation studierender Mädchen, Pfadfinderinnenschaft St. Georg, Quickborn-Jüngerenschaft.[98] Der Bund hat zwischen 800 000 und 900 000 Mitglieder. Es überwiegen die Mädchen und Frauen, insbesondere bei den älteren Jahrgängen. Die Mitglieder im Alter bis zu 18 Jahren stellen rund 70%.[99]

[92] Diözesanarchiv, Nachlaß Neisinger, Kasten 11, 1.1.10, Tagung der Führerschaft der Deutschen katholischen Jugend in Hardehausen (Manuskript und Anwesenheitsliste), o.D., o.V.;
Altenberger Brief, 1947;
Bundesführung, 10 Jahre BDKJ, S. 16.
[93] Die Leitsätze sind abgedruckt in: Altenberger Brief, 1947, S. 6–8.
[94] Reineke, Kreuz, S. 239.
[95] KB 1987, S. 861;
Börger, Frauen, S. 19f.
[96] Berger, Wolker, S. 261ff.
[97] Vgl. den Bericht des jüngsten Teilnehmers, der aus der sowjetischen Besatzungszone kam, abgedruckt in: Bundesführung, 20 Jahre BDKJ, S. 25f.
[98] Bundesführung, Bundesordnung 1948, S. 7;
Ungenauigkeiten dagegen bei Bundesführung, 20 Jahre BDKJ, S. 9 oder bei Börger/Kortmann, Haus, S. 50.
[99] Diözesanarchiv, Nachlaß Neisinger, Kasten 11, 1.1.9 f, Mitteilung der Bundesführung an alle Diözesen und Gliederungen zur Jahresstatistik vom 12. Februar 1948.

Neu ist die enge Zusammenarbeit von Frauenjugend und Mannesjugend in einer Organisation. Der Stamm stellt nicht nur die Masse der Mitglieder, sondern übernimmt – so stellt es sich in der Praxis heraus – fast alle Leitungspositionen auf sämtlichen Ebenen.

Aufgaben des Bundes sind: Gemeinschaftsbildung, religiöse Formung und Apostolat im Sinne der Katholischen Aktion. Der Aufbau orientiert sich am kirchenorganischen Prinzip, die Eigenständigkeit der Gliederungen wird anerkannt und ihnen der Aufbau einer überdiözesanen Struktur zugestanden. Die Delegierten wählen Dr. Ludgera Kerstholt für die Frauenjugend und Josef Rommerskirchen für die Mannesjugend zur Bundesführung.[100] Als Präsides sind Wolker und Klens vom Episkopat berufen.

Folgende Appelle verabschiedet die Konferenz: Aufruf an die deutsche katholische Jugend, inmitten des Chaos Trägerin der Hoffnung, Freude und Liebe aus dem Glauben heraus zu sein. Bitte an die christliche Jugend der Welt, die deutsche Jugend in ihrer Not nicht zu vergessen. Einen Gruß an die Kriegsgefangenen, Appelle an den Alliierten Kontrollrat, in denen gegen die Abtrennung der Ostgebiete und die Grausamkeit der Vertreibung protestiert sowie um schnelle und humane Heimkehr der Kriegsgefangenen gebeten wird. Einen Treuegruß an Papst Pius XII., der über die Ergebnisse der Konferenz informiert, das Apostolat betont und auf die Flüchtlingsjugend aufmerksam macht.[101]

Die Hauptkonferenz der katholischen Jugendseelsorge und Jugendorganisation in München-Fürstenried vom 24. bis 29. April 1947 bestätigt die Ergebnisse von Hardehausen.[102] Es nehmen neben den Jugendseelsorgern auch zwölf gewählte Delegierte von Hardehausen und mehrere Bischöfe teil. Die Teilnehmer beschließen organisatorische Fragen und lehnen Kontakte zur Freien Deutschen Jugend (FDJ) ab. Sie verzichten vorerst darauf, den katholischen Sportverband DJK wiederzugründen. Klens stützt das

---

Oft taucht auch in der Literatur die Zahl 750 000 auf. Hier sind aber die 10–14jährigen nicht mitgerechnet, bspw. Altenberger Brief, 1947, S. 15.

[100] Dr. Ludgera Kerstholt: * 1914; Pädagogikstudium in Münster; arbeitet als Studentin an den Mädchenzeitungen „Kranz" und „Knospe" des Zentralverbandes der katholischen Jungfrauenvereinigungen Deutschlands; Studienassessorin in Münster; seit Anfang 1947 in der Hauptstelle für Mädchenschrifttum angestellt; Bundesführerin 1947–1950; danach Leiterin der Fachschule für höhere Sozialarbeit in Münster.

Josef Rommerskirchen: * 1916; nach Gymnasium und kurzer kaufmännischer Lehrzeit schon vor dem Krieg im Jugendhaus Düsseldorf in den Bereichen Verlag und Leitungsassistenz tätig; Soldat und französische Kriegsgefangenschaft bis Anfang 1947; Bundesführer 1947–1952; danach Referatsleiter in der Bundeszentrale für politische Bildung und CDU-MdB.

Daß es in der Anfangszeit des BDKJ strukturell recht unorthodox zuging, zeigt das Beispiel Rommerskirchen. Er hatte 1946 in französischer Kriegsgefangenschaft einen Artikel über den Neuaufbau der katholischen Jugend geschrieben. Wolker erfuhr davon und lud ihn nach seiner Entlassung nach Hardehausen ein, auch, weil er ihn schon vor dem Krieg aus dem Jugendhaus Düsseldorf kannte. Nach eigener Aussage hatte Rommerskirchen keine Ahnung, daß er von Hardehausen als Bundesführer zurückkehren würde, vgl. Börger/Kortmann, Haus, S. 45.

[101] Abgedruckt in: Altenberger Brief, 1947, S. 15–22; Bundesführung, 10 Jahre BDKJ, S. 16f.

[102] Altenberger Brief, 1947, S. 5ff; Reineke, Kreuz, S. 241ff.

Zusammengehen von Mannes- und Frauenjugend, das in kirchlichen Kreisen nicht unumstritten ist.[103] Mit der Münchner Konferenz hat sich der BDKJ konstituiert.

Die Deutsche Bischofskonferenz begrüßt am 22. August 1947 die Gründung des BDKJ. Sie erwartet vom Laienführertum eine dem neuen Spielraum entsprechende Treue, betont den apostolischen Gedanken und die Einheit im kirchenorganischen Aufbau.[104]

Als die erste Hauptversammlung des BDKJ vom 24. bis 28. November 1947 in Walberberg bei Bonn die Leitsätze von Hardehausen und Fürstenried als „Bundesverfassung in allen entscheidenden Punkten" zustimmend verabschiedet[105], ist der BDKJ endgültig gegründet.

Der BDKJ ist ein Kompromiß aus Elementen der katholischen Jugendarbeit vor und während der NS-Zeit. Die Verfechter einer Wiederbelebung des Verbandswesens vor 1933 müssen folgende Zugeständnisse machen: Die kirchliche Anbindung wird enger. Ein Beispiel ist die Personalunion „Leiter der Bischöflichen Hauptstelle und Bundespräses BDKJ" inklusive der organisatorischen Verwobenheit durch den gemeinsamen Sitz in Altenberg. Der BDKJ ist keine Arbeitsgemeinschaft von Bünden und Verbänden, sondern eine Körperschaft mit dem Stamm als direktem Mitgliederreservoir. Das kirchenorganische Prinzip verschafft den Diözesen und Pfarreien eine starke Stellung.

Die Vertreter einer möglichst einheitlichen Jugendarbeit aus der Zeit des Nationalsozialismus müssen folgende Abstriche machen: Die Vielfalt der Verbände blüht wieder auf und zentrale Strukturen entstehen. Die religiöse Dichte während der NS-Zeit muß unter der Menge der Mitglieder in einem Massenverband leiden.

Zu beobachten ist auch eine zeitliche Entwicklung. Die Bischöfe als Vertreter der Einheit sind in den Jahren von 1945 bis 1947 schrittweise auf dem Rückzug, was Zugeständnisse an die Verbände und Bünde angeht. Ein Beispiel: Sind anfangs die überdiözesanen Verbandsstrukturen untersagt (Werl 1945), wird dagegen in den Leitsätzen von Hardehausen im Jahre 1947 auch den Verbänden eine bundesweite Struktur zugestanden.

In den ersten Jahren meinen viele, die Vertreter der Einheit hätten sich durchgesetzt. Das zeigen die erbitterten Gefechte um den als „Einheitskappe" bekämpften BDKJ.[106] Vom heutigen Standpunkt aus kann man sagen, daß schon in der Gründung strukturelle Brüche sind, die später zu Rissen im Bundesgedanken führen müssen. So gibt es die Spannungen zwischen dem starken, eher einheitlich orientierten Stamm und den um möglichst große Vielfalt bemühten Gliederungen sowie zwischen der engen Bindung an die kirchliche Leitung und dem traditionellen Autonomiegedanken der Gliederungen. Letztlich hatten sich schon damals die Vertreter

---

[103] Rocholl-Gärtner, Anwalt, S. 74f;
    Bundesführung, 20 Jahre BDKJ, S. 10;
    Reineke, Kreuz, S. 218f.
[104] Das Schreiben ist abgedruckt in: Bokler, Richtlinien, S. 40.
[105] Altenberger Brief, 1948, S. 4.
[106] Bundesführung, 10 Jahre BDKJ, S. 34.

der Vielfalt durchgesetzt, was sich allerdings erst durch die gesellschaftlichen Veränderungen Mitte der 60er Jahre spürbar auswirkte.

Wer sind die Mütter und Väter des BDKJ? Die Jugendlichen selbst sind es nicht.[107] Die älteren Laienführer und -führerinnen wie Rommerskirchen scheinen auch nicht die entscheidende Rolle zu spielen. Sie tauchen in der Literatur als Agierende, Planerinnen und Diskussionspartner sehr selten auf.[108] Die Väter des BDKJ sind die großen, überdiözesan bekannten Jugendseelsorger aus der Zeit vor 1933 und aus der NS-Zeit: Wolker, Klens, Esch und einige profilierte Jugendseelsorger aus den Diözesen, die aber namentlich schon schwer zu bestimmen sind. Wichtige Fragen wie die Organisationsstruktur oder das Zusammengehen von Mannes- und Frauenjugend waren, vor allem von Wolker und Klens, schon weitgehend vorausgedacht und teilweise abgesichert.[109]

Von den Vätern ist der wichtigste Wolker. Inwieweit er sich durchgesetzt hat, ist in der Literatur umstritten. Die Mehrheit der Berichte neigt der Ansicht zu, Wolker habe sich durchgesetzt.[110] Eine Minderheit sieht dies anders.[111] Eine differenzierte Bewertung ist hier angesagt.

Liest man Texte Wolkers aus den ersten Nachkriegsjahren oder Berichte über Begegnungen von Verbandsverantwortlichen mit ihm, scheint es so, daß er mehr Einheit wünschte, als letztlich durchgesetzt worden ist. Schließlich war er vor dem Krieg Präses eines Massenverbandes und nicht einer bündisch orientierten Gruppierung, und er hat die Zersplitterung vor 1933 hautnah erlebt. Andererseits ist Wolker ein politischer Stratege. Spätestens Anfang 1947 zeichnet sich ab, daß der BDKJ von Hardehausen und Fürstenried das Maximale an durchsetzbarer Einheit ist. Dafür kämpft er geschickt und insofern setzt er sich durch.

2.4.2. Die Aufbaujahre 1947–1955

Der Bund nimmt seine Arbeit auf. Einen Teil der Arbeitskraft schluckt die Durchsetzung der Struktur des Bundes und seiner Ziele im ganzen Land. Anfang 1948, als die Zeitschrift „Fährmann" Photos der Bundesführung

---

[107] Gegen Neisinger, der aus der Rückschau die – durchaus vorhandene – Zustimmung Jugendlicher zum BDKJ mit einer realen Gründerrolle verwechselt, vgl. Neisinger, Mut, Sp. 6706 und Neisinger, Stellungnahme, S. 29.

[108] Vgl. Fußnote 48; Rommerskirchen kann, bspw. rein zeitlich und vom Informationsrahmen her, politisch vor Hardehausen kaum agieren, wenn er fast direkt von Kriegsgefangenschaft ins Bundesführungsamt wechselte.

[109] Altenberger Brief, Jahresanfang 1947, S. 4ff;
Bischöfliche Hauptstelle, März 1946, S. 16.

[110] Börger, Sturmschar, S. 148;
dj 1955, S. 429;
Lechner, Pastoraltheologie, S. 123;
Neisinger, Mut, Sp. 6706;
Berger, Wolker, S. 223;
Bundesführung, 10 Jahre BDKJ, S. 34f.

[111] Schellenberger, Träger, Sp. 6622;
Wuchterl, 75 Jahre, S. 78;
BDKJ, Mosterts-Wolker-Schreeb, S. 24.

veröffentlicht, kann der Großteil der Leser weder mit den Gesichtern noch mit den Ämtern etwas anfangen.[112] Die Bundesführung reist herum und wirbt für das neue Produkt. Heftige Gefechte gibt es mit erbitterten Gegnern des Einheitsgedankens. Gerade diese Auseinandersetzungen machen aber den BDKJ bekannt. In den Diözesen gibt es Schwierigkeiten mit dem Klerus, der sich erst langsam wieder an eine selbstbewußte Laienführung gewöhnt. Die Zusammenarbeit mit der Frauenjugend muß erlernt werden, und die Gliederungen stehen dem Bund eher distanziert gegenüber. Auch die Balance zwischen religiöser, sozialer und politischer Arbeit ist nicht immer leicht zu finden.[113]

Oft steht in den ersten Jahren die soziale Frage in Bildungsarbeit und Aktionen ganz vorne. Dabei gibt es auch sozialkritische Töne, die eine gerechte Neuordnung der Gesellschaft fordern, da Nächstenliebe allein nicht ausreiche.[114]

Der Apparat in Altenberg – Hauptstelle des BDKJ und Bischöfliche Hauptarbeitsstelle für Jugendseelsorge und Jugendorganisation – wächst. Es gibt ein Sozial- und Kulturamt, die Pressestelle, die Laienspielberatung und eine gutgehende Buchhandlung. Die Zeitungen entstehen wieder. Die Währungsreform bringt die Hauptstelle an den Rand des finanziellen Ruins, wird aber überstanden. Die Bundesführung knüpft Kontakte zu anderen Jugendorganisationen.[115]

Die erste Bundesordnung tritt 1948 in Kraft. Sie präzisiert, was vorher erarbeitet worden ist. Die Präambel gibt einen guten Einblick in Sprache und Denken der damaligen Zeit:

„In den Trümmern unseres Volkes, das zerbrechen mußte, weil es sich selbst zum Maß aller Ordnung gesetzt hat – In der daraus gewordenen äußeren und inneren Not unserer Tage – Heimgekehrt aus dem großen Sterben des Krieges und aus der Entwürdigung des Menschen durch Gewalt und Zwang – ist deutsche katholische Jugend im Glauben an die alles bezwingende Macht Jesu Christi des Gebots der Stunde sich bewußt geworden: Über alle Schranken hinweg haben sich die Gruppen und Gemeinschaften katholischer Mannesjugend und Frauenjugend aller Stämme und Stände zusammengeschlossen zum Bund der Deutschen Katholischen Jugend.
Geeint in Stamm und Gliederungen, will der Bund in den Bistümern und im deutschen Raum nach der Vielfalt seiner Wege und Formen dem inneren Leben seiner Gemeinschaft ebenso dienen wie dem Ziel: Not zu wenden in opferbereiter Tat, Ordnung zu bauen in selbstlosem Dienst, Freiheit zu ge-

---

[112] Bundesführung, 10 Jahre BDKJ, S. 33ff;
Fährmann 1948–2, S. 4f.
[113] Vgl. bspw. den Briefwechsel Rommerskirchens mit der Münchner Diözesanführung und dem Eichstätter Bischöflichen Jugendamt im Jahr 1948, in: Zur „Entwicklung" des BDKJ.
[114] Altenberger Brief, 1947, S. 23f.
Fährmann 1949–5, S. 6f.
Bundesführung, 20 Jahre BDKJ, S. 13.
[115] Diözesanarchiv, Nachlaß Neisinger, Kasten 11, 1.1.9.f, Rundbrief Wolker an alle Diözesanstellen vom 30. 8. 1948;
Bundesführung, 10 Jahre BDKJ, S. 36.

winnen in Recht und Bindung, Frieden zu wirken in der Gemeinschaft der Völker, Christus zu tragen in Volk und Zeit.
Der Bund gibt sich eine feste Ordnung, der sich alle Glieder und Gemeinschaften verpflichten. Die Ordnung ist eine zeitbedingte. Die Zeit ist im Fluß, der Bund wird darum offen sein für neue Entwicklungen in Volk und Kirche und wird dem Rechnung tragen. Immer aber soll diese Ordnung dem lebendigen Leben der Jugend dienen und der Weckung und Bindung der Kräfte zum gemeinsamen Werk."[116]

Die erste Bundesordnung betont die tragende Rolle des Stammes, klärt die partnerschaftliche Zusammenarbeit von Priestern und Laien, betont das soziale Engagement, orientiert sich an Kirche und Welt, versteht den BDKJ eingebunden in die Katholische Aktion und sieht den Bund als „Lebensgemeinschaft, Erziehungsgemeinschaft, Notgemeinschaft und Tatgemeinschaft".[117]
Obwohl sich die Struktur des BDKJ allmählich durchsetzt, etabliert er sich an der Basis nur langsam. Mangelhafte Beitragsdisziplin und Organisationsscheu machen ihm zu schaffen[118] und sollen ihn stetig begleiten. Der hauptamtliche Bundesführer bekommt einen ehrenamtlichen Stellvertreter, den Würzburger Diözesanführer Oskar Neisinger.[119] Die Zusammenarbeit mit nichtkatholischen Jugendorganisationen läuft gut, und 1949 wird unter maßgeblicher Beteiligung des BDKJ der Deutsche Bundesjugendring gegründet. Bundesführer Rommerskirchen wird erster Vorsitzender. Der BDKJ hat sich im Jugendbereich etabliert.[120]
1950 löst Mathilde Beckers, bisher Referentin der Frauenjugend in der Diözese Aachen, Ludgera Kerstholt als Bundesführerin ab.[121]
Der BDKJ ist kaum im Kindergartenalter, schon taucht das Schlagwort vom „Bund in der Krise" auf. Lustlosigkeit bei Seelsorgern, Verantwortlichen und Mitgliedern macht sich breit, die religiöse Dichte läßt nach, die Rollenverteilung von Priestern und Jungführern macht Probleme, und Mitglieder kritisieren die innerverbandliche Hierarchie.[122]

[116] Bundesführung, Bundesordnung 1948, S. 4.
[117] A.a.O., S. 6.
[118] KB 1987, S. 859.
[119] Sonntagsblatt vom 22.05.1949, S. 183;
ID 1985, S. 213.
Oskar Neisinger: *1919; Abitur; 1945–1952 Würzburger Diözesanjugendführer; 1949–1956 stellvertretender Bundesführer (genaue Datierung unsicher); + 1985 (genauere biographische Angaben vgl. Kap. 3.1.1.). Die stellvertretenden Bundesführer spielten normalerweise keine entscheidende Rolle im BDKJ. Neisinger ist eine Ausnahme, weil er neben Rommerskirchen und Köppler als einer der bedeutendsten Laienführer in der ersten Dekade gilt, vgl. Börger/Kortmann, Haus, S. 49.
[120] Vgl. Lades, Jugendarbeit, S. 9f.
[121] Jungführer 1950, S. 238;
Fährmann 1950, S. 280f.
Mathilde Beckers: Erzieherin in Italien; Auslandeskorrespondentin; Seelsorgshelferin in Berlin; Schuldienst in Aachen; seit 1948 Referentin der Frauenjugend in Aachen; Bundesführerin 1950–1953; danach Eintritt in einen Orden und Leiterin der Katechetinnenschule in Manila/Philippinen.
[122] Vgl. Diözesanarchiv, Bischöfliches Jugendamt, Kasten 1, Nr. 2, Brief des Diözesanjungscharführers der Diözese Osnabrück an Oskar Neisinger vom 3. 8. 1950;

1951 beschließt der BDKJ die „Aktion heimatvertriebene Jugend". Sie soll Heimatvertriebenen helfen und sie in den BDKJ integrieren.[123] Teilweise, vor allem in den Diasporagebieten, spielen die Heimatvertriebenen eine große Rolle im Bund. Manchmal bleibt aber auch Distanz und Unverständnis.[124] Das kirchenorganische Prinzip zeigt immer deutlicher Schwächen. Kirchturmpolitik, die Einengung des Horizontes katholischer Jugendarbeit auf die eigene Pfarrei, greift um sich.[125] Ab 1953 gibt es einen durchorganisierten Bildungsplan mit Jahresthemen und Jahresaufgaben. Wachablösung heißt es 1952. Wolker, Klens und Rommerskirchen geben das Steuer aus der Hand. Wolker geht nicht ganz freiwillig.[126] Nachfolger werden Domvikar Willy Bokler und Heinrich Köppler, beide aus Limburg.[127] Die Stelle Bundespräses Frauenjugend bleibt vakant. Die Frauen-

KB 1950, S. 304 und 462;
Fährmann 1950, S. 89 und 261.
[123] ID 1951, S. 52f;
abgedruckt in: Jungführer 1951, S. 246.
[124] KB 1954, S. 448ff;
vgl. auch schon Jahre vorher den Brief von Rommerskirchen an Flüchtlingsbischof Dr. Maximilian Kaller, der einige Probleme zwischen BDKJ und Flüchtlingsjugend erkennen läßt, in: Diözesanarchiv, Nachlaß Neisinger, Kasten 11, 1.1.9.f, Brief Rommerskirchen an Kaller vom 20. 5. 1947.
[125] KB 1951, S. 119ff.
[126] Hier gibt es in der Literatur kontroverse Meinungen. Offiziellere Darstellungen berichten nichts über irgendwelche Spannungen beim Rücktritt Wolkers, vgl.
Bundesführung, 10 Jahre BDKJ,
Bundesführung, 20 Jahre BDKJ,
Bundesvorstand, 25 Jahre BDKJ,
ID 1952,
Jungführer 1952.
Auch Neisinger bestreitet einen erzwungenen Rücktritt Wolkers, in:
Neisinger, Stellungnahme, S. 29.
Dagegen weist Doering-Manteuffel mit Archivmaterial nach, daß Wolker unter zumindest merkwürdigen Umständen von seinen Führungsämtern entbunden wurde, in: Doering-Manteuffel, Wiederbewaffnung, S. 184f.
Folgende Literatur sieht dies ähnlich:
Hastenteufel, Verwöhnt, S. 19,
Berger, Wolker S. 269 und 275f,
Wuchterl, 75 Jahre, S. 31.
Das Protokoll der Hauptversammlung vom 10.–14.11.1952 gibt keine eindeutige Auskunft, weist aber in mehreren Stellen auf eine sehr spannungsgeladenen und schwierigen Leitungswechsel hin. Gleiches gilt für einen Brief Wolkers an Neisinger vom 17.08.1952, vgl. Diözesanarchiv, Nachlaß Neisinger, Kasten 7, 3.3. (Brief Wolker) und Kasten 11, 1.1.12 (Protokoll).
Ich halte ein nicht ganz freiwilliges Abtreten Wolkers aus folgenden Gründen für wahrscheinlich:
a) Die Mehrheit in der Literatur geht davon aus;
b) Die Quellen lassen Probleme klar erkennen.
Aus welchen konkreten Gründen Wolker ausscheidet, ist nicht deutlich genug zu erkennen.
[127] ID 1952, S. 147f.
Willy Bokler: seit 1947 Diözesanjugendseelsorger der Mannesjugend in Limburg und damit Gründungsmitglied des BDKJ auf Bundesebene; Bundespräses Mannesjugend 1952–1966; danach Beauftragter der Deutschen Bischofskonferenz für die pastorale Aneignung des Konzils; + 1974.
Heinrich Köppler: * 1925; Abitur; Soldat 1943–1945; Jurastudium; seit 1949 Diözesanführ-

jugend wählt Regina Betz aus Hildesheim zur stellvertretenden Bundesführerin. Betz ist gleichzeitig hauptamtliche Bundessekretärin, eine Kombination, die immer wieder einmal vorkommt. Oft sind die Stellvertreter
und Stellvertreterinnen auch aus der Leitung großer Gliederungen.
1953 folgt für Klens Bartholomäus Hebel aus Augsburg. Heidi Carl (Aachen) heißt die neue Bundesführerin.[128] 1954 wird das erste Bundesfest des
BDKJ in Dortmund ein voller Erfolg. Gleichzeitig wachsen an der Basis die
Spannungen, manche Jugendseelsorger unterstützen den BDKJ nur wenig,
und immer wieder wird eine mangelnde religiöse Dichte kritisiert.[129]
Am 2. Februar 1954 weiht Kardinal Joseph Frings das Jugendhaus Düsseldorf ein.[130] Altenberg ist für die Zentrale zu klein geworden. 1951 hat die
Hauptversammlung den Wiederaufbau auf Wolkers Initiative hin beschlossen. Er geschieht genau an dem Ort, wo vor dem Krieg der Jungmännerverband seine Zentrale hatte. Der Wiederaufbau ist ein finanzielles Wagnis.
Am 7. Juni 1952 findet die Grundsteinlegung statt. Nach dem Richtfest, ein
halbes Jahr später, geht das Geld aus. Eine Bausteinaktion innerhalb des
BDKJ bringt rund 200 000 DM[131], die Amerikaner spenden 150 000 DM[132],
und auch andere Spenden fließen. So kann das Jugendhaus fertiggebaut
werden. Das Selbstverständnis des Hauses ist anfangs noch stark von dem
Bewußtsein geprägt, das Zentrum katholischer Jugendarbeit beziehungs-
weise die für die Einheit der kirchlichen Jugendarbeit verantwortliche
Kommandozentrale zu sein.[133] Der Einladung an alle Gliederungen, ihre
Bundesstellen im Jugendhaus anzusiedeln, folgen nur der Stamm und die
DPSG.
Trotz ihres hohen Ansehens gibt es auch Kritik an den Zentralen Altenberg
und später Düsseldorf. Der Vorwurf „Wasserkopf" und die Angst, von ei-
ner anonymen Stelle bevormundet zu werden, läßt die Distanz zwischen
Basis und Spitze wachsen.[134] Dieses Problem entwickelt sich zu einem Dau-
erbrenner. Es tritt allerdings in der ersten Phase der Geschichte des BDKJ

rer in Limburg; Bundesführer 1952–1956; danach Generalsekretär des ZdK und CDU-
MdB; + 1980.
[128] Jungführer 1954, S. 55ff;
ID 1953, S. 1.
Bartholomäus Hebel: * 1909; Subregens, Religionslehrer und zuletzt Studienrat an der
Lehrerinnenbildungsakademie in der Diözese Augsburg; Bundespräses Frauenjugend
1953–1959; danach Generalpräses des Zentralverbandes der katholischen Frauen- und Müttergemeinschaften Deutschlands.
Heidi Carl: * 1927; Ausbildung zur Seelsorgshelferin; Pädagogikstudium; Bundesführerin
1953–1956; danach Studienrätin.
[129] KB 1954, S. 41ff und 240ff.
[130] Jungführer 1954, S. 118.
[131] BDKJ-Journal 12/1992, S. 19.
Ein Artikel in der Jungführerin 1954, S. 62, nennt höhere Zahlen, berücksichtigt aber an-
scheinend die Handlungskosten der Aktion nicht.
[132] ID 1952, S. 117.
[133] Bundesführung, 20 Jahre BDKJ, S. 22.
Das Jugendhaus hatte für die damalige Jugendarbeit hohen Symbolwert. Es war der Nachfolger des alten Hauses des Jungmännerverbandes, das den Widerstand und die Unbeug-
samkeit der katholischen Jugendführung gegenüber den Nationalsozialisten verkörperte.
[134] KB 1953, S. 519;
Bundesführung, 10 Jahre BDKJ, S. 28.

nicht so stark hervor, weil die organisatorisch-strukturell kaum zu verhindernde Distanz[135] noch nicht mit pädagogischen und politischen Konflikten angefüllt ist.

1955 löst die Diözesanjugendführerin von Münster, Elisabeth Deventer, Regina Betz als stellvertretende Bundesführerin ab. Der Streit mit der Gliederung Schar verschärft sich. Ihr wird mangelnde Distanz zu kommunistischen Gruppen vorgeworfen – in der Zeit des kalten Krieges ein heißes Thema. Die zweite Bundesordnung, verabschiedet 1954 beim Bundesfest in Dortmund, stärkt das Gewicht der Gliederungen. Statt Stamm und Gliederungen – man beachte die Wortwahl – gibt es nun nur noch gleichberechtigte Gliedgemeinschaften, bei denen der Stamm eine Gliedgemeinschaft wie die anderen sein soll.[136] In der gesamten Führerschaft hat ein Generationenwechsel stattgefunden.[137]

Von Anfang an problematisch ist im BDKJ das Verhältnis zwischen Stamm und Gliederungen. Die Gliederungen fühlen sich vom übermächtigen Stamm an die Wand gedrückt. Der Stamm fühlt sich ausgenutzt, weil an seinen Leuten oft die ganze BDKJ-Arbeit hängenbleibt. Eine Konsequenz ist, daß sich der Stamm zu einer gleichberechtigten Gliederung wandelt. Im November 1950 löst der Stamm Mannesjugend die Personalunion von Stammesführung und Bundesführung und gibt sich eine eigene Stammordnung. Das Eigenbewußtsein wächst, und so wird 1952 aus dem Stamm Mannesjugend die Katholische Jungmänner-Gemeinschaft (KJG).[138] Der Stamm Frauenjugend löst die Personalunion nicht[139] und bleibt weiterhin eng mit dem BDKJ verbunden. Er wandelt sich aber 1954 zur Gliederung Katholische Frauenjugendgemeinschaft (KFG).[140] Mitte der 50er Jahre umfaßt der Stamm rund 80% der Mitglieder des BDKJ.[141]

Die CAJ entwickelt sich in wenigen Jahren von einer Jungarbeiteraktion, die mit dem Stamm eng verbunden ist, zu einer selbständigen Gliedgemeinschaft mit eigener Organisationsstruktur. Ähnlich, wenn auch langsamer, verläuft die Wandlung bei der Landjugend. Sie hat zwar schon in den 50er Jahren eine eigene Organisationsstruktur, wird aber erst 1962 offiziell die Gliedgemeinschaft Katholische Landjugendbewegung (KLJB).[142] In

---

[135] Schelsky, skeptisch, S. 471.
[136] Bundesführung, Bundesordnung 1955, S. 10f.
[137] dj 1955, S. 542.
[138] Diözesanarchiv, Bischöfliches Jugendamt, Kasten 1, Nr. 3, Rundschreiben Ergebnisbericht der Barracher Konferenz des Stammes Mannesjugend vom 06.–10.11.1950;
KB 1987, S. 855;
Wuchterl, 75 Jahre, S. 83.
Falsche Angaben dagegen bei:
Fischer, Pastoral II, S. 38;
Hürten, Geschichte, S. 247.
[139] Börger, Frauen, S. 20f.
[140] KB 1987, S. 856;
Wuchterl, 75 Jahre, S. 83.
[141] Jungführer 1954, S. 119.
[142] Diözesanarchiv, Nachlaß Neisinger, Kasten 11, 1.1.9.f, Einladung der Hauptstelle zur Studienkonferenz Landjugend vom 19.–23.05.1947;
Diözesanarchiv, Klinkhammer, Kasten 2-IV, Bericht zur Situation der kirchlichen Jugend-

beiden Fällen verläuft diese Entwicklung nicht ohne Konflikte.[143] Der BD-KJ hat Mitte der 50er Jahre rund eine Million Mitglieder.[144]

2.4.3. Der Bund 1956–1965

Das schwindende Bundesbewußtsein dominiert die Zeit nach 1955. Diese Entwicklung hängt mit der Umwandlung des Stammes in Gliedgemeinschaften zusammen. Die Basis des Bundes sind nun die Gliedgemeinschaften, und BDKJ wie Gliedgemeinschaften haben Schwierigkeiten mit ihrer neuen Rolle. Die BDKJ-Verantwortlichen müssen sich vom „Führen" allmählich auf Dienstleistung und Koordination umstellen, die Gliedgemeinschaften müssen den BDKJ mehr unterstützen. Dies darf nicht mehr aus Tradition allein der KFG/KJG überlassen werden. Beides entpuppt sich als schwierig.

Die Bundesführung versucht, das Bundesbewußtsein durch Appelle, Kritik separatistischer Tendenzen und durch Aktionen aufrechtzuerhalten. Doch es gelingt nicht. Beim zweiten Bundesfest 1959 in Stuttgart merkt man die Krise noch kaum, beim dritten Bundesfest 1965 in Düsseldorf ist sie unübersehbar; die Gliedgemeinschaften haben – mit Ausnahme von KFG/KJG – das Bundesfest ignoriert.[145]

Gleichzeitig breitet sich im BDKJ Verunsicherung aus. Der Ruf nach Reflexion und Standortbestimmung wird lauter, konzentriert sich aber vorerst auf die Suche nach zeitgemäßen Formen der Arbeit. So stellt die Hauptversammlung 1964 die traditionelle Lichtstafette aus Altenberg ein.[146]

Bundesführerin ist von 1956 bis 1964 Theresia Hauser. Resi König löst sie 1964 ab. Bundesführer wird 1956 Dr. Gerhard Schreeb. Ihm folgt 1960 Dr. Felix Raabe nach. Willy Bokler bleibt bis 1966 Bundespräses der Mannesjugend, Peter Nettekoven wird 1961 Nachfolger des 1959 ausgeschiedenen Bartholomäus Hebel als Bundespräses für die Frauenjugend.[147]

---

arbeit in Deutschland 1949, o.V. ev. Wolker, S. 4;
KB 1987, S. 856.

[143] Vgl. exemplarisch Diözesanarchiv, Nachlaß Neisinger, Kasten 12, 1.1.12., Protokoll der Hauptversammlung vom 10.–14.11.1952, S. 16ff.

[144] Jungführer 1954, S. 119.
In der Literatur sind oft unzuverlässige, überhöhte oder grob geschätzte Angaben zu finden, bspw. Klöcker, Katholisch, S. 291 (1,5 Millionen).

[145] Bundesführung, 20 Jahre BDKJ, S. 19;
Gruppe 57, S. 2–4;
ID 1959, S. 2;
Jungführer 1965/66–4, S. 30f.

[146] ID 1959, S. 42;
ID 1960, S. 49;
ID 1964, S. 174;
Jungführer 1959/60–2, S. 3ff.

[147] Bundesführung, 20 Jahre BDKJ, S. 19.
Theresia Hauser: Seelsorgshelferin; hauptamtliche Diözesananführerin der Diözese Rottenburg-Stuttgart 1947–1956; in dieser Funktion Gründungsmitglied des BDKJ; Bundesführerin 1956–1964; danach Bischöfliche Beauftragte für die Frauenseelsorge in den bayerischen Diözesen.

Stellvertretende Bundesführer und -führerinnen sind in dieser Zeit: Trude Pfeiffer, Sylvia Koppel, Marietheres van Heyden und Alexandra Ehrke; Adolf Herkenrath, Florian Harlander, Dr. Fritz Kronenberg und Heinz-Josef Nüchel.[148]
Als Bischöflicher Referent für Jugendfragen löst 1961 der Würzburger Oberhirte Dr. Josef Stangl den Mainzer Bischof Dr. Albert Stohr ab. Stangl ist von 1938 bis 1943 Diözesanjugendseelsorger der Mannesjugend in Würzburg gewesen.[149]
1962 gibt es eine neue Bundesordnung des BDKJ. Geblieben sind das kirchenorganische Prinzip, die Einteilung in Mannes- und Frauenjugend sowie der Begriff Gliedgemeinschaften. Auch die Aktionen, wie die Katholische Landjugendbewegung (KLJB), sind nun Gliedgemeinschaften. Ihre Satzungen sind Teil der Bundesordnung, ebenso die eigenen Strukturen der Frauenjugend. Als wichtige Organe kommen die Bundeskonferenz der Gliedgemeinschaften und der Diözesanführungen dazu.[150] Die neue Bundesordnung präsentiert sich zwei Drittel umfangreicher als die alte. Vieles, was vorher auf Treu und Glauben aufbaute, ist nun in Paragraphen gegossen. Die Eigenständigkeit der Frauenjugend ist besonders betont und abgesichert.[151]
Bundespräses Nettekoven beschreibt die inhaltlichen Anliegen der Bundesordnung so: Christozentrik, christliche Mündigkeit, soziale Verantwortung, Eigenständigkeit von Mannes- und Frauenjugend, Öffnung zur Welt der Erwachsenen, organisatorische Vielfalt.[152]
Das Jugendhaus Düsseldorf beginnt langsam sein Selbstverständnis zu überdenken und sich nicht nur als Führungsstelle, sondern auch als Dienstleistungsbetrieb für den Bund, seine Gliedgemeinschaften und die Diözesanführungen zu sehen. Organisatorisch gliedert sich das Jugendhaus in die Hauptstelle des BDKJ, die Bundesstellen einiger Gliedgemeinschaften und der DJK, die Bischöfliche Hauptstelle für Jugendseelsorge, die Geschäfts-

---

Dr. Gerhard Schreeb: Studium der Geschichte, Theologie und Philosophie; 1950–1954 ehrenamtlicher Mainzer Diözesanführer; 1954–1956 Leiter des Presseamtes des BDKJ; Bundesführer 1956–1960; danach Dozent an der Schule für innere Führung der Bundeswehr in Koblenz; + 1965.

Peter Nettekoven: Rektor in Haus Altenberg und Landjugendseelsorger der Diözese Köln; ehemals aktiver Jungführer im ND; Bundespräses Frauenjugend 1961–1966; danach Generalvikar der Diözese Köln; + 1975.

Resi König: Lehrerin; 1958–1962 Stadtjugendführerin des BDKJ in Köln; Bundesführerin 1964–1968; danach Schulamtsdirektorin.

Dr. Felix Raabe: Studium der Geschichte; 1952–1954 Bundesführer der ND-Jüngerengemeinschaft; 1957–1959 ehrenamtlicher Diözesanführer von Berlin; Bundesführer 1960–1966; danach Referent im Bundesministerium für Familie und Jugend und Referent im ZdK.

[148] ID 1956–5, S. 2;
ID 1960, S. 49 und 126;
ID 1961, S. 50;
ID 1963, S. 62;
ID 1964, S. 41.
[149] ID 1961, S. 147.
[150] Vgl. Hauptstelle, Bundesordnung 1962.
[151] Börger, Frauen, S. 8f.
[152] KB 1962, S. 218ff.

führung und den Verlag Haus Altenberg. Letztverantwortlich für alle Abteilungen ist einer der beiden Bundespräsides des BDKJ.[153]

Lange kann der BDKJ die Mitgliederzahl bei mindestens einer Million halten. In den 60er Jahren schrumpft sie. 1964 sind es 830 000 und ein Jahr später 772 000.[154] Der Rückgang trifft am stärksten die KFG/KJG. Ihre eher allgemein ausgerichteten Programme können die Mitglieder nicht mehr ausreichend an den Verband binden. Der Personalaufwand ist gering. In Bund und Gliedgemeinschaften gibt es 1962 79 Hauptamtliche auf Bundesebene und 207 Hauptamtliche auf Diözesanebene.[155]

Der BDKJ besteht 1965 aus folgenden Gliedgemeinschaften: Arbeitsgemeinschaft der Marianischen studierenden Mädchen (AdMC), Quickborn, Schar, Bund Neudeutschland-Jungengemeinschaft (ND-JG), Bund Neudeutschland-Hochschulring (ND-HSR), Junge Christliche Arbeitnehmer (CAJ), Junge Katholiken in Wirtschaft und Verwaltung (Jung-KKV), Deutsche Pfadfinderschaft St. Georg (DPSG), Heliand-Bund katholischer Studierender Jugend, Jugend des Berufsverbandes Katholischer Hausgehilfinnen in Deutschland, Jugendbund des katholischen Deutschen Frauenbundes, Katholische Frauenjugendgemeinschaft (KFG), Katholische Jungmänner-Gemeinschaft (KJG), Kolpingjugend, Katholische Landjugendbewegung Deutschlands (KLJB), Katholische Kaufmännnische Frauenjugend im Verband KKF, Pfadfinderinnnenschaft St. Georg (PSG), Unitas-Verband Wissenschaftlicher katholischer Studentenvereinigungen (UV), Verband der Marianischen Kongregationen studierender Jugend (VdMC).[156]

2.5. Pastorale Grundlinien

Der Glaube ist der Mittelpunkt des BDKJ. Die Bundesordnung 1948 formuliert dies so: „Das Gemeinschaftsleben des Bundes bestimmt sich nach dem Geist des Glaubens. Mitglieder und Gruppen stehen unter dem Gesetz Christi und wollen es erfüllen nach dem Maß ihrer Kraft in Haltung und Werk. Das Gesicht der Gemeinschaft, ihre Veranstaltungen müssen des katholischen Namens wert sein ... Die Ehre Gottes in der Liebe Gottes, die Gottesfreude aus der Gnade ist das Hochziel der Erziehung und des Lebens des Bundes ..."[157]

Fast die gesamte kirchliche Jugendpastoral hat in den ersten zehn Jahren ihren Schwerpunkt im BDKJ. Es gibt nur wenige für die Jugendseelsorge verantwortliche Priester, die nicht gleichzeitig als Präsides in die BDKJ-Struktur eingebunden sind. Dazu bei trägt sowohl auf Bundesebene als auch auf Diözesanebene die enge Verbindung zwischen Bischöflicher

---

[153] Bundesführung, 20 Jahre BDKJ, S. 22f;
　　Jungführerin 1963/64–4, S. 250ff.
[154] ID 1963, S. 44 (Offizielle Bundesstatistik);
　　ID 1967, S. 164 (Offizielle Bundesstatistik).
[155] ID 1963, S. 44.
[156] Bundesführung, 20 Jahre BDKJ, S. 4ff.
[157] Bundesführung, Bundesordnung 1948, S. 9.

Hauptstelle bzw. diözesanen Jugendämtern und der Hauptstelle bzw. den Diözesanstellen des BDKJ.[158]

Später bröckelt das Monopol des Bundes, *der* Träger kirchlicher Jugendarbeit zu sein. Es wird deutlich, daß es außerhalb des BDKJ einige Felder gibt, in denen kirchliches Engagement gefordert ist. Vor allem in den Bereichen Jugendfürsorge und Jugendsozialarbeit, so in Form von Lehrlingswohnheimen und Jugenddörfern, aber auch bei der wachsenden Zahl der Nichtorganisierten.[159]

Im Jahre 1961 stellen dies die BDKJ-Diözesanführungen und die Bischöflichen Jugendämter in Nordrhein-Westfalen in einem Gutachten fest. Sie fordern ein Koordinationsgremium der verschiedenen Sparten kirchlicher Jugendarbeit. Es soll von BDKJ und Bischöflichen Jugendämtern gemeinsam geleitet werden.[160] Doch geschieht in dieser Richtung wenig.

Grundlage der Jugendpastoral ist der Erziehungsanspruch der Kirche. Dieser gilt nicht nur für den engeren religiösen Bereich, beispielsweise die Sakramentenvorbereitung, sondern für alle Lebensbereiche.[161]

Die Jugendpastoral findet im Rahmen der Katholischen Aktion unter Leitung der kirchlichen Hierarchie statt.[162] Ausgangspunkte sind die These einer den Glauben bedrohenden verschärften Säkularisierung[163] sowie die religiöse Vertiefung während der NS-Zeit[164] inklusive ihrer großen Kirchentreue. Ziel der Jugendseelsorge im Bund ist die lebendige und persönliche Christusbeziehung. Sie soll zu einem radikalen Entscheidungschristentum führen und sich in der Welt auswirken. Dieses Ziel faßt der programmatische Satz „Es lebe Christus in deutscher Jugend" zusammen.[165]

Die Jugendlichen sind in der Regel Objekte der Jugendseelsorge. Die kirchlichen Gebote und Lehrsätze prägen einen normativ-deduktiven Charakter von Jugendpastoral im Sinne der „Annahme unwiderruflicher, gültiger, oberster christlicher Glaubens-, Denk- und Verhaltensnormen".[166] Dies geschieht aber in der Praxis nicht so starr, wie es sich hier in der katalogisierenden Typologie einer religionspädagogischen Theorie anhört.

Ein bedürfnisorientierter Ansatz bei der Lebenswelt Kinder und Jugendlicher sowie ein unvoreingenommener Dialog mit dem gesellschaftlichen Umfeld sind selten. Ansätze in dieser Richtung bleiben weitgehend unbeachtet.[167] Es fehlt der Versuch, das Leben der Jugendlichen mit den Werten und Wahrheiten der Kirche in eine spannungsvolle, aber fruchtbare Kon-

---

[158] Fischer, Patoral II, S. 25 und 31;
    Lechner Pastoraltheologie, S. 87f;
    Börger/Kortmann, Haus, S. 75.
[159] Jungführer 1965/66–1, S. 60.
[160] KB 1961, S. 443ff.
[161] Bokler, Richtlinien, S. 8 und 15.
[162] Bundesführung, Bundesordnung 1948, S. 6.
[163] Fischer, Pastoral II, S. 15f und 21;
    KB 1950, S. 300.
[164] Reineke, Kreuz, S. 215.
[165] KB 1987, S. 860;
    vgl. Stammordnung der Jungenschaft, in: Bokler, Wolker, S. 123.
[166] Nipkow, Theorie-Praxis, S. 240f.
[167] Bspw. FH 1947, S. 632f.

frontation zu bringen. Manche Jugendseelsorger wollen die Jugendarbeit, wie schon angedeutet, allein auf die Glaubensverkündigung beschränken. Dagegen wehrt sich Wolker, für den „die ganze Wirklichkeit der Jugendarbeit" der Boden für die Jugendseelsorge ist.[168]

Die Bischöflichen Richtlinien für die katholische Jugendseelsorge Deutschlands vom November 1957 und die Bundesordnung 1962 bringen keine grundlegenden pastoralen Änderungen.[169]

Ende der 50er und Anfang der 60er Jahre mehren sich die Stimmen, die eine Jugendpastoral bei der Lebenswelt der Kinder und Jugendlichen ansetzen wollen. Sie sind der Meinung, daß die Übersetzung des Glaubens einen Dialog mit den Jugendlichen braucht. Parallel dazu wird immer vernehmlicher eine jugendgerechtere Liturgie gefordert.[170] Die kirchlichen Stellen reagieren darauf noch eher abwehrend.[171]

Methodisch gibt es von Anfang an verschiedene Ansätze wie das CAJ-Schema „Sehen-Urteilen-Handeln", eine verstärkte Erlebnisorientierung oder eine differenzierte Verkündigung nach Zielgruppen.[172]

Die Jugendpastoral im BDKJ teilt sich in Glaubens-, Lebens- und Apostolatsschule. Grundlage ist die Lebensgemeinschaft in den Gruppen. Die Glaubensschule soll religiöses Wissen vermitteln und vertiefen. Sie hilft, religiöses Leben einzuüben und damit die Basis für eine personale Gottesbeziehung zu schaffen. Offiziell soll die systematische Vermittlung von Glaubenswissen sekundär sein, doch steht sie manchmal im Vordergrund.[173]

Standardthemen und Jahresthemen prägen die Glaubensschule. Standardthemen werden in regelmäßigen Abständen behandelt und umfassen den Grundstock des Glaubens. Die Jahresthemen behandeln eine wichtige und aktuelle Glaubenswahrheit besonders ausführlich, um sie für das Leben fruchtbar zu machen. Es geht darum, einen Schwerpunkt für die religiöse Arbeit zu setzen.[174] Die Jahreskonferenz der Jugendseelsorge schlägt die Jahresthemen vor und unterstützt die Umsetzung in den Arbeitshilfen. Eingebunden in diesen Rahmen sind öffentliche Glaubensfeiern wie die Be-

---

[168] KB 1955, S. 150ff.
[169] Die Richtlinien sind veröffentlicht in: KB 1958, S. 164ff;
Hauptstelle, Bundesordnung 1962.
[170] KB 1957, S. 27ff;
KB 1965, S. 19ff;
Wort und Wahrheit 1959, S. 51ff;
Bundesführung, 20 Jahre BDKJ, S. 54f.
[171] Börger/Kortmann, Haus, S. 107ff.
[172] KB 1954, S. 231f;
KB 1952, S. 85;
Fährmann 1950, S. 261;
Reineke, Kreuz, S. 222.
[173] Bei ihrer Rückschau auf die ersten 10 Jahre fordert bspw. 1957 die Bundesführung, daß die Einübung in das christliche Leben mehr Bedeutung erhalten muß gegenüber der systematischen Vermittlung von Glaubenswahrheiten, vgl. Bundesführung, 10 Jahre BDKJ, S. 46. Fischer, Pastoral II, S. 33 und 35f, sowie Lechner, Pastoraltheologie, S. 125ff sehen diese Defizite so nicht. Meiner Meinung nach idealisieren hier beide – insbesondere Fischer – etwas.
[174] Fischer, Pastoral II, S. 33;
vgl. auch das Kapitel 2.7.

kenntnistage, bei denen unter einem bestimmten Motto die katholische Jugend zu Gottesdienst und Gemeinschaft zusammenkommt.[175]
Die Glaubensschule arbeitet mit Bibelarbeit, Vorträgen, Exerzitien, Einführung in die Sakramente, Förderung des Gebetslebens und der Stille, Marienverehrung, religiösem Einstieg bei Führerrunden sowie der Feier der Eucharistie. Bibelarbeit und Eucharistie sind anfangs die wichtigsten religiösen Formen – ein Erbe der NS-Zeit.[176] Der BDKJ kämpft um die Erlaubnis der Abendmesse am Werktag und um die Auferstehungsliturgie in der Osternacht.[177] In der Gestaltung der Liturgie, insbesondere bei den Gemeinschaftsmessen der Jugend, fährt man meist einen vorsichtigen Mittelkurs zwischen den Bedürfnissen der Jugendlichen und vorgegebenen Formen.[178]
In der Lebensschule soll der Jugendliche auf seine Aufgaben in Ehe, Familie, Beruf und Gesellschaft vorbereitet werden. Basis dafür ist eine kernige Jugendaszese, welche die christliche Persönlichkeit in bewußter Selbstbeherrschung und harmonischer Entfaltung der eigenen Anlagen bilden soll.[179] Viele Mitglieder des BDKJ haben hier entscheidende Impulse für ihr späteres Engagement in Gesellschaft und Politik erhalten.
In der Apostolatsschule geht es darum, die jungen Menschen zu befähigen, das öffentliche Leben zu verchristlichen. Der missionarische Impuls steht ganz in der Tradition der Katholischen Aktion und hat in den ersten Jahren eine große Anziehungskraft.[180] Das Apostolat ist die Konsequenz aus Glaubens- und Lebensschule.
Vor allem die CAJ gilt als Symbol des Apostolates, speziell auf das Arbeitermilieu zugeschnitten. Sie wird von den Bischöfen begrüßt und gefördert.[181] Sie gilt als Chance, die christliche Verkündigung aus ihrer Verbürgerlichung herauszureißen.[182] Die CAJ wird anfangs ein Stück verklärt, doch später folgt die Ernüchterung.[183] Ein anderes Beispiel für das Milieuapostolat ist die Arbeit der Landjugend.
Die Jugendseelsorge im Bund geht von der Theorie der drei Kreise aus. Der erste Kreis, meist Kernschar genannt, ist der kleinste und umfaßt geringe Teile von Stamm und Gliederungen. Er zeichnet sich durch tiefe Religiosität und missionarischen Eifer aus. Der zweite Kreis ist der Rest des

---

[175] Der erste Bekenntnistag nach dem Krieg fand am 16. Juni 1946 unter dem Motto „Einer trage des anderen Last" statt, vgl. Bischöfliche Hauptstelle, März 1946, S. 12.
[176] Bundesführung, 20 Jahre BDKJ, S. 16;
Fischer, Pastoral II, S. 56f.
[177] Diözesanarchiv, Nachlaß Neisinger, Kasten 1, 1.2.9., Pressemappe;
ID 1952, S. 151.
[178] KB 1950, S. 478f;
KB 1951, S. 374ff.
[179] Bundesführung, 10 Jahre BDKJ, S. 22.
[180] Altenberger Brief, 1948, S. 3ff;
Berger, Wolker, S. 261;
Reineke, Kreuz, S. 228f.
[181] Vgl. Schreiben der Bischöfe vom 22.08.1947 an den BDKJ zu seiner Gründung, abgedruckt in: Bokler, Richtlinien, S. 41.
[182] Brief Wolkers an Klaus von Bismarck, Leiter des Jugendhofes Vlotho, vom 01.07.1947, in: Katholische Jugendverbände.
[183] Bspw. Berger, Wolker, S. 150.

BDKJ. Der dritte Kreis sind die katholischen Jugendlichen, die sich an keine Jugendgemeinschaft binden.[184]

Pastorales Ziel ist es, den ersten Kreis zu stabilisieren und auszubauen. Dort soll sich die spirituelle Elite versammeln, ohne sich abzukapseln. Die jungen Frauen und Männer des ersten Kreises verpflichten sich zu einem intensiveren spirituellen Leben, zum Beispiel durch tägliche Zeiten der Stille oder öfteren Besuch des Gottesdienstes sowie zu einer besonderen Aufgabe in der Jugendarbeit.[185] Die Kernscharen, permanent von Jugendseelsorgern und Jugendführern gefordert, können sich auf Dauer nicht durchsetzen. Hat die Frauenjugend hier noch einige Erfolge zu verzeichnen, führen sie bei den Männern ein Schattendasein.

Der zweite Kreis ist durch seine Masse ein Problem. Bundesführer Rommerskirchen beschreibt die Mitglieder so: Sie haben zunächst nur den Willen, die „Du-sollst-nicht-Gebote" zu erfüllen.[186] Durch pädagogische und pastorale Strategien versuchen die Verantwortlichen den zweiten Kreis zu aktivieren. Für ihn gibt es Mindestforderungen, beispielsweise beim Stamm der Mitgliedsbeitrag, Abonnement einer Bundeszeitschrift, Teilnahme an der Monatsversammlung und am monatlichen Jugendgottesdienst, Monatskommunion sowie die Teilnahme am Religionsunterricht und Bekenntnistag.[187]

Der dritte Kreis wird manchmal vernachlässigt, weil man mit den ersten beiden genug zu tun hat. Dies führt zu Auseinandersetzungen über die pastorale Strategie: Zuerst Stabilisierung der eigenen Leute auf breiter Basis oder Mission nach außen mit einer kleinen Elite?[188]

Die zentrale Stellung in der Jugendpastoral hat der Priester. Bundesführer Rommerskirchen verdeutlicht 1950 in einer religionspädagogischen Fachzeitschrift die dringende Notwendigkeit, genügend Jugendseelsorger im BDKJ zu haben. Der Titel des Aufsatzes ist programmatisch: „Die Jugend ruft den Jugendseelsorger." Rommerskirchen bittet die Priester, Spirituale des Bundes zu sein, damit der BDKJ seine christliche Sendung erfüllen kann. Er versucht, Mißtrauen gegenüber der Wiederbelebung einer Laienführung abzubauen, und wirbt um Vertrauen.[189]

Die wichtigste Aufgabe des Priesters ist die religiös-sittliche Erziehung und Persönlichkeitsbildung der Jungführerschaft. Dies geschieht hauptsächlich beim monatlichen Jungführerabend mit den schon genannten Methoden. Bei der restlichen Bildungsarbeit und den Aktionen hat der Priester die seelsorgliche Verantwortung. Der Priester soll nicht Gruppenführer, sondern Freund und Berater sein.[190]

Stellung und Auftrag des Jugendseelsorgers ist gegeben durch die Sendung des Bischofs, oft in Form der Beauftragung durch den Pfarrer der Gemein-

---

[184] KB 1950, S. 300ff.
[185] Hauser, Mädchen, S. 132ff.
[186] Brief Rommerskirchens an Köppler vom 14.02.1949 in: Zur „Entwicklung" des BDKJ.
[187] Jungführer 1955–1, S. 2.
[188] KB 1955 S. 153f.
[189] KB 1950, S. 73f.
[190] Bundesführung, Bundesordnung 1948, S. 11;
    KB 1950, S. 464.

de.[191] Die Wahl der Präsides durch Laien gibt es nicht. Auf Bundesebene soll der Wille der Jugend bei der Ernennung des Bundespräses mitberücksichtigt werden. Generell klagen Verantwortliche immer wieder, daß es zu wenig geeignete Jugendseelsorger gibt.[192]

Das Diakonat der Jungführer[193] wertet die Laien im BDKJ auf. Der Jungführer ist verpflichtet, den Jugendseelsorger in seiner Arbeit zu unterstützen und für das religiöse Gemeinschaftsleben in seiner Gruppe zu sorgen. Dazu muß er ein breites religiöses Wissen haben und selbst religiös sein. Diese Qualifikation ist wichtiger als praktische oder methodische Fähigkeiten. In der Jugendgruppe erfolgt die religiöse Bildung nicht allein durch Bibelarbeit und das gemeinsame Gebet. Das Beispiel des Jungführers, das religiöse Gespräch in der Gruppe und das Gebet des Führers für die Gruppenmitglieder sind ebenso wichtig.[194]

Der Arbeitskreis „Die religiös-sittliche Durchformung des jungen Menschen" der Jahreskonferenz der Führerschaft der Frauenjugend nennt 1951 mit Blick auf die Jungführerin die Grundhaltungen Ehrfurcht, Wohlwollen, Wahrhaftigkeit und Hochherzigkeit. Sie sind notwendig, um in der Gruppe ein lebendiges Gottesbild entstehen zu lassen.[195] Diözesanjugendseelsorger Brems verankert das Diakonat des Jungführers ansatzweise im Priester-, Hirten- und Lehramt Christi.[196]

In der Bundesordnung gründet die Zusammenarbeit von Jungführer und Priester auf der gemeinsamen Führungsverantwortung. Der Priester hat seinen Schwerpunkt in der Seelsorge, der Jungführer in der Organisation, bspw. bei Außenvertretungen oder Aktionen. In der Seelsorge wirkt der Jungführer durch sein Diakonat mit.[197] Die Zusammenarbeit soll von Kameradschaft, Ehrfurcht, Vertrauen und Freundschaft aus einer Werte- und Glaubensgemeinschaft geprägt sein.[198] Im Falle eines Streites zwischen Jugendführer und Jugendseelsorger darf der Seelsorger das Berufungsrecht

[191] KB 1950, S. 122.
[192] Fährmann 1950, S. 136;
KB 1953, S. 195ff;
KB 1953, S. 518f;
Wolker, Denkschrift 1947, S. 1f;
Bundesführung, 10 Jahre BDKJ, S. 21.
Der Wahlvorgang bei Bundespräsides durch die Seelsorger der Diözesen und Verbände sowie die Berücksichtigung des Willens der Jugend wird im Zusammenhang des Abtretens Wolkers 1952 klarer gefaßt, vgl. Diözesanarchiv, Nachlaß Neisinger, Kasten 11, 1.1.12., Protokoll Hauptversammlung 10.–14.11.1952.
[193] Bundesführung, Bundesordnung 1948, S. 10.
In Verbindung mit dem Diakonat sind in der Literatur der damaligen Zeit eher die Jungführer genannt, vermutlich weil das Diakonat in der katholischen Kirche Männern vorbehalten ist. Inhaltlich gilt aber für die Jungführerinnen dasselbe.
[194] Die erste Hauptkonferenz, S. 21;
KB 1954 S. 31/33;
Biemer, Handbuch II, S. 27f.
[195] Jungführerin 1951, 339f.
[196] Brems, Runde, S. 231ff.
[197] Bundesführung, Bundesordnung 1948, S. 10f;
vgl. Abschnitt Diakonat in diesem Kapitel.
[198] Jungführer 1951, S. 131;
KB 1955, S. 421ff.

bei nächsthöheren Instanzen nicht durch seine Autorität als Priester unterlaufen.[199] In der Praxis ergeben sich jedoch immer wieder Schwierigkeiten: Priester lassen Jungführer nicht zum Zuge kommen, oder Jungführer machen ihre Arbeit am Priester vorbei.[200]

Trotz mancher gemeinsamer Erlebnisse zur Zeit des Nationalsozialismus sowie guter Zusammenarbeit in den Jugendringen und Kontakten auf Leitungsebene gibt es anfangs in der BDKJ-Arbeit – zumindest offiziell – eine strikte Trennung der Konfessionen. Ökumenische Glaubensgespräche lehnen die Leitungen ab[201], Mischehen sollen verhindert werden.[202] Beim lebenskundlichen Unterricht in den neuen Streitkräften hat alles zu unterbleiben, was zum Interkonfessionalismus führen könnte.[203] Im Windschatten des Konzils erleben ökumenische Aktivitäten dann einen starken Aufschwung. Bei Treffen zwischen Jugendvertretern beider Konfessionen gibt es nun gemeinsames Gebet und Schriftlesung und beim Bundesfest 1965 in Düsseldorf findet ein gemeinsamer Wortgottesdienst statt. Ökumenische Aspekte fließen in die Bildungsarbeit der Jahresthemen ein.[204]

1962 beschließt die Hauptversammlung des BDKJ, den Jugendkreuzweg in der Bundesrepublik und der DDR zu einem offiziellen Termin des Bundes zu machen, sich an Planung und Durchführung zu beteiligen sowie die katholische Jugend Deutschlands jährlich zur Teilnahme aufzurufen.[205]

Permanent steht der Bund in einer religiösen Krise. Die Meßlatte der religiösen Dichte der Verfolgungszeit ist zu hoch. Dennoch gilt sie. Schon 1948 warnt der Würzburger Diözesanjugendseelsorger Rößler vor dem Verlust der religiösen Tiefe der Verfolgungszeit, und Neisinger beschreibt diesen Verlust drastisch als „Abstieg".[206] Bei der Jahreskonferenz der Jugendseelsorger 1949 stellt Diözesanjugendseelsorger Pehl fest, daß der Eifer und die Freude bei Klerus und Laien nachlassen.[207] 1950 fragt die spätere Bundesführerin Beckers auf der Hauptversammlung: „Wir können die überzeugendsten Reden über den Glauben halten. Aber – leben wir aus dem Glauben?"[208] 1953 wird die Jugend des Bundes in einem Artikel so beschrieben: „Sie haben ein Bündel Gebote im Kopf und den Schliff für die Gemeinschaftsmesse ... und sonst sind sie harmlos und farblos."[209] 1954 fragt Bundesführer Köppler beim Bundesfest vor 100 000 jungen Menschen, ob die katholische Jugend noch aus der Christusbegeisterung der Anfänge lebt.[210]

---

[199] Bundesführung, Bundesordnung 1948, S. 11;
   KB 1950, S. 291ff.
[200] KB 1950, S. 295.
[201] Jungführer 1951, S. 100 und 114.
[202] KB 1955, S. 250.
[203] Doering-Manteuffel, Wiederbewaffnung, S. 230.
[204] Bundesführung, 20 Jahre BDKJ, S. 56f und 59ff.
[205] Börger/Kortmann, Haus, S. 170.
[206] Diözesanarchiv, Nachlaß Neisinger, Kasten 7, 3.3., Brief Neisinger an Wolker vom 10.07.1948;
   Hastenteufel, Dissertation, S. 46.
[207] KB 1950, S. 478f.
[208] Jungführerin 1950, S. 240.
[209] KB 1953, S. 78.
[210] Bundesführung, 10 Jahre BDKJ, S. 18.

Zum Jubiläum 1957 konstatiert der „Jungführer": Das religiöse Leben hat an vielen Orten seinen Schwung verloren.[211] 1964 zieht der Theologe Halbfas eine jugendpastorale Bilanz. Die Jugendseelsorge kommt dabei nicht gut weg. Halbfas kritisiert folgende Punkte: Die Bedeutung der organisierten Jugend werde von der Kirche nicht genug erkannt. Jugendseelsorger überforderten ihre Jungführer durch zu hohe religiöse und apostolische Ansprüche. Nichtreligiöse Arbeit werde als sekundäres Hilfsmittel angesehen. Die Jugendseelsorger seien für ihre Arbeit zu schlecht ausgebildet.[212] Es mag sein, daß Halbfas überspitzt. Doch immer klarer wird, daß das Fundament der ersten 20 Jahre deutliche Risse zeigt.

2.6. Pädagogische Grundlinien

Analog zur Jugendpastoral stützt sich die Pädagogik auf den Erziehungsanspruch der Kirche. Pädagogische Grundsatzdebatten finden, wie in der gesamten bundesdeutschen Jugendarbeit, bis Anfang der 60er Jahre selten statt.[213] Der BDKJ versteht sich als Erziehungs- und Lebensgemeinschaft. Die geistige Mitte ist der Glaube.[214] Die Jugendarbeit im BDKJ wie in den meisten anderen Jugendverbänden im DBJR ist vom Gedanken der Jugendpflege bestimmt, selbst wenn Ansätze selbstbestimmten Handelns formuliert werden[215] und es auch Kritik an übersteigerter Betreuungsmentalität gibt.[216] Es geht um die bewußte Erziehungshandlung aus betontem pädagogischen Wollen, ausgeführt von Erwachsenen an Jugendlichen. Ziel ist, die Jugendlichen für das Erwachsenendasein in der Gesellschaft zu bilden, damit sie dort als geistig und körperlich gefestigte sowie sozial verantwortungsbewußte Persönlichkeiten ihren Weg gehen.[217] Oft soll dabei ein pädagogischer Schonraum helfen, der die Jugendlichen bspw. vor sittlichen Gefahren schützt.[218] Gesellschaftskritische Elemente fehlen, die reibungslose Integration in die Gesellschaft steht im Vordergrund. Später nennt man diese Art der Jugendarbeit „sozialintegrativ".[219]

[211] A.a.O., S. 22.
[212] Halbfas, Diagnose, S. 306ff.
[213] Faltermaier, Nachdenken, S. 24f;
Giesecke, Jugendarbeit, S. 28;
Fährmann 1948–10, S. 4;
KB 1987, S. 860f.
[214] Bundesführung, Bundesordnung 1948, Präambel.
[215] Wolker spricht noch 1946 davon, daß Jugend als Subjekt sich tragen und führen kann, vgl. Tessmer, Entwicklung, S. 6;
dagegen sagt 1953 der BDKJ-Sprecher beim DBJR, daß man auch im BDKJ von einer betreuten Jugend spricht, vgl. dj 1953–10, S. 6.
[216] Fährmann 1950, S. 261;
Bundesführung, 10 Jahre BDKJ, S. 47f.
[217] Hederer, Jugendgemeinschaften, S. 202.
[218] Giesecke, Jugendarbeit, S. 181;
Faltermaier, DBJR, S. 40.
[219] Sielert, Emanzipatorische Jugendarbeit, S. 21.

Speziell im BDKJ geht es um die Bildung christlicher Persönlichkeiten, die Verantwortung im privaten und öffentlichen Leben übernehmen.[220] Der pädagogische Schonraum wird stark abgesichert. Es gibt viele Abgrenzungsbemühungen gegenüber dem modernen Leben, beispielsweise der Mode. Dort lauern nach Meinung der Pädagogen sittliche Gefahren. Gleichzeitig gibt es den mit missionarischem Eifer geführten Kampf gegen Schmutz und Schund, so Aktionen gegen jugendgefährdende Schriften und Kampagnen für das Lesen guter Bücher.[221] Jugendpolitisch flankiert der BDKJ diesen Kampf durch seinen Einsatz für das „Gesetz zum Schutze der Jugend in der Öffentlichkeit".[222]

Methodisches Grundprinzip ist die verbindliche Jugendgruppe, auch wenn gegen Ende der ersten Phase die Verantwortlichen mit neuen Formen experimentieren.[223] Man geht gemeinsam auf Fahrt und Lager, hat Erkennungsmerkmale wie Kluft, Liedgut und Abzeichen sowie ähnliche Wertorientierungen. Feste Zugehörigkeit und regelmäßige Teilnahme machen die Verbindlichkeit aus. Die Gruppe bildet einen eigenen Lebensbereich, eine Art Jugendsonderkultur.[224] Sie ist die vorherrschende Form bei den 10–14jährigen (Jungschar/ Frohschar) und auch noch bei den 14–17jährigen (Jungenschaft/Mädchen). Bei der Mannes- und Frauenjugend treten andere Formen in den Vordergrund, beispielsweise Interessengruppen oder Aktionsgemeinschaften.[225]

Die nach Altersstufen differenzierte Pädagogik geht von einer mit dem Alter wachsenden Persönlichkeit aus, die sich in zunehmender Entscheidungsfähigkeit und wachsendem Verantwortungsbewußtsein konkretisiert. Entsprechend dem Alter wächst der Freiraum der Selbstbestimmung.[226] Entsprechend dem Alter ist auch die Erziehungsaufgabe definiert: Bei den Jüngsten soll die Gemeinschaftsfähigkeit gefördert werden, bei den 14–17jährigen die bewußte Glaubensentscheidung und ein wacher Sinn für Verantwortung in der Welt. Bei Mannes- und Frauenjugend stehen Aktion, Mitverantwortung und die mündige Gestaltung des eigenen Lebens im Mittelpunkt.[227]

---

[220] Neisinger, Weg, S. 9;
Hauptstelle, Stammordnung 1952, S. 5;
Bundesführung, 10 Jahre BDKJ, S. 3.
[221] Börger/Kortmann, Haus, S. 33ff;
Bischöfliches Jugendamt, Kontenplan, Ordner 1, Brief Oskar Neisingers an alle deutschen Bistumszeitungen vom 05.01.1950 mit einem Grundsatzartikel zum Kampf gegen Schmutz und Schund;
Jungführer 1950, S. 268;
Jungführer 1953, S. 99f;
Fährmann 1950, S. 73.
[222] ID 1951, S. 53.
[223] Halbfas, Diagnose, S. 291ff.
[224] Affolderbach, Wandel, S. 81ff.
[225] KB 1952, S. 84;
Hauptstelle, Stammordnung 1952, S. 16/25/34;
KB 1955, S. 68ff.
[226] Hauptstelle, Stammordnung 1952, S. 19 und 31f;
analog gilt dies mit kleineren Variationen auch für die Frauenjugend, vgl. Führungsstelle, KFG-Ordnung.
[227] Hauptstelle, Stammordnung 1952, S. 13/17f/27ff.

Methodisch werden – ähnlich wie in der Pastoral – beispielsweise das Prinzip der Erlebnisorientierung sowie ansatzweise die CAJ-Methode „Sehen-Urteilen-Handeln" empfohlen.[228] Tips geben die Bundeszeitschriften, vor allem zu den Jahresthemen und Jahresaufgaben.[229]

Elemente der Jugendarbeit sind unter anderem Vorträge, Diskussionen, Spiel und Sport, Fahrt und Lager, Lied, Musik, Tanz, Geselligkeit, Laienspiel, Filme und Bücher, Elternversammlung und Elternabend.[230]

Es findet eine Entwicklung statt von jugendbewegten Formen wie Heimabend, Gitarre und Volkstanz zu moderneren Formen wie Gesellschaftstanz, neues Liedgut, Kabarett und Theater.[231] Allmählich rücken auch Freizeit und Geselligkeit als wichtige Ansatzpunkte und Elemente pädagogischer Arbeit in den Vordergrund.[232]

Bedeutend ist das Jungführertum. „Jungführer an die Front" forderte Wolker schon 1928 beim Verbandstag des Jungmännerverbandes.[233] Wolker definiert den Jungführer so: „Der Jungführer ist verantwortlicher Führer einer Gemeinschaft junger Menschen."[234] Gerade seine Jugendlichkeit macht den Jungführer pädagogisch geeignet, weil er der Lebenswelt seiner Gruppenmitglieder nahesteht.[235] Der BDKJ sieht den Begriff Jungführer durch den Nationalsozialismus nicht entwertet, verteidigt ihn hartnäckig gegenüber den Militärregierungen[236] und behält ihn die ersten 20 Jahre bei.

Die Leitsätze von 1947 geben dem Jungführertum einen Rahmen: „... Die Laienführung in der katholischen Jugend trägt den Charakter des Jungführertums. Das Alter der Führerschaft soll 25 Jahre nicht übersteigen. Mit der Heirat und dem 25. Lebensjahr scheidet der Jungführer aus. Für Diözesanführer, Dekanatsführer u. ä. kann in besonderen Fällen das Alter bis 30 Jahre sein. Ältere Jungführer(innen), zumal in der Frauenjugend, können als Mitarbeiter(innen) wirken ..."[237]

Das Jungführertum im BDKJ ist kein pädagogisches Spiel, sondern eigenständige Führungsverantwortung durch Wahl und bei höheren Stellen, bspw. Diözesanführungen, auch aus der Sendung des Bischofs.[238] Nicht ge-

[228] KB 1954, S. 231ff;
Neisinger, Jungführerbildung, S. 37ff;
KB 1952, S. 84.
[229] Vgl. Jungführerin und Jungführer, vor allem jeweils das erste Heft eines Arbeitsjahres.
[230] Altenberger Brief, Jahresanfang 1947, S. 11ff;
Neisinger, Jungführerbildung, S. 37ff.
[231] Bundesführung, 10 Jahre BDKJ, S. 26f.
[232] KB 1954, S. 227ff;
KB 1955, S. 515ff.
[233] Bokler, Manifeste, S. 51.
[234] Bokler, Manifeste, S. 54.
[235] Neisinger, Weg, S. 5;
Neisinger, Jungführerbildung, S. 160.
[236] Das deutet sich schon vor der Gründung des BDKJ an, vgl. das Antwortschreiben zur Beanstandung des Artikels „Jungführertum" im Konferenzbericht der katholischen Jugend durch die britische Militärregierung, o.O., o.J., o.V., in: Katholische Jugendverbände. (Zeitlich muß es vor der Gründung des BDKJ gewesen sein, da sonst der Name des Bundes bestimmt aufgetaucht wäre. Die Verfasserschaft ist in der Hauptstelle zu suchen.)
[237] Altenberger Brief 1947, S. 7.
[238] Bischöfliche Hauptstelle, Dezember 1945, S. 8;
KB 1950, S. 294.

wählt sind meist die Führerinnen und Führer der Gruppen vor Ort. Sie werden vom Jugendseelsorger berufen.

An die Persönlichkeit des Jungführers und der Jungführerin werden nicht geringe menschliche und religiöse Ansprüche gestellt. Sie sollen regelmäßig beten und den Gottesdienst besuchen, monatlich beichten und sich Zeit für sich selbst nehmen. Wichtig sind Grundhaltungen wie Selbstbeherrschung, Gerechtigkeit, Uneigennützigkeit, Ehrfurcht vor der Autorität anderer, rechter Gebrauch der eigenen Autorität, Herzlichkeit und Taktgefühl.[239] Die Aufgabe ist anspruchsvoll und wird manchmal theologisch und pädagogisch überhöht.[240] Das Jungführertum soll selbstloser Dienst an der Gemeinschaft sein. Es führt zu verantwortungsvoller Persönlichkeit und freier Gefolgschaft, zu Selbstverantwortung und Eigenleben der Gruppen, zu Aktion und Bewegung, zu demokratischer Zusammenarbeit.[241] Die spätere Bundesführerin Theresia Hauser konkretisiert 1954 in einer Artikelserie die Erziehungsaufgabe der Führerinnen. Ihre Pädagogik ist geprägt von Ganzheitlichkeit, Empathie, Lebensweltorientierung und Praxisbezug.[242]

Die Aufgabe des Führers besteht darin, als fähiger Verantwortlicher seiner Gruppe sozial vorzustehen und im Sinne seines Verbandes erzieherisch zu wirken.[243] Die Art des Jungführertums differenziert sich nach den entsprechenden Altersstufen und Gesellungsformen.

Es ist im BDKJ unbestritten, daß die Jungführerschaft angesichts der anspruchsvollen Aufgabe eine gute Schulung braucht. Permanent fordern Verantwortliche eine Verbesserung der Jungführerausbildung.[244] Trotz didaktischen und methodischen Bedarfs liegt der Schwerpunkt der Führerbildung in der religiösen Persönlichkeitsbildung.[245] Die Bereitschaft zum Besuch von Schulungskursen ist hoch.[246] Trotzdem gilt die Ausbildung der Führerschaft schon in den 50er Jahren als verbesserungswürdig.[247]

---

[239] Jungführerin 1951, S. 340f;
KB 1950, S. 509ff;
Brems, Runde, S. 19ff;
vgl. auch das Kapitel 2.5., Abschnitt Diakonat des Jungführers.
[240] Ein gutes Beispiel sind die Leitartikel von Klens und Wolker zum Wiedererscheinen der Zeitschriften Jungführerin und Jungführer, vgl. Jungführerin 1950, S. 1f;
Jungführer 1950, S. 1f;
KB 1953, S. 511ff.
[241] KB 1950, S. 297ff.
[242] KB 1954, S. 307–315 und 360–367.
[243] Hederer, Jugendgemeinschaften, S. 211f;
Hauptstelle, Stammordnung 1952, S. 5.
[244] Biemer, Handbuch II, S. 24f;
Hastenteufel, Dissertation, S. 49;
KB 1955, S. 392.
[245] Bundesführung, Bundesordnung 1948, S. 21;
Bundesführung, Bundesordnung 1955, S. 34;
Brems, Runde, S. 9;
KB 1950, S. 509.
[246] Bei der Zahl der Jugendleiterlehrgänge in Bayern lag der BDKJ beispielsweise in den Jahren 1950–1957 mit rund 40% der gesamten Lehrgänge weit an der Spitze, vgl. Hederer, Jugendgemeinschaften, S. 215.
[247] Diözesanarchiv, Nachlaß Neisinger, Kasten 11, 1.1.12., Protokoll der Hauptversammlung vom 08.–13.11.1954, S. 13;
Bundesführung, 10 Jahre BDKJ, S. 46f.

Von Anfang an sind nicht wenige Jungführerinnen und Jungführer durch die hohen Ansprüche überfordert. Sie sind zu jung, die Ausbildung ist mangelhaft, die Arbeitshilfen sind nur bedingt brauchbar. Häufig kommt hinzu eine zeitliche Überlastung durch verschiedene, gleichzeitig wahrgenommene Ämter und zu anspruchsvolle Bildungsinhalte in den Jahresplänen. Die Situation bleibt auch später schwierig.[248]

Der Führungsbegriff wandelt sich im Laufe der Jahre. Allein das Charisma und die religiöse Persönlichkeitsbildung reichen nach Ansicht der Verantwortlichen nicht mehr aus, um den hohen Anforderungen an das Jungführertum gerecht zu werden. Die partnerschaftlich orientierte Gruppenpädagogik wird wichtiger. Die Arbeit des Führers in der Gruppe zielt zunehmend darauf ab, die Eigenverantwortung der Gruppenmitglieder zu fördern.[249] Entsprechend werden die Inhalte und Methoden der Führerschulung erweitert und systematisiert.[250]

Bald wird der Ruf nach dem erwachsenen Mitarbeiter, einem erfahrenen Laien, laut. Er soll als Spezialist bestimmte Sachaufgaben übernehmen, beispielsweise bei Bildungsabenden der Frauen- und Mannesjugend referieren. Darüber hinaus kann er die Führung in ihrer Arbeit beraten. Bei der Frauenjugend ist die Mitarbeit erwachsener Frauen schon in den Leitsätzen ausdrücklich hervorgehoben.[251] Jedoch sollen die erwachsenen Mitarbeiter und Mitarbeiterinnen keine direkten Führungsaufgaben übernehmen.[252]

Die Forderung nach erwachsenen Mitarbeiterinnen und Mitarbeitern meint in den ersten Jahren fast immer Ehrenamtliche. Es gibt im BDKJ nur sehr wenige hauptamtliche Mitarbeiter. Hier wirkt unter anderem die Jugendbewegung mit ihrer Ablehnung von Hauptamtlichkeit und Institutionen nach.[253] Später diskutieren die Verantwortlichen intensiv die Chancen und Gefahren einer Professionalisierung, des verstärkten Einsatzes hauptamtlicher Mitarbeiter. Mitte der 60er Jahre hat sich die Überzeugung weitgehend durchgesetzt, daß eine Professionalisierung unumgänglich ist.[254]

Die Pädagogik des BDKJ ist geprägt durch die geschlechtsspezifische Erziehung. Innerhalb des Bundes läuft die Arbeit für Jungschar und Frohschar sowie Jungenschaft und Mädchen fast immer getrennt. Ein aussagekräftiges Beispiel: Trotz enormer finanzieller Probleme fordert Kardinal Frings auf der Hauptversammlung 1951 energisch, für die 14–17jährigen je

[248] Biemer, Handbuch II, S. 41ff.
[249] Jungführer 1957/58–2, S. 31ff;
  Halbfas, Handbuch, S. 11;
  KB 1962, S. 494ff und 545ff.
[250] Vgl. bspw. die Bildungspläne für KFG/KJG, in:
  Jungführerin 1959/60, S. 300ff;
  Jungführer 1961/62–6, S. 40f.
[251] Altenberger Brief, 1947, S. 7.
[252] KB 1952, S. 86ff;
  Jungführerin 1951, S. 396ff;
  KB 1956, S. 26;
  Bundesführung, 10 Jahre BDKJ, S. 17 und 47.
[253] Schelsky, skeptisch, S. 471f.
[254] Biemer, Handbuch II, S. 50ff.

eine eigene Zeitung herauszugeben, da in der Frage des Zusammenlebens der beiden Geschlechter große Zurückhaltung angesagt ist.[255] So geschieht es auch. Bei der Altersgruppe der Mannes- und Frauenjugend wird die Zusammenarbeit enger, die Begegnungsmöglichkeiten sind zahlreicher.[256] Grundsätzlich getrennt sind das Gruppenleben, die Fahrt und der Sport.[257] Begründet wird die Trennung damit, daß ein zu zahlreiches und zu frühes Beisammensein die Entwicklung zu „ganzen" Männern und „ganzen" Frauen störe.[258] Einerseits spiegeln sich hier die heute zunehmend erkannten Vorteile geschlechtsspezifischer Gruppen, andererseits aber auch eine ängstliche Distanz zum Thema Sexualität wider.[259]

Mit der Ablehnung der Koedukation geht parallel eine Sexualpädagogik, die auf Zucht und Beherrschung gründet. In der Selbstbeherrschung sieht man eine wichtige Voraussetzung und Basis für die charakterliche Reifung. Frühes sexuelles Erleben hemmt nach Ansicht der Pädagogen die geistige Entwicklung.[260] Es geht um die Erziehung zu sittlicher Reinheit, zum Warten-Können in Abgrenzung zu einer sexualisierten Umwelt. Deswegen tanzt Jungenschaft und Mädchenschaft nicht, deswegen engagiert man sich gegen schmutzige Witze am Arbeitsplatz. Diese Zurückhaltung soll Raum schaffen für die verantwortungsbewußte Begegnung der Geschlechter im Alter der Mannes- und Frauenjugend, welche die Ehe zum Ziel hat.[261]

2.7. Die Arbeit nach innen

Die „Arbeit nach innen" ist BDKJ-Terminologie und bezeichnet die Bildungsarbeit des Bundes. Schwerpunkt ist die religiöse Bildungsarbeit, die im Kapitel „Pastoral" behandelt wurde. Deswegen soll in diesem Kapitel die religiöse Arbeit nur strukturell gestreift werden, so in den Jahresplänen und Jahresaufgaben, und der Schwerpunkt auf die anderen Bildungsbemühungen gelegt werden.

Die Bildungsarbeit strukturiert ab 1953 ein Jahresprogramm, das in das Leitwort für den Bekenntnistag, das Jahresthema für die Bildungsarbeit und die Jahresaufgabe unterteilt ist.[262] Der Bildungsplan wird von der Jahreskonferenz der Jugendseelsorge und der Laienführerschaft sowie dem

---

[255] Jungführer 1951, S. 108.
[256] Jungführer 1952, S. 6;
   KB 1955, S. 287f.
[257] Neisinger, Jungführerbildung, S. 173.
[258] Die erste Hauptkonferenz, S. 9;
   KB 1953, S. 197ff.
[259] Vgl. exemplarisch Diözesanarchiv, Nachlaß Neisinger, Kasten 3, 2.4.5., Brief P. Hirschmann an Neisinger vom 05.11.1953.
[260] Fischer, Pastoral II, S. 203.
[261] KB 1951, S. 451ff;
   KB 1954, S. 308f;
   KB 1955, S. 286ff;
   Jungführerin 1954, S. 12f und 269.
[262] Hier gibt es Unsicherheiten in der Literatur, bspw. nennt Fischer die Leitworte Jahresthemen und benennt Jahresaufgaben schon 1951 und 1952, als diese noch keine eigenständige

Ausschuß für religiöse Bildung vorbereitet und von der Hauptversammlung verabschiedet. Methodisch vor allem durch die Zeitschriften[263] und Bildungsveranstaltungen aufbereitet und verbreitet, prägt das Jahresthema die religiöse, politische und soziale Bildung, auch wenn es nicht immer unumstritten ist.[264]

Die Jahresthemen: Heimat, Volk und Staat (1951/52); Beruf und Berufung (1952/53); Kirche (1953/54); Christliches Menschenbild (1954/55); Christliches Weltbild (1955/56); Standardthema (1956/57); Jesus Christus ist der Herr (1957/58); Unser Heil ist der Herr (1958/59); Brot für das Leben der Welt (1959/60); Wahrhaftigkeit (1960/61); Damit die Welt glaube (1961/62); Arbeit und Arbeitswelt (1962/63); Freizeit – freie Zeit (1963/64); Präsenz der Kirche in der Welt (1964–66).[265]

Die Jahresaufgaben: Freizeit (1953/54); Nachbarschaftshilfe (1954/55); Weltmission (1955/56); Presseapostolat (1956/57); Bibellesung (1957/58); Unsere Sorge ist der Mensch (1958/58); Dienst am Gottesdienst (1959/60); Wir dienen der Wahrheit (1960/61); Dienst am Nächsten (1961/62); Der andere am Arbeitsplatz (1962/63); Sport und Gesellligkeit (1963/64); Missions- und Entwicklungshilfe (1964/65); Bereit zur Verantwortung (1965/66).[266]

Die Leitworte zum Bekenntnistag: Ihr seid Christi Leib (1945); Einer trage des andern Last (1946); Ihr sollt meine Zeugen sein (1947); Verherrlicht Gott in eurem Leibe (1948); Christus gestern, heute und in Ewigkeit (1949); Christus unser Friede (1950); Wo die Liebe ist, da ist Gott (1951); Unseres Volkes Heil ist der Herr (1952); Macht Euch die Erde untertan (1953); Gottes Reich kommt (1954); Zur Freiheit berufen (1955); Bis an der Erde Grenzen (1956); Du kannst die Welt verändern (1957); Jesus Christus ist der Herr (1958); Seid beharrlich im Gebet (1959); Brot für das Leben der Welt (1960); Die Wahrheit wird Euch frei machen (1961); Damit die Welt glaube (1962); Gott will die Erde (1963); Die Freude an Gott ist unsere Kraft (1964); Ihr seid Gottes Volk (1965).[267]

Die Jahresthemen greifen ab 1962/63 wieder mehr über den engeren religiösen Bereich hinaus; eine Reaktion auf das Konzil und auf die Kritik, die bisherigen Themen seien zu „abgehoben".[268] Mit gesellschaftsbezogenen Ansätzen versuchen die Verantwortlichen, die Bildungsarbeit zu erden und damit attraktiver zu machen.

Die politische Bildung leidet am geringen politischen Interesse der Ju-

Entfaltung hatten, vgl. Fischer, Pastoral II, S. 51f.
Offizielle Angaben bei: Bundesführung, 10 Jahre BDKJ, S. 25.
[263] Insbesondere Jungführer und Jungführerin im jeweils ersten Heft des neuen Arbeitsjahres.
[264] Vgl. exemplarisch den Vorstoß der Mannesjugend aus Münster, Jahresthema und Jahresaufgabe zugunsten aktueller Fragen aufzugeben, in: Diözesanarchiv, Nachlaß Neisinger, Kasten 11, 1.1.12., Protokoll der Hauptversammlung vom 08.–13.11.1954, S. 12f.
[265] Bundesführung, 10 Jahre BDKJ, S. 25;
Börger, 1945, o. S.
[266] Ebd.
[267] Ebd.
[268] Halbfas, Diagnose, S. 296.

gend.[269] Dennoch gibt es schnell erste Ansätze, schwerpunktmäßig für die über 18jährigen.[270] Gegen Ende der 50er Jahre wendet sie sich stärker nicht-organisierten Jugendlichen zu.[271] Politische Bildung versteht man im BDKJ als staatsbürgerliche Bildung. Die jungen Menschen sollen auf das demo-kratische Kräftespiel vorbereitet werden. Teil der politischen Bildung ist die Einübung demokratischer Verhaltensweisen im verbandlichen Alltag.[272] Analog zur gesamten bundesdeutschen Jugendarbeit und zur Kirche findet eine systematische Aufarbeitung der NS-Zeit in der Bildungsarbeit nicht statt.

Entsprechend zur sozialen Aktion findet in den ersten Jahren die soziale Bildung, zum Beispiel bei den zentralen Werkwochen in Altenberg, An-klang. Später läßt das nach.[273]

Die musisch-kulturelle Bildung ist in den ersten Jahren stark von den schon erwähnten Abgrenzungsbemühungen zur anrüchig scheinenden Umwelt geprägt. Schwerpunkte der Werkwochen sind zunächst Volkstanz und die Pflege des bewährten Liedgutes. Mitte der 50er Jahre kommen neue Tanz-formen, neue Lieder, Theater und vor allem Kabarett stärker auf.[274] Sowohl die Teilnehmerzahlen bei den Kursen als auch die Zahl der verantwortli-chen Mitarbeiter gehen immer mehr zurück.[275]

Anfang der 60er Jahre bekommt die Vorbereitung auf Ehe und Familie ei-nen eigenständigen Platz in der Bildungsarbeit. Das Grundkonzept eines Ehevorbereitungsseminars sieht so aus: theologische Deutung der Ehe; medizinische Aspekte; Liebe in der Weltliteratur; Praxisbericht; juristische und finanzielle Aspekte; Ehe im gesellschaftlichen Kontext. Fachleute führen durch die Themen. Ein gemeinsamer Gottesdienst fehlt nicht.[276]

2.8. Die Arbeit nach außen

2.8.1. Ein kurzer Überblick

Auch der Begriff „Arbeit nach außen" ist BDKJ-Terminologie. Er umfaßt die Vertretungsaufgaben, zum Beispiel im DBJR oder im ZdK, die jugend-politische Arbeit, die mit den Vertretungsaufgaben oft zusammenhängt, die sozialen Aktionen und öffentliche allgemeinpolitische Stellungnahmen. Die Vertretungsaufgaben der BDKJ-Bundesführung und ihres Mitarbeitersta-

---

[269] Bundesvorstand, Mosterts-Wolker-Schreeb, S. 25; vgl. auch Kap. 2.1.
[270] Reineke, Kreuz, S. 233.
[271] ID 1958–11, S. 4 und 12.
[272] KB 1956, S. 419f.
[273] Altenberger Brief, Jahresanfang 1947, S. 10; Bundesführung, 20 Jahre BDKJ, S. 13; Jungführer 1950, S. 243.
[274] Altenberger Brief, Jahresanfang 1947, S. 11f; Börger/Kortmann, Haus, S. 33ff; Bundesführung, 10 Jahre BDKJ, S. 26f.
[275] Bundesführung, 20 Jahre BDKJ, S. 77f.
[276] A.a.O., S. 74.

bes sind breitgefächert. Ich konzentriere mich hier auf Bereiche, welche die Bundesführung schwerpunktmäßig selbst wahrnimmt.[277]
Die Vertretungsaufgaben führen dazu, daß sich eine Gruppe von Spezialisten entwickelt, die kontinuierlich die Außenvertretungen wahrnimmt. Ein Beispiel: 1951 beschließt die Hauptversammlung, die Delegationen für Außenvertretungen ausschließlich nach sachlichen Gesichtspunkten wie Kontinuität und Fachkompetenz zu besetzen, statt nach einem Proporz von Mannes- und Frauenjugend oder Stamm und Gliederungen.[278]
Die intensive Arbeit nach außen ist nicht unumstritten. Bei der Hauptversammlung 1951 gibt es einen Streit, ob der Bundesführer so viel „Außenarbeit" betreiben darf. Doch die „Außenvertreter" setzen sich durch.[279] Nicht wenige aus dieser Schicht gehen später in die Politik. Obwohl sie damit einer Grundforderung an die Laienführerschaft nachkommen, nämlich aus christlichem Geist politische Verantwortung zu übernehmen, werden sie oft noch als „Pöstchenjäger" abqualifiziert.[280]
Schwerpunkt der Vertretungsarbeit ist der Bundesjugendring. Schon 1945 befürwortet die Bischöfliche Hauptstelle die Bildung eines zentralen deutschen Jugendausschusses, um in einzelnen Bereichen die Zusammenarbeit verschiedener Jugendorganisationen zu fördern.[281] Der BDKJ ist einige Jahre später maßgeblich an der Gründung des Bundesjugendrings beteiligt. Er lädt zur Gründungsversammlung 1949 nach Altenberg ein. Rommerskirchen wird einstimmig – später eine Seltenheit – zum Vorsitzenden gewählt. Man einigt sich auf eine Arbeitsstruktur, stellt sich auf den Boden des Grundgesetzes und der Grundrechte, will die Demokratie verteidigen und jugendpolitisch mitmischen.[282]
Die offizielle Aufgabenbeschreibung lautet: „Die vordringlichen Aufgaben des Deutschen Bundesjugendrings sind: durch Erfahrungsaustausch an der Lösung der Jugendprobleme mitzuwirken; das gegenseitige Verständnis und die Bereitschaft zur Zusammenarbeit innerhalb der deutschen Jugend zu fördern; dem gesunden Jugendleben in sittlicher, sozialer und kultureller Hinsicht zu dienen; zu Fragen der Jugendpolitik und des Jugendrechts auf Bundesebene Vorschläge zu machen und Stellung zu nehmen; die Interessen und Rechte der Jugendgemeinschaften und der freien Jugendpflege gegenüber der Öffentlichkeit, den Volksvertretungen und Behörden zu vertreten; gemeinsame Aktionen und Veranstaltungen anzuregen, zu planen und durchzuführen; internationale Begegnungen und Zusammenarbeit zu pflegen; ein Aufleben militaristischer, nationalistischer und totalitärer Tendenzen im Interesse der Jugend mit allen Kräften zu verhindern."[283]

---

[277] Eine Auflistung weiterer Vertretungsaufgaben findet sich in:
Bundesführung, 10 Jahre BDKJ, S. 31.
[278] ID 1951, S. 53.
[279] Jungführerin 1951, S. 105f;
Berger, Wolker, S. 78.
[280] Bundesvorstand: Mosterts-Wolker-Schreeb, S. 25.
[281] Bischöfliche Hauptstelle, Dezember 1945, S. 12.
[282] Vgl. das Protokoll der konstituierenden Versammlung des DBJR, abgedruckt in:
DBJR 1949–1979, S. 4ff.
[283] Faltermaier, DBJR, S. 23.

Nach seiner Wahl zum Vorsitzenden im Jahre 1954 zeichnet Bundesführer Köppler in einem programmatischen Artikel den Sinn der Arbeit des Bundesjugendringes aus seiner Sicht auf und verdeutlicht damit auch die Stoßrichtung des BDKJ: Es gehe darum, eine Vertrauensbasis zwischen den Verbandsvorsitzenden zu fördern, jugendpolitisch zu wirken sowie die Wiedervereinigung und die internationale Arbeit im Auge zu behalten. Basis sei die Mitwirkung am demokratischen Staat im Interesse der Jugend.[284]
In den ersten Jahren besteht eine große Bereitschaft, zusammenzuarbeiten – trotz weltanschaulich verschiedener Ansichten. Die Frauen und Männer sind sich einig, die Demokratie gegen rechts- oder linksradikale Tendenzen zu verteidigen. Keiner will mehr die Zersplitterung, die den Nazis die Zerschlagung der deutschen Jugendverbände erleichtert hat. Gegenüber der älteren Generation wollen sich die Verbandsspitzen durch eine neue politische Kultur abheben. Und schließlich gibt es den ganz pragmatischen Grund, daß gemeinsame Interessenvertretung schlagkräftiger ist.[285]
Später treten die Gegensätze vor allem zwischen den weltanschaulich orientierten Jugendverbänden stärker hervor. Öfters kritisiert der BDKJ an der sozialistischen Jugend, daß sie die Regierung der Bundesrepublik sehr schnell mit dem Unrechtsregime der DDR gleichsetze, was den demokratischen Grundkonsens im DBJR bedrohe.[286]
Der BDKJ nutzt die Gelegenheit, über den DBJR jugendpolitisch Einfluß auszuüben. Ein Beispiel: Die Hauptversammlung 1951 beschließt, im Bundesjugendring eine Jugendschutzaktion zu beantragen, welche die Einhaltung des Jugendarbeitsschutzgesetzes thematisieren soll. Einen Monat später ist die Aktion bundesweit für 1952 im DBJR beschlossen.[287] Der 1951 gegründete Ausschuß für Jugendrecht und Jugendpolitik der Konferenz der Laienführerschaft flankiert diese Arbeit.
Ein Schwerpunkt des DBJR ist die Mitarbeit am Bundesjugendplan. 1950 wird er verkündet: 18 Millionen Mark gibt es für die Jugendpflege – damals eine Menge Geld. Der Bundesjugendring wirkt die nächsten Jahre maßgeblich am Bundesjugendplan mit, obwohl die Jugendverbände nicht das meiste Geld bekommen. Es gibt aber Etats für die politische Bildung, den internationalen Jugendaustausch und zentrale Führungsaufgaben der Jugendverbände, von denen der BDKJ als sehr aktiver Verband profitiert. Vorausschauend warnt Rommerskirchen schon in der Feierstunde zur Verkündigung des ersten Bundesjugendplans am 20. Dezember 1950 die Politiker

---

[284] dj 1954, S. 307ff.
[285] Faltermaier, DBJR, S. 14ff;
Faltermaier, Nachdenken, S. 17f;
Giesecke, Jugendarbeit, S. 25;
Bundesführung, 10 Jahre BDKJ, S. 49;
vgl. auch den Nachruf auf Erich Lindstaedt, den Vorsitzenden der Sozialistischen Jugend Deutschlands und stellvertretenden Vorsitzenden des DBJR im Informationsdienst des BDKJ. Aus ihm spricht weit über politische Normalität hinausgehende Wertschätzung, in: ID 1952, S. 38.
[286] ID 1956–5, S. 19;
ID 1963, S. 136.
[287] ID 1951, S. 53f/59.

vor der Versuchung, die Unabhängigkeit der Jugendverbände durch „goldene Zügel" einzuschränken.[288]

Nachdem der Bundesjugendplan 1950 bis 1956 schwerpunktmäßig die soziale und berufliche Not beheben will, wird er später zu einem vielseitigen Jugendbildungsprogramm umgestaltet. Im Mittelpunkt stehen die politische Bildung, Freizeithilfen und die Förderung der Professionalisierung durch die fachliche Ausbildung der Jugendarbeiter und Jugendarbeiterinnen.[289]

Der DBJR beschränkt sich aber nicht auf direkte jugendpolitische Fragen. Er wendet sich beispielsweise scharf gegen jegliches Aufleben eines Militarismus oder nationalsozialistischer Tendenzen und engagiert sich in Fragen der Deutschlandpolitik mit Zielrichtung Wiedervereinigung.[290]

Aus dem BDKJ übernehmen Vorstandsverantwortung: Josef Rommerskirchen (Vorsitzender 1949 bis 1952), Heinrich Köppler (Vorsitzender 1954/55), Elisabeth Deventer (Stellvertreterin 1955/56), Resi Bock (Stellvertreterin 1957/58), Dr. Gerhard Schreeb (Vorsitzender 1958/59), Dr. Felix Raabe (Vorsitzender 1963/64), Heinz-Josef Nüchel (Stellvertreter 1964–66).[291]

Die innerkirchlichen Vertretungsaufgaben bestehen neben dem ständigen Kontakt mit den für Jugendfragen zuständigen Bischöfen in der Mitarbeit im ZdK und bei Katholikentagen. Der BDKJ kämpft von Anfang an für einen starken verbandlichen Laieneinfluß und für demokratische Prinzipien. Dabei nimmt er auch Konflikte in Kauf.[292]

Die internationale Arbeit gehört zu den Grundlagen des BDKJ: „Der Bund steht bereit zum Dienst an der Völkergemeinschaft. Darum erzieht er zur Völkerverständigung, pflegt internationalen Jugendaustausch und Jugendbegegnung ... fördert die internationalen Verbindungen der katholischen und nichtkatholischen Jugend und tritt ein für den Zusammenschluß der europäischen Völker."[293]

Der BDKJ bemüht sich von Anfang an um internationale Kontakte.[294] Die Mannes- und Frauenjugend werden Mitglied der beiden Weltbünde der ka-

---

[288] Faltermaier, DBJR, S. 31;
Faltermaier, Nachdenken, S. 22f.

[289] Bundesführung, 20 Jahre BDKJ, S. 86.

[290] Faltermaier, DBJR, S. 49f und 55ff;
dj 1955, S. 105f/113f/202ff;
ID 1955–1, S. 12f;
ID 1956–1, S. 9.

[291] DBJR, 1949–1979, Anhang.

[292] Diözesanarchiv, Nachlaß Neisinger, Kasten 9, 1.1.9.f, Pressedienst Haus Altenberg vom 10.08.1948;
Diözesanarchiv, Nachlaß Neisinger, Kasten 17, 2.1.2.c, Faszikel: Zur Reform der Katholikentage, 1954;
Diözesanarchiv, Nachlaß Neisinger, Kasten 17, 2.1.2.a, Brief Neisinger an Prof. Freiherr von der Heydte vom 29.01.1953;
Diözesanarchiv, Nachlaß Neisinger, Kasten 11, 1.1.12, Briefe Rommerskirchen an Fürst Karl zu Löwenstein und Bischof Albert Stohr, beide vom 12.04.1952;
Grossmann, Zentralkomitee, S. 70 und 85ff.

[293] Bundesführung, Bundesordnung 1955, S. 7f.

[294] Diözesanarchiv, Nachlaß Neisinger, Kasten 11, 1.1.9.f, Informationsdienst des BDKJ vom 18.10.1948 und Pressedienst Haus Altenberg vom 10.07.1948.

tholischen Jugend. 1954 wählt der Weltbund der Mannesjugend Bundesführer Köppler für eineinhalb Jahre zu seinem Präsidenten.[295] Ein „Ausschuß für Internationale Aufgaben" berät Bundesführung und Gliedgemeinschaften in Fragen der internationalen Jugendpolitik und erarbeitet
Leitlinien und konkrete Anregungen für die Auslandsarbeit im BDKJ.[296]
Die internationale Arbeit fließt auch in die Großveranstaltungen ein. So
steht das Treffen der Führerschaft des Stammes 1953 in Augsburg unter
dem Motto „Christus – Deutschland – Europa".[297]
Im DBJR drängt der BDKJ zum Beitritt in die World Assembly of Youth
(WAY), die nichtkommunistische Weltversammlung der Jugend. Es gibt
Konflikte politischer und struktureller Art. Doch schließlich setzt sich der
BDKJ durch, und der DBJR wird 1954 in die WAY aufgenommen.[298]
Für das 1963 gegründete Deutsch-Französische Jugendwerk (DFJW) setzt
sich der BDKJ ein und profitiert durch die hohe Zahl durchgeführter
deutsch-französischer Jugendbegegnungen.[299]
In der Entwicklungshilfe entdeckt der BDKJ in den 60er Jahren eine neue
Aufgabe. Er arbeitet an den strukturellen Voraussetzungen mit und stellt in
den Jahren 1959 bis 1966 die Mehrheit der Entwicklungshelfer aus dem Jugendbereich. Die Entwicklungshilfe fließt auch in die Bildungsarbeit ein, so
bei der Jahresaufgabe Missions- und Entwicklungshilfe 1964/65. Der
BDKJ gibt den Anstoß zur Misereor-Aktion der katholischen Kirche und
setzt sich dafür ein, sie zu institutionalisieren.[300] Das Engagement in diesem
Bereich ist vorwiegend geprägt durch ein traditionelles Entwicklungsver-
ständnis auf dem Hintergrund eines ungebrochenen Modernisierungsden-
kens. Man sieht Entwicklung als materielles Problem, das durch Experten-
hilfe und Finanzmittel gelöst werden kann.[301]
Im Horizont von Mission und Entwicklungshilfe greift der BDKJ den
Brauch des Sternsingens auf. Gemeinsam mit dem Päpstlichen Missions-
werk der Kinder in Deutschland kümmert er sich seit den 60er Jahren um
die inhaltliche Akzentsetzung und die finanzielle Abwicklung.[302]
Aus einem strikten Antikommunismus heraus lehnt der Bund offizielle
Ostkontakte rigoros ab. Schon 1947 beschließt er, weder am Jugendparla-

[295] Bundesführung, 10 Jahre BDKJ, S. 27.
[296] Jungführer 1955, S. 232;
vgl. die Führungslinien der Auslandsarbeit, in: KB 1955, S. 75ff.
[297] Fährmann 1953, S. 195.
[298] ID 1951, S. 3f;
Faltermaier, DBJR, S. 63.
[299] Bundesführung, 20 Jahre BDKJ, S. 86ff;
ID 1963, S. 122;
ID 1965, S. 8.
[300] Bundesführung, 20 Jahre BDKJ, S. 91;
ID 1961, S. 48 und 86;
ID 1964, S. 44;
Scheunpflug, Geschichte, S. 12ff;
Börger/Kortmann, Haus, S. 111ff.
[301] Scheunpflug, Geschichte, S. 16.
[302] Börger/Kortmann, Haus, S. 133 und 205;
Moser-Fendel, Sternsingeraktion, S. 347ff;
Scheunpflug, Geschichte, S. 15f.

ment der FDJ in Meißen, noch am Weltjugendtreffen in Prag teilzunehmen.[303] Diese Ablehnung offizieller Ostkontakte hält der BDKJ während
der erste Phase konsequent durch. Auch im DBJR vertritt er diese Linie, da
die FDJ als Werkzeug eines totalitären Systems gesehen wird, das zu keinen demokratischen Zugeständnissen bereit ist.[304] Unter der Präsident-
schaft Köpplers gibt es 1954/55 zwar erste Kontakte, die aber sofort er-
gebnislos abgebrochen werden, da die FDJ zu keinen demokratischen und
menschenrechtlichen Zugeständnissen bereit ist und durch Pressemeldun-
gen versucht, die Kontakte propagandistisch auszunutzen.[305]
Zu scharfen Konflikten kommt es ab Mitte der 50er Jahre durch die harte
Linie der konfessionellen Jugendverbände, insbesondere des BDKJ. Der
BDKJ lehnt Kontakte zu kommunistischen Staatsjugendorganisationen
weiter kategorisch ab, andere Jugendverbände und Landesjugendringe
praktizieren sie bereits. Der Höhepunkt des Streits liegt in den Jahren 1958
bis 1960. Die Auseinandersetzungen werden ohne Ergebnis abgebrochen.[306]
In der „Remscheider Erklärung" des DBJR 1964 zeichnet sich eine Entspannung ab. Der Geschäftsführende Ausschuß des DBJR hat die Erklärung einstimmig verabschiedet. Zwar ist man sich über Kontakte mit
den Führungsstellen der Staatsjugendorganisationen nicht einig, doch sollen alle anderen Kontakte, bspw. durch Sport, Tourismus und Studienrei-
sen von Fachkräften, intensiviert werden.[307] In der „Naumburger Erklärung" 1965 äußert sich der Geschäftsführende Ausschuß ähnlich, diesmal aber speziell für den innerdeutschen Bereich.[308]
Ein weiteres Feld der Arbeit ist die soziale Aktion. „Not zu wenden in opferbereiter Tat", heißt es in der Präambel der ersten Bundesordnung.[309] Angesichts der Notlage in den ersten Jahren nach dem Krieg, engagiert sich
der BDKJ stark in folgenden sozialen Feldern: Kriegsgefangene, Heimatvertriebene, Zonenflüchtlinge, Ostjugend, Kindererholung, Lagerdienste,
Bauorden und Jugendwohnheime.[310] Später übernimmt die Caritas viele
dieser Aufgaben.
Der BDKJ nimmt auch zu tagespolitischen Fragen Stellung. Drei Beispiele: 1950 lehnt die Hauptversammlung die Einführung eines Arbeitsdienstes
strikt ab, und 1962 protestiert der BDKJ gegen ein soziales Pflichtjahr für

---

[303] Altenberger Brief, 1947, S. 9.
[304] Jungführer 1950, S. 167ff.
[305] Faltermaier, DBJR, S. 12f;
  vgl. die Dokumentation der Kontakte, in: ID 1955–1, S. 11f und ID 1955–2, S. 11ff.
[306] ID 1958–11, S. 4 und 12;
  ID 1959, S. 64 und 74;
  ID 1960, S. 72/74/90;
  ID 1961, S. 115 und 147.
[307] ID 1964, S. 163f/167/171.
[308] ID 1965, S. 49.
[309] Bundesführung, Bundesordnung 1948, S. 4.
[310] Diözesanarchiv, Nachlaß Neisinger, Kasten 11, 1.1.9.f, Pressedienst Haus Altenberg vom
  10.07.1948;
  Reineke, Kreuz, S. 22;
  Hastenteufel, Dissertation, S. 74f;
  Bundesführung, 20 Jahre BDKJ, S. 13.

Mädchen.[311] 1953 verabschiedet die Hauptversammlung die Resolution „Deutscher Gewerkschaftsbund und christliche Arbeitnehmerorganisationen". Hintergrund ist die kirchen- und unionsfeindliche Haltung des DGB vor den Bundestagswahlen 1953 und eventuelle Überlegungen, deshalb christliche Gewerkschaften wiederzugründen. Der BDKJ fährt eine zurückhaltende Linie, fordert seine Mitglieder auf, ihre christliche Einstellung im DGB verstärkt zur Geltung zu bringen und sieht die Gründung christlicher Gewerkschaften als „ultima ratio".[312]

Der BDKJ will sich – so Hardehausen 1947 – parteipolitisch nicht binden lassen.[313] Seine politische Heimat ist aber – inhaltlich und personell – meist die CDU/CSU.[314] Punktuelle Distanzierungsversuche Anfang der 60er Jahre ziehen heftige Angriffe, nicht zuletzt aus den eigenen Reihen, nach sich.[315]

2.8.2. Die Frage der Wiederbewaffnung

Die Zustimmung zur Wiederbewaffnung der Bundeswehr, zunächst im europäischen Rahmen, ist die bedeutendste politische Stellungnahme in der Geschichte des BDKJ. Deswegen soll sie hier anhand einer Chronologie genauer dargestellt werden.[316]

Bis Mitte 1950 gibt es im BDKJ nicht viel zu hören zum Thema Wiederbewaffnung. Im „Fährmann" erscheinen mehrere Artikel und Leserbriefe zu einer möglichen Wiederbewaffnung. Dabei überwiegt die Skepsis. Einig sind sich die Schreiber in der Ablehnung jeglichen Militarismus.[317]

Im November 1950 fordert das Zentralorgan des BDKJ, die „Wacht", die junge Generation bei der Entscheidung über künftige deutsche Kompanien nicht zu übergehen. Die bundesweite CAJ-Zeitschrift „Befreiung" stellt in einer Umfrage fest, daß über die Hälfte der Jungarbeiter eine Wiederbe-

---

[311] Jungführer 1950, S. 117.
ID 1962, S. 60–63.
[312] dj 1954, S. 6f.
[313] Altenberger Brief, 1947, S. 16.
[314] Bundesführung, 20 Jahre BDKJ, S. 23;
Bundesvorstand, 25 Jahre BDKJ, S. 71 und 76;
vgl. auch die politischen Karrieren von Rommerskirchen und Köppler sowie das Thema Wiederbewaffnung.
[315] Bspw. ID 1963, S. 92.
[316] Ich beschränke mich hier auf die innerverbandlichen Vorgänge. Zu den Zusammenhängen mit dem gesamten deutschen Laienkatholizismus vgl. Doering-Manteuffel, Wiederbewaffnung.
Das Thema ist immer noch recht umstritten, wie es die Leserbriefdebatte im BDKJ-Journal im Jahre 1992 zeigt, vgl. BDKJ-Journal 9/1992 und 10/1992, jeweils S. 27.
[317] Fährmann 1948–11, S. 7;
Fährmann 1948–12, S. 14;
Fährmann 1949–1, S. 12f;
Fährmann 1949–4, S. 24f;
Fährmann 1949–7, S. 22;
Fährmann 1950, S. 277.

waffnung scharf ablehnt, und leitet dies in einem offenen Brief an Bundeskanzler Adenauer weiter.[318]

Bei der Hauptversammlung des BDKJ im Januar 1951 stellt die pazifistisch orientierte Gliederung Schar den Antrag, die Hauptversammlung soll zur Remilitarisierung Stellung nehmen. Der Antrag wird zurückgezogen. Der dazu gebildete Ausschuß erklärt, die Thematik muß sorgfältig politisch und religiös behandelt werden, damit es nicht zu unüberlegten Entscheidungen kommt.[319]

Seit den ersten Monaten des Jahres 1951 scheint innerhalb der Bundesführung die prinzipielle Zustimmung zum deutschen Verteidigungsbeitrag nicht mehr umstritten zu sein.[320] Die Zeitschriften des BDKJ nähern sich im Laufe des Jahres 1951 allmählich einer Befürwortung der Wiederbewaffnung an. Sie lehnen aber die allgemeine Wehrpflicht ab und weisen scharf jegliche militaristische Tendenzen zurück.[321]

Im Oktober 1951 bringt die Hauptversammlung folgendes Ergebnis: „Einen größeren Raum der Beratungen nahm die Aussprache über die Stellungnahme des Bundes und die Haltung der jungen Katholiken zu der Frage des Wehrbeitrages und der Kriegsdienstverweigerung ein. Bei der ungeklärten Sachlage wurde von einer Stellungnahme der Hauptversammlung abgesehen. Die religiös und staatspolitisch so wichtigen Fragen werden im Ausschuß für Jugendrecht und Jugendpolitik und in den Jahreskonferenzen der Führerschaft und der Seelsorger weiter bearbeitet.“[322]

Im November 1951 fordert die Vollversammlung des DBJR, daß die betroffene Jugend bei der Frage des deutschen Verteidigungsbeitrages nicht überhört werden darf. Deshalb sondieren DBJR-Vorsitzender Rommerskirchen und Wacht-Chefredakteur Willi Weiskirch Mitte Dezember mit Vertretern der verantwortlichen Dienststelle Blank, einer Vorläuferin des Verteidigungsministeriums, die Gesprächsmöglichkeiten.[323]

Ende 1951 kündigt Wolker in einem Schreiben der Hauptstelle den Bischöfen an, die „brennend gewordenen Fragen der Remilitarisierung und Kriegsdienstverweigerung als besondere Aufgabe für 1952 anzusehen“.[324]

Am 12. Januar 1952 beschäftigt sich der Bundesführungsrat des BDKJ, eine Art erweiterte Bundesführung, mit dem Thema. Er lehnt eine öffentliche Stellungnahme ab, da wesentliche Vorfragen noch nicht geklärt sind. Die Bundesführung soll Pro- und Contra-Argumente aus der gegenwärtigen Lage zusammenstellen, damit die Mitglieder des Bundes eine persönliche Überzeugung gewinnen können. Diese Denkschrift ist nie erschienen.

---

[318] Wacht 1950–22, S. 3;
    Befreiung 1950–10, S. 1ff;
    Befreiung 1950–11, S. 1.
[319] Jungführer 1951, S. 105 und 114.
[320] Doering-Manteuffel, Wiederbewaffnung, S. 142; er stützt sich auf ein Gespräch mit Rommerskirchen im Jahre 1978.
[321] Bspw. Jungführer 1951, S. 204ff;
    Fährmann 1951, S. 301;
    Wacht 1951–15/16, S. 2ff.
[322] ID 1951, S. 55.
[323] ID 1952, S. 23.
[324] Zitiert in: Doering-Manteuffel, Wiederbewaffnung, S. 143.

Ferner soll die Bundesführung über den DBJR und parlamentarische Kontakte auf die innere Gestaltung eines neuen deutschen Wehrdienstes Einfluß nehmen – unabhängig von der grundsätzlichen Stellungnahme.[325]

Am 20. Januar 1952 spricht Rommerskirchen in Limburg zur Führerschaft der Mannesjugend der Diözese. Er betont, der BDKJ habe noch keine Position bezogen und kündigt die vom Führerrat in Auftrag gegebene Denkschrift an. Er lehnt persönlich jede egoistische Verweigerung einzelner oder Gruppen ab und sagt, daß bei gewissenhafter Entscheidung der legitimen politischen Verantwortlichen die katholische Jugend sich dem „notwendigen Übel" nicht verschließen werde.[326]

Am 29. Januar findet im Köln das Treffen der Jugendverbände im DBJR mit Vertretern der Dienststelle Blank und des Innenministeriums statt. Es wird klar, daß innerhalb der Jugendverbände über die Frage der Wiederbewaffnung keine Einigung besteht. Die Verbandsführungen sollen auf Vorschlag der Gewerkschaftsjugend ausführliche Stellungnahmen für die nächste Vollversammlung des DBJR Ende April erarbeiten.[327]

Laut Rommerskirchen befindet sich die Bundesführung in einer Zwickmühle: Einerseits ist der innerverbandliche Klärungsprozeß noch nicht beendet, andererseits kann ein Schweigen des BDKJ auf der DBJR-Vollversammlung mißverstanden werden. Da sich aber im Bund eine klare Tendenz für die Wiederbewaffnung abzeichnet, entschließt sich die Bundesführung nach Rücksprache mit erreichbaren Mitgliedern des Bundesführungsrates zur „Elmsteiner Erklärung".[328]

Vom 25. bis 27. April 1952 tagt die Vollversammlung des DBJR in Elmstein. Rommerskirchen bejaht dort für den BDKJ die Wiederbewaffnung im europäischen Rahmen. Die wesentlichen Inhalte seiner Erklärung: Der BDKJ fühle sich der Würde und Freiheit aller Menschen verpflichtet. Sicherheit könne es nur in Solidarität mit den anderen europäischen Ländern geben. Der BDKJ wolle sich am Aufbau einer antitotalitären Staatengemeinschaft beteiligen. Eine Bündnisneutralität sei für die Deutschen ein unverantwortliches Risiko, weil der Kommunismus, insbesondere die Sowjetunion, die Staaten des Westens bedrohe. Deswegen trage der BDKJ die Wiederaufrüstung im europäischen Rahmen mit. Alle Politiker sollten scharf darauf achten, daß die Verteidigungsmaßnahmen ausschließlich Kriege verhindern. In der militärischen Ausbildung müsse der Mensch in seiner persönlichen Würde geschützt werden. Das Recht auf Kriegsdienstverweigerung dürfe nicht angetastet werden. Der BDKJ wolle dem Frieden durch Gebet, Feindesliebe und politisches Engagement dienen.[329]

Die anderen Jugendverbände im DBJR lehnen die Wiederbewaffnung ab oder beziehen keine Position. Einzig die Deutsche Pfadfinderschaft St. Georg (DPSG) schließt sich der Position des BDKJ an.[330]

---

[325] ID 1952, S. 19.
[326] A.a.O., S. 22.
[327] Doering-Manteuffel, Wiederbewaffnung, S. 144.
[328] BDKJ-Journal 12/1992, S. 18f.
[329] Abgedruckt in: Bokler, Verteidigungsbeitrag, S. 7ff.
[330] Faltermaier, DBJR, S. 48;
vgl. Informationen der Geschäftsstelle des DBJR vom 28.04.1952, Heft 1.

Der spätere Bundespräses der Mannesjugend, Willi Bokler, kommentiert am 15. Mai 1952 die nun sogenannte Elmsteiner Erklärung. Er weist auf vielfältige vorausgegangene, aber nicht näher benannte Beratungen hin und rechtfertigt Rommerskirchens Erklärung theologisch.[331]

Die Basis nimmt diese Entscheidung ihrer Führung nicht widerspruchslos hin. Es gibt Protestbriefe an die Hauptstelle und an die Bundeszeitschriften.[332] Die Quickborn-Jüngerenschaft protestiert als Gliederung offiziell bei Rommerskirchen.[333] Am 13. Juli konstituiert sich, initiiert von der Schar, aus Protest gegen die Linie der Bundesführung in Essen der „Arbeitskreis katholischer Jugend gegen die Wiederaufrüstungspolitik". Die Mitglieder des Arbeitskreises gehören dem BDKJ an oder stehen ihm nahe.[334] Der Arbeitskreis verabschiedet eine Resolution, in der die „Elmsteiner Erklärung" als Kompetenzüberschreitung und als Beeinträchtigung der Gewissensfreiheit aller jungen Katholiken angesehen wird. Die Erklärung soll widerrufen werden.[335]

Die Bundesführung reagiert am 18. Juli prompt. Sie verweist auf den bestehenden Kommunismusverdacht gegenüber dem Arbeitskreis, legitimiert die Stellungnahme Rommerskirchens als Ergebnis zahlreicher Vorberatungen, sieht die Gewissensfreiheit des einzelnen BDKJ-Mitglieds nicht eingeschränkt und sagt, daß ihr keinerlei Proteste zugegangen sind.[336]

In einem Kommentar in der linkskatholischen Zeitschrift „Glaube und Vernunft" widerspricht der Arbeitskreis. Er bezweifelt die zahlreichen Vorberatungen, erinnert an die Denkschrift und das Beratungsergebnis des Führerrates im Januar 1952 und weist darauf hin, daß Protestschreiben in Altenberg eingegangen sind.[337]

Der Bundesführungsrat billigt inhaltlich und formal bei seinem Treffen vom 1. bis 2. August die „Elmsteiner Erklärung" mit 20 Ja-Stimmen, einer Nein-Stimme und zwei Enthaltungen. Außerdem beschließt er die Unvereinbarkeit zwischen BDKJ-Mitgliedschaft und der Mitgliedschaft im „Arbeitskreis katholischer Jugend gegen die Wiederaufrüstung".[338] Damit sind die Würfel gefallen. Bei der Hauptversammlung im November 1952 ist die Kontroverse kein offizielles Thema mehr.[339] Der Arbeitskreis löst sich 1953 auf.

Auffälligkeiten sind: Die starke verbandliche Zurückhaltung der Bundesführung im Jahr 1951, obwohl sie eine klare Position hat; das Nichterscheinen der Denkschrift; die mangelhafte demokratische Absicherung der

[331] Bokler, Verteidigungsbeitrag, S. 9ff.
[332] Doering-Manteuffel, Wiederbewaffnung, S. 178f; der genaue Umfang der Proteste ist unbekannt.
[333] Stankowski, Linkskatholizismus, S. 340.
[334] A.a.O., S. 235ff.
[335] Die Resolution findet sich im Anhang bei: Vosse, BDKJ.
[336] ID 1952, S. 89f.
[337] Glaube und Vernunft 1952–1, S. 10ff.
[338] ID 1952, S. 102ff;
BDKJ-Journal 10/1992, S. 27.
[339] Vgl. Diözesanarchiv, Nachlaß Neisinger, Kasten 12, 1.1.12., Protokoll der Hauptversammlung 10.–14.11.1952.

„Elmsteiner Erklärung", obwohl dafür drei Monate Zeit war; die rigorose Ausgrenzung des Arbeitskreises.

Folgender Erklärungsversuch soll ins Spiel gebracht werden. 1951 sieht die Bundesführung die Zeit noch nicht gekommen, um offensiv vorzugehen, da sie der Unterstützung der Verbandsmehrheit nicht sicher sein kann. Anfang 1952 ist durch die politische und innerkirchliche Entwicklung klar, daß die Entscheidung in diesem Jahr fallen muß. Die große Mehrheit des Katholizismus ist im Laufe des Jahres 1951 auf die Linie der Befürworter der Wiederbewaffnung eingeschwenkt. Nun bietet sich Elmstein als Plattform an. Einzelne telefonische Kontakte mit Mitgliedern des Bundesführungsrates signalisieren Rückendeckung. Die harte Reaktion auf den Arbeitskreis erklärt sich mit der Befürchtung der Bundesführung, der Konflikt könne sich innerverbandlich ausweiten. Zuletzt darf die persönliche Profilierung Rommerskirchens, der am Ende seiner Zeit als Bundesführer steht und einer politisch-administrativen beruflichen Laufbahn nicht abgeneigt ist, als weiterer Erklärungsansatz durchaus vorsichtig in die Diskussion gebracht werden.

Der BDKJ hat sich nun in Fragen der deutschen Verteidigung exponiert. Zwar flaut das Thema etwas ab, nicht zuletzt durch den Wechsel der männlichen Bundesführung, doch erarbeitet der BDKJ eine ausführliche „Stellungnahme zu Fragen des inneren Gefüges (heute Innere Führung, d.V.) der deutschen Streitkräfte in der Europäischen Verteidigungsgemeinschaft". Die Hauptversammlung im November 1953 verabschiedet die Stellungnahme. Der BDKJ betont in ihr sein Mitspracherecht aufgrund der Verantwortung für seine Mitglieder; die Armee müsse der Politik untergeordnet und demokratisch kontrolliert sein; die allgemeine Wehrpflicht sei vorzuziehen; Kriegsdienstverweigerung aus Gewissensgründen solle nach einer Prüfung anerkannt werden; frühere Offiziere müßten ihre Demokratiefähigkeit beweisen; staatsbürgerliche Bildung solle den Bürger in Uniform fördern. Eine eigene Militärgerichtsbarkeit wird abgelehnt, der Aufbau der Militärseelsorge detailliert gefordert.[340] In diesem Bereich bleibt der Bund weiterhin am Ball. 1964 mahnt er bspw. in einer „Stellungnahme zu aktuellen Fragen der Bundeswehr" die Grundsätze der Inneren Führung und ihre konsequente Durchsetzung an.[341]

Als im August 1954 die Europäische Verteidigungsgemeinschaft (EVG) scheitert, lebt die Diskussion im BDKJ nicht wieder auf, obwohl bisherige Stellungnahmen ausdrücklich an die europäische Perspektive geknüpft waren.

1955 veröffentlicht Weiskirch im Auftrag der Bundesführung das Büchlein „Nie wieder Kommiß". Er attackiert jeglichen Kasernenhof-Drill und entfaltet die Chancen eines funktionierenden inneren Gefüges nach demokratischen und humanen Vorstellungen. Das Scheitern der EVG hält Weiskirch für gefährlich, sieht aber auch eine Chance, nun das innere Gefüge kompromißloser verwirklichen zu können.[342]

---

[340] Abgedruckt in: Bokler, Verteidigungsbeitrag, S. 13ff;
  zu der Bewertung und Publizität vgl. Doering-Manteuffel, Wiederbewaffnung, S. 213ff.
[341] ID 1964, S. 58.
[342] Vgl. Weiskirch, Kommiß.

Den Abschluß der BDKJ-Stellungnahmen zu deutschen Streitkräften bildet der „Aktionsplan für die Vorbereitung und Betreuung junger Katholiken in den Verteidigungsstreitkräften". Die Hauptversammlung beschließt ihn im November 1955. Ziel der Vorbereitung und Betreuung soll sein: Theologische und lehramtliche Information über Krieg und Frieden; religiös-sittliche Charakterstärkung; die Einsicht vermitteln, als Soldat staatsbürgerliche Verpflichtungen ernst zu nehmen; einer Idealisierung der Bundeswehr vorzubeugen; Ermutigung zu Führungsverantwortung und Vorbildfunktion aus christlichem Geist. Daneben gibt es methodische Vorschläge für die Vorbereitung auf und die Betreuung während der Dienstzeit.[343]

2.9. Die Zeitschriften

Zum Überblick die (Wieder)Gründungsdaten der Bundeszeitschriften und der dem BDKJ nahestehenden Blätter: „Fährmann" (1946); „Wacht" und „Michael" (1948); „Brunnen" (1949); „Bunte Kette" und „Scheideweg" sowie „Jungführer und Jungführerin" (1950); „Voran" und „Morgen" (1951). Seit 1950 ist die Hauptstelle noch Mitherausgeberin der Fachzeitschrift „Katechetische Blätter/Der Jugendseelsorger".
Von Anfang an ist klar, daß die katholische Jugendarbeit an ihre große Zeitschriftentradition vor dem Krieg anknüpfen will, daß dies aber – nicht zuletzt wegen der materiell unsicheren Lage – sehr schwierig sein wird.[344]
Der BDKJ hat nach dem Krieg Schwierigkeiten, schnell und in genügender Zahl Lizenzen zu bekommen. Die Lizenz für den „Fährmann" erhält der Freiburger Christophorus-Verlag 1946 eher überraschend, die Lizenz für die erste BDKJ-eigene Zeitschrift „Wacht" läßt bis 1948 auf sich warten, und die Herstellung leidet anfangs unter großer Papierknappheit.[345]
Die Verantwortung für das Bundesschrifttum liegt bei der Bundesführung in Übereinstimmung mit der Hauptversammlung des BDKJ.[346] Die Zeitungen sind – abgesehen vom nicht bundeseigenen „Michael" – unterschiedlich stark pädagogisch-katechetisch ausgerichtet.[347] Sie entsprechen den pastoralen und pädagogischen Linien des Bundes und sind im religiösen Bereich normativ-deduktiv und in der politischen Bildung sozial-integrativ aufgebaut.
Permanent befindet sich die Bundespresse in finanziellen Schwierigkeiten, weil die Abonnentenzahl zu niedrig ist. Finanzielle Mittel aus dem Bundes-

[343] Abgedruckt in: Bokler, Verteidigungsbeitrag, S. 33ff.
[344] Bokler, Wolker, S. 11;
zur Tradition vor dem Krieg, vgl. Gotto, Junge Front.
[345] Diözesanarchiv, Nachlaß Neisinger, Kasten 11, 1.1.9.f, Wacht-Rundschreiben und -Merkblatt von 1948;
Wolker sieht in der Lizenzverzögerung eine bewußte antikatholische Haltung der alliierten Pressestellen, vgl. Wolker, Denkschrift 1947, S. 3;
ein außenstehender Beobachter glaubt dagegen, daß die Lizenzen eher zufällig ausfielen, vgl. Jaeckel, Jugendzeitschriften, S. 148.
[346] ID 1951, S. 52.
[347] KB 1950, S. 35;
Hoeren, Jugendpresse, S. 130f.

jugendplan können die Probleme nur kurzfristig lindern. Das offizielle Ziel, jedes BDKJ-Mitglied abonniert eine Bundeszeitschrift, wird nicht annähernd erreicht. Entsprechend bleibt die technische und personelle Ausstattung am Rande des journalistischen Existenzminimums. Werbung und Vertrieb sind ein Dauerproblem.[348]

Schuld an dieser Situation ist auch die Zersplitterung. Schon 1948 warnt Wolker eindringlich – nicht uneigennützig, da er die Bedeutung der Zentrale stärken will – vor einem Wildwuchs auf dem Markt katholischer Zeitschriften.[349] Bei der Hauptversammlung 1950 gibt es heftige Auseinandersetzungen um erste Konzentrationsvorschläge.[350] Erreicht wird jedoch nichts. Eine Zeitschriftenkonzentration findet meist erst statt, wenn das Wasser bis zum Hals steht. Ein Beispiel: „Brunnen" und „Fährmann" kooperieren erst 1955 eng miteinander, als beider Auflage auf einen Tiefpunkt gesunken ist. Nicht ganz vergleichbar, aber doch ähnlich gelagert, ist im Jahre 1956 die Aufgabe der „Wacht" und des „Michael" zugunsten der mit dem BDKJ nur lose verbundenen „Allgemeinen Sonntagszeitung", die auch mit finanziellen Schwierigkeiten zusammenhängt.[351]

Die Zeitschriften im einzelnen: Der monatlich erscheinende „Fährmann" soll der religiösen, kulturellen und sozialen Bildung junger Frauen und Männer zwischen 16 und 25 Jahren dienen. Er ist ursprünglich auch für evangelische junge Erwachsene gedacht, entwickelt sich aber schnell zu einer katholischen Zeitschrift. Inhaltlich ist er diskussionsfreudig, anfangs mit deutlich sozialkritischem Einschlag. Das Layout gilt als überdurchschnittlich. Die Auflage liegt zu Beginn bei 50 000, 1955 bei 20 000 – eine Folge der vielen anderen Neugründungen. 1956 wird der „Fährmann" Verbandszeitschrift der KJG. Vorher hat er dem BDKJ nahegestanden und spätestens 1953 als Bundeszeitschrift gegolten. Seit 1955 kooperiert der „Fährmann" eng mit dem „Brunnen", einer Zeitschrift für 18–25jährige Frauen. Beispielsweise gibt es 16 gemeinsame Seiten.[352]

Die „Wacht" ist anfangs für die 14–18jährigen gedacht, setzt aber 1951 die Zielgruppe höher an, weil diese Altersgruppe eigene Zeitschriften bekommt. Sie wird zum Zentralorgan des BDKJ. Zielgruppe sind nun die Mitglieder über 18 Jahren. Inhaltlich ist die „Wacht" anfangs sehr forsch, greift die Alltagssorgen von Jugendlichen auf und bekommt prompt zur

---

[348] KB 1950, S. 480;
KB 1955, S. 385ff;
Hoeren, Jugendpresse, S. 25ff;
dj 1954, S. 299.
[349] Diözesanarchiv, Nachlaß Neisinger, Kasten 11, 1.1.9.f, Brief Wolker an alle Diözesanführungen vom 30.08.1948.
[350] Jungführer 1950, S. 111f.
[351] Jungführer 1955/56–2, S. 47;
Börger/Kortmann, Haus, S. 155;
Doering-Manteuffel, Wiederbewaffnung, S. 182.
[352] Hoeren, Jugendpresse, S. 11 und 58;
dj 1954, S. 303;
Fährmann 1949–5, S. 6f;
Fährmann 1950, S. 2f und 36f;
Fährmann 1953, S. 3.

Mäßigung einen „Wachtkaplan" an die Seite. Sie findet auch außerhalb des BDKJ Anerkennung. Probleme bereiten in den Anfangsjahren die gemeinsame Zeitschrift für Jungen und Mädchen in der Pubertät sowie die ungeklärte Frage, ob der Schwerpunkt missionarisch nach außen oder bildend nach innen sein soll. Beide Probleme werden durch die Umwandlung in das Zentralorgan entschärft. Die Auflage liegt anfangs bei rund 50 000, 1955 bei circa 33 000.[353]

Die „Jungführererin" und der „Jungführer" sind die zweimonatlichen Zeitschriften des Stammes. Zielgruppen sind aber sämtliche Führungskräfte im Bund. Beide Zeitschriften haben ein starkes Bundesbewußtsein und teilweise den Charakter von Arbeitshilfen. Jeweils ein Heft pro Jahrgang dient der didaktisch-methodischen Aufbereitung des Jahresthemas.[354]

Die Zielgruppe der 10–14jährigen Mädchen hat die „Bunte Kette", die entsprechende Altersstufe der Jungen der „Scheideweg" im Auge. Schwerpunkte sind hier die Unterhaltung und die religiöse Belehrung. Beide Zeitschriften erscheinen monatlich und haben zu Beginn eine Auflage von 150 000, 1955 von 104 000.[355]

Analog dazu erscheinen ab 1951 monatlich der „Morgen" für die Mädchen und „Voran" für die Jungen zwischen 14 und 18 Jahren. Die Auflage beträgt 1951 105 000 und steigt bis 1955 leicht an. Wie bei der „Bunten Kette" und „Scheideweg" hat auch hier die Mädchenzeitschrift bei weitem die höhere Auflage.[356]

Eine Sonderstellung nimmt der „Michael" ein. Er erscheint vierzehntäglich oder wöchentlich und versteht sich als Nachfolger der legendären auflagestarken Zeitung „Junge Front/Michael". Sie war in den ersten Jahren des Nationalsozialismus das Symbol der Ablehnung des neuen Systems durch den aktiven Teil der katholischen Jugend. Der „Michael" wendet sich an die über 18jährigen Frauen und Männer, zuerst im Bund, später an alle Katholiken. Sein Ziel ist, zur christlichen Lebensgestaltung zu ermutigen, mit zunehmend deutlicherem sozialkritischen und sogenanntem linkskatholischen Einschlag. Das entfremdet ihn zwangsläufig dem BDKJ. Ende 1952 löst der Bund seine finanzielle Trägerschaft.[357]

[353] Jaeckel, Jugendzeitschriften, S. 151;
   dj 1954, S. 302;
   Bundesführung, 10 Jahre BDKJ, S. 39ff;
   Altenberger Brief, 1948, S. 44 und 56;
      ID 1955–10, S. 5;
   vgl. auch die dritte Seite des Briefes eines Münchner Diözesanführers an Rommerskirchen vom 30.03.1948, in: Zur „Entwicklung" des BDKJ.
[354] Diözesanarchiv, Nachlaß Neisinger, Kasten 3, 2.4.5., Sammlung Jungführer;
   ID 1951, S. 100.
[355] Hoeren, Jugendpresse, S. 61ff;
   ID 1955–10, S. 5.
[356] Hoeren, Jugendpresse, S. 73ff;
   ID 1955–10, S. 5.
[357] Diözesanarchiv, Nachlaß Neisinger, Kasten 1, 1.5., Neisingers Arbeitszeugnis vom Verlag Echter, o.D., ca. 1961;
   Doering-Manteuffel, Wiederbewaffnung, S. 64/182/187;
   dj 1954, S. 301;
   Altenberger Brief, 1948, S. 44f.

Auch keine Bundeszeitschrift und deshalb von mir nur kurz erwähnt sind die „Katechetischen Blätter", die seit 1950 von der Bischöflichen Hauptarbeitsstelle unter dem Titel „Katechetische Blätter – Der Jugendseelsorger" mitherausgegeben werden. Für den Teil Jugendseelsorge zeichnet bis zu seinem Tod 1955 Wolker verantwortlich. Diese religionspädagogische Fachzeitschrift richtet sich an Priester, Religionslehrer und Laien in der Seelsorge.[358]

Das Schrifttum bleibt ein Sorgenkind des BDKJ. Probleme wie die Zersplitterung, mangelnde Kommunikation, Zielgruppenüberschneidung und die schlechte Ausstattung werden nicht sorgfältig angegangen. Das Dogma der Trennung der Geschlechter verhindert wirtschaftlich und journalistisch sinnvolle Zusammenlegungen. Oft sollen die Zeitschriften sowohl die Jugendlichen im BDKJ pädagogisch bilden als auch Außenstehende ansprechen – ein gewagter Spagat. Der Bund nimmt seine Zeitschriften als Selbstverständlichkeit hin und begnügt sich mit einzelnen Aktionen und moralischen Appellen an seine Mitglieder, um die finanziellen Schwierigkeiten in den Griff zu bekommen. Die Quittung folgt schnell. Mitte der 50er Jahre stellen die „Wacht" als Zentralorgan und der „Michael" als traditionsreichstes Blatt ihr Erscheinen ein. Der publizistische Rückzug fängt mit zwei Paukenschlägen an.

Mit dem Erscheinen von „Bravo" (1956) und „Twen" (1959) beginnt ein neues Zeitalter für die Jugendzeitschriften des BDKJ. Sie müssen sich gegen eine geballte kommerzielle Konkurrenz verteidigen.

Die Bundeszeitschriften legen sich etwa ab 1960 ein modernes Layout, angelehnt an die Konkurrenz, zu. Inhaltlich packt man sogenannte „heiße Eisen" an. Ein Beispiel: Der „Fährmann" bringt anfang der 60er Jahre eine Serie über die Jugend in anderen Ländern. Ausdrücklich ist hier neben Religion, Gesellschaft und anderem das Thema Liebe enthalten. Der „Informationsdienst" des BDKJ begründet dies mit „einer Angleichung des Lesestoffes an die gewandelten Erfordernisse der Unterhaltung und des pädagogischen Interesses".[359] Um die gleiche Zeit verstärkt sich die Tendenz, die Zahl der religiös-pastoralen Beiträge zu verringern.[360]

Die Auflage der Bundeszeitschriften sinkt rapide. Die Auflage von „Scheideweg", „Morgen" und „Voran" sinkt von 176 000 auf 90 000. Die „Bunte Kette" verzeichnet nur geringe Verluste. Der „Fährmann" rutscht von 22 000 auf 16 000.[361] Das finanzielle Defizit wächst. Mittel, die aus dem Bundesjugendplan der katholischen Jugendpresse zukommen, können die finanziellen Verluste nur mildern.[362]

In den Jahren nach 1959 wird möglicherweise eine Chance vertan. Zusammen mit dem Christophorus-Verlag hat der BDKJ zum Bundesfest in Stuttgart die Illustrierte „Zeugnis 59'" herausgegeben. Sie kommt gut an. Der

---

[358] KB 1950, S. 3ff.
[359] ID 1960, S. 1.
[360] Hoeren, Jugendpresse, S. 72.
[361] A.a.O., S. 58 und 67.
[362] Bspw. bekam der Fährmann 1951–1961 74 000 DM aus Bundesjugendplanmitteln, und der Verlag Haus Altenberg erhielt für die Zeitschriftenwerbung 1961 33 000 DM, vgl. Hoeren, Jugendpresse, S. 35 und 63f.

Verlag baut diesen Anfang zu einer regelmäßig erscheinenden Zeitschrift mit dem Namen „Kontraste" aus. Sie hat eine stabile Auflage von 50 000 und auch außerhalb des katholischen Milieus einen guten Ruf. Es kommt aber zwischen Verlag und BDKJ zu keiner Einigung, obwohl lange verhandelt wird und der Chefredakteur von „Kontraste" der vorherige BDKJ-Pressesprecher, Dr. Hermann Boventer, ist.[363]

2.10. Die Mädchen- und Frauenarbeit

Die Mädchen- und Frauenarbeit des BDKJ geht von einem wesensmäßigen Unterschied zwischen Frau und Mann aus. Als Charakteristika der Frau gelten: Innerlichkeit, Pflegen und Schützen, Reagieren, Emotionalität, Erlebnisorientierung, Opferbereitschaft, Idealismus, Güte und Geduld. Vorbild ist die Gottesmutter Maria.[364]

Ein gutes Beispiel für diese Auffassung sind die Zeitschriften „Jungführerin" und „Jungführer". In der „Jungführerin" wird viel weniger über Hauptversammlungen, politische Beschlüsse und Vertretungsaufgaben berichtet als im „Jungführer". Auch die Art der Berichterstattung unterscheidet sich stark. Entspricht der Konferenzbericht im „Jungführer" eher dem trockenen Ergebnisprotokoll, konzentriert sich der Artikel in der „Jungführerin" auf die Atmosphäre innerhalb und außerhalb der Konferenz im Stil einer Erlebniserzählung.[365]

In zwei weiteren Bereichen der Arbeit wirken sich die oben genannten Charakteristika besonders greifbar aus. Die religiöse Bildung ist bei der Frauenjugend intensiver, anspruchsvoller und „erfolgreicher" als bei der Mannesjugend; die sittliche Erziehung ist strenger. Im sexualpädagogischen Bereich scheinen vor allem die Mädchen verantwortlich zu sein, daß die Freundschaften im Sinne der katholischen Morallehre verlaufen.[366]

Als Lebensentwurf kommt vor allem in den ersten Jahren neben der traditionellen Arbeit als Hausfrau und Mutter die alleinlebende, berufstätige Frau stärker in den Blick. Der BDKJ sieht diese gesellschaftlich manchmal diffamierte Rolle als Chance zur religiösen und sozialen Entfaltung. Die Berufstätigkeit der Ehefrau und Mutter gilt als Notlösung, nicht als Lebensentwurf.[367]

---

[363] Hoeren, Jugendpresse, S. 53ff und 96.
[364] Altenberger Brief, Jahresanfang 1947, S. 6ff;
    KB 1952, S. 88;
    KB 1954, S. 308;
    vgl. Jungführerin 1950–1.
[365] Vgl. bspw. Jungführerin 1954–1, S. 61ff mit Jungführer 1954–1, S. 5f.
[366] Hauser, Mädchen, S. 132ff;
    KB 1954, S. 308f;
    Berger, Wolker, S. 263f;
    vgl. die erheblich höhere Zahl sittlicher Artikel in der Jungführerin gegenüber dem Jungführer.
[367] Fährmann 1948–11, S. 13;
    Jungführerin 1951, S. 38ff;

Schwerpunkt der eigenständigen Mädchenbildungsarbeit sind die Berufs-
vorbereitung und -begleitung sowie die Vorbereitung auf Ehe und Familie.
In der Zeit des Lehrstellenmangels 1953/54 bietet der BDKJ in Zusammen-
arbeit mit der Caritas Grundausbildungslehrgänge und Förderkurse an. Die
Kurse – bei den Mädchen bevorzugt Hauswirtschaft und Textil – fangen die
Arbeitslosen auf und können bei entsprechenden Voraussetzungen später
als Teil der Lehre anerkannt werden. Für die schon Berufstätigen gibt es
Abendkurse, die das Berufsethos vertiefen oder der Weiterbildung dienen.
Umsteigerinnen werden Wochenenden angeboten, die mögliche andere Be-
rufe aufzeigen, aber auch den Berufswechsel pädagogisch hinterfragen. Da-
bei bevorzugen die Veranstalter die Form des Abend- oder Wochenend-
seminars.[368]
Viel Anstrengung investiert die Frauenjugend in die hauswirtschaftliche
Bildung. Hier sieht man ein Bindeglied zwischen Ehe- und Berufsvorbe-
reitung. Die Seminare bieten praktische Kenntnisse in Hauswirtschaft,
Säuglings- und Krankenpflege, Geschmacksbildung und Basteln. Dies soll
in einen religiös-kulturell-politischen Rahmen eingebettet sein. Die Semi-
nare sind auch für Nichtmitglieder offen.[369]
Ende der 50er Jahre wird die Mädchenbildungsarbeit intensiviert. Die
Frauenjugend vor Ort veranstaltet die Seminare. Ein System von Referen-
tinnen und Arbeitshilfen auf Diözesanebene unterstützt sie dabei. An den
Seminaren, die neben der normalen Gruppenarbeit laufen, nehmen rund
50% Nichtorganisierte teil. Methodisch gibt es Abend-, Wochenend- oder
Wochenseminare sowie Mischformen. Die Seminare umfassen Praxis und
Theorie.[370]
Initiiert haben dieses sogenannte Mädchenbildungsprogramm die konfessionellen Jugendverbände. In Ansätzen seit 1956, fest verankert ab 1958,
findet das Programm nach langen Verhandlungen finanzielle Sicherheit
durch einen eigenen Etat im Bundesjugendplan. Seit 1956 gibt es in der
Hauptstelle ein eigenes Referat für praktische Mädchenbildung. Nach 1963
stellt man das Bildungsprogramm hinsichtlich seiner Wirksamkeit in den
Jugendverbänden in Frage. Der BDKJ wehrt sich gegen eine Abschaffung
und setzt sich damit vorerst durch. Rund 19 000 Mädchen und Frauen nehmen an den Kursen beim BDKJ teil. Innerhalb der Seminartypen kommt es
zu einer Trendwende: die Zahl der berufsvorbereitenden Maßnahmen steigt
an, die Vorbereitung auf Ehe und Familie geht zurück.[371]
Ein anderer Schwerpunkt ist das heute sogenannte „Freiwillige Soziale
Jahr" (FSJ), das auf die Initiative der Frauenjugend im BDKJ zurückgeht.[372]

KB 1953, S. 64ff;
 ID 1952, S. 48f.
[368] Reermann, Berufserziehung, S. 37ff;
 Jungführerin 1955–3, S. 185f.
[369] Reermann, Berufserziehung, S. 55f/82;
 Bundesführung Frauenjugend, Neue Wege, S. 5ff und 112ff.
[370] Bundesführung, 20 Jahre BDKJ, S. 76;
 Bundesführung Frauenjugend, Neue Wege, S. 95 und 112ff;
 Kay, Rollenbildung, S. 9f.
[371] Bundesführung, 20 Jahre BDKJ, S. 76.
[372] Hauser, Soziale Dienste, S. 51f.

1959/60 stellen sich auf einen Aufruf der Frauenjugend hin 33 Mädchen freiwillig zum Dienst in den Flüchtlingslagern zur Verfügung.[373] Die Erfahrungen sind positiv, das FSJ wird eine regelmäßige Einrichtung mit steigenden Teilnehmerinnenzahlen, breitem Einsatzfeld, institutionalisierter Trägerschaft, arbeitsteilig strukturierter praktischer und pädagogischer Begleitung durch Caritas und BDKJ sowie gesetzlicher und finanzieller Absicherung. Soziale Verantwortung und Persönlichkeitsbildung sind die Hauptmotive der Teilnehmerinnen. Gegen Ende der ersten Phase beginnt auch die Mannesjugend, sich mit der Möglichkeit des FSJ auseinanderzusetzen.[374]

Vor dem FSJ und auch parallel dazu gibt es die Sonntagshelferinnen. Das sind junge Frauen, die sich freiwillig sonntags zum Dienst in Alten- und Kinderheimen sowie Krankenhäusern zur Verfügung stellen. Allein in der Diözese Essen sind es beispielsweise 1964 1200 Mädchen und junge Frauen.[375]

Bei der Zusammenarbeit von Frauen und Männern steht die Frauenjugend im Schatten der Mannesjugend und wird benachteiligt. Beispiele sind die mangelnde Berücksichtigung bei öffentlichkeitswirksamen Aktionen und eine ungerechte Verteilung der Finanzen. Bei den Männern fehlt hier die entsprechende Sensibilität und der Reflexionshorizont; bei den Frauen gibt es manche, die sich in patriarchalischen Strukturen wohl fühlen und andere, die den Konflikt scheuen. Generell mangelt es an emanzipatorischen Erfahrungsfeldern, Beispielen und Argumentationsstrukturen.[376]

Nicht zuletzt aus dieser Erfahrung der Benachteiligung sichert die Frauenjugend konsequenter als die Mannesjugend ihre eigenen Räume ab. Sie besitzt eine eigene Gremienstruktur, die gut ausgebaut ist. Beispielsweise hat die Mannesjugend bei Hauptversammlungen nur die gemeinsamen Konferenzen, die Frauenjugend aber eine eigene zusätzlich.[377] Bundesführerin Hauser setzt Ende der 50er Jahre eine Etattrennung für die Posten durch, die nicht den gemeinsamen Aktivitäten von Mannes- und Frauenjugend dienen.[378]

Mit der dritten Bundesordnung 1962 gibt es eine deutliche Trennung von Mannes- und Frauenjugend, vor allem was die gemeinsame Beratung und Entscheidung in den Gremien betrifft. Dies haben Frauen veranlaßt, um ihre Eigenständigkeit im Verband zu wahren und die gesamte Arbeit besser mitbestimmen zu können.[379]

---

[373] ID 1959, S. 46.
[374] ID 1961, S. 123 und 148;
    ID 1962, S. 127;
    ID 1964, S. 74;
    ID 1965, S. 56;
    Jungführerin 1960/61–3, S. 250f.
[375] ID 1964, S. 44 und 152.
[376] Wuchterl, 75 Jahre, S. 60ff;
    Rocholl-Gärtner, Anwalt, S. 76f.
[377] Jungführer 1950, S. 82;
    Wuchterl, 75 Jahre, S. 64.
[378] Wuchterl, 75 Jahre, S. 63f.
[379] Börger, Frauen, S. 8f.

2.11. Die Großveranstaltungen

1953 findet in Augsburg an Pfingsten das Treffen der Führerschaft von Mannes- und Frauenjugend statt.[380] Unter dem Motto „Christus – Deutschland – Europa" nehmen über 8 000 Jungführerinnen und Jungführer aus Stamm und Gliederungen teil.

Bundespräses Bokler deutet in seinem Eröffnungsreferat das Motto als Aufgabe, stellt gewachsenes Bundesbewußtsein fest und spricht über Gnade und Sendung des Jungführertums. In rund 20 Arbeitskreisen vertiefen die Teilnehmer die Thematik. Referenten sind unter anderem der Bundesführer und der Bundestagsabgeordnete Franz Josef Strauß. Professor Mauer gibt im Hauptreferat ein Schuldbekenntnis an der Zerstörung Europas ab und ruft zur missionarischen Rettung der Seelen in Europa auf. Dies soll aber nicht aufdringlich geschehen. Man will nicht mehr das sakrale Mittelalter aufrichten.

Geistlicher Höhepunkt sind die Feierstunde im Dom, der anschließende Schweigemarsch mit Fackeln, der als Zeichen der Verbundenheit mit allen unterdrückten Christen gedacht ist, sowie der Pontifikalgottesdienst. Bei der Abschlußkundgebung mit Bundesführer Köppler wird Wolker von der Menge ans Rednerpult gerufen – sie haben ihn nicht vergessen.

Das Treffen prägen eine reibungslose Organisation, nüchterne Formen, große Disziplin, gute Zusammenarbeit zwischen Stamm und Gliederungen sowie die respektvolle, aber natürliche Begegnung der Geschlechter. Der Zusammenschluß von Mannes- und Frauenjugend hat seine Reifeprüfung bestanden. Das Treffen bekommt auch in nichtkirchlichen Zeitungen eine gute Presse, verstärkt das Bundesbewußtsein und ermutigt die Führerschaft.

Rund 100 000 Teilnehmerinnen und Teilnehmer strömen zum ersten Bundesfest vom 29. Juli bis 1. August 1954 nach Dortmund. Es ist die größte Jugendkundgebung in Westdeutschland seit Ende des Krieges. Das Fest steht unter dem Leitwort „Den Herrn bekennen – die Wahrheit leben – die Freiheit wagen". Ein vielseitiges Programm reicht von Selbstdarstellungen der Gliederungen über Sportveranstaltungen, internationale Begegnungen und Kabarett bis zu den Höhenpunkten Festzug, Eucharistie und feierliche Schlußkundgebung. Die Anwesenheit prominenter Kirchenführer und Politiker, unter anderem Bundespräsident Heuss, zeigt das öffentliche Ansehen des BDKJ. Die Eucharistie auf dem Hansaplatz ist geprägt von großer Andacht – trotz der Massen. Am Festzug nehmen 16 000 Menschen teil, der Rest jubelt zu. Die Gesamtdisziplin ist so gut wie in Augsburg, trotz der zehnfachen Menge. Ähnliches gilt für die Begegnung von Männern und Frauen.[381]

---

[380] Bundesführung, 10 Jahre BDKJ, S. 10f und 30;
Jungführer 1953, S. 202ff;
dj 1953–3, S. 6f;
Fährmann 1953, S. 195f.

[381] Diözesanarchiv, Nachlaß Neisinger, Kasten 12, 1.1.15., Programmheft Bundesfest Dortmund;
Fährmann 1954, S. 226f;

Programmatische Höhepunkte sind das Gelöbnis von Dortmund und die Rede von Bundesführer Köppler bei der Schlußkundgebung auf dem Hansaplatz. Das Gelöbnis sprechen die Teilnehmer bei der Schlußkundgebung. So bestätigen sie feierlich die Stimmabgabe der Delegierten, die zwei Tage vorher eine neue Bundesordnung des BDKJ verabschiedet haben. Das Gelöbnis faßt die Position des BDKJ 1954 zusammen. Es lautet:

„Wir jungen Christen wollen den BDKJ als Lebensschule nach Christi Lehre und Beispiel; als Jugendgemeinschaft des Gottesreiches voll Gnade, Friede und Freiheit; als jungkatholische Bewegung zur Erneuerung der Welt in Christi Auftrag und des Heiligen Geistes Kraft ... Wir bejahen den Bund als Gemeinschaft in Ordnung, als Gemeinschaft in Freiheit und Vielfalt, als Gemeinschaft aus Gliedern voll Eigenart ... Wir sind im Bund die Jugend Christi und glauben an seinen Sieg! Wir sind im Bund die Jugend der Kirche und glauben ans wachsende Reich. Wir sind im Bund die Jugend des Volkes und glauben an Deutschlands Sendung. Als junge Generation treten wir ein: für die Überwindung des Klassenkampfes in einer berufsständisch geordneten Gesellschaft; für die Rettung der Personenwürde gegenüber der nationalen und sozialen Übertreibung im Kollektiv; für die Errichtung einer internationalen Ordnung des Völkerfriedens und der Völkerverständigung; für die Einigung der Völker Europas. So lebt der Bund für Gottes Herrlichkeit in Gottes Liebe; für Gottes Herrschaft in Gottes Welt; für Christi Königtum in der Kraft des Kreuzes; für Christi Reich unter allen Völkern; für die Weltverwandlung durch Gottes Geist; für die Weltverklärung am Tage Christi ... Brüder und Schwestern, es lebe Christus in deutscher Jugend! Es komme sein Reich voll Gnade und Wahrheit! Anbreche sein Tag, die wahrhaft neue Zeit!"[382]

Bundesführer Köppler umreißt in seiner Rede Vergangenheit, Gegenwart und Zukunft des Bundes. Der BDKJ sei zuerst Jugend der Kirche und stehe auch in schwierigen Zeiten zu ihr, wolle aber keine katholischen Ja-Sager erziehen. Er setze sich ein für den Zusammenschluß der Völker der Welt. Der Bund sei stolz auf den Widerstand der katholischen Jugend in der NS-Zeit, er empfinde dies als verpflichtendes Erbe. Da aber die Christusbegeisterung im Bund nachlasse, müßten Bibel und Eucharistie wieder Zentren katholischer Jugendarbeit werden. Der Mut der Vergangenheit fordere auch heute dazu heraus, sich öffentlich, beispielsweise durch das Tragen des Silberkreuzes, zum Bund zu bekennen. Der BDKJ sei kein Verein, der die Harmlosen unter eine Glasglocke stelle und sie zu braven Schäflein erziehe. Er sage ja zur modernen Welt und zur Technik. Auch im eigenen Bereich gelte der Mut zu neuen Formen und die Ablehnung der Restauration. Der BDKJ erkenne die soziale Frage und werde sich ihr im Sinne der Soforthilfe, aber auch im Neubau einer gesellschaftlichen Ordnung stellen.

dj 1954, S. 387f und 423ff;
Bundesführung, 10 Jahre BDKJ, S. 12ff und 30f;
Bokler, Manifeste, S. 106ff.
[382] A.a.O., S. 110.

Karriere sei nicht alles – die Wahrheit gehe vor, in Anlehnung an die Jugendbewegung. Diese habe sich von der Lebenslüge ihrer Umgebung absetzen wollen. Der BDKJ distanziere sich vom Konsumdenken und der Oberflächlichkeit des Lebens. Der Bund sei bereit, die Freiheit vom Totalitarismus gegen kommunistische oder nationalsozialistische Bedrohungen zu verteidigen. Die besondere Verbundenheit gelte den Schwestern und Brüdern in der sowjetischen Besatzungszone.[383]

Das Bundesfest in Dortmund ist eine machtvolle Demonstration des BDKJ nach außen, prägt das Bundesbewußtsein nach innen und motiviert zur Weiterarbeit. Es symbolisiert die Blütezeit des BDKJ.

Fünf Jahre später findet Anfang August 1959 das zweite Bundesfest in Stuttgart statt. Es kommen rund 80 000 Teilnehmerinnen und Teilnehmer. „Unser Zeugnis prägt die Zeit", heißt das Leitwort. Das Programm enthält Kultur, Sport, politische und internationale Bildung sowie Gebetsstunden und Gottesdienste. Das Neue an diesem Bundesfest sind die moderneren Formen[384], die von der Bundesführung bewußt gewählt sind. Die Bundesführung verzichtet auf Grundsatzreferate und vorgefaßte Resolutionen. Der offizielle Begrüßungsakt findet – zeitlich vorgezogen – vor Delegierten statt, während die Jugendlichen durch eine Jugend-Revue mit Kabarett und Jazz begrüßt werden. Kabarettistische Formen, die weder die etablierte Politik noch den BDKJ selbst verschonen, prägen das Bundesfest. Die Schlußkundgebung besitzt gleich zwei experimentelle Spieleinlagen. Neu ist auch, daß ein Vormittag speziellen Veranstaltungen der Gliedgemeinschaften gehört.

Bundesführer Schreeb warnt in seiner Schlußrede vor einem Rückzug ins katholische Idyll, kritisiert die sensationell und entwürdigend berichtenden Medien, fordert zu sozialem, politischem und internationalem Engagement auf, erklärt seine Solidarität mit den Menschen in der DDR und betont die Stellung des BDKJ als Jugend der Kirche. Neu ist der solidarische Gruß an die evangelische Jugend.[385]

Das dritte Bundesfest findet vom 30. Juli bis 1. August 1965 in Düsseldorf statt.[386] Es hat kein programmatisches Leitwort. Vieles ähnelt den vorausgegangenen Bundesfesten – allerdings in zeitgemäße Formen gebracht. Das Programm umfaßt Geselligkeit, erstmals mit der DJK ein großes Sportfest, Gottesdienste, thematische Veranstaltungen und ein Kulturangebot. Unter dem Eindruck des Konzils sind die kirchliche Erneuerung und die Ökumene vieldiskutierte Themen.

Auffallend ist die kritische und zum Teil sorgenvolle Bestandsaufnahme von Bundespräses Nettekoven beim Eröffnungsfestakt. Katastrophal ist – gemessen an der Vergangenheit – die niedrige Zahl von 30 000 Teilnehmerinnen und Teilnehmern.

---

[383] Köpplers Rede ist abgedruckt in: Bokler, Manifeste, S. 111ff.
[384] Börger/Kortmann, Haus, S. 142f.
[385] ID 1959, S. 103ff;
    dj 1959, S. 392f.
[386] Vgl. ID 1965, Festausgabe I und II;
    dj 1965, S. 393ff.

Eine Auswertung ergibt, daß 80% der Besucher entweder Mitglieder von KJG/KFG sind oder zu keiner Gliedgemeinschaft gehören.[387] Schlagartig ist sichtbar, was sich schon die ganze Zeit angedeutet hat: der Bund ist kein Bund mehr, sondern nur noch eine lockere Gemeinschaft profilierter Gliedgemeinschaften. Das dritte Bundesfest löst einen vielfältigen Wandlungsprozeß aus, an dessen Ende ein inhaltlich und strukturell anderer BDKJ steht.

2.12. Zusammenfassung

Der BDKJ ist ein Kompromiß aus der katholischen Jugendarbeit der Weimarer Republik mit ihrer verbandlichen Vielfalt und der eher einheitsorientierten Pfarrjugend der NS-Zeit. Nach seiner schwierigen Geburt etabliert er sich schnell im kirchlichen und gesellschaftlichen Raum. Der Bund erlebt bis Mitte der 50er Jahre eine Blütezeit. Innerkirchlich genießt er hohes Ansehen und besitzt beinahe ein Monopol katholischer Jugendarbeit. Gesellschaftlich verschafft er sich unter anderem durch sein soziales Engagement, seine starke Stellung im Bundesjugendring und seine unter den Jugendverbänden singuläre Stellungnahme in der Wiederbewaffnungsdebatte Gehör.

Der BDKJ hat rund eine Million Mitglieder und eine ausgebaute, straffe Organisation. Die Zentralen – anfangs Altenberg, später Düsseldorf – sind als Führungsstellen anerkannt. Das Bundesbewußtsein, d. h. das Gemeinschaftsgefühl, zu der einen katholischen Jugend(organisation) zu gehören, ist ausgeprägt; vor allem beim zahlenmäßig weit überlegenen Stamm. Die Zeitschriften des Bundes haben trotz ihrer beginnenden Krise hohe Auflagezahlen und einen guten Ruf.

Die starke Stellung der Jugendverbände in der gesamten deutschen Jugendarbeit und das hohe Ansehen der katholischen Kirche in der Gesellschaft flankieren und unterstützen diese Blütezeit. Markanter symbolischer Höhepunkt ist das Bundesfest 1954 in Dortmund.

Das alles bröckelt ab Mitte der 50er Jahre. Die Mitgliederzahlen gehen langsam zurück. Das Jugendhaus in Düsseldorf wandelt sich vom Führungs- in ein Dienstleistungs- und Koordinationszentrum, und die katholische Jugendarbeit besteht zunehmend nicht mehr nur aus dem BDKJ. Das dritte Bundesfest 1965 in Düsseldorf offenbart ein kaum noch vorhandenes Bundesbewußtsein, und die Auflage der Zeitungen geht in den Keller. In vielen Bereichen der Arbeit sind immer deutlicher kritische Stimmen zu hören.

Einzelne Themenfelder sollen über diesen Tend hinaus die Arbeit des BDKJ in den ersten zwei Jahrzehnten zusammenfassend verdeutlichen: Der Bund ist sehr kirchlich. Sein hohes Ansehen bei Bischöfen und Priestern beruht nicht zuletzt auf seiner Kirchentreue. Der BDKJ versteht sich als selbstverständliches Rekrutierungsfeld für die Kirche, sowohl was die Masse als auch was die Elite angeht. Der Klerus hat eine starke Stellung, die

[387] Jungführer 1965/66 -4, S. 30f.

80

organisatorische Verquickung mit der kirchlichen Hierarchie ist eng. Den Glaubenskanon und die hierarchische Form der katholischen Kirche akzeptiert der BDKJ bereitwillig. Die enge kirchliche Bindung wirkt sich auch politisch aus. Als der gesamte Katholizismus auf Adenauers Wiederbewaffnungskurs Stück für Stück einschwenkt, zieht der Bund nach. Der Kirchlichkeit entspricht die absolute Priorität der religiösen Persönlichkeitsbildung. Sie gründet auf dem Erbe der NS-Zeit mit der Wiederentdeckung von Bibel und Eucharistie als Grundlagen kirchlicher Jugendarbeit. Ziele sind eine lebendige Christusbeziehung des einzelnen in der Gemeinschaft der Kirche unter Leitung der Hirten und das missionarische Apostolat. Schon bald zeigt sich, daß beide Ziele für die Masse der Mitglieder zu hochgesteckt sind. Das Schlagwort der religiösen Krise macht die Runde. In Pädagogik und Pastoral sind die Jugendlichen – nimmt man heutige Begriffe, was immer etwas problematisch ist – Objekte der Jugendarbeit. Grundlage ist der Erziehungsanspruch der Kirche, es dominiert der Gedanke der Jugendpflege. Oft steht die systematische Vermittlung von Glaubenswissen im Vordergrund. Dem Priester als Jugendseelsorger kommt auf allen Ebenen eine zentrale Stellung zu. Ein bedürfnisorientierter Ansatz ist nur partiell vorhanden. Gegenüber dem modernen säkularen Leben grenzt sich der Bund massiv ab, weil er negative Einflüsse auf die Jugendlichen befürchtet. Ökumenische Akzente gibt es wenige.

Methodisch stützt sich der BDKJ auf das modernisierte Erbe der Jugendbewegung. Grundprinzip ist die verbindliche Jugendgruppe als Lebensgemeinschaft junger Christen, die von einer differenzierten Altersstufenpädagogik geprägt ist. Koedukation ist verpönt, die Sexualpädagogik gründet auf Zucht und Selbstbeherrschung. Das Jungführertum wird als Grundlage der pädagogischen Arbeit auch pastoral aufgewertet und besitzt Vorbildcharakter. Viele Jungführerinnen und Jungführer erhalten im BDKJ entscheidende Impulse für ihr späteres – oft exponiertes – Engagement in Kirche und Gesellschaft. Gleichzeitig mangelt es beim Jungführertum an engagierten und fähigen Männern und Frauen, nicht zuletzt aufgrund der hohen Ansprüche.

Ein Jahresprogramm strukturiert die Bildungsarbeit. Es ist in das Leitwort für den Bekenntnistag, das Jahresthema für die Bildungsarbeit und die Jahresaufgabe unterteilt.

Politisch steht der BDKJ den Unionsparteien nahe. Die politische Bildung ist staatsbürgerliche Bildung und zielt, wie die gesamte Arbeit des Bundes, auf eine reibungslose Integration in die westdeutsche Demokratie. Gesellschaftskritische Momente fehlen weitgehend. Der Bundesjugendring ist Schwerpunkt der Vertretungsarbeit. Der Antikommunismus ist verbreitet, offizielle Ostkontakte werden scharf abgelehnt. Sonst stehen aber internationale Kontakte hoch im Kurs. In den 60er Jahren wird die Entwicklungshilfe als Aufgabe entdeckt.

Die Mädchen- und Frauenarbeit des BDKJ ist weitgehend geprägt von einer traditionellen Rollenfixierung, setzt aber mit ihrer Mädchenbildungsarbeit soziale und gesellschaftliche Akzente. Bei der Zusammenarbeit von Frauen und Männern im BDKJ wird die Frauenjugend benachteiligt.

3. DER BDKJ IN DER DIÖZESE WÜRZBURG 1947–1965

3.1. Personen, Strukturen und Grundlagen

3.1.1. Die Entstehungsgeschichte

Die katholische Jugendarbeit im Bistum Würzburg kennt keine Stunde Null. Sie kann nach dem 8. Mai 1945 an die blühende illegale Jugendarbeit der Kriegsjahre anknüpfen. Diese besteht unter anderem aus Schulungsabenden, die alle 14 Tage in Würzburg und Aschaffenburg stattfinden. Es gibt Flugblattaktionen gegen den Nationalsozialismus nicht nur in Unterfranken, sondern auch darüber hinaus. Man gibt eine Arbeitsmappe mit Material für die geistige und geistliche Arbeit in illegalen katholischen Jugendgruppen mit einer Auflage von 2000 Exemplaren heraus, die in ganz Bayern vervielfältigt wird. Enzykliken, Hirtenbriefe und Schriften katholischer Autoren wie Reinhold Schneider werden ebenfalls abgezogen und in hoher Auflage verbreitet. Mit diesen illegalen Aktionen riskiert eine kleine Gruppe von jungen Frauen und Männern – sie hat ihr Zentrum in Würzburg – Kopf und Kragen. Es gelingt ihr aber, die katholische Jugendarbeit in ungewöhnlichem Maße aufrechtzuerhalten – im Rahmen des in ganz Deutschland stattfindenden und politisch unvermeidlichen Rückzugs auf den Binnenraum Kirche und entsprechender quantitativer Verluste.[1]
Nach Kriegsende zeigen sich überall in Unterfranken katholische Jugendgruppen wieder öffentlich und es entstehen neue.[2] Die wiedergewonnene Freiheit wird genutzt. Allerdings behindern die Kriegsschäden, bspw. was die Verkehrslage angeht, den Kontakt untereinander, und oft fehlen die jungen Männer, da sie im Krieg gefallen sind.
Im Oktober 1945 kehrt Oskar Neisinger[3] aus der Kriegsgefangenschaft

---

[1] Vgl. Neisinger, Flugblätter;
vgl. Diözesanarchiv, Nachlaß Neisinger, Kasten 1, 1.1., Lebenslauf Neisinger (unbekannter Autor);
vgl. Diözesanarchiv, Nachlaß Neisinger, Kästen 7–9, 1.1.2. – 1.1.4, Sammlungen und Korrespondenzen;
vgl. Diözesanarchiv, Klinkhammer, Kästen 1–2; Interview und Sammlung Neisinger;
vgl. Sonntagsblatt 1947f, Reihe „Junge Christen im Sturm der Zeit".
[2] Schweinfurter Volksblatt vom 15.11.1955, „Zehn Jahre Jugendarbeit im Landdekanat"; Kuhn, Würzburg, S. 2.
[3] Oskar Neisinger: * 1919; Mittlere Reife am Humanistischen Gymnasium in Würzburg; Arbeitsdienst; Wehrpflicht, wegen Augenleidens entlassen; Abitur; Theologiestudien an der Universität Würzburg; 1944 Flucht vor der Gestapo nach Holland; Luftwaffendienst; 1945–1952 Würzburger Diözesanjugendführer (Beginn unklar, da bis Ende 1946 nicht offiziell anerkannt); 1949–1956 stellvertretender Bundesführer (genaue Datierung unsicher); 1953–1956 Verlagsleiter und Bildungsreferent im Jugendhaus Düsseldorf; 1952–1960 Chefredakteur des Jungführers; Chefredakteur der Freiburger Kirchenzeitung, Stellv. Chefredakteur von Publik sowie Pressesprecher der Deutschen Bischofskonferenz; + 1985.

zurück.[4] Er war einer der führenden Köpfe der illegalen katholischen Jugendarbeit während des Zweiten Weltkrieges und baut nun sofort auf dieser Grundlage auf. Neisinger stellt Kontakte her, beruft Treffen ein, sucht Arbeitsmaterial für Gruppenstunden und peilt den Aufbau einer Diözesanjugendstelle in Würzburg an.[5]

Doch es gibt ein massives Problem. Bischof Matthias Ehrenfried erweist sich als großes Hindernis für den systematischen Aufbau einer katholischen Jugendarbeit im Bistum. Die Quellen geben keine klare Auskunft, welches Konzept dem Bischof selbst vorschwebt[6], doch kann man in etwa beschreiben, was Ehrenfried nicht will. Der Bischof hat weder von Wolker noch von Neisinger und ihren selbstbewußten Ansätzen von Jugendpastoral eine sehr hohe Meinung. Er will keine ausgebaute Laienführerschaft und keine große Eigenständigkeit der katholischen Jugend. Er ist kein Freund der Liturgischen Bewegung um Burg Rothenfels, einem der zentralen Anliegen katholischer Jugendarbeit. Die Folge ist, daß es durch Bischof Ehrenfried bis Ende 1946 keine ideelle und bis Mitte 1947 keine materielle Unterstützung des systematischen Aufbaus der katholischen Jugendarbeit im Bistum gibt.[7]

Mit diesen Schwierigkeiten korrespondiert Neisingers unsichere berufliche und persönliche Situation. Beispielsweise ist ihm bei der Rückkehr noch nicht klar, ob er seine theologischen Studien wieder aufnehmen und Priester werden soll.[8] Andere Alternativen, wie die Übernahme in den Volksschuldienst, eine hauptamtliche Mitarbeit in der CSU oder eine Stelle in der katholischen Jugendarbeit in einer anderen Diözese, werden ernsthaft erwogen, zerschlagen sich aber wieder.[9]

Oskar Neisinger spielt beim Wiederaufbau der katholischen Jugendarbeit und bei der Gründung des BDKJ im Bistum Würzburg eine zentrale Rolle.

[4] Diözesanarchiv, Nachlaß Neisinger, Kasten 1, 1.7., Entlassungszeugnis Neisingers aus der Kriegsgefangenschaft und Marschbefehl nach Würzburg vom 12.10.1945;
Diözesanarchiv, Klinkhammer, Kasten 1-I, Interview Neisinger vom 22.11.1984.

[5] Diözesanarchiv, Nachlaß Neisinger, Kasten 6, 3.3., Brief Oskar an Karl Neisinger vom 13.11.1945;
Diözesanarchiv, Klinkhammer, Kasten 1-I, Aktenvermerk zum Interview mit Pfr. Peter Pretscher (Domkaplan zur Zeit der Rückkehr Neisingers) vom 08.05.1985.

[6] Bischof Ehrenfried wollte wohl eine mehr auf den religiösen Bereich beschränkte Pfarrjugend unter Leitung des Pfarrers, vgl. Diözesanarchiv, Klinkhammer, Kasten 1-I, Interview Neisinger vom 22.11.1984.

[7] Diözesanarchiv, Klinkhammer, Kasten 1-I, Interview Neisinger vom 22.11.1984;
Diözesanarchiv, Klinkhammer, Kasten 1-I, Interview Heinz vom 06.06.1986;
Diözesanarchiv, Klinkhammer, Kasten 1-I, Aktenvermerk zum Interview mit Peter Pretscher vom 08.05.1985;
Diözesanarchiv, Klinkhammer, Kasten 2-III, Manuskript „Überblick über die Entwicklung der Jugendarbeit (1900 – heute)" von Monika Klinkhammer;
Diözesanarchiv, Nachlaß Neisinger, Kasten 6, 3.3., Brief von Karl Neisinger (Bruder) an Oskar Neisinger vom 25.10.1945;
Diözesanarchiv, Nachlaß Neisinger, Kasten 6, 3.3., Brief Rößler an Neisinger, etwa April 1946;
Diözesanarchiv, Nachlaß Neisinger, Kasten 11, 1.1.8.a, Zur Lage der Jugend, o. D., o.V. vermutlich 1946, Sprache und Inhalt weisen auf Neisinger als Verfasser hin;
Kuhn, Würzburg, S. 5.

[8] Diözesanarchiv, Nachlaß Neisinger, Kasten 6, 3.3., Brief Oskar an Karl Neisinger vom 13.11.1945.

[9] Diözesanarchiv, Nachlaß Neisinger, Kasten 1, 1.8., Korrespondenz betr. die Bemühungen Neisingers um Verwendung im Volksschuldienst 1945/46;

Anfang 1946 klärt sich die Situation, und Neisinger beginnt mit voller Kraft, aber noch ohne Bezahlung, als nicht offiziell ernannter, aber geduldeter Diözesanjugendführer von einer provisorischen Diözesanjugendstelle aus zu arbeiten. Neisinger hat dabei konkrete Vorstellungen. Er will eine diözesane Zentrale, die, hauptamtlich besetzt, den systematischen Aufbau katholischer Jugendarbeit im ganzen Bistum vorantreibt, begleitet und koordiniert.[10]

Die Diözesanjugendstelle befindet sich zuerst unter einer Treppe im Kreuzgang des Domes, später erkämpft man sich ein eigenes Zimmer, angebaut am Längsschiff des Domes. Die Rundschreiben der Diözesanjugendstelle werden auf einer alten Schreibmaschine getippt. Für eine gewisse Mobilität sorgt ein geschenktes Fahrrad. Bald wird es durch ein altes Motorrad mit beschränktem Kraftstoffkontingent ersetzt. Im Frühjahr 1947 wird Balthasar Schäffer der erste Angestellte der Diözesanjugendstelle. Neisinger finanziert das ganze Projekt auf eigene Faust mit dem Erlös aus seinen Werkbriefen, die mit der Zeit eine Auflage von fast 20 000 Exemplaren erreichen. Die Werkbriefe sind regelmäßig erscheinende – von Neisinger zusammengestellte – Hefte mit Material für Gruppenstunden und Leitungsrunden, die auch überregional Verbreitung finden.[11]

Es findet sich eine Diözesanjugendführung zusammen[12], die aus Neisinger selbst, Johanna Konrad und Dr. Max Rößler[13] besteht. Das Team kooperiert nach anfänglichen Spannungen aufgrund sehr unterschiedlicher Persönlichkeiten[14] gut, kämpft aber weiterhin um seine Anerkennung in der Diözese

Diözesanarchiv, Nachlaß Neisinger, Kasten 7, 3.3., Briefe Wolkers an Rößler, Kaplan Fritz Bauer und Neisinger von Februar/März 1946;
Diözesanarchiv, Nachlaß Neisinger, Kasten 6, 3.3., Brief Kapl. Fritz Bauer an Neisinger vom 11.11.o.J. (vermutlich 1945);
Diözesanarchiv, Nachlaß Neisinger, Kasten 6, 3.3., Brief Oskar an Karl Neisinger vom 13.11.1945.

[10] Diözesanarchiv, Nachlaß Neisinger, Kasten 11, 1.1.8.a, Zur Lage der Jugend, o. D., o.V. vermutlich 1946, Sprache und Inhalt weisen auf Neisinger als Verfasser hin;
Diözesanarchiv, Nachlaß Neisinger, Kasten 11, 1.1.8.d, Bericht Oskar Neisingers über ein Treffen der Diözesanjugendführer in Altenberg 1946.

[11] Diözesanarchiv, Nachlaß Neisinger, Kasten 11, 1.1.9.f, Rundbrief der Diözesanjugendstelle an alle Dekanats- und Pfarrjugendführer vom November 1946;
Diözesanarchiv, Nachlaß Neisinger, Kasten 1, 1.1., Lebenslauf Neisinger (unbekannter Autor);
Diözesanarchiv, Klinkhammer, Kasten 1-I, Interview Neisinger vom 22.11.1984;
Kuhn, Würzburg, S. 1ff.

[12] Genauere Datierung vor allem bei Konrad nicht möglich, aber die Quellen lassen eine klare Tendenz in Richtung erste Hälfte des Jahres 1946 erkennen.

[13] Bei den biographischen Angaben sind die Quellen lückenhaft, und darüber hinaus kommen oft Unsicherheiten oder Unschärfen vor.
Johanna Konrad: * 1923; Mittlere Reife; Kontoristin; 1946–1947 Diözesanjugendführerin (Datierung Beginn unsicher); Aufgabe des Amtes wegen Heirat mit Oskar Neisinger im April 1947; + 1978.
Dr. Max Rößler: * 1911; Abitur; Jura- und Theologiestudium; Promotion im Fach Staatsrecht; Priesterweihe 1940; 1941–1952 Diözesanjugendseelsorger; 1947 auch Landesvorsitzender der katholischen Jugend in Bayern; danach: Rundfunk- und Fernsehbeauftragter der bayerischen Bischöfe; Tätigkeit beim katholischen Auslandssekretariat in Bonn; + 1992.

[14] Diözesanarchiv, Nachlaß Neisinger, Kasten 5, 3.2., Brief Anna Rottmann (ehemalige Jugendführerin im Umkreis von Neisinger und nun Haushälterin von Rößler) an Neisinger o.D. sowie Kasten 6, 3.3., Brief Rottmann an Neisinger vom 01.02.1946.

und bei der Kirchenleitung.[15] Domkaplan Peter Pretscher erweist sich als fähiger Anwalt der Jugendseite. Er stellt Kontakte her und leistet unermüdlich Überzeugungsarbeit. Allmählich finden sich in Ordinariat und Domkapitel Befürworter des organisierten Aufbaus der katholischen Jugend.[16] Das Pfingsttreffen der katholischen Jugend 1946 in Münsterschwarzach[17], organisiert und geleitet durch die Diözesanjugendstelle – insbesondere Neisinger und Konrad –, überzeugt Bischof Ehrenfried noch nicht ganz. Allerdings gibt er ein halbes Jahr später, beim ersten Treffen der Dekanatsjugendführer und -innen nach dem Krieg, die Ernennung Oskar Neisingers zum Diözesanjugendführer offiziell bekannt.[18] Das große Diözesantreffen in Würzburg im Juli 1947, das als offizielles Gründungsdatum des BDKJ in der Diözese Würzburg angesehen werden darf[19], überzeugt den Bischof schließlich. Tags darauf läßt er die Diözesanjugendführung zu sich kommen, erkennt sie noch einmal offiziell an und verspricht auch materielle Unterstützung.[20]

Parallel zum Ringen der Diözesanstelle um Anerkennung bekommt die katholische Jugendarbeit im Bistum immer mehr Form und Gehalt. Sie ist oft von großer Begeisterung getragen.[21] In Pfarreien gibt es wieder regelmäßige Gruppenstunden außerhalb der Sakristei, Monatsversammlungen, Leitungsrunden und öffentliche Veranstaltungen wie kulturelle Aufführungen oder Bannerweihen. Klassische Formen wie der Gottbekenntnistag am Dreifaltigkeitssonntag und die Christkönigsfeiern sammeln die katholische Jugend auch über die Pfarrei hinaus zu öffentlichen Feiern. Die Dekanatsebene wird wiederbelebt. Von der Marienfeier über Dekanatsjugendtreffen bis zu Arbeitstagungen für Jungführer reicht das Angebot, manchmal schon getragen von den entstehenden Dekanatsführungen.[22]

---

[15] Exemplarisch Diözesanarchiv, Nachlaß Neisinger, Kasten 7, 3.3., Brief Gunda Trambauer an Neisinger vom 04.02.1946.

[16] Diözesanarchiv, Klinkhammer, Kasten 1-I, Interview Neisinger vom 22.11.1984; Kuhn, Würzburg, S. 8.

[17] Weitere Informationen zum Pfingsttreffen 1946 und zum großen Diözesantreffen 1947 im Kapitel Großveranstaltungen.

[18] Sonntagsblatt vom 01.12.1946, S. 116.

[19] Am besten festzumachen an der dort stattfindenden Weihe des diözesanen Banners, vgl. Sonntagsblatt vom 03.08.1947, Titelseite.
Eine Gründung des diözesanen BDKJ vor 1947 zu datieren scheitert an den bundesverbandlich noch nicht vorhandenen Voraussetzungen, auch wenn die katholische Jugendarbeit des Jahres 1946 im Bistum Würzburg schon weitgehend strukturell und inhaltlich die Züge des später gegründeten Bundes trägt. Das Datum 1947 hat sich auch weitgehend im Bistum Würzburg durchgesetzt, bspw. orientieren sich die Jubiläumsveranstaltungen daran.

[20] Diözesanarchiv, Klinkhammer, Kasten 2-III, Manuskript „Überblick über die Entwicklung der Jugendarbeit (1900 – heute)" von Monika Klinkhammer.

[21] Diözesanarchiv, Klinkhammer, Kasten 1-I, Interview mit Karl Heinrich vom 27.03.1985, Sonntagsblatt vom 02.12.1962, S. 693 (Referat 15 Jahre BDKJ); Diözesanarchiv, Nachlaß Neisinger, Kasten 6, 3.3., Tagebuchartige Briefnotizen von Kpl. Fritz Bauer (ehemaliger Domkaplan) für die katholische Jugend in Würzburg von 21.10.–23.11.1945.

[22] Vgl. Diözesanarchiv, Bischöfliches Jugendamt, Kasten 1, Nr. 1, Akten (Sammlung von Berichten aus Pfarreien und Regionen); Sonntagsblatt 1946, S. 20/24/67/112/116.

Doch es gibt auch viele Schwierigkeiten: Die geistliche Tiefe der Kriegszeit ist vielen Neuen in der katholischen Jugend schwer zu vermitteln, und die Umwelt hat für den katholischen Schwung manchmal nur Spott und Hohn übrig. Die Mitarbeit der Geistlichen läßt zu wünschen übrig, und es gibt Schwierigkeiten mit kommunalen Stellen. Hinzu kommen Konflikte unter den Führern und Führerinnen sowie große Belastungen von außen, bspw. durch den Beruf oder die Sorge für die Familie.[23]

Die Diözesanjugendstelle unterstützt den Aufbau der Jugendarbeit im Bistum, indem sie beispielsweise Jugendseelsorger vor Ort berät, Schulungen für Jungführerinnen und -führer anbietet oder durch Bergfreizeiten Erholung und Gemeinschaftserlebnisse bietet. Daneben kümmert sie sich um Öffentlichkeitsarbeit, weist auf Vorgaben der Militärregierung hin und organisiert die schon erwähnten großen Diözesantreffen, die wichtige Motivationserlebnisse für viele Jugendführer und -innen sind.[24]

Parallel übernimmt die Diözesanjugendführung Vertretungsaufgaben. Oskar Neisinger ist 1946/1947 Bezirksjugendleiter in Unterfranken. Er hält in dieser Funktion Kontakt zum bayerischen Landesjugendausschuß – Vorläufer des Bayerischen Jugendrings – und wirkt in seinem Namen als beratendes Bindeglied zu den sich bildenden Kreisjugendausschüssen.[25] Die Diözesanführung kritisiert in diesem Bereich scharf alle Bestrebungen, die verschiedenen Jugendorganisationen in einer einheitlichen Jugendarbeit mit antifaschistischer Ausrichtung, zusammenfassen zu wollen.[26]

Auch innerkirchlich geht der Horizont über die Diözese hinaus. Die Diözesanjugendführung, vor allem Rößler und Neisinger, hält regen Kontakt mit Wolker und den Entwicklungen auf Bundesebene. Neisinger ist in Hardehausen dabei und somit Gründungsmitglied des BDKJ. Bei der Geburt

23 Diözesanarchiv, Nachlaß Neisinger, Kasten 6, 3.3., Briefe Gunda Appels an Neisinger vom 27.11.1945 und 24.02.1946;
Diözesanarchiv, Nachlaß Neisinger, Kasten 6, 3.3., Brief Gertrud Freund an Neisinger o.D., laut Poststempel 1946;
Diözesanarchiv, Nachlaß Neisinger, Kasten 5, 3.2. Brief Marga an Neisinger vom 06.12.1945;
Diözesanarchiv, Nachlaß Neisinger, Kasten 6, 3.3., Tagebuchartige Briefnotizen von Kpl. Fritz Bauer für die katholische Jugend in Würzburg vom 21.10.–23.11.1945;
vgl. Diözesanarchiv, Bischöfliches Jugendamt, Kasten 1, Nr. 1, Akten (Sammlung von Berichten aus Pfarreien und Regionen).
24 Diözesanarchiv, Klinkhammer, Kasten 1-I, Aktenvermerk zum Gespräch mit Pfr. Valentin Lippert am 30.05.1985;
Diözesanarchiv, Nachlaß Neisinger, Kasten 11, 1.1.9.f, Rundbrief der Diözesanjugendführung an alle Dekanats- und Pfarrjugendführungen vom November 1946;
Diözesanarchiv, Nachlaß Neisinger, Kasten 11, 1.1.9.d, Anmeldefragmente zu Bergfreizeiten der Diözesanjugendstelle von 1946;
Bischöfliches Jugendamt, Kontenplan, Ordner 1, Briefwechsel zwischen Neisinger und dem Chefredakteur der Main-Post vom 25.11.46/27.11.46/02.12.46.
25 Vgl. bspw. Bischöfliches Jugendamt, Kontenplan, Ordner 1, Berichte Neisingers als Bezirksjugendleiter an den bayerischen Landesjugendschausschuß vom 04.10.1946/21.10.1946/02.03.1947;
Bayerischer Jugendring, Ereignisse, S. 14ff.
26 Bischöfliches Jugendamt, Kontenplan, Ordner 1, Bericht Neisingers als Bezirksjugendleiter an den bayerischen Landesjugendausschuß vom 02.03.1947;
Bischöfliches Jugendamt, Kontenplan, Ordner 1, Rößlers Beantwortung eines Fragebogens der Militärregierung über die Betätigung der deutschen Jugend vom 25.04.1946.

des Bundes scheint das Wort der Würzburger viel zu zählen.[27] Allerdings klingen immer wieder ein großer Lokalpatriotismus und massiver Widerstand gegen alle Zentralisierungstendenzen in Altenberg an.[28] Auch beim Aufbau einer bayernweiten Struktur katholischer Jugendarbeit ist man dabei. Anfangs hat sogar der Landesverband der katholischen Jugend in Bayern seinen Sitz in der Würzburger Diözesanstelle, nicht zuletzt, weil Rößler dessen Vorsitzender ist.[29]

Über die Zusammenarbeit mit der amerikanischen Besatzungsmacht ergibt sich in Unterfranken kein klares Bild. Zwar erhalten die ersten kirchlichen Jugendgruppen noch im Jahre 1945 ihre Lizenzen; doch ist sicher, daß die Amerikaner mit dem in Deutschland weit verbreiteten Ansatz der Jugendverbandsarbeit nicht viel anfangen können, was auch in Unterfranken zu Mißverständnissen, Reibereien und Vorbehalten führt. Das im April 1946 anlaufende GYA-Programm[30] mit seinen Heimen in allen Städten und Landkreisen bedeutet für die sich neu formierende katholische Jugendarbeit ohne Zweifel eine gewisse, aber keine existenzbedrohende Konkurrenz. Nach Anfangsschwierigkeiten kann sich jedoch die katholische Jugendarbeit als respektierter Ansprechpartner für die Militärregierung etablieren, und es kommt zu einer brauchbaren Zusammenarbeit.[31]

Die Struktur der wieder entstehenden katholischen Jugendarbeit ist im Bistum Würzburg, ebenso wie in ganz Deutschland, direkt nach dem Krieg unklar. Doch sind selbst überzeugte Verbandsvertreter anfangs einem einheitlichen Aufbau der katholischen Jugend gewogen und vorsichtig im Blick auf mögliche Wiedergründungen von Verbänden.[32]

Diözesanjugendführung und Diözesanstelle streben von Anfang an eine größtmögliche Einheit an. Diözesanjugendseelsorger Rößler veröffentlicht im Frühjahr 1946 einige Grundsätze zum Aufbau der katholischen Jugend der Diözese Würzburg[33]: Er betont den pfarrlichen Schwerpunkt der Jugendarbeit und erwartet von Verbänden und Bünden aktive Mitarbeit in der Pfarrei. Namentlich genannt werden die Mittelschülerkongregationen, die Kolpingjugend, Neudeutschland und Heliand sowie die Georgspfadfinder.

[27] Diözesanarchiv, Nachlaß Neisinger, Kasten 11, 1.1.10., Anwesenheitsliste Hardehausen;
Kuhn, Würzburg, S. 7;
Börger/Kortmann, Haus, S. 49.
[28] Bspw. Diözesanarchiv, Nachlaß Neisinger, Kasten 11, 1.1.8.d, Bericht Neisingers über das Treffen der Diözesanjugendführer in Altenberg 1946.
[29] Bischöfliches Jugendamt, Kontenplan, Ordner 1, durchgehend.
[30] Vgl. Kap. 2.3.
[31] Diözesanarchiv, Klinkhammer, Kasten 1-I, Interview Karl Heinrich vom 27.03.1985;
Diözesanarchiv, Klinkhammer, Kasten 1-I, Interview Neisinger vom 22.11.1984;
Diözesanarchiv, Bischöfliches Jugendamt, Kasten 1, 1, Kurzer Abriß der Arbeit der katholischen männlichen Pfarrjugend Dorfprozelten o.J. (erste Nachkriegsjahre);
Bezirksjugendring, 30 Jahre, o.S. ;
Bayerischer Jugendring, Ereignisse, S. 30ff.
[32] Diözesanarchiv, Nachlaß Neisinger, Kasten 6, Brief Manfred Herzog an Neisinger vom 08.05.1946;
Diözesanarchiv, Klinkhammer, Kasten 1-I, Buchmanuskript Franz Mahr Teil II, S. 15ff;
Kuhn, Würzburg, S. 13.
[33] Diözesanarchiv, Nachlaß Neisinger, Kasten 11, 1.1.8.h, Rundbrief Rößler an die Jugendseelsorger in Pfarrei und Dekanat vom Aschermittwoch 1946.

Außerdem weist Rößler auf die besondere Situation der Jugend auf dem Lande hin. Als selbstverständlich gilt der kirchenorganische Aufbau nach Bistum, Dekanat und Pfarrei. Auch Neisinger stellt sich die katholische Jugend als einheitliche Organisation vor, der man beitritt und angehört wie einem „straffen Bund".[34] Nur so kann man seiner Meinung nach eine Zersplitterung in verschiedene konkurrierende Einzelbünde verhindern.

In die gleiche Richtung tendiert der bekannte Jugendseelsorger Kaplan Fritz Bauer, Vorgänger von Peter Pretscher als Domkaplan. Mit seinen programmatischen Gedanken zur Neuorganisation unter dem Namen Frankenjugend wendet er sich im Mai 1946 gegen einen verbandsähnlichen Aufbau der Jugendseelsorge. Er plädiert für eine enge kirchenamtliche Anbindung und legt den Schwerpunkt aller Jugendseelsorge in die Pfarrei. Innerhalb dieses klaren Rahmens sollen Freiräume für Gruppierungen wie die Georgspfadfinder oder die Marianischen Kongregationen möglich sein. Der Name Frankenjugend soll die organisierte Jugend gegenüber der Pfarrjugend in ihrer Bedeutung als Bezeichnung für alle katholischen Jugendlichen in einer Pfarrei abgrenzen und regionale Verbundenheit demonstrieren.[35]

Im Sommer 1946 verfaßt Oskar Neisinger im Namen der Diözesanjugendstelle einen Programmentwurf der Frankenjugend der in der ganzen Diözese verbreitet und von Kirchenleitung, Jugendseelsorgern und Jugendführungen diskutiert wird. Frankenjugend wird als „Diözesanverband der organisierten katholischen Jugendgruppen der Pfarreien des Bistums Würzburg"[36] gesehen. Neisinger bestätigt die bisherigen organisatorisch-strukturellen Linien in Richtung eines straffen Gesamtbundes mit gewissen Spielräumen für bewährte Einzelgruppierungen wie die Marianischen Kongregationen oder die Georgspfadfinder. Er begründet den Namen Frankenjugend mit lokaler Verbundenheit, missionarischen Aspekten und einer engen Bindung an die diözesane Hierarchie. Inhaltlich verlangt der Entwurf von den Mitgliedern der Frankenjugend hohe religiöse und soziale Standards.[37] Der Entwurf löst in der Diözese rege Diskussionen aus.

Aussagen der Bayerischen Bischofskonferenz in einem Hirtenbrief vom April 1946 flankieren diese regionalen Entwicklungen. Die Bischöfe begrüßen den raschen Neuaufbau katholischer Jugend mit seinen entsprechenden Sammlungsbewegungen, betonen die Grundlage der Pfarrei, erwähnen aber auch gesondert die Kolpingjugend, die Jugend auf dem Lande und die studierende Jugend sowie die – in Bayern traditionell starken – Marianischen Kongregationen.[38]

---

[34] Diözesanarchiv, Nachlaß Neisinger, Kasten 11, 1.1.8.d, Bericht Oskar Neisingers über ein Treffen der Diözesanjugendführer in Altenberg, 1946.

[35] Diözesanarchiv, Nachlaß Neisinger, Kasten 11, 1.1.8.e, Entwurf eines möglichen Aufbaus der katholischen Jugendseelsorge von Kpl. Fritz Bauer, o.J., ca. 1946; sowie 1.1.8.f, Ausführungen von Bauer zum Thema Frankenjugend vom Mai 1946.

[36] Diözesanarchiv, Klinkhammer, Kasten 2-III Anlage 15, Programmentwurf der Frankenjugend mit Begleitbrief vom 11.08.1946, S. 2.

[37] A.a.O., durchgehend.

[38] Diözesanarchiv, Nachlaß Neisinger, Kasten 6, 3.3., Faszikel P. Rainer Burchhardt, Rundbrief der Marianischen Kongregation im Bistum Würzburg, o.J., vermutlich Frühjahr /Sommer 1946.

Die Marianischen Kongregationen (MC) sind es, die im Bistum Würzburg als eine der ersten verbandsähnlichen Gruppierungen greifbar werden. Sie veranstalten Theateraufführungen, Zeltlager, Gruppenstunden und signalisieren Offenheit, mit der Pfarrjugend zusammenzuarbeiten.[39] Ihre enge Verbundenheit mit dem Augustinerorden und seinen schulischen Aktivitäten erleichtert den raschen Neubeginn. Die Deutsche Pfadfinderschaft St. Georg (DPSG) faßt ebenso schnell Fuß. Sie baut straffe organisatorische Strukturen und Führungsschienen auf, hat einen Schwerpunkt im Aschaffenburger Raum und kann Ende 1946 mit rund 350 organisierten Mitgliedern aufwarten.[40] Generell regt sich nun langsam im Vergleich zu der unmittelbaren Nachkriegszeit ein größeres Interesse für eine vielfältigere Struktur katholischer Jugendarbeit im Bistum Würzburg.[41]

Unbestritten dürfte jedoch sein, daß die Struktur der katholischen Jugend im Bistum Würzburg Ende 1946 klare Konturen hat, und zwar ganz in Richtung des 1947 bundesweit gegründeten BDKJ. Es gibt – nicht immer durchorganisiert und aufeinander abgestimmt, aber deutlich erkennbar – beitragszahlende Mitglieder, eine Führungsstruktur mit Diözesan-, Dekanats- und Pfarrführungen, eine zentrale Diözesanjugendstelle mit gewisser inhaltlicher Richtlinienkompetenz sowie äußerliche Zeichen der Zugehörigkeit wie Ausweis und Silberkreuz.[42] Weiter zeichnet sich eine strukturelle Zusammenarbeit zwischen der organisierten Pfarrjugend und verschiedenen wiederentstehenden verbandlichen Gruppierungen ab.

So ist es nicht überraschend, daß nach dem Gründungsauftakt des BDKJ in Hardehausen und der Bestätigung in München-Fürstenried, die schon vorhandene Organisationsstruktur der sogenannten Frankenjugend relativ problemlos in den neuen Bund übergeht und dieser Prozeß mit der Weihe des diözesanen BDKJ-Banners beim Diözesantreffen im Juli 1947 seinen formalen Abschluß findet.[43]

[39] Ebd.;
Sonntagsblatt vom 21.07. und 11.08.1946.
[40] Diözesanarchiv, Bischöfliches Jugendamt, Kasten 2, 4b, verschiedene Rundschreiben der DPSG Land Würzburg ab 20.01.1947, gez. von Willi Giegerich;
Diözesanarchiv, Bischöfliches Jugendamt, Kasten 1, 1, Postkarte vom 12.12.1946 bzgl. DPSG-Lizenz;
Sonntagsblatt vom 02. Juni 1946, S. 11.
[41] Diözesanarchiv, Klinkhammer, Kasten 1-I, Buchmanuskript Franz Mahr Teil II, S. 15ff;
Diözesanarchiv, Bischöfliches Jugendamt, Kasten 1, 1, Brief Dr. Hans Reuther an Neisinger vom 12.09.1947.
[42] Diözesanarchiv, Nachlaß Neisinger, Kasten 11, 1.1.8.h, Rundbrief Rößler an die Jugendseelsorger in Pfarrei und Dekanat vom Aschermittwoch 1946;
Diözesanarchiv, Nachlaß Neisinger, Kasten 11, 1.1.9.f, Rundbrief der Diözesanjugendführung an alle Dekanats- und Pfarrjugendführungen vom November 1946;
Diözesanarchiv, Nachlaß Neisinger, Kasten 2, 2.3.3., Werkbriefe von 1946 und 1947.
[43] Vgl. Fußnote 19.

3.1.2. Die Aufbaujahre 1947–1955

Nachdem der BDKJ im Bistum Würzburg nun offiziell anerkannt ist, gilt es, ihn auf allen Ebenen zu stabilisieren. Wesentliche Rückendeckung erhält die Diözesanführung durch den Bischofswechsel im Sommer 1948. Julius Döpfner folgt im Alter von 35 Jahren als jüngster deutscher Bischof Matthias Ehrenfried nach. Er ist dem BDKJ sehr gewogen, was sich auch materiell und inhaltlich zeigt. In seinem Silvesterhirtenbrief 1950 zum Thema Jugendpastoral betont er bspw. ausdrücklich die Notwendigkeit und Wichtigkeit des BDKJ und der katholischen Jugendverbände.[44] Ein gutes persönliches Verhältnis zwischen Döpfner und Neisinger fördert die fruchtbare Zusammenarbeit noch zusätzlich.[45]

Auf Diözesanebene entsteht eine ausgebaute Konferenzstruktur. Neben der Jahreskonferenz der Jugendseelsorger ist die Diözesankonferenz der Jungführerschaft – oft auch Jahreskonferenz genannt –, die erstmals im März 1948 stattfindet, politisch am bedeutendsten.[46] Diese Diözesankonferenz findet mehrtägig im Frühjahr statt und ist eine Mischung aus Studienteil mit Leitreferaten, Diskussions- und Beschlußteil sowie geselligen und kulturellen Aspekten. Obligatorisch ist die morgendliche Eucharistiefeier, oft mit prominenten Vertretern der Bistumsleitung.[47]

Systematisch kümmert sich die Diözesanführung um den Ausbau der Dekanatsebene, indem sie bspw. Dekanatsführungsschulungen anbietet und bei der Veranstaltung von Dekanatsjugendtreffen berät.[48] Auch die finanzielle Absicherung der Bildungsarbeit spielt eine wichtige Rolle.[49] Mit großem Einsatz sorgen sich manche Dekanatsführungen um Kontakte zu Pfarreien, um den BDKJ auch vor Ort lebendig werden zu lassen.[50] Tendenziell sind auch die ersten Jahre des BDKJ noch von der Begeisterung der unmittelbaren Nachkriegsjahre getragen.[51]

Doch behindern auch massive Probleme die Aufbauarbeit. Chronischer Führermangel, Distanz zur Organisation und Verbandshierarchie – sie zeigt sich deutlich in einer mangelnden Beitragsdisziplin und immer wieder

---

[44] Sonntagsblatt vom 31.12.1950, S. 640.

[45] Diözesanarchiv, Nachlaß Neisinger, Kasten 3, 2.5.2., Sammlung Briefe und Grußkarten Döpfners an Neisinger aus den Jahren 1949–1952.

[46] Sonntagsblatt vom 14.03.1948, S. 48.

[47] Vgl. Diözesanarchiv, Nachlaß Neisinger, Kasten 2, 2.4.2., undatiertes Programm einer Diözesankonferenz, ca. 1950.

[48] Diözesanarchiv, Nachlaß Neisinger, Kasten 2, 2.3.3., Werkbrief o.J., ca. 1948;
Sonntagsblatt vom 01.05.1949, S. 152;
Diözesanarchiv, Nachlaß Neisinger, Kasten 11, 1.1.9.f, Brief Dekanatsführung Schweinfurt-Land an Neisinger vom 12.05.1951.

[49] Bspw. Bischöfliches Jugendamt, Kontenplan, Ordner 1, Kostenvoranschlag für Schulungszuschüsse der Militärregierung in München vom 02.09.1949;
Bischöfliches Jugendamt, Kontenplan, Ordner 1, Verwendungsnachweis für Zuschuß der Militärregierung in München vom 06.12.1949.

[50] Diözesanarchiv, Nachlaß Neisinger, Kasten 7, 3.3., Brief des Dekanatsjugendführers Franz Warmuth an Neisinger vom 28.06.1948.

[51] Diözesanarchiv, Klinkhammer, Kasten 1-I, Interview Karl Heinrich vom 27.03.1985;
Fränkisches Volksblatt, Ausgabe Aschaffenburg vom 26.11.1962, „Jugend braucht die gute Gemeinschaft".

aufflackerndem Mißtrauen gegenüber der Diözesanjugendstelle und Diözesanjugendführung –, mangelnde Unterstützung durch die Geistlichkeit sowie eine schlechte Infrastruktur, bspw. was die Motorisierung der Dekanatsjugendführungen angeht, sind vier der wichtigsten Hindernisse für den noch jungen BDKJ und sollen ihn zum Teil auch weiterhin begleiten.[52]

Auch die katholische Umwelt ist von dem jugendbewegten und manchmal radikalen Idealismus der BDKJ-Führungen nicht immer angetan. Das destruktive Aufeinanderprallen dieses Idealismus auf ein eher materiell orientiertes Besitzstandsdenken zeigt exemplarisch und sehr drastisch der frustrierte Brief eines Dekanatsjugendführers im ländlichen Milieu, der niedergeschlagen aus diesem Grund sein Amt aufgibt.[53]

Die Diözesanjugendstelle steht nun finanziell auf etwas stabileren Beinen. Sie bekommt einen regelmäßigen Zuschuß aus dem Bistumshaushalt und muß über die Verwendung Rechenschaft ablegen. Die Zeit der autonomen und spontanen Verwaltung ist vorbei.[54] Die Zentrale baut ihre Infrastruktur materiell und personell langsam aus, bspw. bekommt sie eine weitere Verwaltungskraft, ein Dienstauto und ein zweites Zimmer. Doch sind noch Anfang 1953 die Diözesanjugendstelle und das nun entstehende Bischöfliche Jugendamt – begrifflich und inhaltlich schwer zu trennen – im bundesweiten Vergleich spärlich ausgestattet. Mit dem von der Diözesanjugendführung vorangetriebenen Umzug ins Burkardushaus 1954 beginnt ein neues Zeitalter – Personal und Ausstattung wachsen schneller.[55]

In der Diözesanjugendführung kommt es zu Veränderungen. Der 1949 zum stellvertretenden Bundesführer gewählte Oskar Neisinger[56] gibt das Amt des Diözesanjugendführers zum März 1952 auf, weil er als stellvertretender Diözesanvorsitzender der Katholischen Aktion im Bistum und als Mitarbeiter des wieder erscheinenden Fränkischen Volksblatts sich neue Aufgaben erschlossen hat.[57]

---

[52] Diözesanarchiv, Bischöfliches Jugendamt, Kasten 1, 3, Erster Diözesanrundbrief vom 20.01.1950;
Bischöfliches Jugendamt, Kontenplan, Ordner 1, Brief Pfarrer W. Friedrich an Diözesanjugendführung vom 16.09.1949;
Diözesanarchiv, Nachlaß Neisinger, Kasten 11, 1.1.9.f, Vorschläge der Jugendseelsorger Friedrich Zahn und Karl Heinrich zur Überwindung der Krise im BDKJ vom 17.02.1950;
Diözesanarchiv, Nachlaß Neisinger, Kasten 6, 3.3., Brief Heinz Halbig an Neisinger vom 17.01.1949;
Diözesanarchiv, Bischöfliches Jugendamt, Kasten 1, 2, Bericht Neisinger an die BDKJ-Landesstelle/Dr. Eugen Hintermann vom 02.09.1950;
Bischöfliches Jugendamt, Kontenplan, Ordner 4, Berichte der Dekanate für die Dekanatsführerkonferenzen 1954 und 1955.
[53] Diözesanarchiv, Nachlaß Neisinger, Kasten 11, 1.1.9.f, Brief eines Dekanatsjugendführers an Neisinger vom 25. April 1950.
[54] Diözesanarchiv, Bischöfliches Jugendamt, Kasten 1,1, Bescheid von Generalvikar Dr. Fuchs an Diözesanjugendstelle vom 22.08.1948.
[55] Diözesanarchiv, Klinkhammer, Kasten 1-I, Interview Neisinger vom 22.11.1984;
Diözesanarchiv, Klinkhammer, Kasten 1-I, Interview Heinz vom 06.06.1986;
Bischöfliches Jugendamt, Kontenplan, Ordner 1, Antrag Neisinger an die Stadt Würzburg zur Erhöhung des Benzinkontingentes für sein Auto vom 17.08.1949 sowie zustimmende Antwort vom 29.08.1949;
Sonntagsblatt vom 02.01.1955, S. 6.
[56] Sonntagsblatt vom 22.05.1949, S. 182.

Neisingers Nachfolger heißt Werner Köster.[58] Köster ist vom Bischof berufen, nimmt die Arbeit im März 1952 auf und wird im Mai durch die Wahl der Führerschaft bestätigt. Er amtiert bis September 1953.[59] Ihm folgt Albert Massari[60], der im Oktober 1953 kommissarisch gewählt und im Mai 1954 von der Führerschaft bestätigt wird. Hier zeigen sich zum erstenmal Spannungen und Schwierigkeiten. Schon vor der Wahl gibt es Differenzen, insbesondere zwischen Massari und Diözesanjugendseelsorger Heinz, und nach seiner Bestätigung durch die Jahreskonferenz der Jungführerschaft im Mai 1954 behält sich der Bischof die Bestätigung der Wahl für ein halbes Jahr vor, da das notwendige Vertrauensverhältnis nicht besteht. Im Herbst 1954 tritt Massari – mittlerweile auch innerhalb der Führerschaft wegen seiner Arbeitsweise umstritten – zurück, offiziell, um im elterlichen Geschäft mitzuwirken.[61] Danach bleibt das Amt vorerst vakant, die Aufgaben werden teilweise vom stellvertretenden Diözesanjugendführer Alfons Reinhardt übernommen.

Nach einjähriger Vakanz gibt es mit Maria Kirchgeßner im Frühsommer 1948 wieder eine Diözesanjugendführerin.[62] Ihr folgt im Mai 1952 Else Schneyer.[63] Sie amtiert bis November 1954 und wird von Erika Süß abgelöst.[64] Süß wird, da sie im November 1954 das Amt ohne Wahl und nur

---

57 Sonntagsblatt vom 09.03.1952, S. 80.
    Jedoch erweist sich diese berufliche Situation als unbefriedigend, so daß Neisinger ab 1953 in Altenberg als Verlagsleiter, Bildungsreferent und stellv. Bundesführer – die Aufgabenbereiche sind schwer zu trennen – sein Brot verdient. Daß Neisinger sich, in dem für ihn beruflich turbulenten Jahr 1952, für diese berufliche Möglichkeit entscheidet, liegt nicht zuletzt daran, daß die Bedingung eines Umzugs nach Köln oder Düsseldorf nach zähem Ringen von der Bundesführung fallen gelassen wird.
58 Werner Köster: * 1930; Theologiestudent; Würzburger Diözesanjugendführer 1952–1953; Priesterweihe 1956; danach: Militärpfarrer in Hammelburg und Washington; Militärdekan in Bonn; Pfarrverweser in Theilheim (Diözese Würzburg).
59 Sonntagsblatt vom 09.03.1952, S. 80.
    Sonntagsblatt vom 25.05.1952, S. 163.
    Sonntagsblatt vom 11.10.1953, S. 310.
60 Albert Massari: Kaufmannsgehilfe und Hohlschleifer; Stammesführer in Aschaffenburg und DPSG Landesfeldmeister; 1953–1954 Würzburger Diözesanjugendführer; keine weiteren konkreten biographischen Informationen.
61 Diözesanarchiv, Bischöfliches Jugendamt, Kasten 1, 3, Rundbrief Diözesanführer Werner Köster an die Mitglieder der Diözesanführungskonferenz von Ende August 1953;
    Sonntagsblatt vom 11.10.1953, S. 310.
    Sonntagsblatt vom 09.05.1954, S. 146;
    Bischöfliches Jugendamt, Kontenplan, Ordner 3, Rundbrief Diözesanjugendseelsorger Heinz an alle Mitglieder des Diözesanführerrates vom 08.07.1954;
    Sonntagsblatt vom 21.11.1954, S. 358.
    Gespräch Heinz vom 18.12.1995.
62 Diözesanarchiv, Nachlaß Neisinger, Kasten 2, 2.3.3., Werkbrief, ca. Anfang Juni 1948.
    Maria Kirchgeßner: Büroangestellte; Diözesanjugendführerin 1948–1952; danach: Hausfrau und Mutter; + 1986.
63 Sonntagsblatt vom 25.05.1952, S. 163.
    Else Schneyer: * ca. 1928; Apothekenhelferin; Pfarrjugendführerin in Kitzingen; Diözesanjugendführerin 1952–1954; Aufgabe des Amtes wegen Heirat mit dem Bundesleiter des Stammes und Umzug nach Düsseldorf; danach: Hausfrau und Mutter.
64 Sonntagsblatt vom 21.11.1954, S. 358.
    Erika Süß: Dekanatsführerin in Ebern; Lehrerin; Diözesanjugendführerin 1954–1956.

mit der schriftlichen Einverständniserklärung der Führerinnen kommissarisch angetreten hat, im Mai 1955 durch Wahl bestätigt.[65] Alle genannten Diözesanjugendführer und Diözesanjugendführerinnen wirken hauptamtlich.

Auch die Diözesanjugendseelsorger erleben einen Generationswechsel. Nach dem Ausscheiden Rößlers 1952 gibt es seit Jahresbeginn 1953 zwei Diözesanjugendseelsorger: Wilhelm Heinz für die Frauenjugend und Georg Heilmann für die Mannesjugend.[66] Die Leitung des entstehenden Bischöflichen Jugendamtes hat Heinz. Schon im November 1954 löst Paul Bocklet Georg Heilmann ab.[67] Bocklet und Heilmann sind gleichzeitig auch Diözesanlandjugendseelsorger.

Die Zahl der Gliederungen im Bistum Würzburg nimmt zu.[68] Neben den schon erwähnten Gliederungen Marianische Kongregationen (MC) und DPSG – sie wächst anfangs schnell – finden sich in den Quellen der Bund Neudeutschland (ND), Heliand, die Schar und die zunächst noch eng an den Stamm angebundene Junge Aktion aus dem Bereich der Heimatvertriebenen und Flüchtlinge.[69]

Kompliziert ist die Entstehungsgeschichte der Christlichen Arbeiterjugend (CAJ). Sie faßt in den ersten Jahren im Bistum Würzburg, bis auf vereinzelte Gruppen, nicht so recht Fuß. Im Februar 1952 wird das Problem angegangen. In Himmelspforten treffen sich die CAJ-Nationalleitung, diözesane CAJ-Verantwortliche sowie die Obleute des Stammes für die Arbeiterjugend – sie haben die Funktion von Ansprechpartnern, Anwälten, Koordinatoren – und Bischof Julius Döpfner, um das zukünftige Vorgehen zu besprechen. Döpfner will die CAJ im Bistum haben und entsprechend entscheidet die Versammlung – allerdings in der Form eines hart errungenen und nicht ganz praktikablen Kompromisses: die CAJ soll als eigenständige

---

[65] Sonntagsblatt vom 19.12.1954, S. 392;
Sonntagsblatt vom 09.05.1955.

[66] Sonntagsblatt vom 18.01.1953, S. 24.
Wilhelm Heinz: * 1924; Priesterweihe 1949; Dekanatsjugendseelsorger in Schweinfurt; Diözesanjugendseelsorger 1953–1966; danach: Rektor des Jugendhauses Volkersberg; Domkapitular und Leiter der Hauptabteilung Seelsorge des Bischöflichen Ordinariates Würzburg.
Wilhelm Heinz spielt für die Zeit nach den Gründerjahren des BDKJ eine zentrale Rolle.
Georg Heilmann: * 1926; Priesterweihe 1951; Diözesanjugendseelsorger 1953–1954; danach: Pfarrverweser von Mainsondheim und Geistlicher Leiter der Landvolkbewegung und Landvolkshochschule in Münsterschwarzach; Pfarrer in Sulzbach am Main.

[67] Sonntagsblatt vom 21.11.1954.
Paul Bocklet: * 1928; Priesterweihe 1952; Diözesanjugendseelsorger Mannesjugend 1954–1962; danach: Diözesanlandvolkseelsorger; Domkapitular und leitende Mitarbeit im Seelsorgereferat; Leiter des Kommissariates der deutschen Bischöfe in Bonn.

[68] Gründungsgliedgemeinschaften des BDKJ im Bistum Würzburg sind schlecht auszumachen, da es kein ausreichend schriftliches Material gibt. Neben dem Stamm sind die DPSG und die Marianischen Kongregationen relativ sicher dabei gewesen.

[69] Diözesanarchiv, Bischöfliches Jugendamt, Kasten 2, 4.b, Rundschreiben der DPSG, Land Würzburg, von Weihnachten 1947;
Diözesanarchiv, Klinkhammer, Kasten 1-I, Buchmanuskript Franz Mahr Teil II, S. 17;
Sonntagsblatt vom 15.08.1948, S. 160;
Sonntagsblatt vom 17.09.1950, S. 440;
Sonntagsblatt vom 15.01.1956, S. 24.

Gliederung zwar entstehen, aber auch für die Jungarbeiteraktion im Stamm verantwortlich sein, ohne seine Mitglieder abzuwerben.[70] Nicht zuletzt aufgrund dieser Konstellation geht der Aufbau der CAJ langsam voran, obwohl sie 1953 einen hauptamtlichen Sekretär bekommt. Erst nach dem Diözesantreffen 1955 geht es sichtbar aufwärts.[71]

Teilweise ähnliches gilt für die Katholische Landjugendbewegung (KLJB). Ihr gilt in der ländlich geprägten Diözese Würzburg besondere Aufmerksamkeit. In den Gründungsjahren noch ganz in den Stamm integriert, beginnt Anfang der 50er Jahre ein Emanzipationsprozeß. 1952 kommt es zu einer Klärung der Landjugendarbeit in ihrer Beziehung zum Stamm. Die KLJB gilt als Bewegung und Aktion des Stammes auf dem Lande und besitzt, um diese Aufgaben zu erfüllen, eine eigenständige Struktur und Leitung. Deswegen hat sie auch seit 1952 einen hauptamtlichen Sekretär, den ersten im Bischöflichen Jugendamt überhaupt.[72]

Analog zur Bundesebene wandeln sich auch der Stamm Mannesjugend und Frauenjugend in eigene Gliedgemeinschaften, allerdings mit einer Verzögerung von mehreren Jahren. Im November 1955 gründet sich die Katholische Jungmännergemeinschaft (KJG), und im Oktober 1959 findet die erste Diözesankonferenz der Katholischen Frauenjugendgemeinschaft (KFG) statt, um ihr Selbstverständnis und ihre Stellung im BDKJ zu klären.[73]

Für die Altersgruppe der 10–14jährigen – diese sind meist noch nicht in den Gliederungen organisiert – sind der Stamm und danach die BDKJ-Struktur, wenn auch in enger Zusammenarbeit mit KJG und KFG, direkt zuständig. Die Jungen dieser Altersgruppe heißen Jungschar, die Mädchen werden Frohschar genannt. Jungschar und Frohschar haben eine eigene Führungsstruktur bis zum Diözesanjungscharführer und der Diözesanfrohscharführerin, die an die Diözesanjugendführung angegliedert sind. Anfang der 50er Jahre findet hier – zuerst bei den Jungen – eine intensive Aufbauarbeit mit überregionalen Wettbewerben, Freizeiten und Schulungen der Führer und Führerinnen statt.[74] Diözesanjungscharführer sind Heinz Laufer, Sebastian Rothler und Willi Cremer. Diözesanfrohscharführerin ist Dorle Tröster.

1955 bilden den BDKJ in der Diözese Würzburg folgende Gliedgemeinschaften:[75]

---

[70] Diözesanarchiv, Bischöfliches Jugendamt, Kasten 1, 3, Rundbrief der Diözesanführung vom 20.03.1952;
Sonntagsblatt vom 02.03.1952, S. 71;
Sonntagsblatt vom 03.05.1981, S. 24;
BDKJ-Würzburg, 40 Jahre, S. 11 (allerdings mit falscher Jahreszahl).
[71] Sonntagsblatt vom 13.08.1953, S. 278;
Sonntagsblatt vom 17.11.1957, S. 654.
[72] Diözesanarchiv, Klinkhammer, Kasten 1-I; Interview Heinz vom 06.06.1986;
Sonntagsblatt vom 07.12.1952.
[73] Fränkisches Volksblatt vom 07.11.1955, „Katholische Jungmännergemeinschaft";
Fränkisches Volksblatt vom 06.10.1959, „Jahresaufgaben wurden besprochen".
[74] Sonntagsblatt vom 29.08.1954, S. 268;
Diözesanarchiv, Bischöfliches Jugendamt, Kasten 1, 3 „Drucksachen" durchgehend;
Fränkisches Volksblatt vom 04.11.1958, „Frohschar wählte Diözesanführerin".
[75] Vgl. BDKJ-Diözesanführung, Freiheit.

MANNESJUGEND
* Katholische Jungmännergemeinschaft (Stamm Mannesjugend)
    Katholische Landjugendbewegung (KLJB-M)
    Junge Aktion (Heimatvertriebene Jugend)
* Kolpingjugend
* Christliche Arbeiterjugend (CAJ-M)
* Bund der Katholischen Deutschen Kaufmannsjugend (Jung-KKV)
* Neudeutsche Jungengemeinschaft (ND-J)
* Neudeutscher Hochschulring (ND-H)
* Verband der Marianischen Kongregationen studierender Jugend
    (MC stud. Jugend)
* Deutsche Pfadfinderschaft St. Georg (DPSG)
* Quickborn-Jüngerengemeinschaft
* Schar

FRAUENJUGEND
* Katholische Frauenjugendgemeinschaft (Stamm Frauenjugend)
    Katholische Landjugendbewegung (KLJB-F)
    Junge Aktion (Heimatvertriebene Jugend)
* Christliche Arbeiterjugend (CAJ-F)
* Katholische Kaufmännische Frauenjugend (KKF)
* Jugend des Berufsverbandes Katholischer Hausgehilfinnen
* Heliand
* Arbeitsgemeinschaft der Marianischen Kongregationen studierender
    Mädchen (MC stud. Mädchen)
* Jugendbund des Katholischen Deutschen Frauenbundes
* Pfadfinderinnenschaft St. Georg (PSG)
* Quickborn Jüngerengemeinschaft

Das Führungspersonal des Bundes rekrutiert sich auf allen Ebenen primär aus dem Stamm und seinen Bewegungen. Das Verhältnis von Stamm und Gliederungen ist wechselhaft, in manchen Jahren besser, in manchen schlechter. Auch gibt es von Dekanat zu Dekanat regionale Unterschiede. Generell wächst mit den Jahren der Emanzipationsdrang der Gliederungen, auch wenn der Bund, bspw. durch die Jahresthemen und -aufgaben, eine gewisse Richtlinienkompetenz behält und durch seine hauptamtliche Diözesanführung einen strukturellen Vorteil gegenüber dem erst langsam entstehenden hauptamtlichen Apparat der Gliederungen hat.[76]
Die Mitgliederzahl des Bundes in der Diözese Würzburg ist schwer zu erfassen. Sie liegt 1954 bei rund 20 000. Dabei stellt der Stamm bei der Mannesjugend ca. die Hälfte, bei der Frauenjugend fast 90% und insgesamt rund zwei Drittel der Mitglieder.[77]

---

[76] Bischöfliches Jugendamt, Kontenplan, Ordner 4, Bericht des Landesfeldmeisters der DPSG auf der Dekanatsführerkonferenz vom Januar 1954;
Fränkisches Volksblatt vom 08.05.1957, „Vorbildliches geleistet";
Kuhn, Würzburg, S. 13;
Diözesanarchiv, Klinkhammer, Kasten 1-I; Interview Heinz vom 06.06.1986.
[77] Diözesanarchiv, Bischöfliches Jugendamt, Kasten 1, 3, Rundbrief der Diözesanführung

3.1.3. Der Bund 1956–1965

Trotz intensiven Engagements der BDKJ-Führungen auf Diözesan- und Dekanatsebene geht der Emanzipationsprozeß der Gliedgemeinschaften in Richtung Vielfalt statt Einheit auch im Bistum Würzburg weiter, und das Interesse am Bund läßt nach.[78] Einer der wichtigen Reibungspunkte ist beispielsweise die Schulung von Führerinnen und Führern, die sowohl von den Gliedgemeinschaften als auch vom BDKJ angeboten wird. Abgrenzungs- und Koordinationsprobleme führen zum 1965 verabschiedeten Führerbildungsplan, der einen Kompromiß zwischen den Interessen des Bundes und denen der Gliedgemeinschaften darstellt sowie die jeweiligen Zuständigkeitsbereiche und Punkte der Zusammenarbeit präzisiert.[79]

Der gewachsene Einfluß der Gliedgemeinschaften schlägt sich auch in der neuen Diözesanordnung von 1962 nieder. Die Zahl der Vertreterinnen und Vertreter aus den Dekanatsjugendführungen wird der Zahl der Vertreter der Gliedgemeinschaften angeglichen. Daraus folgt, daß nicht mehr automatisch alle Dekanatsjugendführungen bei der Diözesanversammlung stimmberechtigt sind, weil ihre Gesamtzahl die Zahl der Führungen der Gliedgemeinschaften übersteigt. Die Dekanatsführungen müssen sich nun – geteilt nach Laienführungen und Seelsorgern – untereinander einigen, welche Dekanate die Plätze bei den Konferenzen besetzen.[80]

Obwohl mittlerweile eigenständige Gliedgemeinschaften, sind KFG, KJG und KLJB-M/F enger mit dem BDKJ verwoben als die anderen Mitgliedsverbände. Dies wird gefördert durch enge personelle und strukturelle Verbindungen. Beispielsweise ist Diözesanjugendseelsorger Heinz in Personalunion Geistlicher Leiter des BDKJ, der KLJB-F und der KFG. Gleiches gibt es auch auf seiten der Mannesjugend. Auch bei den Laien in der Diözesanjugendführung gibt es mit der KLJB und der KJG/KFG teilweise enge Verflechtungen. Ebenso wird die Buchhaltung dieser Gruppierungen gemeinsam im Würzburger Bischöflichen Jugendamt durchgeführt.[81]

Beim Amt des Diözesanjugendführers endet im Mai 1956 mit der Wahl von Heinrich Schmalz die eineinhalbjährige Vakanz.[82] Schmalz amtiert bis Mai 1959 und übt das Amt zusammen mit seiner Tätigkeit als Landjugendse-

---

zum Mitgliederstand o.J., ca. Anfang 1954.

[78] Diözesanarchiv, Bischöfliches Jugendamt, Kasten 2, 6, Einladung zur Diözesankonferenz vom 12.04.1961;
Kuhn, Würzburg, S. 13.

[79] Bischöfliches Jugendamt, Kontenplan, Ordner 4, Einladung zur Konferenz der Gliedgemeinschaften am 30. Juni 1965;
Bischöfliches Jugendamt, Aktenmappe, Führerbildungsplan, Januar 1966.

[80] Bischöfliches Jugendamt, Kontenplan, Ordner 4, Antrag „Neue Diözesanordnung" bei der Diözesanversammlung am 24.11.1962;
Fränkisches Volksblatt, Ausgabe Aschaffenburg vom 26.11.1962, „Jugend braucht die gute Gemeinschaft".

[81] Bischöfliches Jugendamt, Kontenplan, Ordner 9, Arbeitsbericht Jugendpfarrer Heinz für das Kalenderjahr 1964 vom 10.03.1965;
Bischöfliches Jugendamt, Kontenplan, Ordner 7, Jahresrechnung 1966 des Bischöflichen Jugendamtes Würzburg.

[82] Main-Post vom 03.05.1956, „Heinrich Schmalz neuer Diözesanjugendführer.
Heinrich Schmalz: * 1926; Dekanatsjugendführer 1949–52; hauptamtlicher Landjugendse-

kretär aus.[83] Ihm folgt Hubert Betz nach.[84] Betz amtiert – zumindest zeitweise – ehrenamtlich und bekommt deshalb mit Erich Klingenmeier, dem Landesfeldmeister der DPSG, einen Stellvertreter.[85] Betz ist einige Zeit auch in Personalunion Diözesanleiter der KJG.[86] 1963 erfordert seine Ausbildung zum Jugendpfleger eine längere Abwesenheit von Würzburg. Deshalb wird ein Stellvertreter gewählt, der Stadtjugendführer von Würzburg, Hermann Kuhn.[87] Dieser löst Betz im Mai 1965 als Diözesanjugendführer ab. Da Kuhn ehrenamtlich amtiert, wird die Stelle eines hauptamtlichen BDKJ-Diözesansekretärs geschaffen, der dem ehrenamtlichen Diözesanjugendführer zuarbeiten soll.[88]

Im Amt der Diözesanjugendführerin löst Hildegard Bayerl im Mai 1956 Erika Süß ab.[89] Ihr folgt im Mai 1960 Elisabeth Drexler, die bisherige stellvertretende Diözesanführerin. Da Drexler ehrenamtlich amtiert, wird zur Unterstützung und Entlastung die Stelle einer Referentin mit dem Schwerpunkt Bildungsarbeit in der KFG geschaffen.[90] Im Mai 1962 folgt Edeltrud Hohmann, die wieder hauptamtlich tätig ist.[91]

kretär seit 1952; Diözesanjugendführer 1956–1959; danach: Leiter der Landvolkshochschule Münsterschwarzach.
[83] Sonntagsblatt vom 01.06.1958, S. 310;
Sonntagsblatt vom 10.05.1959, S. 276.
[84] Ebd.;
Hubert Betz: Diözesanleiter der KJG; Diözesanjugendführer 1959–1965; danach: Jugendpfleger im Bischöflichen Jugendamt Würzburg; Abteilungsleiter bei der Regierung von Unterfranken.
[85] Bischöfliches Jugendamt, Kontenplan, Ordner 4, Protokoll der Diözesankonferenz vom 01.–03.05.1959.
[86] Diözesanarchiv, Bischöfliches Jugendamt, Kasten 2, 6, Brief Betz an Otmar Göbel vom 24.01.1961.
[87] Bischöfliches Jugendamt, Kontenplan, Ordner 4, Protokoll der Diözesankonferenz vom 27.–28.04.1963;
Sonntagsblatt vom 12.05.1963, S. 301.
[88] Sonntagsblatt vom 23.05.1963, S. 384;
Bischöfliches Jugendamt, Kontenplan, Ordner 7, Jahresbericht 1965 des BDKJ-Diözesansekretärs Arnulf Schuler.
Hermann Kuhn: Gymnasiallehrer Mathematik und Physik; Stadtjugendführer von Würzburg 1961–1965; Diözesanjugendführer 1965–1970; + 1980.
[89] Fränkisches Volksblatt vom 30.04.1956, „Mehr Stille in unser Leben“;
Main-Post vom 03.05.1956, „Heinrich Schmalz neuer Diözesanjugendführer“.
Hildegard Bayerl: * 1929; Dekanatsjugendführerin aus Arnstein; Seelsorgehelferin; Diözesanjugendführerin 1956–1960; danach: Eintritt in die Kongregation der Töchter des Allerheiligsten Erlösers; Mädchenbildungsreferentin beim BDKJ und Bischöflichem Jugendamt; Austritt aus dem Orden.
In den Unterlagen findet sich auch immer wieder die Schreibweise „Baierl“.
[90] Bischöfliches Jugendamt, Kontenplan, Ordner 4, Rundschreiben an die gesamte Führerschaft vom 23.04.1960;
Sonntagsblatt vom 15.05.1960, S. 281.
Elisabeth Drexler: Referentin bei der CAJ-F; Diözesanjugendführerin 1960–1962; gleichzeitig Beginn des Medizinstudiums; danach: Ärztin.
[91] Diözesanarchiv, Bischöfliches Jugendamt, Kasten 2, 6, Protokoll der Diözesankonferenz vom 04.–06.05.1962.
Edeltrud Hohmann: Seelsorgehelferin und Katechetin; Diözesanjugendführerin 1962–1971; danach: BDKJ-Referentin; Referentin für Erwachsenenbildung und Altenarbeit im Matthias-Ehrenfried-Haus in Würzburg; Diözesanreferentin für Gemeindereferenten und -innen im Bistum Würzburg.

Im Oktober 1962 löst Berthold Noe Paul Bocklet als Diözesanjugendseel-sorger für die Mannesjugend ab.[92] Aufgrund eines schweren Autounfalls muß er schon ein halbes Jahr später sein Amt aufgeben, und es folgt im April 1963 Theo Sell.[93]

1957 geht Bischof Julius Döpfner nach Berlin – für den BDKJ ein schmerz-licher Verlust. Der Bund bereitet seinem Bischof einen festlichen Ab-schied.[94] Doch auch der Nachfolger Döpfners, Bischof Josef Stangl, ist dem BDKJ sehr gewogen – nicht zuletzt durch seine eigene Zeit als Diözesan-jugendseelsorger während des Nationalsozialismus und die gute Beziehung zu Wilhelm Heinz.[95] Stangls besonderes Interesse für die Jugendarbeit zeigt sich auch darin, daß er 1961 die Aufgabe des Bischöflichen Referenten für Jugendfragen in der Deutschen Bischofskonferenz übernimmt.

Das Bischöfliche Jugendamt in Würzburg wächst, vor allem ab Mitte der 50er Jahre. Die KLJB bekommt je einen weiblichen und männlichen Di-özesansekretär, ähnliches erfolgt in den 60er Jahren bei der KJG und der KFG. Mit bis zu vier – regional verteilten – Hauptamtlichen ist die CAJ im Bistum bei weitem am besten ausgestattet. 1963 kommt die erste Außen-stelle für katholische Jugendarbeit in Aschaffenburg, ein Jahr später folgt Schweinfurt. Auch das Verwaltungspersonal wird aufgestockt.[96]

Hand in Hand mit dem personellen Wachstum geht das Engagement für ein eigenes Bildungshaus. Dabei zeigt sich vor allem Diözesanjugendseelsorger Heinz als Motor. Neben der Mitarbeit bei der Gründung der Landvolks-hochschule Münsterschwarzach und der Übernahme der Thüringer Hütte als Bildungshaus, spielt hier das Jugendhaus Volkersberg für den BDKJ ei-ne entscheidende Rolle. Das Kloster Volkersberg wird 1955 Eigentum der Diözese und unter Beteiligung des BDKJ – bspw. finanzielle Sonderopfer der Mitglieder – zu einem Schulungs- und Bildungshaus umgebaut. 1956 eingeweiht, zeigt es sich schon nach drei Jahren, daß der Platz – vor allem wegen der Kombination mit der Landvolkshochschule für Mädchen – zu gering und ein Erweiterungsbau notwendig ist. Mit einer Bausteinaktion beteiligt sich der BDKJ an der Erweiterung des Jugendhauses, die im No-vember 1960 mit der Einweihung ihren Abschluß findet. Somit ist Raum für eine intensive Bildungsarbeit geschaffen. Das bringt jedoch eine ent-sprechende Arbeitsbelastung für den BDKJ mit sich, da er in die Verant-wortung für das Jugendhaus eingebunden ist.[97]

---

[92] Sonntagsblatt vom 28.10.1962, S. 630.
Berthold Noe: Diözesanjugendseelsorger Mannesjugend 1962–1963; danach: Kurat in Die-bach; Aufgabe des Priesteramtes; Religionslehrer in der Diözese Regensburg.

[93] Bischöfliches Jugendamt, Kontenplan, Ordner 4, Ansprache von Bischof Stangl bei der Diözesankonferenz am 27.04.1963.
Theo Sell: * 1931; Priesterweihe 1955; Diözesanjugendseelsorger Mannesjugend 1963–1968; danach: Militärpfarrer; Religionslehrer an einer Berufsschule.

[94] Fränkisches Volksblatt vom 11.03.1957, „Die Jugend dankt dem Bischof".

[95] Diözesanarchiv, Klinkhammer, Kasten 1-I, Interview Heinz vom 06.06.1986.

[96] Bischöfliches Jugendamt, Kontenplan, Ordner 4, Anschriftenliste BDKJ vom 15.04.1964;
Bischöfliches Jugendamt, Kontenplan, Ordner 4, Protokoll der Diözesankonferenz vom 27.–28.04.1963;
Sonntagsblatt vom 17.05.1964, S. 364.

[97] Sonntagsblatt vom 18.09.1955, S. 300;
Sonntagsblatt vom 11.11.1956, S. 578;

Mit Blick auf die Struktur kirchlicher Jugendarbeit kann man feststellen, daß Bischöfliches Jugendamt und BDKJ in ihren Zuständigkeiten und Arbeitsbereichen schwer zu trennen sind. Beispielsweise vertritt die Diözesanjugendführung den Diözesanjugendseelsorger in seiner Funktion als Leiter des Jugendamtes, und auch Personalentscheidungen für die gesamte kirchliche Jugendarbeit werden in der Diözesanjugendführung besprochen.[98]

Seit Anfang der 60er Jahre gibt es auf BDKJ-Diözesanebene eine neue strukturelle Möglichkeit, inhaltlich mitzuarbeiten: die Arbeitskreise. Für speziell Interessierte aus allen Mitgliedsverbänden werden in diesen Jahren der Missionsarbeitskreis, der Politische Arbeitskreis und der Internationale Arbeitskreis gegründet.[99]

Die Arbeit mit der Jungschar wird fortgeführt. Neben traditionellen Veranstaltungen, wie dem jährlichen Jungscharlager auf dem Volkersberg, gibt es Sonderaktionen, wie die Anschaffung eines VW-Käfers für die Mission im Rahmen der Jahresaufgabe „Missions- und Entwicklungshilfe". Das Geld dafür bringt die Jungschar durch Spenden auf.[100] Die Frohschar ist ebenfalls nicht untätig. So wird nach längerer Pause 1960 wieder eine Sonderaktion durchgeführt. Sie hat zum Ziel, das Frohschargesetz zu vertiefen. Ein Jahr später gibt es erstmals ein Frohscharzeltlager auf dem Volkersberg, nachdem die Freizeiten bisher immer im Jugendhaus stattfanden.[101] Als Diözesanjungscharführer amtieren Reinhold Gehlert, Bernd Meißner, Karl Wöber, Berthold Wechs, Karl-Heinz Daum. Diözesanfrohscharführerinnen sind Lissi Schüssler und Rosemarie Heinz.

Eng mit der Jungschar verbunden ist die Arbeit mit Ministranten. Sie wird aber 1963 von den Benediktinern in Münsterschwarzach übernommen.[102]

Mit der neuen Diözesanordnung 1962 finden sich folgende Gliedgemeinschaften, die in der BDKJ-Diözesanversammlung vertreten sind:[103]

Bischöfliches Jugendamt, Kontenplan, Ordner 4, Rundschreiben an die Dekanatsführungen vom 22.10.1959;
Sonntagsblatt vom 11.12.1960, S. 723;
Bischöfliches Jugendamt, Kontenplan, Ordner 4, Protokoll der Diözesankonferenz vom 27.–28.04.1963.

[98] Bischöfliches Jugendamt, Kontenplan, Ordner 7, Geschäftsordnung des Bischöflichen Jugendamtes Würzburg vom 28.12.1964.

[99] Fränkisches Volksblatt vom 29.04.1967, „20 Jahre BDKJ".
Die Arbeitskreise werden in den folgenden thematischen Kapiteln dieser Arbeit noch näher beschrieben.

[100] Sonntagsblatt vom 21.02.1965, S. 140;
Sonntagsblatt vom 14.11.1965, S. 864.

[101] Sonntagsblatt vom 13.11.1960, S. 663;
Sonntagsblatt vom 10.09.1961, S. 536.

[102] Bischöfliches Jugendamt, Kontenplan, Ordner 4, Protokoll der Diözesankonferenz vom 29.04.–01.05.1960;
Bischöfliches Jugendamt, Kontenplan, Ordner 4, Protokoll der Diözesankonferenz vom 27.–28.04.1963.

[103] Bischöfliches Jugendamt, Kontenplan, Ordner 4, Antrag „Neue Diözesanordnung" bei der Diözesanversammlung am 24.11.1962;
Fränkisches Volksblatt, Ausgabe Aschaffenburg vom 26.11.1962, „Jugend braucht die gute Gemeinschaft".

MANNESJUGEND
* Bund der Katholischen Deutschen Kaufmannsjugend im Verband KKV (Jung-KKV)
* Bund Neudeutschland – Hochschulring (ND-HSR)
* Bund Neudeutschland – Jungengemeinschaft (ND-JG)
* Christliche Arbeiter-Jugend (CAJ)
* Deutsche Pfadfinderschaft St. Georg (DPSG)
* Katholische Jungmänner-Gemeinschaft (KJG)
* Katholische Landjugend-Bewegung – Mannesjugend (KLJB-MJ)
* Kolpingjugend
* Quickborn-Jüngerengemeinschaft – Mannesjugend
* Unitas – Verband Wissenschaftlicher Katholischer Studentenvereinigungen (UV)
* Verband der Marianischen Kongregation studierender Jugend (MC)

FRAUENJUGEND
* Arbeitsgemeinschaft der Marianischen Kongregation studierender Mädchen (AdMC)
* Christliche Arbeiterjugend – Frauenjugend (CAJF)
* Heliand – Bund katholischer Mädchen aus höheren Schulen
* Jugend des Berufsverbandes Katholischer Hausgehilfinnen
* Katholische Frauenjugendgemeinschaft (KFG)
* Katholische Landjugend-Bewegung – Frauenjugend (KLJB-FJ)
* Pfadfinderinnenschaft St. Georg (PSG)
* Quickborn-Jüngerengemeinschaft – Frauenjugend

Darüber hinaus gibt es engere Verbindungen zur Deutschen Jugendkraft (DJK) und der Aktion katholischer landsmannschaftlicher Jugend.
Die Mitgliederzahlen gehen zurück. Beispielsweise verzeichnen KJG, KFG, Jungschar, Frohschar und die beiden Landjugendverbände von 1957 bis 1966 zusammen einen Rückgang der Mitgliederzahlen von ca. 14 400 auf 6600.[104] Die sinkenden Mitgliederzahlen sind nur ein Symptom. Man ist nicht mehr so selbstbewußt wie in den Aufbaujahren, Kritik an Inhalten und Formen wird inner- und außerverbandlich laut. Der BDKJ befindet sich langsam aber wahrnehmbar, in einer Krise. Das noch einigermaßen intakte äußere Erscheinungsbild trügt.[105]

[104] Bischöfliches Jugendamt, Aktenmappe, Liste „Zahlende Mitglieder". Gesamtzahlen für den ganzen BDKJ waren nicht zu finden.
[105] Vgl. exemplarisch Diözesanarchiv, Klinkhammer, Kasten 1-I, Referat des KJG-Diözesansekretärs Berthold Baunach „Konkrete Aufgaben katholischer Jugendarbeit" bei einer Bildungsveranstaltung in der Thüringer Hütte im März 1964.

3.2. Pastorale Grundlinien

Der BDKJ in der Diözese Würzburg will seinen Mitgliedern den christlichen Glauben als eine tragende Grundlage vermitteln, die alle Lebensbereiche gestaltet, ob Beruf, Familie, Politik oder Freizeit. Auf diese Weise soll Gott verherrlicht und geehrt werden. Voraussetzung ist ein radikales Entscheidungschristentum, verankert in der personalen und intensiven Glaubensentscheidung für Jesus Christus.[106]

Die Predigten und Schriften sind durchdrungen von einer christozentrischen Theologie und einer deutlichen Christkönigsspiritualität. Christus erscheint, trotz des Elends der Zeit, als kämpfender, siegreicher und strahlender Held. Das ist letztlich auch die entscheidende Perspektive für die Jugendseelsorger sowie die Jungführer und Jungführerinnen.[107] Äußerer Ausdruck dieser Haltung sind die seit 1946 – in manchen Gemeinden auch schon 1945 – wieder jährlich im Herbst im ganzen Bistum stattfindenden Christkönigsfeiern der Jugend.[108]

Besonders prägen Marienverehrung und die Betonung der Eucharistie die Frömmigkeit des Würzburger BDKJ.[109] Neisinger fordert 1947 mit Blick auf die Marienverehrung: „Laßt uns sorgen, daß die Liebe des fränkischen Landes zur Gottesmutter nicht erschlagen werde. Frankenland muß Marienland bleiben. Führt eure Buben und Mädchen zum Bild der reinsten Frau ... Jeder Bub und jedes Mädchen, das unser Silberkreuz trägt, hat auch den Rosenkranz in der Tasche. Sorgt für euer Heim um ein gutes Madonnenbild (aber ja kein minderwertiges) und gebt ihm neben dem Kreuz den Ehrenplatz."[110] Das Würzburger Käppele gilt als bedeutender Ort der Marienverehrung im BDKJ.

Daneben gibt die Verehrung der Frankenapostel Kilian, Kolonat und Totnan der diözesanen Jugendpastoral ein eigenes Profil. Beispielsweise findet sich auf dem 1947 von Bischof Ehrenfried geweihten Banner des BDKJ neben dem Christuszeichen auf Wunsch der Jugend auch das Bild des heili-

---

[106] Diözesanarchiv, Klinkhammer, Kasten 2-III Anlage 15, Programmentwurf der Frankenjugend mit Begleitbrief vom 11.08.1946, S. 10;
Sonntagsblatt vom 03.08.1947, S. 132;
Fränkisches Volksblatt vom 22.10.1957, „Die Jugend steht vor der Entscheidung";
Diözesanarchiv, Klinkhammer, Kasten 1-I, Referat des KJG-Diözesansekretärs Berthold Baunach „Konkrete Aufgaben katholischer Jugendarbeit" bei einer Bildungsveranstaltung in der Thüringer Hütte im März 1964, S. 2.

[107] Diözesanarchiv, Nachlaß Neisinger, Kasten 11, 1.1.8.i, „Unser Bekenntnis", ca. 1946;
Diözesanarchiv, Nachlaß Neisinger, Kasten 2, 2.3.3., Werkbrief vom Oktober 1947.

[108] Diözesanarchiv, Nachlaß Neisinger, Kasten 5, 3.2., Brief Marga an Neisinger vom 06.12.1945;
Sonntagsblatt vom 17.11.1946, S. 112;
Fränkisches Volksblatt vom 21.10.1958, „Predigten beantworten Zeitfragen".

[109] Diözesanarchiv, Klinkhammer, Kasten 2-III Anlage 15, Programmentwurf der Frankenjugend mit Begleitbrief vom 11.08.1946, S. 2;
Diözesanarchiv, Nachlaß Neisinger, Kasten 2, 2.3.3., Werkbrief vom April 1948 zum Thema Maria.

[110] Diözesanarchiv, Nachlaß Neisinger, Kasten 2, 2.3.3., Werkbrief vom April 1947 zum Thema Jungschar.

gen Kilian. Ein wichtiger Ort der Verehrung der Frankenapostel im BDKJ ist die Kiliansgruft im Neumünster.[111]
Untrennbar verbunden sind diese pastoralen Merkmale mit einer großen Liebe des BDKJ zur katholischen Kirche. Die Liebe zur Kirche prägt die Einstellung der Verantwortlichen und wird auch von der Kirchenleitung eingefordert.[112] So sagt Diözesanjugendseelsorger Heinz 1962 bei einer Predigt zur Christkönigsvesper in Würzburg: „Die Jugend ist aufgerufen, in drei Bekenntnissen ihre Zugehörigkeit zur Kirche kundzumachen: im Glauben an die Kirche, im Gehorsam an die Kirche und in der Liebe zur Kirche."[113]
Trotz der anfänglichen Unstimmigkeiten mit Bischof Ehrenfried ist die Treue zur Hierarchie selbstverständlich. Der anfangs oft wiederkehrende Satz vom Bischof als – sozusagen – dem obersten Jungführer der Diözese faßt diese Einstellung focussierend zusammen.[114] Dazu bei trägt das große Interesse der Bischöfe Döpfner und Stangl für die Arbeit des BDKJ sowie ihre hohe Präsenz bei Konferenzen und Veranstaltungen.[115]
Eine starke Betonung der Katholizität begleitet die Kirchentreue. So schreibt Diözesanjugendführer Neisinger 1946 als Bekenntnisformel für die Mannesjugend: „Wir katholischen Jungen und Jungmänner wollen katholisch sein bis ins Mark."[116]
Entsprechend ist Ökumene in den Anfangsjahren kaum ein Thema. Deutlich wird eine engere interkonfessionelle Zusammenarbeit abgelehnt, ob das nun die Aufbauarbeit vor Ort oder Gliederungen wie die Pfadfinder oder die Landjugend betrifft.[117] Auch Mischehen sind für Verantwortliche in der katholischen Jugendarbeit fast undenkbar.[118] Anfang der 60er Jahre ändert sich im Horizont des Zweiten Vatikanischen Konzils die Einstel-

---

[111] Diözesanarchiv, Nachlaß Neisinger, Kasten 11, 1.1.8.f, Gedanken von Kaplan Fritz Bauer zur Gestalt der Frankenjugend vom 29.05.1946;
Diözesanarchiv, Nachlaß Neisinger, Kasten 1, 2.3.1., Artikel Neisinger „Jugend unterm St. Kiliansbanner", in: Heiliges Franken, Heft 1, Mai 1952.
[112] Diözesanarchiv, Klinkhammer, Kasten 1-I, Interview Neisinger vom 22.11.1984;
Fränkisches Volksblatt vom 04.07.1955, „Diözesantreffen – ein machtvolles Bekenntnis der katholischen Jugend".
[113] Fränkisches Volksblatt vom 30.10.1962, „Jugend bekennt sich zu Christus".
[114] Diözesanarchiv, Nachlaß Neisinger, Kasten 11, 1.1.8.h, Rundbrief Rößler an die Jugendseelsorger in Pfarrei und Dekanat vom Aschermittwoch 1946;
Diözesanarchiv, Klinkhammer, Kasten 2-III Anlage 15, Programmentwurf der Frankenjugend mit Begleitbrief vom 11.08.1946, S. 2;
Sonntagsblatt vom 14.03.1948, S. 48;
Sonntagsblatt vom 13.05.1950, S. 235.
[115] Sonntagsblatt vom 21.11.1948, S. 279;
Sonntagsblatt vom 11.12.1949, S. 443;
Bischöfliches Jugendamt, Kontenplan, Ordner 4, Protokoll der Diözesankonferenz vom 29.04.–01.05.1960.
[116] Diözesanarchiv, Nachlaß Neisinger, Kasten 11, 1.1.8.i, „Unser Bekenntnis" ca. 1946.
[117] Diözesanarchiv, Nachlaß Neisinger, Kasten 6, 3.3., Briefwechsel zwischen Gunda Appel und Neisinger vom 27.11.1945 bis zum 10.04. 1946;
Diözesanarchiv, Nachlaß Neisinger, Kasten 11, 1.1.8.h, Rundbrief Rößler an die Jugendseelsorger in Pfarrei und Dekanat vom Aschermittwoch 1946;
Sonntagsblatt vom 15.02.1953, S. 54.
[118] Sonntagsblatt vom 21.08.1949, S. 301;
Sonntagsblatt vom 18.09.1949, S. 330.

lung. Man tauscht zunehmend Grußworte auf Konferenzen aus und sucht Kontakte auf Führungsebene. Ein gutes Beispiel für das gewandelte Verhältnis ist die Veranstaltungsreihe „Heiße Eisen". Sie wird Anfang der 60er Jahre von BDKJ und Evangelischer Jugend der Stadt Würzburg mit Themen aus Glauben, Gesellschaft und Politik erfolgreich durchgeführt.[119] Der BDKJ ist lange Zeit für die gesamte kirchliche Jugendarbeit im Bistum Würzburg zuständig, und es gibt weder strukturell noch inhaltlich eine Trennung zwischen kirchenamtlicher und verbandlicher Jugendseelsorge.[120] Jedoch bröckelt diese Gesamtzuständigkeit in den 60er Jahren, so daß Diözesanjugendseelsorger Heinz in seinem Jahresbericht 1964 feststellt: „Immer mehr muß beachtet werden, daß die kirchliche Jugendpflege über die Arbeit in den Gliedgemeinschaften des BDKJ hinausgeht."[121] Die zentrale Stellung in der Jugendpastoral hat der Priester. Seine Aufgabe ist es laut Diözesanjugendführer Neisinger, „einen zu führen in die Fülle des göttlichen Lebens".[122] Diözesanjugendseelsorger Bocklet sieht den Priester als „Verwalter der Geheimnisse Gottes".[123] Konkreter Schwerpunkt der Jugendseelsorger ist die religiöse Persönlichkeitsbildung der Jungführer- und Jungführerinnen. Der 1965 verabschiedete Führerbildungsplan ruft diese Hauptaufgabe den Seelsorgern wieder deutlich in Erinnerung. Wichtig sind dabei unter anderem die Heilige Schrift, die Behandlung religiöser und zeitgeschichtlicher Fragen sowie die Verarbeitung von Jahresthema und Jahresaufgabe.[124] Die Jugendseelsorger werden nicht gewählt, sondern vom Bischof ernannt. Zumindest auf Diözesanebene soll der Wille der Jugend berücksichtigt werden.[125] Doch es zeigt sich auch Kritik an Jugendseelsorgern. Klagen qualitativer und quantitativer Art finden sich in den ersten beiden Jahrzehnten des BDKJ regelmäßig auf allen Ebenen.[126] Dem Jugendseelsorger zur Seite stehen in der Jugendpastoral der Jungführer und die Jungführerin. In den diözesanen Texten findet sich das Diakonat des Jungführers nicht so explizit genannt und theoretisch unterfüttert wie auf Bundesebene. Jedoch klingt die seelsorgliche Verantwortung immer

---

[119] Sonntagsblatt vom 14.04.1963, S. 234;
Sonntagsblatt vom 22.03.1964, S. 214.

[120] Diözesanarchiv, Klinkhammer, Kasten 1-I, Interview Heinz vom 06.06.1986;
Fränkisches Volksblatt, Ausgabe Schweinfurt vom 15.11.1955, „Zehn Jahre Jugendarbeit im Landdekanat".

[121] Bischöfliches Jugendamt, Kontenplan, Ordner 9, Jahresbericht des Bischöflichen Jugendamtes 1964, gez. Heinz vom 10.03.1965.

[122] Diözesanarchiv, Nachlaß Neisinger, Kasten 2, 2.3.3., Werkbrief ca. Anfang 1947.

[123] Bischöfliches Jugendamt, Kontenplan, Ordner 1, Artikel „Auf das Vorbild kommt es an", o.O., o.J. ca. 1955.

[124] Bischöfliches Jugendamt, Aktenmappe, Führerbildungsplan, Januar 1966.

[125] Vgl. Bundesführung, Bundesordnung 1948, Abschnitt 21;
vgl. Bundesführung, Bundesordnung 1955, Abschnitt 27.

[126] Diözesanarchiv, Bischöfliches Jugendamt, Kasten 1, 1, Brief Franz Mahr an Neisinger vom 17.08.1947;
Bischöfliches Jugendamt, Kontenplan, Ordner 4, Dekanatsführerkonferenz 1955, Berichte der Dekanate Röttingen und Obernburg;
Bischöfliches Jugendamt, Kontenplan, Ordner 9, Jahresbericht des Bischöflichen Jugendamtes 1964, gez. Heinz vom 10.03.1965.

wieder an, und es werden strenge Maßstäbe hinsichtlich des persönlichen Glaubenslebens und der pastoralen Fähigkeit verlangt.[127] In späteren Jahren wird die eigenständige Laienverantwortung stärker betont, so daß im 1965 verabschiedeten Führerbildungsplan zu lesen ist: „Jugendführung ist Laienapostolat, das im Allgemeinen Priestertum grundgelegt ist."[128] Die gemeinsame Führungsverantwortung von Jugendseelsorger und Jungführer, wenn auch mit unterschiedlichen Schwerpunkten, erweist sich als ein Spannungsfeld. Mal wird es konstruktiv genutzt, mal zeigt es sich als Konfliktfalle – je nach Begabung und Kommunikationsfähigkeit der Beteiligten. Immer wieder sind jedoch Klagen von beiden Seiten zu hören.[129] Im Hintergrund dieses Modells steht aber immer die seelsorgliche Letztverantwortung. Sie zeigt sich auf verschiedene Art, bspw. indem der Bischof die gewählten Dekanatsführer und -innen ernennt und sendet oder indem er die gewählten Diözesanführungsmitglieder bestätigt.[130] Eine klare seelsorgliche Letztverantwortung haben auch – neben dem Bischof – die Diözesanjugendseelsorger. So ist in der Diözesanordnung von 1962 zu lesen: „Gegen den begründeten seelsorglichen Einspruch der Diözesanjugendseelsorger kann die Diözesanversammlung Beschlüsse nicht fassen. Im Streitfall ist die Entscheidung des Diözesanbischofs einzuholen."[131] Die Frage der seelsorglichen Letztverantwortung prägt auch einen Konflikt mit Diözesanjugendführer Massari. Kernpunkt des Streits ist, wem Diözesanjugendführer und Diözesanjugendführerin als Leitung der Hauptstelle des BDKJ im Bistum Würzburg neben den BDKJ-Gremien noch verantwortlich sind. Diözesanjugendseelsorger Heinz pocht auf eine Letztverantwortung der Seelsorger, Teile der Laienführung plädieren einzig für eine zusätzliche Verantwortung gegenüber dem Diözesanbischof, und Massari will überhaupt keine zusätzliche Verantwortung.[132] Der Konflikt erledigt sich mit dem Rücktritt Massaris.

[127] Diözesanarchiv, Nachlaß Neisinger, Kasten 11, 1.1.8.e, Entwurf eines möglichen Aufbaus der katholischen Jugendseelsorge von Kpl. Fritz Bauer, o.J., ca. 1946;
Diözesanarchiv, Nachlaß Neisinger, Kasten 2, 2.3.3., Werkbrief zum Thema Jungführer, ca. Anfang 1947;
Diözesanarchiv, Klinkhammer, Kasten 1-I, Referat des KJG-Diözesansekretärs Berthold Baunach „Konkrete Aufgaben katholischer Jugendarbeit" bei einer Bildungsveranstaltung in der Thüringer Hütte im März 1964, S. 5ff.
[128] Bischöfliches Jugendamt, Aktenmappe, Führerbildungsplan, Januar 1966.
Bischöfliches Jugendamt, Kontenplan, Ordner 4, Kurzprotokoll der Jahreskonferenz der Jugendseelsorger vom 13.–14.02.1957.
[129] Vgl. exemplarisch Bischöfliches Jugendamt, Kontenplan, Ordner 4, Dekanatsführerkonferenz 1955, Bericht Dekanat Röttingen.
[130] Sonntagsblatt vom 09.05.1954, S. 146;
Bischöfliches Jugendamt, Kontenplan, Ordner 4, Bestätigungsurkunde von Bischof Stangl für den neuen Diözesanjugendführer Hermann Kuhn vom 22.05.1965.
[131] Bischöfliches Jugendamt, Kontenplan, Ordner 4, Antrag „Neue Diözesanordnung" bei der Diözesanversammlung am 24.11.1962;
der Antrag wurde ohne wesentliche Veränderungen angenommen, vgl. Fränkisches Volksblatt, Ausgabe Aschaffenburg vom 26.11.1962, „Jugend braucht die gute Gemeinschaft".
[132] Bischöfliches Jugendamt, Kontenplan, Ordner 3, Ordnung der Diözesanjugendstelle Würzburg vom 28.06.1954;
Brief Heinz an alle Mitglieder des Diözesanführerrates vom 08.07.1954 mit beigelegten Überlegungen von Heinz zur Ordnung der Diözesanjugendstelle.

Die Jugendpastoral ist geprägt von der damals gängigen Sichtweise, daß Jugendliche Objekte der Jugendseelsorge sind. Doch zeichnet sich vor allem Diözesanjugendführer Neisingers Pastoral und Pädagogik durch einen intensiven Lebensweltbezug im Rahmen von Ganzheitlichkeit, Authentizität und Einfühlungsvermögen aus. Sie nimmt Jugendliche, so wie sie denken und fühlen, ernst und verlangt von der Kirche dasselbe.[133] Über die Motivation zur Jugendseelsorge schreibt er: „Die Liebe zum Herrn und die Liebe zum jungen Menschen, das allein darf Anlaß zur rechten Jugendseelsorge sein."[134] Neisinger fordert Geduld und eine klare Sprache: „Verwende keine religiösen Schlagworte. Jongliere nicht dauernd mit hohen Worten ... Innen neu geschliffen, lebendig, blutvoll, überraschend muß Deine Sprache sein."[135]

Analog zur Bundesebene findet sich auch auf Diözesanebene die Dreiteilung der Jugendpastoral in Glaubens-, Lebens- und Apostolatsschule. In allen drei Bereichen werden hohe Ansprüche gestellt.[136]

Die Verwurzelung der gesamten Jugendarbeit im Glauben ist eine zentrale und regelmäßig wiederkehrende Thematik auf Konferenzen, bei Schulungen und in Grundsatztexten. Gebet, Exerzitien, Bibellesung und Eucharistie, regelmäßig und konzentriert wahrgenommen, gelten unter anderem als gute Möglichkeiten, den eigenen Glauben zu vertiefen und die nicht immer einfache Realität der Jugendarbeit fruchtbar zu bewältigen. Hier wirkt besonders die tiefe Spiritualität aus der Zeit des Nationalsozialismus nach.[137]

Wichtig ist die liturgische Erziehung. Die ergriffene Mitfeier der Eucharistie ist nach Meinung Neisingers nicht durch das Sonntagsgebot im Religionsunterricht zu erreichen. Dafür brauche man eine intensive religiöse Erziehung und eine dichte Gemeinschaft. Neisinger fordert unter anderem, die Vielfältigkeit der Gottesdienstformen auszuschöpfen sowie die Predigten und die äußere Rahmengestaltung zu verbessern.[138]

Nach dem Krieg war, aufgrund der Erfahrungen der letzten Jahrzehnte, in der katholischen Jugendarbeit ein großes Interesse an einer liturgischen Erneuerung vorhanden. Neisinger kritisiert scharf diejenigen, die auch behutsame Änderungen boykottieren: „Dagegen sind eine wirkliche Gefahr die, die wir die ewig Gestrigen nannten, die starr und steif am ‚guten, alten Her-

---

[133] Vgl. Diözesanarchiv, Nachlaß Neisinger, Kasten 9, 1.1.7.b, Material für Heimabende, zusammengestellt von Oskar Neisinger, ca. 1940–1946;
Diözesanarchiv, Nachlaß Neisinger, Kasten 11, 1.1.8.a, Zur Lage der Jugend, o.D., ca. 1946, o.V., Sprache und Inhalt weisen auf Neisinger als Verfasser hin;
vgl. Diözesanarchiv, Nachlaß Neisinger, Kasten 10, 1.1.7.d, „Evangelizare Juventuti", verfaßt von Oskar Neisinger, 1942.
[134] A.a.O., S. 3f.
[135] A.a.O., S. 7.
[136] Vgl. exemplarisch Diözesanarchiv, Klinkhammer, Kasten 2-III Anlage 15, Begleitbrief von Oskar Neisinger zum Programmentwurf der Frankenjugend vom 11.08.1946.
[137] Sonntagsblatt vom 08.06.1947, S. 96;
Sonntagsblatt vom 18.12.1955, S. 404;
Diözesanarchiv, Bischöfliches Jugendamt, Kasten 1, 3, Rundbrief an alle Dekanatsjugendführungen und -seelsorger o.J., ca. Ende 1952;
Diözesanarchiv, Klinkhammer, Kasten 1-I; Interview Heinz vom 06.06.1986.
[138] Vgl. Diözesanarchiv, Nachlaß Neisinger, Kasten 9, 1.1.7.b, Material für Heimabende, zusammengestellt von Oskar Neisinger, ca. 1940–1946.

kommen' festhalten und jede liturgische Entwicklung gegenüber dem Gottesdienst-Betrieb von gestern ablehnen."[139]

Dieses Interesse an einer liturgischen Erneuerung wurde in den ersten Jahren – zumindest offiziell – etwas zurückgestellt, um nicht den diözesanen Aufbau der Jugendarbeit und die Anerkennung des entstehenden BDKJ zu gefährden. So schreibt Neisinger um das Jahr 1946: „Sie (die katholische Jugend, d.V.) verspricht den bischöflichen Behörden unbedingten Gehorsam. Liturgische Fragen, die in der Vergangenheit oft zu Spannungen führten, sind in der Gegenwart völlig unwesentlich."[140]

Die Gemeinschaftsmesse der Jugend und die Feier der Kartage sind zwei wichtige, wenn auch unterschiedliche Punkte des liturgischen Lebens im BDKJ. Die Gemeinschaftsmesse gehört zum Standard, leidet aber an einer sehr unterschiedlichen Qualität der Gestaltung und des Mitfeierns. Die Feier der Kartage gilt als liturgischer Kristallisationspunkt des Glaubens und soll in den Pfarreien, soweit es möglich ist, mitgestaltet und miterlebt werden. Für geistlich besonders aufgeschlossene Jugendliche wird hier auch auf Burg Rothenfels verwiesen.[141]

Wichtig sind mit Blick auf die Jugendlichen die neueren Kirchenlieder. Bischof Döpfner lobt den BDKJ 1949 als Träger der „modernen Liedbewegung" und fordert die Verantwortlichen dazu auf, durch aktive Mitarbeit die in das neue Gesangbuch aufgenommenen moderneren Kirchenlieder in den Pfarrgemeinden zu verankern.[142]

Anfang der 60er Jahre regt sich auch im BDKJ des Bistums Würzburg eine Sehnsucht nach liturgischer Erneuerung, die über bisherige Ansätze hinausgeht. Ein gutes Beispiel ist die Diskussion über die Frage „Jazz in der Kirche", die Ende 1965 im Würzburger katholischen Sonntagsblatt auf ungewöhnliches Interesse stößt.[143]

Der zweite Bereich der Jugendpastoral ist die Lebensschule. Sie soll auf eine überzeugende christliche Gestaltung des Lebens in Familie, Beruf und Gesellschaft vorbereiten und dafür eine tragfähige Grundlage ausbilden. So heißt es zum Beispiel im Programmentwurf zur Frankenjugend 1946: „Die Frankenjugend sieht in ihrer Berufsarbeit einen Auftrag Gottes zur Gestaltung der Welt und weiß sich deshalb an ihrem Arbeitsplatz im Dienst des Großen Königs. Saubere und gewissenhafte Arbeit ist ihr darum religiöse Pflicht. Die Arbeit ist täglicher Hauptbeitrag zur Verherrlichung Gottes."[144] Für den Bereich Mitgestaltung der Gesellschaft zeigt sich, daß

[139] A.a.O., o.S.

[140] Diözesanarchiv, Nachlaß Neisinger, Kasten 11, 1.1.8.a, Zur Lage der Jugend, o.D., ca. 1946, o.V., Sprache und Inhalt weisen auf Neisinger als Verfasser hin.

[141] Vgl. Diözesanarchiv, Nachlaß Neisinger, Kasten 9, 1.1.7.b, Material für Heimabende, zusammengestellt von Oskar Neisinger, ca. 1940–1946;
Diözesanarchiv, Nachlaß Neisinger, Kasten 2, 2.3.3., Werkbrief Ostern 1948;
Diözesanarchiv, Bischöfliches Jugendamt, Kasten 1, 3, Rundbrief der Diözesanjugendführung an alle Dekanatsjugendführungen und -seelsorger, Maria Lichtmeß 1951.

[142] Diözesanarchiv, Bischöfliches Jugendamt, Kasten 1, 3, 1. Diözesanrundbrief der Diözesanführung vom 20.01.1950.

[143] Sonntagsblatt vom 28.11.1965, S. 907 und folgende Ausgaben.

[144] Diözesanarchiv, Klinkhammer, Kasten 2-III Anlage 15, Programmentwurf der Frankenjugend mit Begleitbrief vom 11.08.1946, S. 4.

auch im Würzburger BDKJ viele Jungführer nach ihrer aktiven Zeit im politischen Bereich auf allen Ebenen Verantwortung übernehmen.[145]

Am stärksten prägt die Apostolatsschule die Jugendpastoral. Das Apostolat ist vor allem in den ersten zehn Jahren Kernpunkt jugendpastoraler Theorie und Praxis in der Diözese Würzburg. „In Deutschland und Europa muß das christliche Bewußtsein wieder erwachen, eine Rückkehr zu Christus muß stattfinden ... Es geht um die Erneuerung der Welt in Christus."[146] Dieser Gedanke durchzieht den Programmentwurf zur Frankenjugend wie ein roter Faden und ist ein gutes Beispiel für die Verankerung des Apostolats in der katholischen Jugend gerade in den ersten Nachkriegsjahren. Hintergrund sind die durch das Ende der NS-Herrschaft wiedergewonnenen Freiheiten, die es für die Mission im eigenen Land zu nutzen gilt. Kirchenleitung und Jugendseelsorger unterstützen in manchmal mitreißenden Reden diesen Gedanken und fordern dazu auf, sich mit ganzer Kraft und an vorderster Stelle für die Missionierung der Menschen einzusetzen.[147]

Kennzeichnend für das Apostolatsbewußtsein ist eine kämpferische und markige Sprache: Beispielsweise lautet ein Text für die Aufnahme von Mädchen und Frauen in die katholische Jugend: „Heiliges Feuer – Mache uns freier – Leuchte und glühe – Und es erblühe – Kraftvoll und echt – Ein neues Geschlecht." Bei den Jungen und Männern heißt es: „Männer werden nicht gebildet – Auf des Lebens Sonnenseite – Sondern nur im Sturm und Wetter – Und im ernsten harten Streite."[148] In einem Werkbrief zur Jungschararbeit von 1947 findet sich folgendes Zitat von Julius Langbehn: „Wer um die Seelen nicht kämpft, wird deren nie gewinnen. Wer bei den heutigen Greueln der Verwüstung des Seelischen nicht wach ist, wer da nicht zur Rettung der Seele, zum Angriff übergeht, wird Gott nicht ganz dienen. Sieht man einen Menschen ertrinken, so muß man zugreifen, um ihn zu retten."[149]

Das Apostolat ist bei einem engagierten Kern von Jugendführerinnen und -führern sowie Jugendseelsorgern durch persönliche Überzeugung und entsprechende Praxis gedeckt. Massiver Kampfgeist, große Opferbereitschaft und existentielles Vertrauen auf den Geist Gottes zeichnen diese Elite aus.[150]

---

[145] Diözesanarchiv, Klinkhammer, Kasten 1-I; Interview Heinz vom 06.06.1986.

[146] Diözesanarchiv, Klinkhammer, Kasten 2-III Anlage 15, Programmentwurf der Frankenjugend mit Begleitbrief vom 11.08.1946, Vowort.

[147] Sonntagsblatt vom 24.07.1949, Titelseite und folgende;
Sonntagsblatt vom 08.06.1952, Titelseite;
Bischöfliches Jugendamt, Kontenplan, Ordner 4, Protokoll der Konferenz der Dekanatsjugendseelsorger vom 21.–22.02.1956.

[148] Diözesanarchiv, Nachlaß Neisinger, Kasten 2, 2.3.3., Werkbrief ca. 1946.

[149] Diözesanarchiv, Nachlaß Neisinger, Kasten 2, 2.3.3., Werkbrief Jungschar vom April 1947.

[150] Bspw. Diözesanarchiv, Nachlaß Neisinger, Kasten 6, 3.3., Tagebuchartige Briefnotizen von Kpl. Fritz Bauer (ehemaliger Domkaplan) für die katholische Jugend in Würzburg von 21.10.–23.11.1945;
Diözesanarchiv, Nachlaß Neisinger, Kasten 6, 3.3., Brief Maria Oberle an Neisinger vom 21.02.1946;
Diözesanarchiv, Nachlaß Neisinger, Kasten 5, 3.2., Brief Else (Schneyer) an Neisinger vom 08.02.1952.

Jedoch gibt es auch von Anfang an Warnungen vor allzuviel missionari-schem Pathos, das in der alltäglichen Arbeit nur zu viel Frustrationen mit sich bringe.[151] Denn in der Realität der Jugendarbeit findet sich häufig ein Scheitern, nicht zuletzt wegen hochgesteckter Ansprüche.[152] Ab Mitte der 50er Jahre läßt das apostolische Feuer nach, man ist – nicht zuletzt auf-grund der gesellschaftlichen Entwicklungen – bescheidener geworden.[153] Dennoch prägt in den ersten Jahren der Anspruch der religiösen Tiefe aus der Zeit des Nationalsozialismus die Arbeit des BDKJ im Bistum. Das Pro-gramm der Frankenjugend fordert bspw. die tägliche Reich-Gottes-Stunde und die Nachtwache vor dem Tabernakel vor jedem Herz-Jesu-Freitag.[154] Neisinger warnt 1948 davor, die religiösen Ansprüche zu senken, nur um mehr Leute zu gewinnen, und fügt mit Blick auf den noch jungen BDKJ an: „Die Erkenntnis aber, die uns als teuerstes Vermächtnis der letzten Jahre geschenkt wurde, nämlich daß die Macht der Gnade alles vermag und daß keine Aktion wichtiger ist, als das Ringem um diese Gnade, dieses Ver-mächtnis gilt es in keiner Stunde heiliger zu halten und weiterzugeben als jetzt, da wir eine so bedeutungsvolle Aktion starten, deren Wirkung ver-puffen wird, wenn ihre einzige Antriebskraft die Schwäche unserer leeren Hände wäre."[155] Allerdings zeigt sich von Anfang an, daß es schwer ist, die Balance zwischen intensivem spirituellen Anspruch auf der einen und dem BDKJ als Massenverband katholischer Jugendlicher auf der anderen Seite zu halten.[156] Auf Dauer ist die religiöse Meßlatte der Zeit des National-sozialismus zu hoch. Die religiöse Dichte dieser Zeit kann nicht gehalten werden.[157]

Dem hohen religiösen Anspruch entspricht die nicht verstummende For-derung, Kernscharen aufzubauen, die als spiritueller Sauerteig in der Mas-se des BDKJ wirken.[158] Jedoch ist diesem Ansatz kein großer Erfolg be-schieden.[159]

---

[151] Kuhn, Würzburg, S. 4.
[152] Diözesanarchiv, Nachlaß Neisinger, Kasten 11, 1.1.9.f, Brief Sr. Lauda an Neisinger vom 16.01.1950;
Diözesanarchiv, Nachlaß Neisinger, Kasten 11, 1.1.9.f, Brief eines Dekanatsjugendführers an Neisinger vom 25. April 1950.
[153] Vgl. Diözesanarchiv, Klinkhammer, Kasten 1-I, Referat des KJG-Diözesansekretärs Berthold Baunach „Konkrete Aufgaben katholischer Jugendarbeit" bei einer Bildungsver-anstaltung in der Thüringer Hütte im März 1964.
[154] Diözesanarchiv, Klinkhammer, Kasten 2-III Anlage 15, Programmentwurf der Franken-jugend mit Begleitbrief vom 11.08.1946, S. 5.
[155] Diözesanarchiv, Nachlaß Neisinger, Kasten 2, 2.3.3., Werkbrief Ostern 1948.
[156] Vgl. Diözesanarchiv, Bischöfliches Jugendamt, Kasten 1,1, Brief eines Landpfarrers an Nei-singer vom 28.08.1947.
[157] Sonntagsblatt vom 31.12.1950, S. 640;
Bischöfliches Jugendamt, Kontenplan, Ordner 4, Protokoll der Diözesankonferenz vom 01.–03.05.1959.
[158] Diözesanarchiv, Nachlaß Neisinger, Kasten 11, 1.1.8.e, Entwurf eines möglichen Aufbaus der katholischen Jugendseelsorge von Kpl. Fritz Bauer, o.J., ca. 1946;
Sonntagsblatt vom 04.03.1956, S. 60;
Fränkisches Volksblatt vom 04.03.1960, „Der Jugend in Liebe begegnen".
[159] Bischöfliches Jugendamt, Kontenplan, Ordner 4, Protokoll der Diözesankonferenz der Führerschaft Frauenjugend vom 27.–28.04.1963;

3.3. Pädagogische Grundlinien

Der BDKJ in der Diözese Würzburg will seine Mitglieder zu Menschen erziehen, die in Kirche und Gesellschaft als überzeugte Christinnen und Christen Verantwortung übernehmen und im Privatleben sorgfältig ihre Pflichten erfüllen. Hintergrund ist der Erziehungsanspruch der Kirche. Die Lebenszeit im BDKJ wird als wertvolle Vorbereitung für die Integration in Kirche und Gesellschaft gesehen.[160] Zusammengefaßt lautet das Ziel der Arbeit in den ersten 20 Jahren etwa so: „Der BDKJ will durch alle seine Arbeit junge Leute erziehen zu: Menschen, die wertvoll sind (natürlich, ehrlich, hilfsbereit ...); Staatsbürgern, die man achten kann (Beruf, Apostolat, Aufgaben); Christen, die diesen Namen verdienen (Gott, Kirche, Überzeugung)."[161]

Neben den im vorherigen pastoralen Kapitel schon genannten Punkten spielen in der Pädagogik des BDKJ auch Erlebnisorientierung, Individualität und Freiheit, Angemessenheit der Aufgaben und transparente sowie verständliche Vermittlung von Inhalten ein wichtige Rolle. Prägend und federführend wirkt hier in den ersten Jahren des Bundes Diözesanjugendführer Neisinger.[162] Er nennt als pädagogische Grundfähigkeiten für die Jugendarbeit: Lob spenden zu können, Danke sagen zu können, Kritik- und Konfliktfähigkeit sowie christlichen Humor.[163]

Vehement wehrt sich Neisinger gegen Forderungen, in der Schulungs- und Bildungsarbeit den Verantwortlichen vorgefertigte Rezepte an die Hand zu geben, die nur noch angewendet werden müssen. Er setzt auf das Bausteinprinzip: Anregungen und Materialbausteine, die vom jeweiligen Verantwortlichen noch auf die individuelle Situation vor Ort zugeschnitten werden müssen.[164]

Bischöfliches Jugendamt, Kontenplan, Ordner 11, Protokoll der Diözesankonferenz der Führerschaft Frauenjugend vom 14.–15.05.1966.

[160] Diözesanarchiv, Klinkhammer, Kasten 2-III Anlage 15, Programmentwurf der Frankenjugend mit Begleitbrief vom 11.08.1946, S. 12;
Diözesanarchiv, Nachlaß Neisinger, Kasten 2, 2.3.3., Werkbrief April 1947;
vgl. Diözesanarchiv, Klinkhammer, Kasten 1-I, Referat des KJG-Diözesansekretärs Berthold Baunach „Konkrete Aufgaben katholischer Jugendarbeit" bei einer Bildungsveranstaltung in der Thüringer Hütte im März 1964.

[161] A.a.O., o.S.

[162] Vgl. Diözesanarchiv, Nachlaß Neisinger, Kasten 10, 1.1.7.d, „Evangelizare Juventuti", verfaßt von Oskar Neisinger, 1942;
Diözesanarchiv, Nachlaß Neisinger, Kasten 11, 1.1.8.e, Entwurf eines möglichen Aufbaus der katholischen Jugendseelsorge von Kpl. Fritz Bauer, o.J., ca. 1946;
Diözesanarchiv, Klinkhammer, Kasten 2-III Anlage 15, Programmentwurf der Frankenjugend mit Begleitbrief vom 11.08.1946, S. 9;
Diözesanarchiv, Nachlaß Neisinger, Kasten 2, 2.3.3., Werkbrief Ostern 1948;
Diözesanarchiv, Nachlaß Neisinger, Kasten 2, 2.3.1., Artikel aus der Allgemeinen Sonntagszeitung vom 01.07.1956.

[163] Diözesanarchiv, Nachlaß Neisinger, Kasten 10, 1.1.7.d, „Evangelizare Juventuti", verfaßt von Oskar Neisinger, 1942.

[164] Diözesanarchiv, Nachlaß Neisinger, Kasten 2, 2.3.3., Werkbrief Juni 1947;
Diözesanarchiv, Nachlaß Neisinger, Kasten K 7, 3.3., Brief Neisinger an Wolker vom 10.07.1948.

In der erzieherischen Arbeit fehlen auch bis heute aktuelle Forderungen nicht. Statt die Jugend als schlecht und verdorben zu brandmarken, sollte man – so Neisinger – besser attraktive Räume bieten, so daß angesichts der „oft trostlosen Langweile eines fränkischen Dorfes" fruchtbare Gemeinschaft von selbst wachsen kann.[165] Im Unterschied zu heute ist allerdings die Pädagogik – zumindest in den Anfangsjahren – viel stärker durch die Stichworte Zucht, Selbstbeherrschung, Askese, Opfer und Verzicht geprägt.[166]

Eine wesentliche Rolle spielt der vor allem in den ersten Jahren mit missionarischem Eifer geführte Kampf gegen Schmutz und Schund, der auch ganz im Sinne der Kirchenleitung ist.[167] Es geht hier bspw. um Filme und Zeitschriften, durch die der BDKJ katholische Moralüberzeugungen verletzt und die sittliche Entwicklung von Jugendlichen gefährdet sieht. Hintergrund ist die Überzeugung, daß viele Trends des modernen Zeitgeistes pädagogisch unverantwortlich sind und eine scharfe Abgrenzung deshalb die einzige Lösung bietet.[168]

Konkret sieht der Kampf gegen Schmutz und Schund bspw. so aus, daß die Mitglieder des BDKJ entsprechende Filme und Bücher meiden, sich mit wertvoller Literatur versorgen und nur empfohlene Filme besuchen. Das wird gefördert durch entsprechende Aktionen wie Buchausstellungen oder Filmempfehlungen.[169] Es fehlen auch nicht pädagogische Aktionsprojekte, die mit Fragebogen, Filmquiz, Vortrag und alkoholfreiem Tanzabend die Probleme von verschiedenen Seiten beleuchten.[170]

Neben der individuellen Selbstverpflichtung und der Förderung guter Medien kämpfen die Verantwortlichen mit weiteren Mitteln gegen sittlich fragwürdige Projekte. So stört die katholische Jugend gezielt eine Showbude mit leicht bekleideten Tänzerinnen auf einem Volksfest in Aschaffenburg, protestiert mit einem Telegramm an die Bayerische Staatsregierung gegen sogenannte Schundfilme und erstattet Strafanzeige gegen Kioskbesitzer wegen pornographischer Auslagen.[171] In eine ähnliche Richtung geht Anfang 1953 eine groß angelegte, öffentlichkeitswirksame Kampagne der

[165] Diözesanarchiv, Nachlaß Neisinger, Kasten 2, 2.3.3., Werkbrief ca. Anfang 1947.

[166] Diözesanarchiv, Nachlaß Neisinger, Kasten 2, 2.3.3., Werkbrief ca. Anfang 1947; Sonntagsblatt vom 16.03.1952, S. 83.

[167] Sonntagsblatt vom 05.06.1949, S. 200; Sonntagsblatt vom 26.03.1950, S. 150; Diözesanarchiv, Nachlaß Neisinger, Kasten 1, 1.5., Zeugnis Generalvikar Dr. Fuchs für Neisinger vom 27.12.1952.

[168] Diözesanarchiv, Nachlaß Neisinger, Kasten 2, 2.3.3., Werkbrief Juni 1947; Fränkisches Volksblatt vom 25.02.1958, „Den Wert des deutschen Volksliedes aufgezeigt".

[169] Diözesanarchiv, Nachlaß Neisinger, Kasten 11, 1.1.8.i, „Verpflichtung der Mitglieder katholischer Verbände im Bistum Würzburg", ca. 1946; Diözesanarchiv, Nachlaß Neisinger, Kasten 2, 2.3.3., Werkbrief April 1947; Sonntagsblatt 1946ff, durchgehend.

[170] Fränkisches Volksblatt vom 07.07.1959, „Jugend startet neue Aktion"; Fränkisches Volksblatt vom 17.11.1959, „Schmutzfinken unerbittlichen Kampf angesagt".

[171] Diözesanarchiv, Bischöfliches Jugendamt, Kasten 1, 1, Brief Willy Hölscheidt an Neisinger vom 05.07.1947; Bischöfliches Jugendamt, Kontenplan, Ordner 1, Telegramm der Diözesankonferenz an Kultusminister Hundhammer vom 04.03.1948 und Antwort des Ministeriums vom 30.07.1948;

Katholischen Aktion gegen eine bekannte Druckerei im Aschaffenburger Raum, die zwar nicht von der katholischen Jugend veranstaltet wurde, zu der aber Verbindungen bestehen.[172]

Ein zentraler Punkt in der Pädagogik des BDKJ sind Person und Arbeit der Jungführer und Jungführerinnen. Wenn auch – in der Anfangszeit stärker, später immer wieder vereinzelt – Bedenken gegenüber einer allzu eigenständigen Führungsverantwortung auftauchen[173], setzt sich doch der Grundsatz „Jugend führt Jugend" weitgehend durch.

Grundsätzlich gilt: Führung kann nur der ausüben, der das Vertrauen seiner Leute hat – „Führerschaft aufgrund von Befehlswillkür gibt es in der katholischen Jugend nicht."[174] Die Dekanatsführungen werden gewählt, ebenso meist die Pfarrführungen. Die einzelnen Gruppenführer in der Pfarrei werden in der Regel in Zusammenarbeit zwischen Priester und Pfarrführung gefunden.

An die Führungskräfte werden hohe religiöse, menschliche und pädagogische Ansprüche gestellt. Sie sollen ein intensives geistliches Leben führen, selbstlos, dienstbereit, sozial, solidarisch und fachlich kompetent sein sowie in allen Bereichen vorbildlich leben.[175] Keine zwingende Folge, aber ein damit teilweise zusammenhängendes Defizit ist der immer wieder auftauchende Mangel an kompetenten Führungskräften für die sehr große Zahl der Aufgaben im BDKJ.[176]

Von Anfang an erkennen die Verantwortlichen in der Diözesanjugendführung, daß bei diesen Ansprüchen eine fundierte Schulung der Führungen für die Jugendarbeit überlebensnotwendig ist. Unter schwierigen äuße-

Diözesanarchiv, Nachlaß Neisinger, Kasten 17, 2.2.1., Anzeige Diözesanjugendstelle bei der Staatsanwaltschaft Würzburg vom 29.12.1950.

[172] Vgl. Diözesanarchiv, Nachlaß Neisinger, Kasten 17, 2.2.3., Postwurfsendung an alle Haushaltungen, ca. Anfang 1953;
vgl. Diözesanarchiv, Nachlaß Neisinger, Kasten 17, gesamtes Faszikel 2.2.3., enthält Akten über diese Aktion und ihr juristisches Nachspiel.

[173] Diözesanarchiv, Nachlaß Neisinger, Kasten 11, 1.1.8.h, Rundbrief Rößler an die Jugendseelsorger in Pfarrei und Dekanat vom Aschermittwoch 1946;
Diözesanarchiv, Nachlaß Neisinger, Kasten 11, 1.1.8.e, Entwurf eines möglichen Aufbaus der katholischen Jugendseelsorge von Kpl. Fritz Bauer, o.J., ca. 1946;
Diözesanarchiv, Bischöfliches Jugendamt, Kasten 1, 1, Brief eines Pfarrers an Neisinger vom 24.08.1948.

[174] Diözesanarchiv, Nachlaß Neisinger, Kasten 2, 2.3.3., Werkbrief Juni 1947.

[175] Diözesanarchiv, Klinkhammer, Kasten 2-III Anlage 15, Programmentwurf der Frankenjugend mit Begleitbrief vom 11.08.1946, S. 10;
Diözesanarchiv, Nachlaß Neisinger, Kasten 2, 2.3.3., Werkbrief Juni 1947;
Bischöfliches Jugendamt, Kontenplan, Ordner 1, Artikel „Auf das Vorbild kommt es an", o.O., ca.1955;
Diözesanarchiv, Klinkhammer, Kasten 1-I, Referat des KJG-Diözesansekretärs Berthold Baunach „Konkrete Aufgaben katholischer Jugendarbeit" bei einer Bildungsveranstaltung in der Thüringer Hütte im März 1964.

[176] Diözesanarchiv, Bischöfliches Jugendamt, Kasten 1, 1, Weihnachtsrundbrief Dekanat Schweinfurt-Land, 1947;
Diözesanarchiv, Nachlaß Neisinger, Kasten 11, 1.1.9.f, Brief der Dekanatsjugendseelsorger Heinrich und Zahn an Bischof Döpfner vom 17.02.1950;
Bischöfliches Jugendamt, Kontenplan, Ordner 4, Dekanatsführerkonferenz 1955, Berichte der Dekanate.

ren Bedingungen war neben dem Kampf um die bischöfliche Anerkennung die Schulungsarbeit der zweite Schwerpunkt der entstehenden katholischen Jugendarbeit und des BDKJ. Die Diözesanjugendstelle bietet selbst Schulungen für alle Ebenen an und fördert den Ausbau der Arbeit in den Dekanaten.[177] Dieses Engagement findet an der Basis Anklang. Viele Führer und Führerinnen empfinden die Schulungen als wichtig für ihre Arbeit, aber auch für ihr persönliches Leben.[178] Inhalte der Schulungen sind spirituelle Vertiefung, Menschenführung, Vermittlung von religiösem, psychologischem, pädagogischem und politischem Wissen sowie die Vermittlung von praktischen Fertigkeiten, bspw. im musisch-kulturellen oder Leitungsbereich.[179]

In diesem Zusammenhang bietet sich ein Querverweis auf die Freizeiten der Diözesanjugendstelle an. Sie sind zwar keine direkten Schulungsmaßnahmen, fördern aber Führerinnen und Führer in ihrem Engagement. Die nach Frauen und Männern getrennten Freizeiten haben von Anfang an einen festen Platz im Angebot der Diözesanjugendstelle. Dabei zieht es die Würzburger meist in die Berge, oft unter Leitung der jeweiligen Diözesanführungen. Der Abstand von zu Hause, die Natur, die religiösen Impulse und die Gemeinschaft der Führungen machen diese Freizeiten oft zu einem dichten Erlebnis.[180]

Trotz dieser Anstrengungen verstummt die Forderung nach einer besseren Schulung der Jungführerinnen und Jungführer auch in der Diözese Würzburg nicht.[181] Hinzu gibt es, vor allem ab Mitte der 50er Jahre, als Folge der Profilierung der Gliedgemeinschaften in der Führerbildung immer häufiger Zuständigkeits- und Abstimmungsprobleme zwischen Bund und Gliedgemeinschaften.[182]

Im Laufe der Zeit wandelt sich der Führungsbegriff. Fordert Diözesanjugendseelsorger Bocklet Anfang 1955 im Horizont eines auf charismatische Persönlichkeiten zielenden Elitedenkens, es sei an der Zeit „die Antipathie gegen das Führertum abzulegen", stellt er 1962 fest: „Gefragt sei

---

[177] Sonntagsblatt vom 25.08.1946, S. 67;
Sonntagsblatt vom 29.09.1946, S. 88;
Sonntagsblatt vom 31.08.1947, S. 152;
Diözesanarchiv, Nachlaß Neisinger, Kasten 2, 2.3.3., Werkbrief April 1948.
[178] Vgl. exemplarisch Diözesanarchiv, Nachlaß Neisinger, Kasten 11, 1.1.9.f, Brief der Dekanatsjugendführung Schweinfurt-Land an Neisinger vom 12.05.1951.
[179] Sonntagsblatt vom 31.08.1947, S. 152;
Diözesanarchiv, Bischöfliches Jugendamt, Kasten 1, 3, Rundbrief an die Dekanatsjugendführer, o.O., Anfang 1951;
Bischöfliches Jugendamt, Aktenmappe, Führerbildungsplan, Januar 1966.
[180] Diözesanarchiv, Nachlaß Neisinger, Kasten 11, 1.1.9.f, Brief Schwingenstein an Neisinger vom 27.03.1946;
Fränkisches Volksblatt vom 01.10.1955, „Wind und Wasser, Wald und Wolken".
[181] Diözesanarchiv, Bischöfliches Jugendamt, Kasten 1, 3, Rundbrief an alle Dekanatsjugendführungen, ca. Ende 1952;
Diözesanarchiv, Bischöfliches Jugendamt, Kasten 1, 3, Protokoll Führerrat vom 14.–15.01.1956.
[182] Bischöfliches Jugendamt, Aktenmappe, Führerbildungsplan, Januar 1966.
Bischöfliches Jugendamt, Kontenplan, Ordner 4, Einladung zur Konferenz der Gliedgemeinschaften am 30.06.1965.

heute der demokratische Jungführer, der Regisseur der jugendlichen Selbstführung ist."[183]
Der 1965 verabschiedete Führerbildungsplan nennt mehrere Voraussetzungen für eine Führungstätigkeit: Man muß durch sein Leben als junger Christ überzeugen, verantwortungsbewußt mit Blick auf die jungen Menschen handeln, ihr Vertrauen genießen und Sprecher ihrer Anliegen sein. Als Führer gilt es, die Entfaltung der Talente Jugendlicher zu unterstützen sowie Bildung und Kultur zu vermitteln. Ziel der Führung ist Mündigkeit und Treue, Selbstverantwortung und Eigentätigkeit sowie Einordnung, Verantwortung und Mitarbeit in Kirche und Welt.[184]
Von Anfang an ist die kontinuierliche, altersgleiche Jugendgruppe mit festem wöchentlichen Heimabend wieder der Kern katholischer Jugendarbeit.[185] Doch kommen weitere Formen dazu. Ende der 50er und Anfang der 60er Jahre erregt vor allem die Aktion „Stadt-Markt" durch ihre großen Teilnehmerzahlen Aufsehen. Sie hat einen landesweiten organisatorischen Rahmen, findet regional statt und zielt als offenes Bildungsangebot, bspw. durch Vortragsreihen zu religiösen, persönlichkeitsbildenden oder politischen Themen, vor allem auf die nichtorganisierten Jugendlichen.[186]
Mitte der 60er Jahre findet auch die Idee, mit offenen Jugendclubs zu arbeiten, in der Diözese Interesse. Diözesanjugendführer Kuhn stellt 1967 fest: „Eine der allerjüngsten Formen der Jugendarbeit stellt der Jugendclub in einer Pfarrei dar. Das Programm ist ein für alle Jugendliche offenes Angebot aus den Bereichen des kulturellen, musischen, religiösen, politischen und geselligen Lebens. Diese Form kommt der Jugend von heute sehr entgegen, die nur unter einem Minimum an Bindung bereit ist, mitzumachen. Wer trägt einen solchen Jugendclub? Nun, ohne einen Kern aufgeschlossener Pfarrgruppen der Gliederungen ist das Ganze illusorisch."[187] Interessant am Rande ist, daß Kuhns Vorgänger Neisinger im Jahr 1948 einen in manchen Punkten ähnlichen Ansatz überlegt hat.[188] Doch geriet dieser dann durch die kontinuierliche Jugendgruppe etwas in den Hintergrund.
Ein wichtiger Teil der auf Altersstufen ausgerichteten Pädagogik des BDKJ ist die Jungschar- und Frohschararbeit.[189] Die BDKJ-Verantwortlichen sehen in der kindlichen Offenheit, die diese Altersgruppe auszeichnet, einen sinnvollen Ansatzpunkt für die christliche Erziehung, bevor die Jugendli-

---

[183] Sonntagsblatt vom 16.01.1955, S. 24;
Fränkisches Volksblatt, Ausgabe Schweinfurt vom 06.11.1962, „Demokratischer Jungführer gefragt".
[184] Bischöfliches Jugendamt, Aktenmappe, Führerbildungsplan, Januar 1966.
[185] Diözesanarchiv, Nachlaß Neisinger, Kasten 6, 3.3., Brief Maria Kirchgessner an Neisinger vom 02.01.1946;
Fränkisches Volksblatt vom 11.01.1956, „Jugend auch in der Freizeit gut aufgehoben".
[186] Fränkisches Volksblatt vom 15.02.1958, „Jugendiskussion wird fortgeführt";
Fränkisches Volksblatt, Ausgabe Aschaffenburg vom 19.01.1961, „Die Kirche steht in der Welt";
Fränkisches Volksblatt, Ausgabe Schweinfurt vom 17.01.1962, „Zur kritischen Haltung anregen".
[187] Bischöfliches Jugendamt, Aktenmappe, Manuskript Hermann Kuhn zum 20jährigen Jubiläum des BDKJ, ca. 1967.
[188] Diözesanarchiv, Nachlaß Neisinger, Kasten 2, 2.3.3. Werkbrief Ostern 1948.
[189] Vgl. Kap. 3.1.

chen durch negative äußere Einflüsse dem Glauben und der Kirche entfremdet werden.[190]

Am Beispiel der Jungschararbeit macht Diözesanjungscharführer Laufer deutlich, daß wesentlich auf die Bedürfnisse dieser Altersgruppe eingegangen werden soll: „Ein Junge will als Junge angefaßt werden. Von frommen, religiösen Märchen hält er wenig. Er braucht quicklebendige Umgebung, die seinem Wesen entspricht und in der er sich wohl fühlt. Daher die Farbenfreudigkeit des Jungscharlebens. Spiel, Singen, Erzählen, Sport, Schwimmen, Schlittenfahren, Lager, Fahrt gehören zur Welt des Jungen ... Durch diese Vielfältigkeit wird der Junge erzogen, damit er handle und lebe als Junge Christi, das heißt als ein Junge, der ebenso aus der Wirklichkeit der Gnade lebt, wie aus der Wirklichkeit seiner Natur."[191]

In der Praxis gibt es eine intensive Schulungsarbeit für Jungscharführer, diözesane Jungscharlager auf dem Volkersberg und Sonderaktionen. Eine bekannte Aktion ist die Altenberger Lichtstafette, bei der Jungschärler in einem genau geplanten Verteiler das Altenberger Licht über Haupt- und Nebenstrecken im Bistum verbreiten und dann an eine andere Diözese weitergeben.[192]

Die Frohschar steht gegenüber der Jungschar anfangs etwas im Hintergrund. Der systematische Aufbau erfolgt später, hat aber ähnliche Schwerpunkte: Schulungen der Führerinnen, Freizeiten und Aktionen.[193] Die Erfolge in der diözesanen Jungschar- und Frohschararbeit sind wechselhaft – nicht zuletzt abhängig von Charisma und Talent des jeweiligen Diözesanjungscharführers oder der Diözesanjungscharführerin. Generell hat die Arbeit immer wieder mit dem Vorurteil zu kämpfen, eher hobbymäßige Belustigung und Unterhaltung von Kindern statt notwendige pastorale Aufgabe zu sein.[194]

Methodisch knüpft der BDKJ nach dem Krieg stark an frühere Traditionen an. Heimabend, Fahrt und Lager, Geselligkeit, kulturelle religiöse und politische Vorträge, Laienspiel und Liedgut aus der Jugendbewegung dominieren.[195]

Eine zentrale Bedeutung haben der schon kurz erwähnte feste wöchentliche Heimabend sowie, vor allem für die Jungen, Lager und Fahrt. Der Heimabend soll gut vorbereitet, fordernd und methodisch abwechslungs-

---

[190] Diözesanarchiv, Nachlaß Neisinger, Kasten 2, 2.3.3., Werkbrief April 1947; Sonntagsblatt vom 08.02.1953, S. 44.

[191] Ebd.

[192] Sonntagsblatt vom 18.01.1953, S. 24; Fränkisches Volksblatt vom 22.07.1959, „Im Lager gibt es keine Langeweile"; Diözesanarchiv, Bischöfliches Jugendamt, Kasten 1, 3, Arbeitshilfe und Rundbrief an die Dekanate zur Altenberger Lichtstafette vom 21.04.1955; Fränkisches Volksblatt vom 04.05.1962, „Jugend trägt Licht von Altenberg".

[193] Fränkisches Volksblatt vom 04.11.1960, „Teenager-Welle entgegentreten"; Fränkisches Volksblatt, Ausgabe Schweinfurt vom 06.11.1961, „Die Frohschargruppen sind recht aktiv".

[194] Sonntagsblatt vom 12.11.1961, S. 660.

[195] Diözesanarchiv, Nachlaß Neisinger, Kasten 11, 1.1.8.h, Rundbrief Rößler an die Jugendseelsorger in Pfarrei und Dekanat vom Aschermittwoch 1946; Diözesanarchiv, Nachlaß Neisinger, Kasten 2, 2.3.3., Werkbrief Ostern 1948.

reich sein, bspw. durch Lieder, Erzählungen, Gebet und gemeinsame Diskussion. Den äußeren Rahmen bietet nach Möglichkeit ein von den Kindern und Jugendlichen geschmackvoll und eigenverantwortlich gestalteter Gruppenraum. Fahrt und Lager sollen die Gemeinschaft fördern sowie der Entwicklung von Selbständigkeit, Durchsetzungsvermögen, Disziplin und Askese dienen. Auf eine einfache und naturverbundene Gestaltung wird daher großer Wert gelegt.[196]

Auch im Bistum Würzburg tauchen in den 60er Jahren zunehmend neue Methoden auf. So etabliert sich bei Schulungen die Arbeit in Kleingruppen neben dem bisher dominierenden Plenum, und die Form des Kabaretts stößt auf immer größere Resonanz.[197]

Entsprechend der Situation in ganz Deutschland lehnt der BDKJ koedukative Ansätze, vor allem in den jüngeren Altersgruppen, strikt ab. Dabei scheut er auch ein offensives Vorgehen gegenüber anderen Jugendorganisationen mit liberalerer Praxis nicht.[198]

Parallel dazu findet sich eine strikte – manchmal fast ängstliche – Sexualmoral. Ob im Schwimmbad, auf dem Motorrad oder selbst bei Großkundgebungen der katholischen Jugend: überall scheinen erotische Gefahren zu lauern.[199] Erst in der Altersgruppe der jungen Männer und Frauen zeichnet sich teilweise eine gelassenere Haltung ab. Doch auch dort ist nach Meinung von Diözesanjugendseelsorger Rößler eine Freundschaft zwischen Mann und Frau nur verantwortbar, wenn zwischen beiden „in absehbarer Zeit" die Ehe möglich ist, weil sonst die Leidenschaft zu vorehelichen sexuellen Kontakten verführt.[200] Diese Linie ist ganz im Sinne Bischof Döpfners, der die Gefahr einer sittlichen Zerstörung bis in katholische Kerngruppen vordringen sieht und deshalb in seinem Hirtenwort zur Jugendseelsorge eindringlich zu „keuscher Zucht" aufruft.[201]

Ein wichtiger Punkt ist in diesem Problemkreis die Frage des Tanzes. Der BDKJ fordert von seinen Mitglieder, erst mit 17 (Frauen) bzw. 18 (Männer) Jahren zu tanzen. Klagen über mangelnde Akzeptanz dieser Forderung finden sich fast ebenso häufig wie die Betonung derselben. Allerdings gibt es eine Entwicklung in der Begründung des Tanzverbotes. Spielt anfangs die

[196] Sonntagsblatt vom 24.08.1952, „Mit Koffer-Radio auf Fahrt";
Diözesanarchiv, Bischöfliches Jugendamt, Kasten 1, 3, Rundbrief BDKJ Diözese Würzburg 4/1954.
[197] Bischöfliches Jugendamt, Kontenplan, Ordner 4, Protokoll der Jahreskonferenz der Jugendseelsorger vom 02.–03.03.1960;
Sonntagsblatt vom 01.11.1965, S. 830.
[198] Sonntagsblatt vom 15.09.1947, „Junger Wein";
Bischöfliches Jugendamt, Kontenplan, Ordner 1, Briefwechsel Neisinger und Bayerischer Gewerkschaftsbund vom Herbst 1947.
[199] Diözesanarchiv, Nachlaß Neisinger, Kasten 5, 3.2., Brief Marga an Neisinger vom 06.12.1945;
Diözesanarchiv, Nachlaß Neisinger, Kasten 2, 2.3.3., Werkbrief Juni 1947;
Sonntagsblatt vom 17.04.1949, S. 133;
Diözesanarchiv, Bischöfliches Jugendamt, Kasten 1, 3, Rundbrief BDKJ Diözese Würzburg 4/1954.
[200] Sonntagsblatt vom 06.11.1949, S. 390.
[201] Sonntagsblatt vom 31.12.1950, S. 640.

erotische Verlockung eine wichtige Rolle, wird später stärker der Aspekt des Jugendschutzes betont.[202]

3.4. Die Arbeit nach innen

Jahresthema, Jahresaufgabe und Leitwort zum Bekenntnistag prägen die Bildungsarbeit in der Diözese Würzburg. Der bundesweite Bildungsplan wird diözesan noch einmal inhaltlich entfaltet, bspw. durch programmatische Leitartikel oder grundsätzliche didaktische Hinweise von Mitgliedern der Diözesanjugendführung im Würzburger katholischen Sonntagsblatt.[203] Diese zentral vom BDKJ organisierte Bildungsarbeit findet anfangs eine große Akzeptanz in den Gliederungen und Gliedgemeinschaften und trägt so wesentlich zu einem geschlossenen und eindrucksvollen Erscheinungsbild des BDKJ als *Bund* der Deutschen Katholischen Jugend inner- und außerverbandlich bei.[204] Wichtigstes Mittel zur Verankerung des Jahresthemas im BDKJ sind die Gemeinschaftstage der Führerschaft. Sie finden seit 1955 im Herbst jedes Jahres in den drei regionalen Zentren Aschaffenburg, Schweinfurt und Würzburg statt. Die Tage dienen vor allem der Einführung in das neue Jahresthema und die entsprechende Jahresaufgabe. Daneben sollen sie auch die Einheit des BDKJ stärken. Zielgruppe sind die Führungen aus BDKJ und Gliedgemeinschaften. Im Mittelpunkt der Tage steht eine zentrale Ansprache zum Jahresthema.[205] In den 60er Jahren beginnt die Teilnahme, vor allem auf seiten der Gliedgemeinschaften, nachzulassen.[206] In engem Zusammenhang mit dem Jahresthema stehen die Bekenntnistage am Dreifaltigkeitssonntag nach Pfingsten. Sie haben ein auf das Jahresthema zugeschnittenes einheitliches Motto – 1952 wird in Würzburg darauf wegen des Bistumsjubiläums verzichtet – und finden dezentral statt. Mit dem Bekenntnistag führt der BDKJ eine Tradition aus der Zeit des Nationalsozialismus fort. Er wurde 1936 eingeführt – nicht zuletzt als „Gegendemonstration" zu den braunen Machthabern. Mittelpunkt der Veranstal-

---

[202] Diözesanarchiv, Bischöfliches Jugendamt, Kasten 1, 3, 1. Diözesanrundbrief der Diözesanführung vom 20.01.1950;
Bischöfliches Jugendamt, Kontenplan, Ordner 4, Protokoll der gemeinsamen Konferenz der Führerschaft vom 27. 28.04.1963.
[203] bspw. Sonntagsblatt vom 11.10.1953, S. 310;
Sonntagsblatt vom 20.01.1957, S. 39.
[204] Diözesanarchiv, Klinkhammer, Kasten 1-I, Interview Heinz vom 06.06.1986.
[205] Kuhn, Würzburg, S. 12f;
vgl. bspw. Fränkisches Volksblatt vom 25.09.1961, „Not der Welt ist auch Not der Kirche";
Fränkisches Volksblatt, Ausgabe Aschaffenburg vom 09.10.1961, „Die Menschen warten auf Wahrheit";
Fränkisches Volksblatt, Ausgabe Schweinfurt vom 23.10.1961, „Geschlossenheit macht glaubhaft".
[206] Bischöfliches Jugendamt, Kontenplan, Ordner 4, Bericht der Diözesanjugendführung für die Diözesankonferenz 1962, handschriftlicher Entwurf, o.V.;
Bischöfliches Jugendamt, Aktenmappe, handschriftliche Notiz zum Gemeinschaftstag am 20.09.1964;
Sonntagsblatt vom 01.11.1965, S. 830.

tungen ist eine religiöse Feierstunde. In den 60er Jahren beginnt die Akzeptanz des Bekenntnistages nachzulassen.[207]

Politische und staatsbürgerliche Bildung spielt im BDKJ eine große Rolle, nicht zuletzt durch den Anspruch, Staat und Gesellschaft mitgestalten zu wollen. Sie findet bevorzugt in Seminaren statt.[208] Für Interessierte aus allen Gliedgemeinschaften gründet sich auf Initiative der Diözesanjugendführung 1962 der Politische Arbeitskreis (PAK). Er will die politische Bildungsarbeit der Gliedgemeinschaften koordinieren und verbessern. Er plant, Wochenenden zur politischen Bildung sowie politische Aktionen durchzuführen, die Nichtorganisierten im Auge zu behalten und zu politischen Fragen Stellung zu nehmen.[209]

So sorgt gleich anfangs eine Resolution des Arbeitskreises für großes Aufsehen: Angeregt von der BDKJ-Landesleitung in München, nimmt er Stellung für den CSU-Politiker Baron von Guttenberg. Von Guttenberg droht ein Parteidisziplinarverfahren wegen seiner liberalen Haltung und entsprechender Aktionen. Der PAK unterstützt von Guttenberg moralisch und politisch.[210] 1964 schläft der Arbeitskreis allerdings schon wieder ein und wird zwei Jahre später wiederbelebt.[211]

Neben den genannten Schwerpunkten spielen auch die musisch-kulturelle und die soziale Bildung in der Arbeit des BDKJ eine Rolle.[212]

[207] Sonntagsblatt vom 23.06.1946, S. 24;
Sonntagsblatt vom 08.06.1952, Titelseite;
Fränkisches Volksblatt, Ausgabe Aschaffenburg vom 29.05.1956, „Reißt die Grenzen nieder";
Fränkisches Volksblatt, Ausgabe Aschaffenburg vom 24.05.1961, „Die Jugend ist gerufen";
Sonntagsblatt vom 28.05.1961, „Bilanz der Jugendarbeit";
Bischöfliches Jugendamt, Kontenplan, Ordner 4, Protokoll Jugendseelsorgekonferenz vom 21.–22.09.1964.

[208] Diözesanarchiv, Klinkhammer, Kasten 1-I, Interview Heinz vom 06.06.1986;
vgl. bspw. Bischöfliches Jugendamt, Kontenplan, Ordner 4, Protokoll Diözesankonferenz der Führerschaft vom 27.–28.04.1963.

[209] Bischöfliches Jugendamt, Kontenplan, Ordner 4, Drucksache 9, Diözesankonferenz der Führerschaft vom 27.–28.04.1963;
Bischöfliches Jugendamt, Kontenplan, Ordner 4, Protokoll Diözesankonferenz der Führerschaft vom 27.–28.04.1963.

[210] Bischöfliches Jugendamt, Kontenplan, Ordner 9, Interne Information der BDKJ-Landesstelle an alle diözesanen PAK's in Bayern vom 11.12.1962;
Bischöfliches Jugendamt, Kontenplan, Ordner 9, Stellungnahme PAK des BDKJ – Diözese Würzburg vom 09.02.1963;
Bischöfliches Jugendamt, Kontenplan, Ordner 9, Einladung zur PAK-Sitzung am 20.04.1963.

[211] Bischöfliches Jugendamt, Kontenplan, Ordner 9, Protokoll PAK vom 23.04.1966.

[212] Diözesanarchiv, Nachlaß Neisinger, Kasten 2, 2.3.1., Werkbrief Ostern 1947;
Fränkisches Volksblatt, Ausgabe Schweinfurt vom 31.10.1955, „Klare Absage an Kitsch";
Bischöfliches Jugendamt, Kontenplan, Ordner 4, Protokoll Diözesankonferenz der Führerschaft vom 27.–28.04.1963.

3.5. Die Arbeit nach außen

In den Anfangsjahren spielt der Kampf gegen die soziale Not im Würzburger BDKJ eine wichtige Rolle. „Gipfeln muß heute alle Jugendarbeit im Hinführen zum gelebten Glauben im Alltag, zur christlichen Caritas", schreibt Jugendseelsorger Bauer 1946.[213] Im Programmentwurf der Frankenjugend ist dieser Gedanke nach dem Apostolat der zweite rote Faden, und Diözesanjugendführer Neisinger fordert 1947, bei mangelnder sozialer Solidarität mit den Armen Mitglieder aus der katholischen Jugend auszuschließen.[214] Mit der langsam einsetzenden Verbesserung der materiellen Lage gerät dieses Thema etwas in den Hintergrund.

Konkrete soziale Aktionen, die über den unmittelbaren Nahbereich hinausgehen, sind die Hilfen für Kriegsgefangene – bspw. durch Päckchenaktionen – sowie ähnliche Projekte für Flüchtlinge aus der damaligen DDR, die vorübergehend in unterfränkischen Durchgangslagern untergebracht sind. Oft werden auch Kinder aus Städten der Diaspora zu Erholungsaufenthalten, bspw. bei Freizeiten des BDKJ, vermittelt.[215] In den ersten Jahren spielt die Idee einer Baugemeinschaft in den Reihen des BDKJ eine Rolle. Hier soll das handwerkliche Potential der Jungmänner in den dringend notwendigen Wohnungsbau einfließen.[216] Doch setzt sich diese Idee auf breiter Ebene nicht durch.

Oft steht anfangs der Kampf gegen den Kommunismus in Zusammenhang mit der sozialen Problematik. Der Kommunismus wird als der entscheidende Gegner für den Glauben und die christliche Gesellschaft gesehen. Man befürchtet, die soziale Not treibe die Menschen dem Kommunismus in die Arme. Mit Abklingen dieser Not steht dann die politische Konfrontation mit dem kommunistischen Osten im Vordergrund. Nicht selten wird die weltanschauliche Auseinandersetzung auf die Aussage zugespitzt: Christus oder Kommunismus.[217]

Die Auseinandersetzung mit dem Kommunismus bleibt nicht bei programmatischen Aussagen und Ansprachen. Diözesanjugendführer Neisinger bekämpft in seiner Eigenschaft als Bezirksjugendleiter FDJ-Aktivitäten in Würzburg und mahnt anhand konkreter Vorschläge die Kirchenleitung, offensiv gegen offene oder verdeckte kommunistische Agitation vorzuge-

---

[213] Diözesanarchiv, Nachlaß Neisinger, Kasten 11, 1.1.8.e, Entwurf eines möglichen Aufbaus der katholischen Jugendseelsorge von Kpl. Fritz Bauer, o.J., ca. 1946.

[214] Vgl. Diözesanarchiv, Klinkhammer, Kasten 2-III Anlage 15, Programmentwurf der Frankenjugend mit Begleitbrief vom 11.08.1946;
Diözesanarchiv, Nachlaß Neisinger, Kasten 2, 2.3.3., Werkbrief April 1947.

[215] Diözesanarchiv, Nachlaß Neisinger, Kasten 2, 2.3.3, Werkbrief Anfang 1947;
Diözesanarchiv, Bischöfliches Jugendamt, Kasten 1, 3, BDKJ-Rundbrief 4/1954;
Diözesanarchiv, Bischöfliches Jugendamt, Kasten 1, 3, BDKJ-Rundbrief vom 21.11.1957.

[216] Diözesanarchiv, Klinkhammer, Kasten 2-III Anlage 15, Programmentwurf der Frankenjugend mit Begleitbrief vom 11.08.1946, S. 11f;
Diözesanarchiv, Nachlaß Neisinger, Kasten 11, 1.1.9.f, Arthur Wassermann, Vorschläge zur Jahresarbeit, Manuskript vom 19.03.1949.

[217] Diözesanarchiv, Nachlaß Neisinger, Kasten 2, 2.3.3., Werkbrief Oktober 1947;
Sonntagsblatt vom 27.06.1948, Titelseite;
Fränkisches Volksblatt vom 22.10.1957, „Die Jugend steht vor der Entscheidung".

hen.[218] Daneben bekämpft Neisinger aber auch rigoros ehemalige NS-Sympathisanten und Mitläufer.[219] Jedoch läßt dieses Engagement später nach und ist bei weitem nicht so breit im BDKJ verankert wie die Auseinandersetzung mit dem Kommunismus.

Ostkontakte werden strikt abgelehnt. 1964 heißt es: „Der BDKJ des Bistums Würzburg wird auch künftig keine Kontakte mit Vertretern oder Gruppen kommunistischer Staatsjugendorganisationen aufnehmen, und zwar solange nicht, ehe nicht in der Zone eine freie Jugendarbeit möglich ist."[220]

Obwohl sowohl im Programm der Frankenjugend als auch bei der Gründung des BDKJ parteipolitische Neutralität für den Bund vorgesehen ist[221], steht er in Unterfranken eindeutig und mit gewisser Selbstverständlichkeit der CSU nahe. Das beginnt mit der engen Verbindung von Diözesanjugendführer Neisinger zur CSU der Gründungszeit und reicht über recht unverhüllte Wahlaufrufe und Wahlkampfhilfe zugunsten der CSU bis zur sehr kritischen Betrachtung der SPD im Rahmen politischer Bildung und Aktion.[222]

Manchmal nimmt der BDKJ im Bistum Würzburg zu tagespolitischen Fragen Stellung. So fordert die Diözesankonferenz 1958 den DGB auf, sich in religiösen Fragen auf seine Neutralität zu besinnen und sich insgesamt auf soziale und arbeitsrechtliche Fragen zu beschränken.[223]

Von Anfang an schaut man in Würzburg über Ländergrenzen hinaus. Das Programm der Frankenjugend betont die Bedeutung internationaler Arbeit im Rahmen der Völkerverständigung und Friedensarbeit.[224] Diesen Impuls nimmt der 1963 auf Initiative der Würzburger Stadtführung gegründete Internationale Arbeitskreis (IAK) im BDKJ der Diözese Würzburg wieder auf. Der IAK ist offen für Interessierte aus allen Gliedgemeinschaften. Un-

---

[218] Bischöfliches Jugendamt, Kontenplan, Ordner 1, Stellungnahme des Bezirksjugendleiters an die Regierung von Unterfranken wegen eines FDJ-Antrags für eine Listensammlung in Würzburg vom 28.01.1947;
Diözesanarchiv, Bischöfliches Jugendamt, Kasten 1, 2, Brief Neisinger an Domvikar Fries vom 11.09.1950.

[219] Bischöfliches Jugendamt, Kontenplan, Ordner 1, Brief Neisinger an Hans Bischof vom 04.11.1947.

[220] Sonntagsblatt vom 17.05.1964, S. 364.

[221] Diözesanarchiv, Klinkhammer, Kasten 2-III Anlage 15, Programmentwurf der Frankenjugend mit Begleitbrief vom 11.08.1946, S. 2;
Altenberger Brief, 1947, S. 16.

[222] Diözesanarchiv, Nachlaß Neisinger, Kasten 6, 3.3., Brief Kapl. Fritz Bauer an Neisinger vom 11.11.o.J., ca. 1945;
Diözesanarchiv, Nachlaß Neisinger, Kasten 6, 3.3., Brief Oskar an Karl Neisinger vom 13.11.1945;
Diözesanarchiv, Nachlaß Neisinger, Kasten 6, 3.3., Brief Jupp van der Lieck an Neisinger vom 26.02.1946;
Diözesanarchiv, Bischöfliches Jugendamt, Kasten 1, 3, 1. Diözesanrundbrief vom 20.01.1950;
Bischöfliches Jugendamt, Kontenplan, Ordner 4, Rundbrief an die Dekanatsführungen vom August 1965.

[223] Main-Post vom 07.05.1958, „Politische Neutralität wäre Sterilität".

[224] Diözesanarchiv, Klinkhammer, Kasten 2-III Anlage 15, Programmentwurf der Frankenjugend mit Begleitbrief vom 11.08.1946, S. 8f.

ter den ausländischen Mitgliedern finden sich auch Angehörige nichtchristlicher Religionsgemeinschaften. Der IAK will den Austausch zwischen verschiedenen Kulturen im Horizont von Toleranz und eigener Überzeugung fördern. So sollen nationale und soziale Vorurteile zwischen jungen Deutschen und Asiaten sowie Afrikanern abgebaut werden. Konkret bedeutet dies u. a., Freizeiten mit internationaler Beteiligung durchzuführen oder bei Jugendveranstaltungen ein Rahmenprogramm mit internationalem Akzent, bspw. Tänzen oder Liedern, zu gestalten.[225]
Darüber hinaus gibt es – eher im europäischen Raum – internationale Führerbegegnungstreffen oder auch Freizeiten für Jungführerinnen und Jungführer, bei denen bewußt Kontakt und Austausch mit der einheimischen Bevölkerung gesucht wird.[226]
Eine andere Zielrichtung hat der Missionsarbeitskreis (MAK) im BDKJ der Diözese Würzburg. Er besteht seit 1958. Sein Ziel ist, „das Verständnis und das Interesse für die Fragen der Weltmission und der Weltkirche in den Gruppen des BDKJ zu wecken und zu vertiefen".[227] Der Arbeitskreis bietet zu diesem Thema auf Anforderung Schulungen und Bildungsabende auch vor Ort an.[228]
Im Bereich des Laienkatholizismus engagiert sich der BDKJ stark in der Katholischen Aktion. Vor allem Diözesanjugendführer Neisinger spielt in den Anfangsjahren eine bedeutende Rolle. Er hilft massiv mit, die Katholische Aktion im Bistum aufzubauen, organisisert 1951 wesentlich die lokalen Katholikentage und ist als 2. Vorsitzender der Katholischen Aktion die zentrale Stelle für die Vorbereitung und Durchführung der 1200-Jahr-Feier des Bistums im Jahr 1952.[229] Sein enger Kontakt zu Fürst zu Löwenstein, dem Vorsitzenden der Katholischen Aktion in der Diözese Würzburg und in der Bundesrepublik Deutschland, trägt zu einem recht reibungslosen Verhältnis zwischen Jugend und Erwachsenen bei. Zu Löwenstein läßt sich

[225] Bischöfliches Jugendamt, Kontenplan, Ordner 4, Drucksache 8 Diözesankonferenz der Führerschaft vom 27.–28.04.1963;
Bischöfliches Jugendamt, Kontenplan, Ordner 4, Protokoll Diözesankonferenz der Führerschaft vom 27.–28.04.1963;
Fränkisches Volksblatt vom 07.01.1965, „Freund unter Freunden geworden";
Fränkisches Volksblatt, Ausgabe Schweinfurt vom 29.06.1965, „Mit Lied und Musik um die ganze Welt".
[226] Diözesanarchiv, Bischöfliches Jugendamt, Kasten 1, 3, Merkblatt zum internationalen Führerbegegnungstreffen der Diözese Würzburg vom 15.–29.07.1953;
Fränkisches Volksblatt vom 01.10.1955, „Wind und Wasser, Wald und Wolken".
[227] Bischöfliches Jugendamt, Aktenmappe, Anlage zum Protokoll der Diözesankonferenz der Führerschaft vom 27.–28.04.1963.
[228] Ebd.;
Fränkisches Volksblatt, Ausgabe Aschaffenburg vom 24.04.1965, „Jugend arbeitet in der Mission".
[229] Diözesanarchiv, Nachlaß Neisinger, Kasten 6, 3.3., Brief Neisinger an Bokler vom 27.09.1953;
vgl. Diözesanarchiv, Nachlaß Neisinger, Kasten 17, 2.1.1.a, gesamtes Faszikel „Vorbereitung von lokalen Katholikentagen ...";
vgl. Diözesanarchiv, Nachlaß Neisinger, Kasten 17, 2.1.1.b, gesamtes Faszikel „betr. Mitarbeit Neisingers bei der 1200-Jahr-Feier";
Diözesanarchiv, Nachlaß Neisinger, Kasten 1, 1.5., Zeugnis Generalvikar Dr. Fuchs für Neisinger vom 27.12.1952.

in Jugendfragen von Neisinger beraten und gibt strukturelle sowie materielle Unterstützung.[230]

So verwundert es nicht, wenn der BDKJ im unterfränkischen Laienkatholizismus angesehen ist. Ein gutes Beispiel ist die Resolution, die beim ersten lokalen unterfränkischen Katholikentag in Ochsenfurt von den Teilnehmerinnen und Teilnehmern verabschiedet wurde. Darin heißt es: „Versteht, was die katholischen Jugendorganisationen anstreben und unterstützt sie. Unterstützt gerne und dankbar das Werk und das Wollen unserer katholischen Jugendgruppen, die sich im BDKJ unter das Christusbanner gestellt haben."[231]

Auf Bundesebene sind die Würzburger Interessen durch die Person Neisingers gut vertreten. Er nimmt das Amt des stellvertretenden Bundesführers fast drei Jahre lang in Personalunion mit seinem Amt als Diözesanjugendführer wahr, und auch die weiteren vier Jahre bestehen durch ihn enge Kontakte. Allerdings ist die Beziehung zwischen Neisinger und der restlichen Bundesführung nicht immer spannungsfrei.[232] Später ist eine auffällige Vertretung der Würzburger auf Bundesebene nicht mehr festzumachen. Gleiches gilt für die Landesebene.

Ein klassisches Feld der Außenvertretung sind von Anfang an die Zusammenschlüsse der unterfränkischen Jugendverbände auf Kreis-, Stadt- und später Bezirksebene. Schon im Herbst 1945 entstehen in Bayern die ersten örtlichen Jugendkomitees, Vorläufer von Kreisjugendausschüssen und Kreisjugendringen.[233] Die Komitees und Ausschüsse sind auch in Unterfranken noch kein Zusammenschluß von Verbänden und Organisationen, sondern ein Kreis von Personen, die beruflich oder privat mit Jugendarbeit zu tun haben.[234] In diesem Rahmen entstehender Jugendringstrukturen drängt der selbst sich erst formierende BDKJ vor allem auf Beachtung des Subsidiaritätsprinzips, um die Autonomie der Jugendverbände zu stärken.[235]

---

[230] Bischöfliches Jugendamt, Kontenplan, Ordner 1, Briefe von Löwenstein an Neisinger vom 02.10.1947/29.07.1947/16.02.1948;
Bischöfliches Jugendamt, Kontenplan, Ordner 1, Briefe von zu Löwenstein an Neisinger vom 17.01.1948, an die Kanzlei der Freunde von Burg Rothenfels vom 26.01.1948 und Anweisung an seine Verwaltung vom 09.02.1948.

[231] Sonntagsblatt vom 02.09.1951, S. 275.

[232] Vgl. bspw. Diözesanarchiv, Bischöfliches Jugendamt, Kasten 1, 2, Brief Bundesführerin Beckers an Neisinger vom 14.07.1950.
Die genaue Datierung der Amtszeit Neisingers ist nicht gesichert.
Laut Sonntagsblatt vom 22.05.1949, S. 182 wurde Neisinger sogar zum Bundesführer gewählt, verzichtete jedoch auf dieses Amt, weil er nicht nach Altenberg ziehen wollte. Ein weiterer Hinweis darauf – allerdings ohne genaues Datum – findet sich bei: Diözesanarchiv, Klinkhammer, Kasten 1-I, Interview Neisinger vom 22.11.1984. Da Rommerskirchen 1949 schon Bundesführer war, hätte dies eine Kampfabstimmung bedeutet und sicher erhebliche Unruhe in den BDKJ gebracht. Über das Sonntagsblatt und das Interview hinaus gibt es keine weiteren Belege.

[233] Bayerischer Jugendring, Ereignisse, S. 13.

[234] dj 1988, S. 492f.

[235] Bischöfliches Jugendamt, Kontenplan, Ordner 1, Bericht Neisingers als Bezirksjugendleiter an den bayerischen Landesjugendausschuß vom 02.03.1947;
Diözesanarchiv, Nachlaß Neisinger, Kasten 2, 2.3.3., Werkbrief Weihnachten 1947.

Die jugendpolitische Vertretung in Jugendringen und damit zusammen-hängenden Gremien bleibt ein wichtiges Aufgabenfeld, erst recht nach Ent-stehung und Stabilisierung der Ringstruktur auf Kreis- und Stadtebene En-de der 40er Jahre. Die Diözesanführung fordert die Dekanats- und Stadt-führungen auf, die Vertretungen kompetent zu besetzen und kümmert sich regelmäßig um deren Qualifizierung.[236] Das Bemühen scheint sich auszu-zahlen. Auch wenn – bspw. in der Frage der Balance zwischen inner- und außerverbandlicher Arbeit – immer wieder Schwierigkeiten auftreten, stellt der BDKJ Anfang der 50er Jahre mehr als die Hälfte aller Kreis- und Stadt-jugendringvorsitzenden in Unterfranken, was auf jugendpolitischen Ein-fluß schließen läßt.[237]

Allmählich bekommt auch die Ebene des Regierungsbezirks jugendpoliti-sche Relevanz. Seit 1947 treffen sich die Vertreter der Kreis- und Stadtju-gendausschüsse in Unterfranken zu Arbeitstagungen. 1949 wird dort Lenz Wienand, ehemaliger Aschaffenburger Dekanatsjugendführer, zum Be-zirksjugendleiter gewählt. Diese Amt hatte, wenn auch mit etwas anderen Aufgaben, bis 1947 Oskar Neisinger inne. Wienand wird 1955 von den Be-zirksleitungen der Jugendverbände und den Jugendringvorsitzenden bei der konstituierenden Sitzung des Bezirksjugendrings Unterfranken zum Vorsitzenden dieses Gremiums gewählt.[238] Damit ist eine jugendringpoli-tische Schlüsselstelle mit einem Mann aus dem BDKJ besetzt.[239]

Dem Bezirksjugendring gelingt es in den ersten zehn Jahren im Rahmen ei-ner reibungslosen Zusammenarbeit mit dem Bezirkstag den jährlichen Zu-schuß des Bezirks von 35 000 auf 60 000 DM zu erhöhen. Rund 95% der Gelder werden an die Jugendverbände weitergeleitet.[240]

1965 kommt es zur Wachablösung. Robert Wolf folgt Wienand als Vorsit-zender des Bezirksjugendrings nach. Wolf, seit 1959 Vorstandsmitglied, war die letzten beiden Jahre Wienands Stellvertreter. Er stammt aus dem BDKJ und war Dekanatsjugendführer im Würzburger Raum.[241]

---

[236] Diözesanarchiv, Klinkhammer, Kasten 1-I, Interview Heinz vom 06.06.1986; Diözesanarchiv, Bischöfliches Jugendamt, Kasten 1, 3, Rundbrief an die Dekanatsjugend-führungen ca. 1951; Diözesanarchiv, Bischöfliches Jugendamt, Kasten 1, 3, Programm der Diözesankonferenz der Führerschaft vom 06.–08.05.1955.

[237] Diözesanarchiv, Bischöfliches Jugendamt, Kasten 1, 1, Brief Pfarrer Klug an Diözesan-jugendstelle vom 19.03.1948; Diözesanarchiv, Bischöfliches Jugendamt, Kasten 1, 2, Brief Neisinger an Hubert Jagusch vom 31.07.1950; Diözesanarchiv, Bischöfliches Jugendamt, Kasten 1, 3, Nachricht von Neisinger an nicht näher bestimmte Führungsstellen ca. 1950.

[238] Bezirksjugendring, 30 Jahre, o.S. ; Diözesanarchiv, Bischöfliches Jugendamt, Kasten 1, 3, Nachricht von Neisinger an nicht näher bestimmte Führungsstellen ca. 1950; Main-Post vom 13.03.1955, „Bezirksjugendring Unterfranken konstituiert".

[239] Hier ist allerdings zu beachten, daß ehemalige BDKJ-Führer in Jugendringstrukturen nicht automatisch eine Jugendpolitik auf der Linie des BDKJ garantieren. Gründe dafür können u.a. das eigenständige Profil der Person sein, das durch die satzungsrechtlich sehr starke Po-sition von Jugendringvorsitzenden gestützt wird, sowie der nicht immer funktionierende Kontakt zur aktuellen BDKJ-Arbeit.

[240] Vgl. Bezirksjugendring, 30 Jahre.

[241] Bezirksjugendring, 30 Jahre, o.S. ;

Keinen Aufschluß geben die Quellen über die Frage, wie der BDKJ Würzburg zur Wiederbewaffnungsdebatte steht. Die Debatte scheint an der Diözese vorbeigegangen zu sein. Lediglich bei Diözesanjugendführer Neisinger blitzt manchmal – aufgrund eigener Erfahrungen – eine nicht sehr militärfreundliche Haltung auf.[242]

Nachdem die Bundeswehr Realität geworden ist, bietet die Diözesanführung seit Mitte der 50er Jahre in den Regionen Aschaffenburg, Würzburg und Schweinfurt zur Vorbereitung auf den Wehrdienst Wochenenden für junge Männer an. Ziel ist, daß diese die Zeit der Bundeswehr religiös und moralisch unbeschadet überstehen und auch als Soldaten christliche Vorbilder sind.[243]

3.6. Die Zeitschriften

Auch in der Diözese Würzburg ist es schwierig, Lizenzen für katholische Jugendzeitschriften und entsprechende Verlagsstrukturen zu bekommen. Diözesanjugendführer Neisinger kritisiert die säkulare Zeitungen bevorzugende Vergabepraxis der Militärregierung, und die Diözesanjugendstelle initiiert im Februar 1947 eine bistumsweite Unterschriftenaktion für die Zulassung einer – überregionalen – katholischen Jugendzeitschrift. Innerhalb von zwei Monaten werden 55 000 Unterschriften gesammelt.[244] Hat man eine Lizenz bekommen, gibt es noch weitere Hindernisse. Bspw. macht der Papiermangel anfangs immer wieder zu schaffen.[245]

Der Werkbrief ist in den ersten Jahren nach dem Krieg das Hauptprojekt diözesanen katholischen Jugendschrifttums. Neisinger führt hier die Tradition der Arbeitsmappe aus der illegalen katholischen Jugendarbeit während des Krieges fort.[246] Der Werkbrief erscheint seit Weihnachten 1946 regelmäßig und in größerer Auflage. Zielgruppe sind Jungführer- und Jungführerinnen. Er wird von Neisinger – bis Juni 1947 zusammen mit Johanna Konrad – zusammengestellt. Viele Texte und Tips stammen auch von Neisinger selbst. Der Brief enthält Material für Gruppenstunden, Leiterrunden, Aktionen und Fahrten sowie Grundsätzliches zu pastoralen oder

Fränkisches Volksblatt, Ausgabe Aschaffenburg vom 18.06.1965, „Robert Wolf Bezirksvorsitzender".
[242] Diözesanarchiv, Nachlaß Neisinger, Kasten 2, 2.3.3., Werkbrief Anfang 1947;
Diözesanarchiv, Nachlaß Neisinger, Kasten 3, 2.4.5., Brief Josef Goebls an Neisinger vom 11.04.1949;
Diözesanarchiv, Nachlaß Neisinger, Kasten 3, 2.4.5., Brief Graf von Galen an Wolker vom 09.08.1951.
[243] Sonntagsblatt vom 17.02.1957, S. 92;
Fränkisches Volksblatt vom 11.03.1957, „Bewährung als Mann und Christ";
Bischöfliches Jugendamt, Kontenplan, Ordner 9, Schreiben Jugendpfarrer Heinz an die Katholische Aktion vom 07.12.1964.
[244] Bischöfliches Jugendamt, Kontenplan, Ordner 1, Bericht Neisinger als Bezirksjugendleiter an den bayerischen Landesjugendschausschuß vom 21.10.1946;
Sonntagsblatt vom 04.05.1947, Titelseite.
[245] Bischöfliches Jugendamt, Kontenplan, Ordner 1, Protest Neisinger an die Militärregierung vom 23.01.1948.
[246] Vgl. Kap. 3.1.1.

pädagogischen Fragen. Jedes Heft hat einen thematischen Schwerpunkt und dient so zur geistlichen, pädagogischen und politischen Bildung.[247] Der Werkbrief ist schnell – trotz immer wieder auftauchender Probleme im Vertrieb – in der katholischen Jugendarbeit sehr anerkannt, erreicht bald eine Auflage von 20 000 Exemplaren und findet Abnehmer in ganz Deutschland. Gedruckt wird er beim Würzburger Echter Verlag. Der Erlös fließt in die Diözesanjugendstelle und trägt wesentlich zu ihrer finanziellen Stabilisierung bei.[248]

1950 geht der Werkbrief als Grundstock in die neuen Führungszeitschriften „Jungführer" und „Jungführerin" über.[249] Der „Würzburger Geist" wirkt hier nach: beide Zeitschriften werden ausnahmsweie nicht in Altenberg, sondern in Würzburg hergestellt – nicht zuletzt das Verdienst Neisingers, der Chefredakteur des Jungführers ist.[250]

In den ersten Jahren ist die Zeitschriftenfrage ein heftiger Streitpunkt zwischen Würzburg und Altenberg. Neisinger drängt auf Dezentralisierung und freien Wettbewerb, Ludwig Wolker dagegen will keine Konkurrenz und eine zentrale Steuerung von Altenberg aus. Ein Streitfall ist die Würzburger Jungscharzeitschrift „Unser Guckloch". Zusammengestellt von Georg Popp, einem Würzburger Jungscharführer, ist sie zunehmend erfolgreich, fusioniert mit der Münchner Jungscharzeitschrift, kooperiert mit Echter und drängt über die Bistumsgrenzen hinaus.[251] Im Falle des Jungführers setzt sich Neisinger zumindest in der Frage der Dezentralisierung durch. Im Falle des Gucklochs kommen 1950 für diese Altersgruppe die „Bunte Kette" und der „Scheideweg" aus Altenberg.[252] Das Guckloch geht als unabhängige Zeitschrift in den von Popp aufgebauten Arena-Verlag über.

Noch heftiger gestaltet sich der Konflikt um die zukünftige katholische Landjugendzeitung in Bayern. Schon 1946 kümmern sich Neisinger und Max Rößler um Lizenzen für ein solches Projekt und leisten erste Vorarbeiten. Ihr Ziel ist ein journalistisch gut gemachtes Blatt mit allgemeinen Themen für die Jugend auf dem Lande. Es soll unter ihrer Schriftleitung

[247] Diözesanarchiv, Nachlaß Neisinger, Kasten 11, 1.1.9.f, Rundbrief der Diözesanjugendstelle an alle Dekanats- und Pfarrjugendführer vom November 1946;
vgl. Diözesanarchiv, Nachlaß Neisinger, Kasten 2, 2.3.3., gesamtes Faszikel Werkbriefe.
[248] Vgl. Diözesanarchiv, Nachlaß Neisinger, Kasten 1, 1.1., Lebenslauf Neisinger (unbekannter Autor);
vgl. Diözesanarchiv, Bischöfliches Jugendamt, Kasten 1, 1, Faszikel „Akten ..." durchgehend;
Diözesanarchiv, Klinkhammer, Kasten 1-I, Interview Neisinger vom 22.11.1984;
Kuhn, Würzburg, S. 9.
[249] Vgl. Kap. 2.9.
[250] Diözesanarchiv, Klinkhammer, Kasten 1-I, Interview Neisinger vom 22.11.1984;
Diözesanarchiv, Nachlaß Neisinger, Kasten 1, 1.2.8., Geburtstagsglückwünsche eines Mitarbeiters des Echter Verlags an Neisinger, in denen sich der Mitarbeiter rückblickend an die Auseinandersetzung mit Altenberg um den Standort des Jungführers erinnert, o.D.
[251] Diözesanarchiv, Nachlaß Neisinger, Kasten 7, 3.3., Brief Neisinger an Wolker vom 10.07.1948;
Bischöfliches Jugendamt, Kontenplan, Ordner 1, Protokoll der Bayernkonferenz vom 03.–05.11.1948.
[252] Vgl. Kap. 2.9.

stehen und in Würzburg hergestellt sowie vertrieben werden. Der Gegenspieler heißt Dr. Emmeran Scharl und ist der dominierende Landjugendseelsorger in Bayern. Er möchte als Zielrichtung die Bauernjugend und entsprechend spezifischere Themen. Das Blatt soll in München erscheinen und unter seiner Schriftleitung stehen.[253]

Die Würzburger verlieren den Kampf. Trotz ursprünglich anderslautender Beschlußlage setzt sich Scharl auf der entscheidenden Konferenz mit seinen Vorstellungen durch – nicht zuletzt weil seine Würzburger Gegenspieler fehlen.[254]

Mehr ein Mitteilungsblatt als eine eigene diözesane Zeitschrift ist der „Rundbrief" der Würzburger BDKJ-Diözesanstelle, der ab Anfang der 50er Jahre erscheint.[255]

3.7. Die Mädchen- und Frauenarbeit

Das Frauenbild im BDKJ Würzburg ist geprägt von den Stichworten Innerlichkeit, Frömmigkeit und Unterordnung. In einem grundsätzlichen bildhaften Vergleich werden die Jungen und Männer als Senfkörner bezeichnet, deren Wachstum man sehen und greifen kann. Mädchen und Frauen sind dagegen der Sauerteig – genauso mächtig und wirksam, aber unsichtbar. Zusammen mit dieser klaren Rollenzuschreibung findet sich jedoch – zumindest programmatisch – ein großer Respekt vor dem weiblichen Geschlecht und enormes Vertrauen in seine Kraft.[256]

Eine entsprechende praktische Umsetzung vieler dieser Vorstellungen zeigt sich im herrschenden Bild der Ehe: Unterordnung ist trotz partnerschaftlichen Verhältnisses nötig, um die Ordnung in der Familie zu bewahren. Die Frau führt den Haushalt und soll die entsprechenden Kenntnisse dafür vorher erworben haben. Ehe und Familie gelten für den Mann als Kraftquelle und Ausgleich zu seinem Einsatz in Beruf und Gesellschaft.[257]

Folgenden Themenbereiche werden bei der Frauenjugend aufgrund obengenannter Wesenseigenart der Frau – in unterschiedlicher Intensität – exponierter als bei der Mannesjugend angegangen: Die Spiritualität mit dem Schwerpunkt Maria und einer intensiven Gebetspraxis, die sittliche Rein-

---

[253] Vgl. Diözesanarchiv, Bischöfliches Jugendamt, Kasten 1, 1, Faszikel Landjugendzeitung; Diözesanarchiv, Nachlaß Neisinger, Kasten 1.1.9.f, Brief Neisinger an unbekannte Person vom 08.08.1948; Diözesanarchiv, Nachlaß Neisinger, Kasten 1.1.9.f, Antworten verschiedener Diözesen auf ein Rundschreiben Neisingers vom 14.08.1948; Diözesanarchiv, Bischöfliches Jugendamt, Kasten 1, 5, Null-Nummer Aufbruch vom 01.07.1947.

[254] Bischöfliches Jugendamt, Kontenplan, Ordner 1, Protokoll der Bayernkonferenz vom 03.–05.11.1948.

[255] Vgl. Diözesanarchiv, Bischöfliches Jugendamt, Kasten 1, 3, Faszikel „Drucksachen".

[256] Vgl. Diözesanarchiv, Nachlaß Neisinger, Kasten 9, 1.1.7.b, Material für Heimabende, zusammengestellt von Oskar Neisinger, ca. 1940–1946.

[257] Vgl. die Reihe „Von Liebe und Ehe" im Sonntagsblatt 1949, verfaßt von Diözesanjugendseelsorger Rößler; Fränkisches Volksblatt vom 02.06.1958, „Geschminkte Traumfiguren trüben den Blick".

heit und Vertiefung der katholischen Sexualmoral, die Caritas sowie die Verantwortung für gestalterische, schöpferische und kreative Arbeit im Binnenbereich, bspw. in der Frage der Wohnkultur.[258]

Der dominierende Lebensentwurf ist die Rolle als Hausfrau und Mutter sowie – vor allem in der ersten Zeit – die alleinlebende berufstätige Frau, die durch den kriegsbedingten Frauenüberschuß eine spürbare Realität darstellt und vom BDKJ bewußt auch als Chance gesehen wird.[259]

Seit Mitte der 50er Jahre läuft in der Diözese eine intensive eigenständige Mädchenbildungsarbeit, verantwortet von der Diözesanjugendführung. Ihr Schwerpunkt ist anfangs die Vorbereitung auf Ehe und Familie. Später kommt der berufsvorbereitende Aspekt stärker in den Blick. Pionierarbeit beim Aufbau dieser eigenständigen Mädchenbildungsarbeit leisten vor allem Diözesanjugendführerin Hilde Bayerl und Diözesanjugendseelsorger Heinz. Personell wird die Arbeit durch eine eigene Referentin im Bischöflichen Jugendamt abgesichert.[260]

Die zur Vorbereitung auf Ehe und Familie angebotenen Kurse sind vielfältig. Beispielsweise finden anfangs in den Pfarreien abends Kurse statt, die als praktische Schwerpunkte die Säuglingspflege und häusliche Krankenpflege haben. Hinzu kommen persönlichkeitsbildende und spirituelle Themen sowie Fragen der Lebensbewältigung im familiären Rahmen. Die fachliche Leitung haben entsprechend ausgebildete und aufgrund der großen Nachfrage dafür freigestellte Nonnen. Die Kurse dauern ein oder zwei Wochen.[261] Später kommen zunehmend auch zwei- bis vierwöchige Kurse auf dem Volkersberg hinzu, die – mit unterschiedlicher Gewichtung je nach Zielgruppe – hauswirtschaftliche, familienpädagogische, spirituelle und persönlichkeitsbildende Schwerpunkte haben.[262]

Die berufsvorbereitenden Maßnahmen konzentrieren sich auf die Seminare mit Entlaßklassen aus der Schule. Sie finden meist nachmittags nach der Schule statt und dauern rund zwei Wochen. Inhalte sind unter anderem:

---

[258] Vgl. Diözesanarchiv, Nachlaß Neisinger, Kasten 10, 1.1.7.d, „Evangelizare Juventuti", verfaßt von Oskar Neisinger, 1942;
vgl. Diözesanarchiv, Nachlaß Neisinger, Kasten 9, 1.1.7.b, Material für Heimabende, zusammengestellt von Oskar Neisinger, ca. 1940–1946;
Diözesanarchiv, Nachlaß Neisinger, Kasten 2, Brief Gertrud an Neisinger vom 04.06.1951;
Fränkisches Volksblatt vom 22.01.1953, „Ein Wort den neuen Diözesan-Jugendseelsorger";
Fränkisches Volksblatt, Ausgabe Schweinfurt vom 31.10.1955, „Klare Absage an Kitsch";
Fränkisches Volksblatt vom 03.04.1962, „Worüber nicht gesprochen wird".

[259] Vgl. Diözesanarchiv, Nachlaß Neisinger, Kasten 9, 1.1.7.b, Material für Heimabende, zusammengestellt von Oskar Neisinger, ca. 1940–1946;
Diözesanarchiv, Nachlaß Neisinger, Kasten 11, 1.1.8.h, Rundbrief Rößler an die Jugendseelsorger in Pfarrei und Dekanat vom Aschermittwoch 1946;
Sonntagsblatt vom 07.05.1950, S. 218.

[260] Sonntagsblatt vom 15.05.1960, S. 281;
Bischöfliches Jugendamt, Kontenplan, Ordner 4, Protokoll Diözesankonferenz vom 29.04.–01.05.1960.

[261] Sonntagsblatt vom 01.04.1957, S. 186;
Sonntagsblatt vom 29.09.1957, S. 556.

[262] Diözesanarchiv, Klinkhammer, Kasten 1-I, Interview Heinz vom 06.06.1986;
Fränkisches Volksblatt vom 21.03.1959, „Frauenbildung kam bisher zu kurz";
Sonntagsblatt vom 22.12.1963, S. 862.

Werkarbeit als Mittel zur Persönlichkeitsbildung, Gewissensbildung, Stil-bildung, soziale Verantwortung, Erziehung, Beruf, Liebe und Ehe. Es er-folgt eine entsprechende hauptamtliche personelle Absicherung.[263]
In der Diözese Würzburg läuft das Freiwillige Soziale Jahr (FSJ) 1961 an. Am Anfang steht ein bayernweiter Vorbereitungskurs auf dem Volkersberg, dann folgt der Einsatz in Krankenhäusern, Altenheimen oder Kindergär-ten. Während dieser Zeit gibt es Treffen auf Diözesanebene. Den Endpunkt bildet wieder eine bayernweite Abschlußreflexion auf dem Volkersberg. Das FSJ ist anfangs stark vom Dienstgedanken geprägt. Immer mehr neh-men auch nichtorganisierte Jugendliche dieses Angebot wahr.[264] Neben dem FSJ ist der Dienst der Sonntagshelferinnen Anfang der 60er Jahre im Bis-tum verbreitet und wird von der Diözesanjugendstelle begleitet.[265]
Die Arbeit der Frauenjugend steht, vor allem was die politische Öffent-lichkeit angeht, etwas im Schatten der Mannesjugend.[266]

3.8. Die Großveranstaltungen

Die erste Großveranstaltung nach dem Krieg ist 1946 das Pfingsttreffen der katholischen Jugend in Münsterschwarzach. Die gerade erst gegründete Diözesanjugendstelle organisiert die Veranstaltung unter schwierigen äuße-ren Bedingungen. Federführend sind dabei Oskar Neisinger und Johanna Konrad. Man wählt Münsterschwarzach als Veranstaltungsort, da Würz-burg noch stark zerstört ist und das Kloster der katholischen Jugendarbeit, nicht zuletzt aufgrund enger Beziehungen zur Zeit des Nationalsozialis-mus, sehr gewogen ist.
Rund 3 000 Jugendliche kommen aus dem ganzen Bistum nach Münster-schwarzach. Alle organisatorischen Schwierigkeiten werden gemeistert, und die Tage rufen bei den Jugendlichen große Begeisterung hervor. Nei-singer referiert über die Selbstheilung des jungen Menschen und über die anstehende Erneuerung des Jugendlebens. Rößler ruft zu einer tiefen Chri-stusgläubigkeit auf, und Abt Burkard Utz feiert mit den Jugendlichen Eu-

---

[263] Diözesanarchiv, Klinkhammer, Kasten 1-I, Interview Heinz vom 06.06.1986;
Bischöfliches Jugendamt, Kontenplan, Ordner 4, Protokoll der Jugendseelsorgekonferenz vom 24.–25.09.1962;
Bischöfliches Jugendamt, Kontenplan, Ordner 4, Protokoll der Diözesankonferenz vom 27.–28.04.1963.
[264] Fränkisches Volksblatt vom 19.04.1961, „Jugend will dienen und helfen";
Fränkisches Volksblatt, Ausgabe Schweinfurt vom 26.10.1962, „Sozialhelferinnen werden gut vorbereitet";
Fränkisches Volksblatt, Ausgabe Aschaffenburg vom 29.10.1966, „Als Sozialhelferinnen ausgebildet".
[265] Fränkisches Volksblatt vom 19.04.1961, „Jugend will dienen und helfen";
Sonntagsblatt vom 29.10.1961, S. 634f.
[266] Exemplarisch festgemacht an der bedeutend geringeren inner- und außerverbandlichen po-litischen Präsenz des weiblichen Teils der Diözesanjugendführung (durchgehend).
Ob oder wie massiv dies von der Frauenjugend als Problem empfunden wird, ist aus den Quellen nicht zu erschließen. Auch finden sich keine Belege für Auseinandersetzungen zwischen Männern und Frauen in diesem Bereich.

charistie. Den kulturellen Rahmen bilden unter anderem ein Sängerwettstreit und eine Theateraufführung.[267]

Am 13. 7. 1947 findet in Würzburg das nächste große Diözesantreffen statt. Rund 10 000 junge Menschen nehmen teil. Auch politische Prominenz, bspw. der Würzburger Oberbürgermeister, ist vertreten. Das Treffen überzeugt Bischof Ehrenfried und kann als offizielles Gründungsdatum für den diözesanen BDKJ gelten.[268]

Am Anfang steht eine Gemeinschaftsmesse auf dem Residenzplatz. Rößler ruft zum Kampf für Christus auf, auch wenn er Opfer koste. Bei der Feierstunde im Hofgarten der Residenz fordert Neisinger die Teilnehmerinnen und Teilnehmer auf, sich der rauhen Wirklichkeit zu stellen und als jugendliche Avantgarde für Christus Rufer in der Wüste zu sein. Rößler spricht von einer herrlichen Zeit der Entscheidung und stellt fest: „Wer bei Christus steht, dem gehört die Zukunft".[269]

Es folgt die Segnung des Diözesanbanners durch Bischof Ehrenfried. Auf dem Banner finden sich das Christuszeichen, der heilige Kilian und das fränkische Wappen. Ehrenfried zeigt sich vom Szenario der 10 000 Jugendlichen im Hofgarten sehr angetan, mahnt sie, immer gott-, kirchen- und heimatverbunden zu sein und schließt seine Ansprache mit den Worten: „Die Jugend, die hier auf diesem herrlichen Platz steht, wird sich in Bewegung setzen und marschiert voran durch das ganze Frankenland."[270] Nach einer Pause, die unter anderem zum Singwettstreit dient, schließt das Treffen mit einer Segensandacht im Neumünster.

Auffällig ist die trotz großer Teilnehmerzahl vorbildliche Disziplin der katholischen Jugendlichen und die tiefe Frömmigkeit bei der Messe. Das Treffen bewirkt einen großen Motivationsschub für die Jugendarbeit in der Diözese, die mit dem nun bischöflich anerkannten und öffentlichkeitswirksam dargestellten BDKJ eine klare und faßbare Form erhalten hat.[271]

1948 sind die Großveranstaltungen dezentralisiert. Es finden zwei Jugendtage mit weitgehend gleichem Programm statt, einmal in Schweinfurt und einmal in Aschaffenburg. Nach Schweinfurt kommen rund 10 000, nach Aschaffenburg rund 7 000 junge Menschen. Exemplarisch sei hier auf den Schweinfurter Jugendtag kurz eingegangen. Schwerpunkte sind die Gemeinschaftsmesse mit Abt Burkard Utz aus Münsterschwarzach und die Kundgebung auf dem Marktplatz. Neisinger erläutert hier die Wahl der halbzerstörten Industriestadt Schweinfurt zum Veranstaltungsort als bewußten Akt, sich den Zeichen der Zeit zu stellen und mitzuarbeiten an der Überwindung der sozialen Not sowie an der Bekämpfung des Kommunis-

---

[267] Sonntagsblatt vom 16.06.1946, S. 20;
Kuhn, Würzburg, S. 2ff;
Diözesanarchiv, Nachlaß Neisinger, Kasten 6, 3.3., Brief Kaplan Bauer an Neisinger vom 10.06.1946;
Diözesanarchiv, Klinkhammer, Kasten 1-I, Interview Neisinger vom 22.11.1984.
[268] Vgl. Kap. 3.1.1.
[269] Sonntagsblatt vom 03.08.1947, S. 132.
[270] A.a.O., S. 133.
[271] A.a.O., Titelseite ff;
Diözesanarchiv, Nachlaß Neisinger, Kasten 2, 2.3.3., Werkbrief Sommer 1947;
Kuhn, Würzburg, S. 8f.

mus. Rößler nennt den BDKJ eine zeitgemäße und gottgewollte Struktur katholischer Jugendarbeit. Weihbischof Dr. Landgraf fordert als Hauptredner die Jugendlichen auf, „bis auf die Knochen katholisch" zu werden.[272] Die Treffen von 1946 bis 1948 besitzen eine große Bedeutung. Sie stärken die Jugendarbeit und den entstehenden BDKJ nach innen und signalisieren nach außen eine Organisation, mit der politisch zu rechnen ist. Sie motivieren für die Arbeit vor Ort und lassen Freiheit nach der Zeit der Unterdrückung erleben: „Die großen Treffen in der damaligen Zeit waren jedoch für eine Generation, die sich jahrelang nicht treffen durfte, die Gelegenheit, das Gefühl der Freiheit zu erfahren. Von diesen Treffen ging die Begeisterung aus, die nötig war, um die harte Kleinarbeit zu bewältigen."[273]

Nach einer Pause von sieben Jahren findet im Juli 1955 das nächste Diözesantreffen statt.[274] Über 10 000 Jugendliche kommen nach Würzburg. Das Treffen steht unter dem Leitwort „Unsere Freiheit in Christus". Massiver als früher ist politische Prominenz vertreten: der Würzburger Oberbürgermeister, der Regierungspräsident von Unterfranken, zwei Landtags- und zwei Bundestagsabgeordnete.

Höhepunkte sind der Festzug durch die Stadt und die Feststunde auf dem Residenzplatz. Den farbenfrohen Festzug prägen die Abordnungen der verschiedenen Gliedgemeinschaften und eine Reihe von Blaskapellen. Bei der Feststunde spricht Neisinger in seiner Eigenschaft als stellvertretender Bundesführer. Er protestiert gegen die Unterdrückung der Kirche in kommunistischen Ländern und im peronistischen Argentinien. Scharf kritisiert er militaristische Tendenzen und die Gefahr geistlosen Drills in der neuen Bundeswehr, die eine Bedrohung für die persönliche Würde der jungen Menschen darstellten. Bischof Döpfner fordert zu einem lebendigen Diözesanbewußtsein, zu Liebe zur Kirche und zu einer vertieften Spiritualität auf. In der vorausgehenden Eucharistiefeier mit Bischof Döpfner referiert Bundespräses Bokler zum Leitwort der Veranstaltung.

Im Zusammenhang mit der beginnenden Profilierung der Gliederungen steht ein neuer Programmteil: die Stunde der Gemeinschaften. Hier treffen sich zwischen Messe und Festzug sowie Abschlußkundgebung die Gliederungen zu einem eigenen Programm, das speziell auf ihre Zielgruppen zugeschnitten ist. So treffen sich unter anderem die Landjugend, die Arbeiterjugend und die studierende Jugend.

Neun Jahre später findet im Juli 1964 das nächste Diözesanjugendtreffen in Würzburg statt.[275] Über 7 000 Jugendliche nehmen teil, fast doppelt so viele wie angemeldet. Das Motto lautet: „Erneuert durch Gottes Geist". Die Anwesenheit politischer Prominenz kann sich mit 1955 messen. Als exponierter Repräsentant des Laienkatholizismus ist Fürst zu Löwenstein, Präsident des ZdK, dabei.

Den Auftakt der Veranstaltung bildet eine Eucharistiefeier mit Bischof Stangl. Erstmals werden Lesung und Evangelium gleich in deutscher Spra-

---

[272] Sonntagsblatt vom 27.06.1948, S. 118.
[273] Kuhn, Würzburg, S. 9.
[274] Vgl. Fränkisches Volksblatt vom 04.07.1955, „Diözesantreffen – ein machtvolles Bekenntnis der katholischen Jugend".
[275] Sonntagsblatt vom 12.07.1964, S. 504f.

che verlesen. Bischof Stangl weist mit Blick auf das Konzil darauf hin, daß Christen die Welt gestalten und aus der Eucharistiefeier sowie aus dem Wort Gottes leben sollen. Nach der Messe finden fünf dezentrale Veranstaltungen statt, bspw. ein bunter internationaler Nachmittag, eine Podiumsdiskussion zum Thema „Jugend und Erwachsene" sowie ein Gespräch mit Politikern. Bei der abschließenden Feierstunde spricht als Hauptredner Bundespräses Bokler. Er warnt davor, die heutige Jugend oberflächlich zu verurteilen, nur weil es mehr Tendenzen zur Selbstbestimmung gebe. Abschließend singt der französische Pater Duval.

Eine Manöverkritik der Diözesanjugendführung sieht das Treffen insgesamt als gelungen an, bspw. was die dezentralen Veranstaltungen angeht. Bedauert werden die zurückgehenden Teilnahmezahlen und das zu lange und zu abgehobene Referat von Bokler. Dadurch sei Duval zu kurz gekommen, obwohl viele Jugendliche ihn sehr gerne hören wollten.[276]

3.9. Zusammenfassung

Der nach 1945 entstehende BDKJ in der Diözese Würzburg kann an die blühende illegale katholische Jugendarbeit während der Zeit des Nationalsozialismus anknüpfen. Es entsteht schnell eine diözesanweit organisierte Jugendarbeit mit einer zentralen Führung in Würzburg. Dabei spielt der schon vor 1945 sehr aktive Oskar Neisinger eine entscheidende Rolle. Diese Jugendarbeit wird von Bischof Matthias Ehrenfried nur widerwillig geduldet. Erst im Juli 1947 erreicht man nach zähem Ringen und mit viel diplomatischem Geschick im Rahmen des großen Diözesantreffens in Würzburg die bischöfliche Anerkennung.

Der BDKJ ist ein Kompromiß aus Einheit und Vielfalt. Durch die schnelle Bildung einer Diözesanjugendführung und ihr großes Ansehen im ganzen Bistum liegt in der Praxis der Akzent jedoch in den ersten Jahren klar auf einer einheitlich organisierten Pfarrjugend. Innerhalb dieses Rahmens werden den Gliederungen eigene Möglichkeiten zugestanden, solange sie das Gemeinsame nicht aus den Augen verlieren. Ab Mitte der 50er Jahre sind die Emanzipationsbestrebungen der Gliedgemeinschaften unübersehbar.

Nach dem Bischofswechsel von Matthias Ehrenfried zu Julius Döpfner im Jahr 1948 etabliert sich der BDKJ flächendeckend und wird später personell wie strukturell immer weiter ausgebaut. Bischöfliches Jugendamt und BDKJ sind eng miteinander verwoben, so daß dem Bund beinahe ein Monopol kirchlicher Jugendarbeit zukommt. Rund 20 000 Mitglieder gehören dem BDKJ an. Diese Blütezeit dauert ein gutes Jahrzehnt. Anfang der 60er Jahre zeigen sich dann in verschiedenen Bereichen Krisensymptome.

Einzelne thematische Felder sollen über diesen Trend hinaus die Arbeit des BDKJ Würzburg in den ersten zwei Jahrzehnten zusammenfassend ver-

---

[276] Bischöfliches Jugendamt, Aktenmappe, Bericht zur Auswertung des Diözesantreffens für die Diözesanversammlung 1964;
Bischöfliches Jugendamt, Kontenplan, Ordner 9, Jahresbericht 1964, Jugendpfarrer Heinz vom 10.03.1965.

deutlichen: Die Spiritualität prägen Christkönigsdenken, die Feier der Eucharistie und die Verehrung Mariens sowie der Frankenapostel. Radikales Entscheidungschristentum aufgrund einer personalen Christusbeziehung soll zu einem kämpferischen Apostolat führen. Dieser Ansatz erweist sich nach einigen Jahren, zumindest auf breiter Ebene, als nicht durchführbar. Kirchenliebe und Katholizität sind sehr ausgeprägt, Ökumene ist kaum ein Thema. Die Stellung des Jugendseelsorgers ist stark. Liturgische Erziehung und, mit Abstrichen, liturgische Erneuerung sind wichtige Themen.

Die Jugendlichen gelten in Pädagogik und Pastoral tendenziell als Objekte der Jugendarbeit. Jedoch fordert vor allem Neisinger immer wieder Lebensweltbezug, Individualität, Transparenz, Authentizität und Einfühlungsvermögen. Die Abgrenzungsbemühungen gegenüber dem modernen außerkirchlichen Leben sind massiv, der Kampf gegen „Schmutz und Schund" wird mit missionarischem Eifer geführt, die Sexualpädagogik ist sehr rigide. Person, Arbeit und Ausbildung des Jungführers und der Jungführerin spielen eine zentrale Rolle. Die verbindliche, altersgleiche und geschlechtsspezifische Jugendgruppe ist Kern der verbandlichen Jugendarbeit.

Jahresthema, Jahresaufgabe und das Leitwort zum Bekenntnistag prägen die Bildungsarbeit. Sie findet anfangs eine große Akzeptanz in Stamm und Gliederungen und trägt so wesentlich zu einem inhaltlich geschlossenen Erscheinungsbild des BDKJ als der einen katholischen Jugend bei. Wichtigster Umsetzungsschritt für das Jahresprogramm sind die regional stattfindenden Gemeinschaftstage der Führerschaft.

Vor allem in den Anfangsjahren kämpft der BDKJ engagiert gegen die soziale Not im Land. Dabei motiviert ihn u. a., dem Kommunismus kein Einfallstor zu bieten. Im Zusammenhang mit der Bekämpfung des Kommunismus lehnt man Ostkontakte ab. Andere internationale Kontakte werden gefördert, nicht zuletzt durch die Arbeit des Internationalen Arbeitskreises. Eindeutig steht der BDKJ der CSU nahe. Das Verhältnis zwischen Bund und Katholischer Aktion ist sehr gut. In den Kreisjugendringen und im Bezirksjugendring hat der BDKJ eine starke Position.

Der auch überdiözesan verbreitete Werkbrief ist in den ersten Jahren nach dem Krieg das Hauptprojekt diözesanen katholischen Jugendschrifttums. Er bietet sowohl grundsätzliche Informationen als auch Material für die Gruppenstunden. Das Bemühen der Diözesanführung, im Kontext von Dezentralisierungsbestrebungen die Würzburger Kompetenz auch in bundes- und landesweite Zeitschriften stärker einfließen zu lassen, scheitert.

Die Mädchen- und Frauenarbeit ist weitgehend geprägt von einer traditionellen Rollenfixierung bei gleichzeitiger Hochschätzung weiblicher Eigenart. Seit Mitte der 50er Jahre läuft eine intensive Mädchenbildungsarbeit. Anfang der 60er Jahre beginnt das Freiwillige Soziale Jahr (FSJ). Die Arbeit der Frauenjugend steht etwas im Schatten der Mannesjugend.

Von 1946 bis 1948 finden an unterschiedlichen Orten jedes Jahr Großveranstaltungen des BDKJ statt. Diese Treffen haben große Bedeutung. Sie motivieren die Führer und Führerinnen für ihre alltägliche Arbeit und signalisieren nach außen eine schlagkräftige Organisation, mit der zu rechnen ist. Diese Tradition führen die 1955 und 1964 folgenden zwei großen Diözesantreffen in Würzburg weiter.

4. DER BDKJ AUF BUNDESEBENE 1966–1989

4.1. Schlaglichter zur Situation der Jugend[1]

Die Konsum- und Freizeitmöglichkeiten verbessern sich in den 60er Jahren weiter. Immer mehr junge Menschen studieren an Universitäten. Volljährig ist man nun mit 18 Jahren. Mitte der 70er Jahre droht die Jugendarbeitslosigkeit, die Anfang der 80er Jahre ihren Höhepunkt findet. Nicht wenige junge Leute finden sich in der Ökologie-, Friedens- oder Frauenbewegung wieder. In den 80er Jahren ziehen sich manche ins Private zurück und bauen sich im kleinen Kreis eine alternative Gegenwelt auf. Esoterik steht hoch im Kurs.[2]

Versucht man, die Tendenzen der 80er Jahre zu einer Generationengestalt zusammenzufassen, ergibt sich stark vereinfacht folgendes Bild: Im persönlichen Bereich gilt die Priorität der autonomen Gestaltung der eigenen Lebenswelt im Rahmen von kleinen Gemeinschaften oder Freundeskreisen. Dort entwickeln sich eine kommunikative Kultur und ein autonomes, subjektives, emotionales und ganzheitliches Gemeinschaftsleben im Gegensatz zur kalten, anonymen und konkurrenzorientierten Welt. Dieses Leben grenzt sich bewußt vom gesellschaftlichen Normalentwurf ab. Der vorhandene Protest richtet sich nicht mehr theoriegeleitet auf soziale Ungleichheit oder gegen systemimmanente Herrschaftsstrukturen, sondern auf punktuell sich zuspitzende politische Problemfelder wie Ökologie, Atomkraft und Frieden.[3]

Erheblichen Einfluß auf einen Teil der jungen, meist akademischen Generation haben Ende der 60er Jahre vor allem Studentenbewegung beziehungsweise Außerparlamentarische Opposition (APO).[4] Ausgehend vom Berliner Sozialistischen Deutschen Studentenbund, theoretisch gerüstet mit der Philosophie der Frankfurter Schule, begünstigt durch die Große

---

[1] Für den religiösen Bereich stützte ich mich hauptsächlich auf Bleistein, Distanz, der sein Zahlenmaterial aus den aufwendigen Repräsentativstudien im Vorfeld der Würzburger Synode hat. Zu diesen Studien vgl. Schmidtchen, Kirche;
für den Teil politische Partizipation stütze ich mich vorwiegend auf EMNID, 1975 und 1987;
einen Überblick zu weiteren repräsentativen damaligen Jugendstudien bietet Fend, Sozialgeschichte, S. 227f;
zur Reflexion der Jugendsoziologie und Jugendforschung Anfang der siebziger Jahre vgl. die Diskussion in dj 1973, S. 161–186.

[2] Jaide, Generationen, S. 317ff;
Chaussy, Jugend, S. 229f, 232ff und 243f;
Fend, Sozialgeschichte, S. 213, 228f.

[3] Fend, Sozialgeschichte, S. 204 und 215ff.

[4] Chaussy, Jugend, S. 224ff;
SdZ 1981, S. 221ff.

Koalition und das so entstehende Oppositionsvakuum, protestiert die APO gegen den Vietnamkrieg als Symbol internationaler Ungerechtigkeit und macht sich stark für die radikale Demokratisierung der bundesdeutschen Gesellschaft, angefangen beim Bildungssystem.

Die APO lehnt das politische System der Bundesrepublik als reformunfähig ab. Es gelingt ihr aber nicht, aus dem akademischen Getto herauszukommen. Der Protest eskaliert. Die zeitlichen Wendepunkte sind der Tod des Studenten Benno Ohnesorg am 2. Juni 1967 und das Attentat auf die zentrale Leitfigur der APO, Rudi Dutschke, am 11. April 1968. Es kommt in der ganzen Bundesrepublik zu den schwersten Straßenunruhen seit der Weimarer Zeit. Die Regierung reagiert mit den Notstandsgesetzen. Später spaltet sich die APO in eine Mehrheit, die sich mit dem politischen System der Bundesrepublik abfindet, sich zurückzieht oder es durch Engagement in Gruppen und Parteien verändern will. Eine Minderheit wählt den Weg der Gewalt.

Die Studentenbewegung sensibilisiert gegen jegliche Form der Unterdrückung im privaten und im politischen Bereich. Der Schwerpunkt ihres gesellschaftlichen Blickwinkels liegt in der ethisch-normativen und theoretisch begründeten Vorstellung einer idealen Gesellschaft, aus der sich das Engagement gegen bestehende gesellschaftliche Defizite ergibt. Konkret heißt dies unter anderem: Die Studenten fordern, die NS-Zeit aufzuarbeiten, kämpfen gegen die bisherige strenge Sexualmoral, kritisieren die Klassengegensätze und hinterfragen die Erziehungsinstitutionen in ihrer Funktion als Herrschaftsmittel.[5]

Diese Zeit der Unruhe markiert einen Wendepunkt in der Geschichte der Jugend. Unabhängig vom differenziert zu beurteilenden politischen Erfolg oder Mißerfolg der APO und der Studentenbewegung vermitteln diese Jahre der – vorwiegend akademischen – Jugend die Selbsteinschätzung, publikumswirksam Öffentlichkeit besetzen und Gesellschaft verändern zu können.[6]

Dementsprechend groß ist das Interesse der Jugend an Politik, allerdings abhängig vom Bildungsgrad. Die Wahlbeteiligung der 18–24jährigen liegt 1972 bei 84,5%, eine Zahl, die später nie wieder erreicht wird.[7] Politische und soziale Partizipation stehen bei einem Drittel aller Jugendlichen hoch im Kurs. Sie bejahen die Mitarbeit in Bürgerinitiativen und Parteien sowie auch spontane politische Aktionsformen wie Demonstrationen. Nimmt man nur die Studenten und Gymnasiasten, verdoppelt sich die Zahl.[8]

Während die Staatsform der parlamentarischen Demokratie von einer großen Mehrheit bejaht wird, inklusive der Bereitschaft, für sie einzutreten, gibt es massive Kritik an Mängeln des parlamentarischen Systems und die Forderung nach einer besseren Gesellschaftsordnung. 80% sind für einen evolutionären und friedlichen Änderungsprozeß.[9]

[5] Fend, Sozialgeschichte, S. 204 und 211f.
[6] SdZ 1981, S. 224.
[7] Jaide, Bilanz, S. 129.
[8] EMNID 1975, S. 42f/159f/161f;
   ID 1969, S. 45.
[9] EMNID 1975, S. 27ff und 164f;

In den 80er Jahren verschiebt sich die Form der politischen und sozialen Partizipation. Die Wahlbeteiligung und die Mitarbeit in politischen Parteien gehen zurück, die Beteiligung an wenig institutionalisierten Formen der Partizipation wie Demonstrationen, Unterschriftensammlungen oder Bürgerinitiativen nimmt zu. Kirchliche Jugendgruppen gelten als anerkannte Form der politischen und sozialen Partizipation in einer Reihe mit der Friedens- und Ökologiebewegung.[10]

Der Organisationsgrad Jugendlicher ist zeitweise wegen des Ansteigens der Doppelmitglieder und des Begriffs der informellen Mitgliedschaft schwer zu fassen. Nach einer Erhöhung in den 70er Jahren geht er gegen Ende der 80er wieder auf rund 42% zurück. Die Mitgliedschaft in verbandlich organisierten oder nichtorganisierten konfessionellen Gruppen liegt relativ konstant zwischen 6% und 7%. Rund 2,5% der Jugendlichen sind 1987 Mitglied im BDKJ.[11]

Das Verhältnis Jugend und Kirche verändert sich Ende der 60er und Anfang der 70er Jahre massiv.[12] Der regelmäßige Kirchenbesuch sinkt auf 36%, bei überproportionalem Frauenanteil und genereller Abnahme bei älteren Jugendlichen. Mit den traditionellen Liedern und Gebeten können 63% der Jugendlichen nichts mehr anfangen. Für 20% ist die Beichte hilfreich. 24% betrachten sich als gläubige Mitglieder ihrer Kirche und stehen zu ihrer Lehre, 30% bezeichnen ihr Verhältnis zur Kirche als gut, 16% würden sich konkret in der Kirche engagieren und 6% tun dies. Die große Mehrheit dieses knappen Drittels an „Sympathisanten" ist für weitgehende Reformen in der Kirche. Das primäre Rekrutierungsfeld für den BDKJ ist also gegenüber den Anfängen von zwei Drittel auf ein Drittel der jugendlichen Katholiken geschrumpft.

Die Jugendlichen stört an der Kirche ihre Haltung zur Empfängnisverhütung (63%), das Festhalten an herkömmlichen Frömmigkeitsformen (53%) und mit geringeren Prozentzahlen die zu starre Tradition, die Sexualmoral und der Reichtum der Kirche. 83% sprechen sich für die Aufhebung des Pflichtzölibats aus. Die gegenwärtige Unruhe in der Kirche bewerteten 63% positiv.

Wichtige Glaubensfragen sind für die Jugendlichen das Leben nach dem Tod, die Existenz Gottes und die Möglichkeit, als moderner Mensch Christ zu sein. Dogmatische Fragen, beispielsweise, ob Christus der Sohn Gottes ist, oder nach der Realität der Auferstehung, spielen nur eine nebensächliche Rolle.

Aufgaben der Kirche sollen in dieser Reihenfolge sein: Sich um die Glaubensnot und die seelische Not der Menschen kümmern, Engagement für politische und soziale Gerechtigkeit und die Verkündigung der Botschaft Gottes in der Welt. Auf den hinteren Plätzen findet man: Verherrlichung

Bleistein, Distanz, S. 155.

[10] Jaide, Bilanz, S. 123ff.

[11] Bspw. EMNID 1987, S. 51, stellt für Mitte der 70er Jahre eine Erhöhung des Organisationsgrades fest;
Jaide, Generationen, S. 318, behauptet eine Verringerung, belegt dies aber nicht stichhaltig; für Ende der 80er Jahre vgl. EMNID 1987, S. 51ff.

[12] Vgl. Bleistein, Distanz, S. 151ff.

Gottes, Anleitung zum Guten und die Mühe um das persönliche Heil. Ein Drittel glaubt, daß es die Kirche auch in ein paar Jahrhunderten noch geben wird.

In den 80er Jahren geht es mit der kirchlich verfaßten Religiosität der Jugend weiter bergab. Der Anteil junger Menschen an den regelmäßigen Gottesdienstbesuchern sinkt unter 20% Bei einem Minimalkanon, der formale Zugehörigkeit zur Religionsgemeinschaft, regelmäßiges oder unregelmäßiges Beten sowie mindestens einmal im Monat Gottesdienstbesuch umfaßt, beträgt der Anteil jugendlicher praktizierender Katholiken 24%. Das klassische Rekrutierungsfeld des BDKJ, die kirchennahen Jugendlichen, sind nun – nimmt man die hier großzügig definierte Kirchlichkeit als Ausgangspunkt – gegenüber der Anfangszeit des Bundes von zwei Dritteln auf ein knappes Viertel geschrumpft. Zu einem Sammelpunkt jugendlicher Katholiken und zu einer ihnen gemäßen Ausdrucksform werden immer mehr die Katholikentage.[13]

4.2. Der Katholizismus

In den 60er Jahren kommt es in der deutschen katholischen Kirche zu einem schnellen und massiven Umbruch. Drei Faktoren kommen zusammen, verstärken sich gegenseitig und bilden ein Geflecht von unberechenbarer Dynamik: der gesellschaftliche Modernisierungsprozeß, ein kultureller Wandel der Wertorientierungen und innerkirchliche Reformen.[14] Dabei befinden sich die Katholiken zum ersten Mal in der modernen Christentumsgeschichte nicht am Rande, sondern im Zentrum des gesellschaftlichen Wandels.[15]

Repräsentative Meinungsumfragen ergeben folgendes Bild: Viele Katholiken erleben sich in Spannungen und Konflikten zwischen dem Wertesystem der Kirche und dem der Gesellschaft, das sich seit Mitte der sechziger Jahre schnell wandelt und die individuelle Freiheit höher als normativ-ethische Ansprüche setzt. Entsprechende Distanzierungsprozesse folgen. Klassisches Beispiel dafür ist die Frage der Sexualmoral.[16]

Vom Oktober 1962 bis Dezember 1965 findet in Rom das Zweite Vatikanische Konzil statt. Es genießt innerhalb und außerhalb der Kirche großes Ansehen und ist Startpunkt für weitgehende Reformen. Grundgedanke ist die Zuwendung der Kirche zur Welt, die nicht mehr als feindliches Ge-

---

[13] Vgl. Fuchs, Milieus, insbesondere S. 295;
Köcher, Wandel, S. 145;
Kaufmann, Staatskirchenrecht, S. 119f;
HK 1981, S. 443ff.

[14] Gabriel/Kaufmann, Katholizismus, S. 45.

[15] Gabriel, Christentum, S. 163.
In Anlehnung an Karl Gabriel vermeide ich den Begriff Säkularisierung, da er zwar grundsätzlich als ein sinnvolles gesellschaftstheoretisches Interpretament gelten kann, aber durch ideologische Färbungen heute nur mit Vorsicht gebraucht werden sollte.

[16] Köcher, Wandel, S. 151;
Gabriel, Christentum, S. 55;
vgl. auch Schmidtchen, Katholiken.

genüber, sondern als positive Herausforderung für den Glauben gesehen wird. Dialog, Kollegialität, Dezentralisierung, Mitbestimmung und Pluralität sind wichtige Tendenzen des Konzils.[17] „Ohne sich an irgendeiner Stelle über definierte katholische Lehrinhalte hinwegzusetzen, codiert das Konzilsdenken von ‚Dissoziation' auf ‚Dialog' um.“[18]

Eine kurze Auswahl von Ergebnissen: Es soll zeitgemäßere Formen der Pastoral geben, beispielsweise Liturgie in der Volkssprache. Die Laien werden theologisch aufgewertet und die Gleichheit aller im Volk Gottes betont. Das kirchliche Amt hat die Fachkompetenz der Laien zu respektieren. Christen sollen am Aufbau einer gerechten Welt engagiert mitarbeiten. In politischen Sachfragen werden verschiedene Meinungen anerkannt, ebenso beim theologischen Diskurs.[19]

Der Punkt Aufwertung der Laien soll kurz näher betrachtet werden. Laut Konzil machen die Laien zusammen mit den Priestern und Ordensleuten das Volk Gottes aus, das die Basis jeglicher kirchlichen Entwicklung ist. Vor jedem hierarchischen Unterschied wird die Gleichheit aller Glaubenden betont. Die Laien haben Anteil am prophetischen, priesterlichen und königlichen Amt Christi und daher auch Lehr- und Leitungskompetenz. Wesentliches Aufgabenfeld des Laien ist die Welt, die eigenen Prinzipien gehorcht. Deswegen muß das kirchliche Amt die Fachkompetenz der Laien respektieren.[20]

Die Zeit nach dem Konzil ist im deutschen Katholizismus unruhig und dynamisch. Euphorische Aufbruchsstimmung steht neben tiefer Verstörung. Überall entbrennen heftige Diskussionen.

Drei Beispiele: Im Sommer 1968 sorgt die Enzyklika „Humanae vitae“, mit der Papst Paul VI. jegliche künstliche Methode der Empfängnisverhütung untersagt, für eine Protestwelle bei der großen Mehrheit der Katholiken in Deutschland. Die deutschen Bischöfe versuchen in ihrer sogenannten „Königsteiner Erklärung“ die Lage zu entschärfen, indem sie bei grundsätzlicher Würdigung der Enzyklika den Eheleuten eine selbstverantwortete Gewissensentscheidung ans Herz legen.[21]

Kurz danach gibt es auf dem Essener Katholikentag fast tumultartige Szenen. Meist junge Christen haben sich zu einer Aktionseinheit „kritischer Katholikentag“ zusammengeschlossen und machen als katholische APO mit Sprechchören und Transparenten auf sich aufmerksam. Wegen seiner Enzyklika fordern sie den Rücktritt des Papstes.[22]

Die intellektuellen Gemüter erregt die dreijährige Geschichte der katholischen Wochenzeitung „Publik“ (1968–1971). Gefördert von den Bischöfen,

[17] Vgl. die Eröffnungsrede Johannes XXIII. zum Zweiten Vatikanischen Konzil, die diesen dialogischen Geist atmet, in: Kaufmann/Klein, Johannes XXIII., S. 116ff.
[18] Gabriel, Christentum, S. 175.
[19] Zum Konzil und seinen Ergebnissen vgl.
Rahner/Vorgrimler, Konzilskompendium;
Pesch, Konzil;
Weiss, Zeugnis.
[20] Rahner/Vorgrimler, Konilskompendium, S. 123ff.
[21] Helwig/Jauch, Katholische Kirche, S. 23.
[22] Grossmann, Zentralkomitee, S. 210–214;
Helwig/Jauch, Katholische Kirche, S. 23.

nimmt sie ihre Aufgabe, Dialogplattform zu sein, recht ernst. Sie fährt einen politisch offenen Kurs und setzt sich für Demokratisierung in der Kirche ein. 1971 muß die Zeitung eingestellt werden, weil die Bischöfe die jährlichen Subventionen nicht mehr zahlen wollen. Je nach kirchenpolitischer Couleur sieht man dies als Angriff auf einen offenen Katholizismus oder als wirtschaftliche Notwendigkeit.[23] „Publik" kann aber zumindest als Indiz dafür gewertet werden, daß die nachkonziliare Dynamik Teilen des deutschen Episkopates allmählich unheimlich wird und sie diese Entwicklungen kanalisieren wollen.[24] Die autonome Nachfolgezeitung „Publik-Forum" etabliert sich mit ihrem linkskatholischen und kirchenkritischen Kurs allmählich auf dem Markt.

Um die Ergebnisse des Konzils auf die deutsche Situation zu übertragen, einigen sich Laienorganisationen und die Deutsche Bischofskonferenz auf eine „Gemeinsame Synode der Bistümer in der Bundesrepublik Deutschland". Sie findet in acht Sitzungsperioden von 1971 bis 1975 in Würzburg statt. Der Synode gehen umfangreiche Befragungen der Katholiken in der Bundesrepublik voraus.

Diese stellen fest, daß der regelmäßige Besuch der sonntäglichen Eucharistie zwischen 1968 und 1973 von über 50% auf 35% sinkt. Ähnliche Zahlen gelten zum Beispiel für die religiöse Praxis in den Familien und für das Interesse an religiösen Fragen.[25] In den 80er Jahren sinken die Zahlen auf unter 30%, und die Weitergabe des Glaubens an die nachfolgende Generation wird zum wichtigsten Problem.[26]

Die Synode bekräftigt die Grundgedanken des Konzils. Eine Auswahl der Ergebnisse: Die Synode betont die Verantwortung aller Christen für die Kirche, rückt die Pfarrgemeinde in den Mittelpunkt des Interesses, benennt Spannungen zwischen personaler Gewissensentscheidung und kirchlicher Norm, betont den engen Zusammenhang zwischen geistlichem und weltlichem Engagement, gesteht das Versagen der Kirche gegenüber den Arbeitern ein, definiert Jugendarbeit als Hilfe zur Selbstfindung im christlichen Kontext, fordert die Zulassung von Frauen zum Diakonat und bestätigt die ökumenische Annäherung.[27]

Die Synode ermöglicht einen gemeinsamen Lernprozeß von Bischöfen, Priestern und Laien, der auf die deutsche Kirche wirkt. Dies kann aber nicht überdecken, daß sie auf rechtliche Grenzen stößt, weil die Bischöfe kirchenrechtlich allein zuständig sind. Außerdem fehlt ihr am Ende die institutionelle Verankerung als ständiger Kommunikationsprozeß.[28]

Dennoch herrscht in den folgenden Jahren innerhalb der bundesdeutschen katholischen Kirche ein ausgeprägter Pluralismus, der sich beispielsweise in unterschiedlicher Auslegung der christlichen Überlieferung, aber auch in

---

[23] Vgl. Schmolke, Publik;
Roegele, Publik.
[24] Gabriel/Kaufmann, Katholizismus, S. 46.
[25] Gabriel/Kaufmann, Katholizismus, S. 45;
Köcher, Wandel, S. 145.
[26] Gabriel/Kaufmann, Katholizismus, S. 47.
[27] Zur Synode und ihren Ergebnissen vgl. Bertsch, Gemeinsame Synode.
[28] Gabriel/Kaufmann, Katholizismus, S. 46.

unterschiedlichen Beteiligungsformen am kirchlichen Leben zeigt. Jedoch zeichnet sich schnell ab, daß zugespitzte Positionen wie ein weit gefaßtes politisches Mandat für die Kirche und ihre Organisationen oder eine umfassende Demokratisierung sich nicht durchsetzen.[29]

Die Theologie spiegelt seit Konzil und Synode die gesellschaftliche Pluralität deutlich wider. Die Theologie der Befreiung aus Lateinamerika findet in progressiven Kreisen viele Anhänger, gerät aber gleichzeitig in Marxismusverdacht bei der Kirchenleitung. Der Entzug der Lehrerlaubnis für Professor Küng erregt Aufsehen. Innerkirchliche Opposition findet nun auch außerhalb von Sonderformen, wie Studentengemeinden oder Jugendverbänden, eine Plattform in den Gemeinden. Bei den Katholikentagen gerät der politische Aspekt etwas in den Hintergrund. In den 80er Jahren glauben viele Beobachter, in der Kirche vermehrt restaurative Tendenzen feststellen zu können.[30]

Der organisierte Katholizismus ist Thema von Konzil und Synode. Das Konzil hat die organisierte Form des Laienapostolates gebilligt, dem Apostolat des einzelnen aber einen eindeutigen Vorrang vor jeder Art eines strukturellen Zusammenschlusses gegeben.[31] Nicht zuletzt dies, aber auch der geringer werdende Einfluß der Verbände durch die Rätestruktur und die gesamte Umbruchsituation führen zu Bemühungen, den Ort der Verbände in Kirche und Gesellschaft neu zu bestimmen.[32] Allmählich kommt es auch zu Reformen. Kritiker sehen die Verbände schon als Ausdrucksform einer überholten Epoche. Aber die Synode betont ihre Bedeutung: „Einerseits kirchliche Strukturen in der Gesellschaft und andererseits gesellschaftliche Strukturen in der Kirche, verstärken sie die Wirksamkeit des einzelnen (Christen) in der Welt und bringen Lebensformen, Entwicklungen und Aufgaben der Gesellschaft in die Kirche ein."[33]

Die katholischen Verbände stehen zahlenmäßig gut da. Für 1986 gibt das ZdK 7,8 Millionen Mitglieder an. Der Religionssoziologe Kaufmann schätzt die Zahl wegen Doppelmitgliedschaften und zu weitreichendem Mitgliederbegriff auf fünf Millionen. Es herrscht ein breiter Konsens, daß die Kirche Verbände in einer pluralen und differenzierten Gesellschaft braucht. Aversionen gegen Großorganisationen, die Favorisierung der Gemeinde, die Veramtlichung des christlichen Lebens sowie der Vorwurf mangelnder spiritueller Ausstrahlung machen aber den Verbänden zu schaffen. Die Katholikentage sind nicht mehr verbandlich geprägt.[34]

---

[29] Maier, Schriften II, S. 63.
[30] Hollenstein, Kirche, S. 149ff;
Daiber, Religiöse Orientierungen, S. 61ff.
[31] Rahner/Vorgrimler, Konzilskompendium, S. 386.
[32] Grossmann, Zentralkomitee, S. 184ff.
[33] Rauscher, Soziallehre, S. 218;
Homeyer, Verbände, S. 17f.
[34] Kaufmann, Staatskirchenrecht, S. 117f;
Homeyer, Verbände, S. 18f/22f/29ff;
HK 1984, S. 345ff.
Zur Situation der Verbände vgl. auch die Stellungnahme des ZdK von 1978 „In der Kirche zu Hause – offen für die Gesellschaft«, abgedruckt in: Rauscher, Soziallehre, S. 220ff sowie die Studientagung der Deutschen Bischofskonferenz 1988, in: Sekretariat, Verbände.

Die ökumenischen Bemühungen zeigen konkrete Erfolge. So einigt man sich auf einen gemeinsamen Bibeltext, die sogenannte Einheitsübersetzung, und auf gemeinsame Gebetstexte wie beispielsweise das „Vaterunser" und das Glaubensbekenntnis. 1971 findet ein ökumenisches Pfingsttreffen in Augsburg statt.[35] Diese sichtbaren Fortschritte und das breite Interesse lassen ab Mitte der 70er Jahre etwas nach. Dennoch werden 1979 gemeinsame Grundwerte formuliert, und 1985 gibt es ein „Gemeinsames Wort" der evangelischen und katholischen Kirche, das Mischehen erleichtert. Es findet eine Ökumene des Alltags statt, so durch die zunehmende Zahl ökumenisch gestalteter Trauungen und die gegenseitige Teilnahme an Veranstaltungen wie Gottesdiensten. Die Arbeit einflußreicher Theologen – in Fachkreisen gibt es erste Durchbrüche – und der Rückgang soziologischer Konfessionsmerkmale flankieren dies.[36]

Der gesellschaftliche Einfluß und das gesellschaftliche Ansehen der Kirche verringern sich bei gleichzeitig hohen Erwartungen hinsichtlich ihres sozialen und politischen Engagements sowie ihrer moralischen Glaubwürdigkeit.[37] Gleichzeitig wird ihr aber immer wieder das Recht bestritten, sich in die Politik oder die Lebensführung der einzelnen Menschen einzumischen.[38] Es entsteht zunehmend eine nicht an die Kirchen gebundene Religiosität: „Die gesellschaftlichen Kulturmuster und die individuellen Religiositätsstile lösen sich stärker von der institutionellen Verfassung des Christentums. Auf der Ebene der gesellschaftlichen Kulturmuster kommt es ... zur Entwicklung von synkretistischen Formen von Massenreligiosität."[39] Trotz der Kritik an beiden Kirchen und ihrer Religiosität beruht ihre Stärke weiterhin darin, daß keine Alternativen sichtbar werden.[40]

Die Wandlungs- und Distanzierungsprozesse führen in beiden Kirchen in den 80er Jahren – trotz einer gewissen Abflachung – zu „einer Minderheit, die ihre Religiosität nah am Pol verfaßter Kirchlichkeit praktiziert und deutet, und einer Mehrheit, für die kirchlich verfaßte Religiosität ein fallweise in Anspruch genommener Hintergrund und möglicherweise Begleitmusik für die selbstkomponierten Religiositätsmuster darstellt".[41]

In der Frage des Verhältnisses zwischen Kirche und Parteien bleibt die Nähe zu den Unionsparteien erhalten, obwohl das Vordringen liberal-konservativer und die gleichzeitige Verflachung profilierter christlicher Positionen in der Union zeitweise eine gewisse Distanz mit sich bringen. Das Verhältnis zur SPD kühlt nach anfänglicher Öffnung durch die Reformvorhaben der sozial-liberalen Koalition, wie § 218 StGB oder die Neugestaltung des Eherechts, merklich ab, auch wenn die alten ideologisch star-

---

[35] Hollenstein, Kirche, S. 145 und 160.
[36] Daiber, Religiöse Orientierungen, S. 69;
    Kaufmann, Staatskirchenrecht, S. 123;
    Gabriel, Christentum, S. 56;
    Hollenstein, Kirche, S. 145ff.
[37] Maier, Schriften II, S. 61.
[38] Köcher, Wandel, S. 154f.
[39] Gabriel, Christentum, S. 152f.
[40] Gabriel/Kaufmann, Katholizismus, S. 47.
[41] Gabriel, Christentum, S. 63.

ren Fronten überwunden sind.[42] Die Beziehungen zur neuen Partei der Grünen sind angespannt, nicht zuletzt wegen der Frage der Abtreibung.[43]

4.3. Die Jugendverbände

Mitte der 60er Jahre verstärkt sich die Sinnkrise der Jugendverbandsarbeit. Kritiker werfen ihr vor, zuviel ideologischen Ballast aus der Vergangenheit mitzuschleppen und einem Aktionismus verfallen zu sein, der nach der Aktualität der Arbeit nicht mehr fragt. Die ganze verbandliche Jugendarbeit sei zu sehr auf Anpassung ausgerichtet.[44]
Diese Kritik wächst, als die Studentenrevolte die Jugendverbände unvorbereitet trifft. Das Selbstverständnis der Jugendverbände hat bisher auch darauf aufgebaut, die Interessen der Jugend zu vertreten. Dies ist durch die Studentenbewegung als eine in Teilen dynamische Jugendbewegung außerhalb der Verbände stark in Frage gestellt geworden. Nun hagelt es innerhalb und außerhalb der Verbände Kritik; sie gelten als autoritär oder reaktionär. Teilweise wird ihnen die Fähigkeit abgesprochen, überhaupt zu überleben.[45]
Die Jugendverbände reagieren schnell. Bei der Vollversammlung des DBJR am 15. November 1968 in Ludwigshafen erklären sie ihr Selbstverständnis neu: „In immer kürzeren Abständen vollziehen sich in der Jugendarbeit ... erhebliche Veränderungen. Die Jugendverbände bejahen entschieden die Notwendigkeit von permamenten Veränderungen ... Dem dient nicht die unkritische Anpassung junger Menschen an die bestehende Gesellschaft. Die Jugendverbände beziehen selbst gesellschaftskritische Positionen ... Ihre politische Bildungsarbeit beschränkt sich nicht auf eine theoretische Auseinandersetzung, sondern mündet ein in Äußerungen zu politischen Fragen und in konkrete politische Aktionen. Jugendverbände sind nicht bloße Nachwuchsorganisationen für Gruppierungen der Erwachsenengesellschaft. Der DBJR fordert für die junge Generation unseres Landes eine stärkere Mitsprache und Beteiligung an den Entscheidungen in unserer Gesellschaft in allen sie betreffenden Fragen. Die Jugendverbände lehnen es ab, die Jugend in einen ‚Schonraum' abdrängen zu lassen ... Die Jugendverbände vertreten in erster Linie ihre Mitglieder, darüber hinaus artikulieren sie die Interessen der Jugend gegenüber der Gesellschaft und versuchen, diese durchzusetzen ... Jugendverbände und Jugendringe schließen die Anwendung unkonventioneller Mittel bei der Durchsetzung von Interessen der jungen Generation nicht aus. Im Interesse der Jugend wird eine engere Zusammenarbeit mit allen Kräften im Bereich der Erziehung und Bildung, ebenso mit den Schüler- und Studentenverbänden angestrebt ... Die Ju-

---

[42] Maier, Schriften, II, S. 71f
   Brehm, Gesellschaft, S. 119;
   Hehl, zeitgeschichtliche Forschung, S. 151.
[43] Hollenstein, Kirche, S. 156.
[44] KB 1966, S. 561ff und 643ff.
[45] Krafeld, Politisierung, S. 93.

gendverbände sehen ihren entscheidenden Ansatzpunkt für eine zeitgerechte Jugendarbeit nicht im Bereich der Jugendhilfe, sondern in der Partnerschaft mit einer demokratisierten Schule und mit der Erwachsenenbildung."[46]

Bemerkenswert ist, daß der Akzent stärker als bisher von den Interessen des Verbandes und der durch ihn repräsentierten Gesellschaft auf die Interessen der jugendlichen Mitglieder verlagert wird, daß konkrete politische Aktionen als Teil der politischen Bildung angesehen und die Anwendung unkonventioneller Mittel im Rahmen der Gesellschaftskritik ins Auge gefaßt werden.[47]

Die veränderte Situation faßt auf dieser Vollversammlung der Präsident des Bayerischen Jugendrings, Hermann Kumpfmüller, in zehn Thesen: „Nahezu in allen Jugendverbänden ist ein fortschreitender Prozeß der Entideologisierung erkennbar ... In den meisten Jugendverbänden hat ein Prozeß zur Ablösung von überholten Führungs- und Autoritätsstrukturen stattgefunden. Die logische Folge ... scheint mir eine fast überall zu beobachtende innerverbandliche Pluralisierung zu sein ... Die Jugendarbeit versteht sich heute immer weniger als sogenannte ‚vergesellschaftete Jugendarbeit', soweit darunter die möglichst reibungslose und unkritische Anpassung an die bestehende Gesellschaft verstanden wurde ... Der gesellschaftskritische Aspekt bedingt eine spürbare Politisierung der Jugendarbeit ... Die Jugendarbeit braucht heute und in der Zukunft einen erheblich größeren Aktionsradius, den sie sich auch durch eine größere Verselbständigung gegenüber den nahestehenden Erwachsenenverbänden zu sichern sucht ..."[48]

Radikal ändern sich Erscheinungsbild und Lebensstil der Verbände. Kluft, Banner, Abzeichen verschwinden. Die einfachen Sommerlager gehen gegenüber organisierten Ferienfreizeiten mit gehobenem Standard zurück. Die feste Gruppe verliert, abgesehen vom Kinderbereich, an Boden gegenüber offenen Formen wie Aktions- oder Projektgruppen. Aus Gruppenführern werden Leiter. Die Koedukation setzt sich durch.[49]

Die politische Bildung im Sinne emanzipatorischer Befreiung aus Abhängigkeiten in allen Feldern des Lebens wird zum Dreh- und Angelpunkt der Arbeit der meisten Jugendverbände. Die Vorstellung eines allgemein-politischen Mandates für Jugendverbände setzt sich durch. Die politischen Stellungnahmen häufen sich, ebenso die Konflikte mit den nahestehenden Erwachsenenorganisationen.[50]

Nach einer konfliktreichen und von vielen Experimenten bestimmten Zeit kommt es hier ab Ende der 70er Jahre zu einer Restabilisierung. Zunehmend versuchen vor allem Trägerorganisationen oder nahestehende Er-

[46] DBJR, 1949–1979, S. 190f.
[47] Giesecke, Jugendarbeit, S. 38.
[48] dj 1969, S. 13ff.
[49] Krafeld, Politisierung, S. 94f.
[50] A.a.O., S. 95f;
Chaussy, Jugend, S. 218f.
Zur Kritik am allgemeinen politischen Mandat der Jugendverbände vgl. Maier/Matz, politisches Mandat: Sie befürchten eine Totalitarisierung der Gesellschaft und Manipulation der politischen Bildung im Sinne der Indoktrination.

wachsenenverbände, aber auch die Leitungen selbst, das Bild des Verbandes geschlossener zu machen und ein loyale Haltung gegenüber den Erwachsenenorganisationen zu erreichen.[51] Politische Ansprüche und Zielvorstellungen werden zurückgeschraubt, aus dem sozialen Lernen gesellschaftspolitische Zusammenhänge ausgeblendet. Die Kritik an der zu starken Betonung kognitiver Vermittlung und der Ruf nach musisch-kultureller Bildung hängen teilweise damit zusammen.[52]

Einen breiten Raum bekommt Anfang der 70er Jahre die Theoriediskussion zwischen Vertretern emanzipatorischer und antikapitalistischer Jugendarbeit.[53]

Zehn Jahre später verliert die Wissenschaftsorientierung an Bedeutung. Sowohl die Sozialwissenschaften als auch die „Kritische Theorie" der Frankfurter Schule sind in der Analyse und den Lösungsversuchen an ihre Grenzen gestoßen. Die Praktiker empfinden viele Theorien als zu wenig hilfreich für ihre Arbeit, und der sozialwissenschaftliche Fachjargon gilt nicht mehr als Statussymbol.[54]

1972 fühlen sich die Jugendverbände durch die Planungen der Ganztagsschule existentiell bedroht. Nicht zuletzt deshalb grenzen sie sich ab, indem der Schule vorgeworfen wird, emanzipatorischen Ansprüchen nicht zu genügen. Die eigene Jugendarbeit definieren die Jugendverbände als Korrektiv zur Sozialisationsinstanz Schule.[55]

Der gesellschaftliche Umbruch wirkt sich auch auf die Praxis der Bildungsarbeit aus. Zusammen mit einer neuen methodischen Vielfalt versucht man, seine antiautoritären Ansprüche umzusetzen. Der sogenannte enttabuisierende Umgang mit Sexualität ist dafür ein klassisches Beispiel.[56]

In den 70er Jahren setzt ein Prozeß der Pädagogisierung ein. Jugendarbeit gilt als sozialer Lernort, der emanzipatorische Sozialleistungen bringt. In der Praxis wirkt sich dies unter anderem aus im Vormarsch der Gruppendynamik, gegenüber deren kreativer Handhabung das inhaltliche Ziel der Arbeit in den Hintergrund tritt.[57] Später erschüttern drastische soziale Probleme, wie die Jugendarbeitslosigkeit, den bildungsoptimistischen Lebensentwurf der pädagogisierten Jugendarbeit. Praktische Kompensationsleistungen sind nun wieder gefragt.[58]

Der Professionalisierungsgrad steigt stark an. Hauptamtliche Sozial- oder Diplompädagogen bestimmen das Bild der Jugendarbeit mit, unterstützt

---

[51] Krafeld, Politisierung, S. 100;
      Faltermaier, Nachdenken, S. 468;
      Hafeneger, Jugendverbandsarbeit, S. 30f.
[52] Krafeld, Politisierung, S. 100;
      Faltermaier, Nachdenken, S. 468.
[53] Vgl. Fehrlen, Theorie, S. 65ff;
      vgl. Kap. 4.6.
[54] Faltermaier, Nachdenken, S. 467ff.
[55] A.a.O., S. 97.
[56] Krafeld, Politisierung, S. 96.
[57] A.a.O., S. 98f.
[58] Faltermaier, Nachdenken, S. 468;
      Krafeld, Politisierung, S. 100f;
      Hafeneger, Jugendverbandsarbeit, S. 31f.

von neben- und ehrenamtlichen Mitarbeitern, die oft aus demselben studentischen Milieu kommen. Viele sind von den Ideen der Studentenbewegung geprägt, was zu innerverbandlichen und außerverbandlichen Konflikten führt.[59]

Nachdem im Kontext der Professionalisierung und der emanzipatorischen Jugendarbeit Anfang der 70er Jahre grundsätzliche Zweifel an der Qualifikation Ehrenamtlicher in der Jugendarbeit laut werden, kommt es auf breiter Front Anfang der 80er Jahre zu einer Rückbesinnung auf die Bedeutung ehrenamtlicher Mitarbeiterinnen und Mitarbeiter. Dazu trägt die Erkenntnis bei, daß die Planstellen nicht endlos erweiterbar sind und daß die Ehrenamtlichkeit in einem engen inhaltlichen Zusammenhang mit dem für die Jugendverbände fundamentalen Prinzip der Selbstorganisation steht und deshalb unverzichtbar ist.[60]

Anfang der 80er Jahre fordern die neuen sozialen Bewegungen die verbandliche Jugendarbeit heraus. Ökologie-, Friedens- und Dritte Welt-Bewegung beeinflussen inhaltlich und methodisch die Arbeit der Jugendverbände, werden aber auch von diesen mitgetragen und profitieren von ihrem institutionalisiertem Know-how. Gleichzeitig sind die Bewegungen eine ernst zu nehmende Konkurrenz und ziehen Leute von den Verbänden ab.[61] Jugendpolitisch steht man nun am Ende der großen Reformen wie Bildungsgesamtplan und Jugendhilfereform. Sie sind an ihre finanziellen Grenzen gestoßen, und der Reform-Mythos bröckelt gesamtgesellschaftlich. Das Geld für die Jugendverbände wird knapper, und es gibt zunehmend Verteilungskämpfe.[62]

Steigende Anforderungen in Schule und Beruf erschweren die verbandliche Jugendarbeit, ebenso die mangelnde Anerkennung von Leitungserfahrung in Verbänden als Qualifikation für Beruf oder Politik. Eine harte Konkurrenz sind die mittlerweile fast flächendeckenden kommunalen und kommerziellen Freizeit- und Bildungsangebote.[63]

Zur selben Zeit etabliert sich die Mädchen- und Frauenarbeit wieder unter neuen Vorzeichen. Ziel ist, patriarchale Strukturen und Benachteiligungsmechanismen in Jugendverbänden und Gesellschaft zu beseitigen sowie eine emanzipierte, kreative und schöpferische weibliche Identität zu entwickeln. Mittel dazu sind die geschlechtsspezifische Arbeit in Gruppen und Gremien sowie inner- und außerverbandliche Quoten- und Paritätsforderungen.[64] Gegen Ende der 80er Jahre faßt Männer- und Jungenarbeit langsam Fuß. Ziel ist, männliche Rollenfixierungen abzubauen, eine neue Männerrolle zu entwickeln und den Dialog mit den Frauen zu suchen.[65]

---

[59] Giesecke, Jugendarbeit, S. 38f.
[60] Sauter, Ehrenamtlichkeit, S. 221f.
[61] Hanusch, Soziale Bewegungen, S. 107ff.
[62] Faltermaier, Nachdenken, S. 467ff.
[63] Schröder, Dachverband, S. 30.
[64] A.a.O., S. 105f;
vgl. Funk, Mädchenarbeit;
vgl. Foitzik, Feministische Mädchenbildung;
dj 1986, S. 533ff.
[65] Vgl. Willems/Winter, Jungenarbeit;
dj 1987, S. 343ff.

4.4. Personen, Strukturen und Grundlagen im BDKJ

4.4.1. Ein neues Selbstverständnis

Die nach dem dritten Bundesfest eingesetzte Strukturkommission deckt Risse im Bundesgedanken auf, plädiert aber dafür, den BDKJ als Gewinn der Nachkriegszeit beizubehalten. Sie fordert eine stärkere Berücksichtigung der Gliedgemeinschaften und eine intensivere Zusammenarbeit von Mannes- und Frauenjugend.[66] Diese Zusammenarbeit wird mit organisatorischer Effektivität, gesellschaftlichen Erfordernissen und modernen pädagogischen Standards begründet. Die Forderung stößt auf offene Ohren, und die eigenen Strukturen der Frauenjugend werden in den nächsten Jahren immer weniger genutzt.[67]

Die beginnende Umstrukturierung flankieren die Gliedgemeinschaften durch eigene Beschlüsse. So löst die KFG formell 1966 und praktisch 1968 die Personalunion von Bundesführung des BDKJ und Bundesleitung der KFG auf, und die beiden Landjugendverbände fusionieren 1967 zu einem gemeinsamen Verband von Frauen und Männern.[68]

Von Anfang an stehen sich in der Frage der neuen Struktur des BDKJ zwei Positionen gegenüber: Dachverband oder lose Arbeitsgemeinschaft? Es geht zwar vorrangig um die Organisationsstruktur, aber es schwingt die Frage mit, wie die neue theologische und kirchliche Pluralität strukturell eingelöst werden soll. 1969 setzen sich die Befürworter des Dachverbandes durch, die Satzungsverhandlungen werden auf der Grundlage des Dachverbandsverständnisses weitergeführt. Ein wichtiger Grund ist, daß die gesellschaftliche und kirchliche Interessenvertretung der katholischen Jugendverbände durch eine lose Arbeitsgemeinschaft zu sehr geschwächt werden könnte.[69]

Die Bundesordnung 1971 setzt den Schlußpunkt hinter die seit 1965 andauernde Diskussion. Der BDKJ ist nun ein Dachverband katholischer Jugendverbände (ehemals Gliedgemeinschaften) und ihrer regionalen Zusammenschlüsse (ehemals Diözesanverbände). Ihre Arbeit soll der BDKJ unterstützen. Innerhalb des BDKJ hat der Dachverband die Aufgabe der Information, Koordination und Kooperation sowie die Unterstützung eigens beschlossener Bildungsmaßnahmen und Aktionen. Nach außen soll er in Zusammenarbeit mit anderen Gruppierungen die Interessen der Jugendverbände in Kirche, Gesellschaft und Staat wahrnehmen. Die Verbände sind selbständig in Zielen, Methoden, Aufgaben und Organisationsformen innerhalb des Rahmens der Bundesordnung. Im Gegensatz zu Arbeitsgemeinschaften sind die Mitglieder des Dachverbandes an die Mehrheitsbe-

---

[66] ID 1966, S. 160 und 163f.
[67] Börger, Frauen, S. 16ff.
[68] ID 1966, S. 84;
ID 1967, S. 164;
ID 1968, S. 102 und 117.
[69] ID 1968, S. 218;
ID 1969, S. 38/157/194;
KB 1970, S. 118.

schlüsse gebunden, sofern sie vom zuständigen Dachverbandsgremium im Rahmen seiner satzungsgemäßen Aufgaben getroffen worden sind.[70]

Die Dachverbandskonstruktion bringt in den nächsten Jahren einige Probleme mit sich, so in den Punkten Information und Koordination oder bei ihrer Durchsetzung auf allen Ebenen. Grundsätzlich bewährt sie sich aber nach Ansicht der Verantwortlichen.[71]

1977 präzisiert der BDKJ noch einmal seine Arbeitsgrundlage als Dachverband: „... Seinem Selbstverständnis nach ... ist der BDKJ als Dachverband konzipiert. Seine damit vorgezeichnete Funktion kann er erfüllen auf der Grundlage bestimmter gemeinsamer Zielbestimmungen bei der Gestaltung des Verbandslebens in der Gesellschaft. Diese müssen so weit übereinstimmen, daß durch das Agieren des Dachverbandes nicht Handlungsintentionen einzelner Mitgliedsverbände widersprochen wird – damit sind auch zugleich die Grenzen seiner Handlungsmöglichkeiten umrissen: der Bereich, in dem Interpretationen und Intentionen der Mitgliedsverbände für ihre Arbeit deckungsgleich sind, steht dem Dachverband als gemeinsamem Handlungsorgan für seine Aktivitäten frei; von daher ist die Diskussion und Feststellung gemeinsamer Interessen durch die Mitglieder des Dachverbandes eine ständige Aufgabe, denn nur so werden die Bedingungen für eine Vertretung durch den Dachverband in ihrem Sinne geschaffen. Klarheit wird dadurch erreicht, daß zugleich gegensätzliche Auffassungen zwischen den Mitgliedern offen benannt werden, wobei sich diese bewußt sind, daß eine Zunahme von Divergenzen immer den Handlungsraum des Dachverbandes reduziert ...“[72]

Parallel dazu wandelt sich auch das inhaltliche Selbstverständnis des BDKJ. Hat er sich in den 60er Jahren als ein Partner in der Erwachsenenbildung und als Sprecher der jungen Generation vor allem in Jugendgesetzgebung und Jugendpolitik gesehen, so versteht er sich in den 70er Jahren als Interessenvertreter für junge Katholiken mit emanzipatorischem Ansatz in politischer und religiöser Bildung. In beiden Zeiträumen ist die Hinwendung zu den Punkten Interessenvertretung und Demokratisierung im Kontext gesellschaftlicher Pluralität unübersehbar.[73]

Die Bundesordnung 1971 formuliert das Selbstverständnis so: „Der BDKJ will die Selbstverwirklichung junger Menschen und eine menschenwürdigere Gesellschaft auf der Grundlage der Botschaft Christi in Mitverantwortung für die Gesamtheit des Volkes Gottes, in Einheit mit der Gesamtkirche und in Übereinstimmung mit den Grundrechten anstreben. Darum will er zur ständigen Wertorientierung und Standortüberprüfung junger Menschen und ihrer Gruppierungen beitragen und deren Mitwirkung bei

---

[70] Vgl. Bundesordnung 1971, S. 251–272;
Bundesvorstand, 25 Jahre, S. 26.
[71] ID 1971, S. 160;
ID 1973, S. 188 und 228f;
ID 1975, S. 171f.
[72] Die Bedeutung von Jugendverbänden 1977, S. 344f.
[73] Bundesvorstand, 25 Jahre, S. 26f;
dj 1968, S. 455ff;
ID 1968, S. 66.

der je spezifischen Entwicklung von Kirche, Gesellschaft, Staat und internationalen Beziehungen fördern und betreiben."[74]

Weitere Neuerungen in der Bundesordnung: Es werden die satzungsrechtliche Trennung von Frauen- und Mannesjugend aufgehoben, Kreis-, Stadt- und Landesebene erstmals genannt sowie die Bundeskonferenz der Führerschaft und die der Jugendseelsorge aus der Reihe der Organe des BDKJ gestrichen. Die Sprache ist modernisiert. Zum Beispiel werden die Bundesführung nun Bundesvorstand und die Gliedgemeinschaften Mitgliedsverbände genannt.[75]

In der Präambel der Bundesordnung heißt es: „Der BDKJ gibt sich ein Grundsatzprogramm."[76] Daß ein Dachverband mit den genannten Aufgaben ein Grundsatzprogramm braucht, liegt auf der Hand. Doch es ist nicht einfach, die sehr verschiedenen innerverbandlichen Positionen unter einen – wenn auch breiten – Hut zu bringen. Deswegen verabschiedet die Hauptversammlung erst im November 1975 das neue Grundsatzprogramm.[77]

Das Programm konkretisiert die Bundesordnung von 1971. Es ist geprägt vom Einsatz für eine gerechtere Welt und vom Angebot der personalen Verwirklichung junger Menschen auf Grundlage der Botschaft Jesu Christi. Struktur bleibt das Dachverbandsprinzip.[78]

Bundesführer und Bundesvorsitzender der Umbruchszeit ist von 1966 bis 1975 Dr. Wolfgang Reifenberg. Ihm folgen Heinrich Sudmann (1975 bis 1978), Josef Homberg (1978–1983), Lothar Harles (1983–1988) und nach einer Vakanz Michael Kröselberg ab 1989. Bei den Frauen löst Elsbeth Rickal 1968 Resi König als Bundesführerin ab. Ihr folgen Dr. Barbara Krause, geborene Schmid-Egger (1972–1978), Maria Herrmann, geborene Koppernagel (1978–1980) und nach einer Pause Getrud Casel (1982–1988). Bundespräsides Mannesjugend sind Paul Jakobi (1966–1973), Walter Böcker (1973–1981) und Peter Bleeser (1982–1988). Ab 1989 folgt Paul Magino. Bundespräsides Frauenjugend sind August Gordz (1966–1973), Anton Scheuß (1973–1976) und nach einer Pause Karl Wuchterl (1978–1984). Ab 1985 bleibt das Amt vakant.[79]

[74] Bundesordnung 1971, S. 251.
[75] Vgl. Bundesordnung 1971, S. 251–272.
[76] Bundesordnung 1971, S. 251.
[77] ID 1974, S. 173;
ID 1975, S. 189ff.
[78] Vgl. Grundsatzprogramm 1975.
[79] ID 1966, S. 20 und 36;
ID 1967, S. 177;
ID 1972, S. 51;
ID 1973, S. 71;
ID 1975, S. 185;
ID 1977, S. 199f;
ID 1978, S. 81;
ID 1980, S. 241;
ID 1982, S. 105/118/265;
ID 1983, S. 93;
Wuchterl, 75 Jahre, S. 84;
ID 1988, S. 141;
ID 1989, S. 85ff.
Dr. Wolfgang Reifenberg: Studium Deutsch, Theologie und Geschichte; KJG-Diözesanlei-

Stellvertretende Vorsitzende sind: Elly Klinkenberg (CAJ), Helga Koster (BDKJ Trier), Harry Neyer (DPSG), Hermann Kroll-Schlüter (KLJB), Helmut Westrich (KJG), Evi Meyer (PSG), Henny Engels (BDKJ Köln); Hermann Icking (KSJ), Peter Braun (KLJB) und Christian Bernzen (BDKJ Osnabrück). Die Ämter sind immer wieder einmal vakant.[80]
Weiter ausgebaut wird das Jugendhaus Düsseldorf, allerdings müssen die Zeitschriften und die Verkaufsabteilung aufgelöst oder abgegeben werden. Bei der BDKJ-Bundesstelle kommen beispielsweise Referate für Soldaten,

ter in Mainz; 1964–1966 Mainzer Diözesanführer; Bundesführer und Bundesvorsitzender 1966–1975; danach: Direktor des Internationalen Jugendaustausch- und Besucherdienstes in Bonn.
Heinrich Sudmann: Volkswirt; Mitglied von Unitas und Kolping; 1967–1971 Referent für politische und soziale Bildung in der BDKJ-Bundesstelle; 1972–1975 Bundessekretär; Bundesvorsitzender 1975–1978; danach: Geschäftsführer des Familienbundes der deutschen Katholiken; Unterabteilungsleiter im Bundesfamilienministerium.
Josef Homberg: Lehrer; Mitglied von CAJ und KJG; BDKJ-Vorsitzender der Diözese Speyer 1973–1978; Bundesvorsitzender 1978–1983; danach: Bildungsreferent der Arbeiter- und Betriebsseelsorge in der Diözese Speyer.
Lothar Harles: Philologe; Mitglied der GCL; Bundessekretär des BDKJ; Bundesvorsitzender 1983–1988; danach: stellvertretender Geschäftsführer der Arbeitsgemeinschaft Katholischer Sozialer Bildungsstätten (AKSB).
Michael Kröselberg: Sozialpädagoge; 1986–1989 Bundesleiter der KJG; 1989–1995 Bundesvorsitzender des BDKJ.
Elsbeth Rickal: Lehrerin; Diözesanführerin in Essen; Bundesführerin und Bundesvorsitzende 1968–1972; danach: Konrektorin; Staatssekretärin in Rheinland-Pfalz.
Dr. Barbara Krause: Studium Geschichte, politische Wissenschaften und Germanistik; Bundessprecherin der Ackermanngemeinde; 1970–1971 Referentin für politische Bildung bei der Aktion landsmannschaftlicher Jugend; Bundesvorsitzende 1972–1978; danach: Lehrbeauftragte an der katholischen Fachhochschule NRW; Abteilung Aachen.
Maria Herrmann: Lehrerin; Bundesleiterin der KLJB; Bundesvorsitzende 1978–1981.
Gertrud Casel: Diplompsychologin; seit 1979 Referentin im Bundesministerium für Jugend, Familie und Gesundheit; Bundesvorsitzende 1983–1988; danach: Generalsekretärin der Katholischen Frauengemeinschaft Deutschlands (kfd).
August Gordz: BDKJ-Diözesanpräses Münster; Bundespräses 1966–1973; danach: Generalpräses des Zentralverbandes der Katholischen Deutschen Frauengemeinschaften.
Paul Jakobi: Diözesanjugendseelsorger der Mannesjugend in Paderborn; Bundespräses 1966–1973; danach: DJK-Bundesverbandsbeirat; Propst in Minden.
Anton Scheuß: Stadtjugendseelsorger und BDKJ-Stadtpräses in Köln; Bundespräses 1974–1976; danach: Pfarrer in Düsseldorf.
Walter Böcker: Diözesanpräses des BDKJ in Münster; Bundespräses 1973–1981; danach: Pfarrer und Dompropst in Xanten; Leiter der Hauptabteilung Seelsorge im Bistum Münster.
Karl Wuchterl: Diözesanjugendseelsorger und BDKJ-Präses in Bamberg; Bundespräses 1978–1984; danach: Pfarrer in Nürnberg.
Peter Bleeser: Bundeskurat der DPSG; Bundespräses 1982–1988; danach: Pfarrer in Koblenz.
Paul Magino: Diözesanjugendseelsorger und BDKJ-Präses in Rottenburg-Stuttgart; Bundespräses 1989–1993.
80 ID 1967, S. 177;
ID 1969, S. 113;
ID 1974, S. 185;
ID 1977, S. 199f;
ID 1982, S. 265;
ID 1983, S. 93;
ID 1989, S. 85f.

Dokumentation und Entwicklungsfragen dazu. Der endgültige Wandel der Führungs- zur Dienstleistungszentrale erfolgt nun schnell und umfassend. Die Bundesstelle arbeitet mit der ebenfalls im Jugendhaus angesiedelten Arbeitsstelle für Jugendseelsorge der Deutschen Bischofskonferenz – der früheren Bischöfliche Hauptstelle für Jugendseelsorge – eng zusammen. Eine wichtige Stütze der Zusammenarbeit ist die Personalunion, die einen der beiden BDKJ-Bundespräsides auch Leiter der Arbeitsstelle sein läßt.[81]

Als Dachverband führt der BDKJ keine offizielle Mitgliederstatistik mehr. Die letzte Anfang 1967 nennt 768 000 Mitglieder.[82] Die Zahl sinkt zunächst und stabilisiert sich in den 80er Jahren bei rund 500 000.[83]

Folgende Mitgliedsverbände bilden in den 80er Jahren – mit geringen Veränderungen auch schon in den 70er Jahren – den BDKJ auf Bundesebene: Bund Christlicher Jugendgruppen (BCJ); Bund junger Katholiken in Wirtschaft und Verwaltung (Jung-KKV); Bund Neudeutschland – Hochschulring (ND-HSR); Christliche Arbeiterjugend (CAJ); Kolpingjugend; Deutsche Pfadfinderschaft St. Georg (DPSG); Gemeinschaften Christlichen Lebens – Jugendgemeinschaft (GCL-J); Jugend des Berufsverbandes Katholischer Arbeitnehmerinnen in der Hauswirtschaft in Deutschland (BKH-J); Katholische Junge Gemeinde (KJG); Katholische Landjugendbewegung Deutschlands (KLJB); Katholische Studierende Jugend – Heliand-Mädchenkreis (KSH-HD); Katholische Studierende Jugend – Schülergemeinschaft im Bund Neudeutschland (KSJ-ND); Katholische Studierende Jugend in den Gemeinschaften Christlichen Lebens (KSJ-GCL/MC); Pfadfinderinnenschaft St. Georg (PSG); Quickborn-Arbeitskreis; Verband der Wissenschaftlichen Katholischen Studentenvereine Unitas e.V. (UV); Aktion West-Ost.[84]

4.4.2. Die Konfliktfelder

Der neue BDKJ ist nicht nach jedermanns Geschmack. Deswegen häufen sich nun die Konflikte. Ein erstes großes Konfliktfeld ist der Streit mit konservativen Katholiken – nicht selten ehemalige Verantwortliche im BDKJ.[85]

---

[81] Wuchterl, 75 Jahre, S. 38f;
Börger/Kortmann, Haus, S. 200;
vgl. Bundesvorstand, Rechenschaftsbericht 1989.
Die Namen der Arbeitsstelle wechselten mehrmals, vgl. Börger/Kortmann, Haus, S. 57 und 72.

[82] ID 1967, S. 162.

[83] ID 1976, S. 186;
ID 1986, S. 105.

[84] Bundesvorstand, 25 Jahre, S. 84ff;
Bundesvorstand, Bundesordnung 1983, S. 18f;
Bundesvorstand, Bundesordnung 1991, S. 19f.

[85] Vgl. exemplarisch die massiven Angriffe der konservativen katholischen Zeitung „Deutsche Tagespost" gegen das Deutschlandtreffen von KFG/KJG in Münster 1968 und die Ehrenerklärung von Jugendbischof Stangl für die beiden Jugendverbände, in: Deutsche Tagespost vom 11.06.1968, „Mit Jugendlichen Schindluder getrieben?", ID 1968, S. 110ff und 143ff; zur Kritik von Ehemaligen vgl. bspw.

Der Konflikt zwischen Professor Lothar Roos und der katholischen Jugendverbandsarbeit soll etwas ausführlicher dargestellt werden, da er die vorhandene Kritik am BDKJ zusammenfaßt. 1978 macht der Sozialethiker Roos der katholischen Jugendverbandsarbeit, insbesondere der KJG, folgende Vorwürfe: Ihre Pädagogik stehe im neomarxistischen Kontext. Ihre Bewertung der gesellschaftlichen Situation führe fast schon zur Ablehnung der verfassungsmäßigen demokratischen Ordnung. Sie sei antikirchlich und habe die religiöse und die sakramentale Dimension verloren. Ihre Theologie sei vom Jesuanismus geprägt. Roos bestreitet den Jugendverbänden das allgemein-politische Mandat, weil die Mitglieder zum Teil unmündig seien, weil die Öffentlichkeit nicht zwischen verbandlicher und kirchlicher Meinung differenziere und die basisdemokratische Anbindung fehle. Er sieht einen Mißbrauch des Begriffs katholisch, weil man sich nicht an das christliche Menschenbild der katholischen Soziallehre halte.[86]

Roos bestreitet exemplarisch der KJG die Autonomie, weil sie seiner Ansicht nach ekklesiologisch und realsoziologisch kein autonomer Verband, sondern pfarrliche Substruktur mit kirchlichem Auftrag und begrenzten verbandlichen Zusatzstrukturen ist. Die viel Autonomie zulassenden Verbandssatzungen seien den Bischöfen aufgedrängt worden und müßten revidiert werden. Roos fordert, die Befugnisse der Priester auszuweiten, sich an der katholischen Soziallehre zu orientieren, das allgemein-politische Mandat zurückzunehmen und die Ziele, Inhalte, Methoden und Organisationsformen kirchlicher Jugendarbeit neu zu überdenken. Indirekter Adressat des Schreibens sind die Bischöfe.[87]

Verbandliche Stellungnahmen oder andere Theologen setzen sich mit den Vorwürfen von Roos kritisch auseinander: Sein Priester- und Kirchenbild sei vorkonziliar. Ein allgemein-politisches Mandat für Jugendliche sei durch die Seismographenfunktion der Jugend hinsichtlich gesellschaftlicher Unstimmigkeiten notwendig. Er habe einzelne – auch innerverbandlich umstrittene – Papiere überbewertet und aus dem Zusammenhang gerissen. *Die* katholische Soziallehre gebe es nicht. Er habe seine Vorwürfe nicht mit einem eigenen theologischen Modell ergänzt und er operiere mit Schlagworten wie Neomarxismus, ohne sie inhaltlich zu füllen.[88]

Zwar gelingt es den Jugendverbänden, diesen Angriff auf ihre Autonomie abzuwenden, doch die Vorwürfe bleiben. 1981 will das Mitglied des bayerischen Landeskomitees der Katholiken, Erwin Brießmann, den BDKJ strukturell schwächen, beispielsweise durch die Forderung nach durchgehender Ehrenamtlichkeit. 1985 bescheinigt Professor Rauscher einigen katholischen Jugendverbänden wieder Neomarxismus. Im gleichen Jahr fordert Oskar Neisinger einen Neuanfang auf der Basis von 1945. 1987 will Professor Schulz dem BDKJ kirchenrechtlich an den Kragen und die Bundesebenen zerschlagen. 1988 tauchen beim Studientag der Vollversammlung

Bundesvorstand, 25 Jahre, S. 32ff/62ff/80ff;
Diözesanarchiv, Klinkhammer, Kasten 1-I, Interview Neisinger vom 22.11.1984.
[86] Roos, Jugendorganisationen, S. 3ff.
[87] A.a.O., S. 11ff.
[88] Bspw. ID 1978, S. 142;
KB 1978, S. 727ff.

der Deutschen Bischofskonferenz die bekannten Vorwürfe teilweise wieder auf.[89]

Die verschiedenen Vorwürfe lassen sich in zwei Stoßrichtungen zusammenfassen:

* politischer Linksrutsch im Rahmen einer durch das Verbandsmandat nicht gedeckten starken Politisierung;

* Entfernung von der Kirche in Verbindung mit einem religösen Substanzverlust.

Den Grund sehen die Kritiker in der Herrschaft der Verbandsfunktionäre. Ziel ist, diese durch die Zerschlagung der Bundesebenen zu entmachten, die Verbände zu entpolitisieren und kirchlich enger anzubinden.

Kritik gibt es aber auch von Personen, die zum BDKJ ein neutrales Verhältnis haben oder ihm nahestehen. Neben theologischen Defiziten konstatieren sie einen pädagogisch nicht verantwortbaren Mißbrauch des Leitungsamtes aufgrund eigener, unbewältigter Autoritätskonflikte.[90]

Die deutschen Bischöfe übernehmen Teile der Kritik, und so kommt es auch hier zu Konflikten. Zum ersten Mal in der Geschichte des BDKJ verweigern die Bischöfe 1971 die notwendige Zustimmung zu einer Bundesordnung. In der Erstfassung sind ihnen die Einheit mit der Gesamtkirche und der personale Akzent zu wenig berücksichtigt.[91] Der BDKJ bessert nach und erhält dann die Zustimmung. Zwei Jahre später lehnt die Deutsche Bischofskonferenz die Kandidatur des Bamberger Diözesanjugendseelsorgers Alois Albrecht für das Amt des Bundespräses ab.[92]

Das Konfliktfeld Kirchenleitung und Jugendverbände soll exemplarisch am Beispiel der KJG, des streitbarsten großen katholischen Jugendverbandes dargestellt werden. Bei der KJG kommen vier Faktoren konfliktsteigernd zusammen. Sie lehnt sich – zusammen mit der KSJ – pädagogisch und politisch am weitesten aus dem „linken" Fenster. Sie ist bis Mitte der achtziger Jahre der größte katholische Jugendverband im BDKJ. Mit ihrer Tradition als Stamm symbolisiert sie in den Augen vieler immer noch den BDKJ und die kirchliche Jugendarbeit überhaupt. Als pfarreiorientierter Verband steht sie automatisch im Blickfeld des Kirchenvolkes. Die Grundlinien der Auseinandersetzung gelten aber genauso für andere Verbände wie die DPSG oder die KLJB, die es unter anderem ihrem taktischen Geschick und einer guten Lobby zu verdanken haben, daß sie teilweise nicht so massiv in der Schußlinie stehen.[93]

---

[89] Lebendige Zelle 1981, S. 119ff;
Rauscher, Bewegung, Spalte 1141;
Theologisches 1985, Spalte 6704–6714;
a.a.O., 1987, Spalte 9–26;
a.a.O., 1989, Spalte 6;
Roos, Überlegungen, S. 78 und 87.
[90] Bspw. SdZ 1979, S. 75ff;
HK 1979, S. 227;
Bleistein, Entwicklungen, S. 21;
zu den theologischen Defiziten vgl. Kap. 3.5.
[91] ID 1971, S. 68.
[92] ID 1973, S. 71.
[93] Zum Thema Konflikte weiterer Mitgliedsverbände vgl. bspw.

1976 tritt ein Bundesleiter der KJG auf bischöflichen Druck zurück, weil er zum Zeitpunkt der Wahl mit seiner späteren Frau zusammengelebt hat. Er bleibt aber weiter hauptamtlich in der Bundesstelle der KJG beschäftigt. 1978 fordert die Bischofskonferenz die KJG auf, eine neue Bundesleitung zu wählen, andernfalls drohe der Entzug der Anerkennung als katholischer Verband. Gründe sind unter anderem das Kirchenbild, die Pädagogik und die radikale Politisierung. Inhaltlich stimmt die Kritik tendenziell mit den Vorwürfen von Professor Roos überein. Die KJG wehrt sich, gibt dem Drängen aber schließlich nach – wohl auch, weil die Bundesleitung innerverbandlich umstritten ist. Die KJG bleibt aber weiterhin bei ihren bisherigen politischen, pädagogischen und pastoralen Positionen. Anfang 1984 wiederholt sich der Konflikt. Auslöser ist ein Liederbuch der KJG mit sozialistischen und aus der Sicht der Kirchenleitung unmoralischen Liedern. Die dahinter liegenden inhaltlichen Probleme sind die gleichen. Auf personelle Opfer kann diesmal verzichtet werden, da die Bundesleitung sowieso wechselt. Auf offizieller Ebene erreicht man einen brüchigen Kompromiß. Die Ruhe währt nicht lange. Pazifistische und feministische Tendenzen lassen den Streit Ende der achtziger Jahre wieder aufflackern.[94]

Im Falle des Rücktritts der KJG-Bundesleitung bedauert die Hauptversammlung des BDKJ 1976, daß ein sachgerechter Dialog nicht zustande gekommen ist. 1978 äußert sich der BDKJ-Bundesvorstand kritisch zum pädagogischen und theologischen Vorgehen der KJG, verteidigt aber auch die verbandliche Autonomie.[95]

Daneben gibt es weiter Konflikte auf Dachverbandsebene. 1984 werden die kirchlichen Gelder für das Jugendhaus Düsseldorf um ein Drittel gekürzt, was die Arbeit des BDKJ erschwert. Bei der Hauptversammlung im November 1988 nimmt der gewählte Bundesvorsitzende die Wahl nicht an, weil ihm die Mehrheit zu dünn ist. Die nur knappe Mehrheit kommt nicht zuletzt durch kirchlichen Druck zustande, weil der Kandidat bis vor kur-

KB 1973, S. 448ff und 457ff (KLJB);
KB 1973, S. 247ff und 457ff (KSJ);
HK 1975, S. 491f; PF 1975–19, S. 7f; Fischer, Pastoral III, S. 147f (CAJ).
[94] ID 1976, S. 169 und 177;
ID 1978, S. 31ff und 238f;
ID 1986, S. 255;
PF 1978–5, S. 12ff;
PF 1978–22, S. 16;
dj 1977, S. 159ff;
dj 1978, S. 139f und 258f;
dj 1984, S. 249f;
Theologisches 1987, Spalte 15f;
HK 1987, S. 354f;
HK 1989, S. 198f;
Roos, Jugendorganisationen, S. 3.
Hintergrundinformationen zu Konflikten zwischen Kirchenleitung und katholischer Jugendverbandsarbeit bietet mit Abstrichen:
Drews, Krise, S. 51–76 (Organisationssoziologische Grundlagen und Konflikttheorie);
Drews, Krise, S. 273–294 (Konfliktgenese, Austragungsmodus und Ursachen).
[95] ID 1976, S. 177;
ID 1978, S. 32.

zem Mitglied der Grünen gewesen ist. 1989 veranstaltet der BDKJ ein Solidaritätsfest in Fulda mit 4500 Teilnehmern. So soll Solidarität mit dem von Erzbischof Dyba entmachteten BDKJ in der Diözese Fulda gezeigt werden. Die Bischöfe empfinden dies als Affront. Später entspannt sich die Lage etwas.[96]

Einen anderen Weg, den ungeliebten BDKJ zu schwächen und die eigenen Vorstellungen von kirchlicher Jugendarbeit durchzusetzen, gehen einzelne Bischöfe und konservative Katholiken: sie gründen neue Jugendverbände. In Fulda und Speyer werden mit Unterstützung der Bischöfe KJG-ähnliche Pfarrjugendverbände ins Leben gerufen. Katholische Laien und Priester gründen die „Katholische Pfadfinderschaft Europas" und die „Europa-Pfadfinder St. Michael" als Konkurrenz zur DPSG. Die „Jung-KAB" entsteht als Konkurrenz zur CAJ. Allen gemeinsam – mit deutlichen Abstrichen bei der „Jung-KAB" – ist eine starke religiös-sakramentale Ausrichtung und eine weitgehende Anerkennung der kirchlichen Hierarchie im Verband.[97]

Eigentliche Grundlage der Konflikte ist die unterschiedliche Definition der verbandlichen Autonomie. Der BDKJ sieht die Grenze verbandlicher Autonomie in dem, „was von der Kirche als verbindliche Lehre für alle ihre Glieder festgelegt werden kann".[98] Die Autonomie richte sich nicht danach, wie einzelne kirchliche Entscheidungsträger das jeweilige Agieren des Verbandes beurteilen.[99] Eine engere Anbindung der Jugendverbände an die kirchliche Hierarchie und damit weniger Autonomie dürfte dagegen die Mehrheitsposition kirchlicher Entscheidungsträger auf Bundes- und Diözesanebene sein.[100] Das Problem bleibt ungelöst.

Faßt man die Autonomiekonflikte zusammen, zeigt sich folgendes Schema: Eine sehr eigenständige Entwicklung der katholischen Jugendverbände in Theologie, Pädagogik und Politik trifft auf eine Kirche, die den Geltungsanspruch ihrer normativen Orientierungen für die Mitglieder unterstreicht. Dies kann bei ausreichenden Sanktionsmöglichkeiten die Anpassung der Mitglieder erreichen. Kann aber das Gegenüber wenigstens teilweise ausweichen, kommt es zu einer Polarisierung zwischen beiden Positionen.[101] Im Falle der Jugendverbandsarbeit bedeutet dies z.B., daß die KJG zwar Zugeständnisse macht, ihre fundamentale Orientierung aber nicht ändert. Die Mehrheit der Bischöfe hat dagegen wenig Interesse, die durchaus vorhandenen Sanktionsmöglichkeiten auszuschöpfen, indem sie den Jugend-

[96] ID 1984, S. 109f;
ID 1989, S. 201ff und 213f;
KB 1988, S. 314;
HK 1989, S. 531.
[97] PF 1985–22, S. 28;
Klöcker, Katholisch, S. 295f;
Theologisches 1987, S. 25f;
vgl. exemplarisch die im Kap. 5.1.2. etwas ausführlicher dargestellte Entwicklung der Europapfadfinder.
[98] ID 1978, S. 84.
[99] A.a.O.
[100] dj 1978, S. 456ff.
[101] KB 1988, S. 257f.

verbänden das „K" entzieht und alle Gelder sperrt. Der Grund dürfte sein, daß die Negativbilanz eines solchen Aktes zu hoch ist. Beispielsweise kann das öffentliche Ansehen durch das zu erwartende Medienspektakel sinken, ein nicht geringer Teil der Mitglieder der Jugendverbände für die Kirche verlorengehen und der jugendpolititsche Einfluß stark geschwächt werden. Generell gilt für den Konflikt zwischen BDKJ und Kirchenleitung, daß es exemplarisch um die Versöhnung der Kirche mit der Moderne geht, die mit dem Konzil und der Synode zwar angerissen, aber noch nicht entschieden ist. Dabei entsteht eine Ungleichzeitigkeit: Ein BDKJ, der sich weit auf die Moderne eingelassen hat und auf diesem Weg weitergehen will, trifft auf eine Kirche, die sich nach Meinung von Beobachtern eher auf dem Rückzug von diesem eingeschlagenen Weg befindet.[102]

Ein zweites Konfliktfeld ist die progressive Kritik am BDKJ und seinen Verbänden. Dieses ist allerdings längst nicht so fundamental wie das erste. Die Kritik teilt sich in eine basisdemokratische und eine politisch-strukturelle Schiene. Die Basis kritisiert am Verband: die hierarchische Organisation; die Dominanz komplizierter Organisationsformen, welche die Durchsetzung gemeinsamer Interessen ersticken und Spaß sowie kreative Spontaneität lähmen; den hohen Energieverbrauch für den innerverbandlichen Organisationsablauf; die Diffamierung sogenannter apolitischer Interessen der Jugendlichen, wie beispielsweise das Bedürfnis nach Sozialkontakten und Geborgenheit; die Kluft zwischen den programmatischen Aussagen und dem konkreten Verhalten überregionaler Leitungen; die politische und pädagogische Besserwisserei und den progressiv-missionarischen Erziehungseifer der Verantwortlichen.[103] Daß diese Kritik nicht aus der Luft gegriffen ist, zeigt die Hauptversammlung 1980, bei der die Teilnehmerinnen und Teilnehmer zu ähnlichen Einschätzungen kommen.[104]

Die politisch-strukturelle Kritik fordert, den Erziehungsanspruch wirklich aufzugeben, um durch glaubwürdige Begegnung in erziehungsfreien Räumen zu einer schärferen, aber authentischen Politisierung zu kommen. Netzwerke von Aktionsgruppen, auch mit außerverbandlichen Gruppen, sollen die Struktur durchlässiger machen.[105] Hermann Steinkamp fordert die Auflösung des Dachverbandes, weil er durch seinen Interessenausgleich die Profilierung mancher Verbände verhindert. Norbert Copray fordert, sich finanziell, strukturell und personell von der Kirche zu trennen, ökumenisch zu werden, die Hauptamtlichen aus den Leitungen zu entfernen und sich konsequent an der Projektarbeit zu orientieren.[106]

Die Kritik aus der progressiven Ecke findet im Verband nur begrenzte Resonanz. Sie enthält aus BDKJ-Sicht zu viel innere Widersprüche und die

[102] KB 1990, S. 592ff.
[103] dj 1982, S. 59ff;
dj 1983, S. 179ff.
[104] ID 1980, S. 99.
[105] dj 1983, S. 182ff;
dj 1983, S. 281f.
[106] PF 1985–4, S. 29ff;
dj 1985, S. 446ff;
KB 1984, S. 358ff.

Umsetzung der Vorschläge gilt als nur schwer realisierbar. Hinzu kommen beim BDKJ sicher auch mangelnde Flexibilität und die Angst, Einfluß zu verlieren.[107]

Das dritte Konfliktfeld ist das alte zwischen den Vertretern des Dachverbandes BDKJ – der Bundesvorstand und die Mehrzahl der Diözesanvorstände – und den Vertretern der einzelnen Mitgliedsverbände.

Auf Bundesebene bildet sich eine „Mafia" genannte Gruppe von Verbänden, die der Arbeit des Bundesvorstandes kritisch gegenüberstehen. Ihr gehören KSJ, KJG, DPSG, PSG, KLJB und ein paar Diözesanvorstände an. Ihnen ist die kirchenpolitische Interessenvertretung des Bundesvorstandes zu zahm. Bei der Hauptversammlung 1977 fällt die Kandidatin der „Mafia" für das Amt der Bundesvorsitzenden durch. Nach der Niederlage ihrer Kandidatin ziehen die zur „Mafia" zählenden Kandidaten für die Stellvertreterposten ihre Bewerbungen zurück. Leise werden Drohungen angedeutet. Prompt stellt sich bei der nächsten Hauptversammlung der Erfolg ein – beide Posten der Stellvertreter und das Amt der Bundesvorsitzenden fallen an die „Mafia".[108]

Die großen Verbände wollen eine Niederlage wie 1977 nicht noch einmal riskieren. Sie arbeiten mit der Zeit auf eine Änderung des Stimmenschlüssels hin, der den Mitgliedsverbänden zwei Drittel der Stimmen gegenüber einem Drittel für die Diözesanvorstände sichern soll. So wollen sie den Einfluß der Diözesanvorstände zurückdrängen. Nicht zuletzt aufgrund der Verbundenheit mit der kirchenamtlichen Schiene auf Diözesanebene sehen manche großen Verbände diese mehrheitlich als konservative Bremser an. 1986 erfolgt die Änderung des Stimmenschlüssels, dem die Bischofskonferenz 1988 die Genehmigung verweigert, so daß alles beim alten bleibt.[109]

Das Verhältnis zwischen Bundesvorstand und Mitgliedsverbänden bleibt weiterhin gespannt. Ausdruck davon ist die Kandidatur des bisherigen stellvertretenden Bundesvorsitzenden und Bundesgeschäftsführers der KLJB, Peter Braun, gegen den Bundesvorsitzenden Lothar Harles bei der Hauptversammlung 1986. Braun unterliegt, aber zwei Jahre später, im Frühjahr 1988, eskaliert der Konflikt. Nach massiver Kritik an ihm tritt Bundesvorsitzender Harles zurück. Bundespräses Bleeser und Bundesvorsitzende Casel schließen sich diesem Schritt an, da Harles die gemeinsame Vorstandslinie vertreten hat. Die Kritik an Harles ist die alte: eine zu zahme politische Interessenvertretung. Im Hintergrund steht das schon lange

---

[107] dj 1983, S. 225f;
  PF 1985–6, S. 27.
[108] ID 1977, S. 67f/69/71ff/199;
  dj 1977, S. 330f;
  zum gemäßigten Kurs des Vorstands vgl. bspw dessen öffentliche Kritik am Aktionshandbuch der KJG „Nicht schweigen – handeln", in: ID 1977, S. 41.
[109] Schröder, Dachverband, S. 29f;
  dj 1983, S. 201f;
  ID 1984, S. 110;
  ID 1986, S. 105;
  ID 1988, S. 225;
  Deutsche Tagespost vom 27. 09. 1988, S. 3.

gestörte Verhältnis zwischen einigen großen Mitgliedsverbänden und dem Dachverband. Vor der Versammlung hat der Bundesvorstand noch gehofft, durch die Beteiligung am „Konziliaren Prozeß für Frieden, Gerechtigkeit und Bewahrung der Schöpfung" dem BDKJ einen neuen inhaltlichen Rahmen zu geben, um so von den strukturellen Machtkämpfen wegzukommen.[110] Ein kommissarischer Vorstand überbrückt die Zeit bis zur Wahl von Michael Kröselberg und Paul Magino im Jahr 1989. Die Spannungen aber bleiben.

4.5. Pastorale Grundlinien

„Grundlage des BDKJ sind Leben und Botschaft Jesu Christi, die von der Kirche geglaubt und verkündet werden", ist im Grundsatzprogramm 1975 zu lesen.[111] Die weltanschauliche Basis hat sich gegenüber 1947 nicht grundsätzlich verändert.

Anders ist der konkrete jugendpastorale Ansatz. Der BDKJ will es jungen Menschen ermöglichen, „die konkrete Situation von Menschen und die Bedingungen ihres Zusammenlebens mit der Botschaft Jesu Christi zu konfrontieren und als Gemeinde Jesu Christi Glauben zu erfahren und zu reflektieren. So können junge Menschen im Bemühen um die Nachfolge Jesu Christi im BDKJ Ziele, Werte und Normen für ihr persönliches Leben und das gemeinsame Handeln finden".[112]

Es geht nicht mehr normativ-deduktiv um die Annahme kirchlicher Grundsätze, sondern um eine fruchtbare Spannung zwischen der Lebenssituation der Menschen und dem Maßstab Jesus Christus. So soll sich im Dialog eine an der Nachfolge Christi orientierte christliche Existenz ergeben. Dieser Weg führt zu einem induktiven Vorgehen, zu einem Ansatz bei den Bedürfnissen und Fragen junger Menschen.[113]

Das setzt sich weitgehend durch. Eine Umfrage aus dem Jahr 1989 zeigt, daß sich in der jugendpastoralen Arbeit der Hauptamtlichen – egal ob Laien oder Priester – der induktive Ansatz breit durchgesetzt hat. Abgelehnt wird dagegen der deduktive Ansatz, aber auch die Möglichkeit, sich völlig auf die Welt einzulassen und dabei den Transzendenzbezug aufzugeben.[114] Menschlichem und sozialem Verhalten wird zunehmend eine religiöse Dimension zuerkannt, auch wenn nicht ausdrücklich von Gott gesprochen

---

[110] dj 1982, S. 344ff;
    ID 1985, S. 102;
    ID 1986, S. 105;
    ID 1988, S. 101 und 113ff;
    KB 1988, S. 495ff.
[111] Grundsatzprogramm 1975, S. 285.
[112] Ebd.
[113] A.a.O., S. 285f;
    Bundesvorstand, 25 Jahre, S. 114;
    Grundsätze und Leitlinien, verabschiedet von der Hauptversammlung, in: ID 1969, S. 198.
[114] KB 1990, S. 602f (Befragung Hauptamtlicher in der kirchlichen Jugendarbeit auf diözesaner und regionaler Ebene in mehreren deutschen Bistümern).

wird.[115] Die theologischen Orientierungspunkte in den pastoralen Aussagen verlagern sich von kirchlichen Grundsätzen und Lehraussagen hin zum Leben und Handeln Jesu.[116]

Das zentrale jugendpastorale Leitmotiv der ersten Phase ist das missionarische Apostolat gewesen. Es wird nun ersetzt durch den Begriff der Diakonie, des Dienstes der Kirche an der Jugend. Ziel ist der gemeinsame Dienst von Jugend und Kirche an der Selbstverwirklichung junger Menschen und an einer besseren Welt. Dazu ist eine diakonische Politisierung aller Mitglieder nötig.[117]

Folgende frühere Schwerpunkte der Jugendpastoral tauchen kaum mehr auf: der Erziehungsanspruch der Kirche, das Diakonat des Jungführers, die Auseinandersetzung um die religiösen Standards, die Theorie der drei Kreise und das Ziel einer lebendigen Christusbeziehung jedes einzelnen.

Viele der genannten jugendpastoralen Linien fließen in den Synodenbeschluß „Ziele und Aufgaben kirchlicher Jugendarbeit" von 1975 ein. Der Beschluß ist das Ergebnis der von 1965 bis 1975 geführten jugendpastoralen Theoriedebatte auf katholischer Seite. Er beseitigt das bestehende Theoriedefizit, löst die Richtlinien für katholische Jugendseelsorge von 1957 ab und ist offizieller Orientierungspunkt der Arbeit des BDKJ.[118] Der BDKJ wirkt personell und inhaltlich maßgeblich am Synodenbeschluß mit.[119]

Kurz der Inhalt aus pastoraler Perspektive: Der Beschluß geht von den Fragen und Bedürfnissen Jugendlicher aus. Deswegen beschreibt er die gesellschaftlichen und psychosozialen Bedingungen von Jugendarbeit und setzt theologisch bei der Sinnfrage junger Menschen an. Kirchliche Jugendarbeit soll Dienst der Kirche an der Jugend ohne Rekrutierungsabsichten sein. Die Jugendlichen selbst sind ebenfalls Träger dieses Dienstes, der Mündigkeit in

---

[115] Grundsatzprogramm 1975, S. 285f;
Bundesvorstand, 25 Jahre, S. 114;
Grundsätze und Leitlinien, verabschiedet von der Hauptversammlung, in: ID 1969, S. 198.
[116] vgl. Grundsatzprogramm 1975;
Bildungskonzept 1971, S. 306f.
[117] Lechner, Pastoraltheologie, S. 170f.
[118] Grundsatzprogramm 1975, S. 285;
allerdings kann der Synodenbeschluß nicht die pastoraltheologische Grundlage der BDKJ-Arbeit abgeben, da er sich bewußt nur als Teilaspekt eines noch zu entwickelnden Gesamtkonzeptes versteht, vgl. Rickal, Einleitung, S. 277f;
zur kritischen Bewertung des Synodenbeschlusses vgl. u. a.
KB 1976, S. 237ff;
Lebendige Seelsorge 1976, S. 174ff;
Biemer, Handbuch I, S. 150ff;
Lechner, Pastoraltheologie, S. 157f;
Steinkamp, Ziele.
[119] Rickal, Einleitung, S. 278f; dort auch weitere kurze Informationen über Entstehungsgeschichte, Verlauf, Leitlinien, Kontext und Adressaten des Beschlusses.
Vorarbeiten leisteten die gemeinsamen Studientagungen der katholischen Akademie für Jugendfragen in Münster und des BDKJ-Bundesvorstandes, die zu einem „Bildungskonzept für kirchliche Jugendarbeit" des BDKJ führten, das von der HV 1971 zustimmend zur Kenntnis genommen worden ist, vgl.
Ordner Studientagung;
Börger/Kortmann, Haus, S. 225ff und 246f;
Tzscheetzsch, Christus, S. 7f.

Kirche und Gesellschaft einüben soll. Die Jugendarbeit hat die Aufgabe, christlichen Glauben als sinnerfüllten, befreiten Lebensentwurf erleben zu lassen. Wegweiser dafür ist das Leben Jesu Christi, das durch zentrale christologische Stellen des Neuen Testamentes markiert wird. Mit ihm soll der Jugendliche konfrontiert werden. Nötig sind dafür glaubwürdige christliche Gemeinden, die zum engagierten und kritischen Mitmachen einladen. Orientiert am Lebensentwurf Jesu soll die Jugendarbeit auch zum politischen und sozialen Engagement führen. Es gibt keinen Vorrang religiöser Angebote im engeren Sinne wie beispielsweise Bibelkurse. Der Jugendliche ist auf das personale Angebot angewiesen. Es besteht unter anderem aus Menschen mit pädagogischen Fähigkeiten, die das Subjektsein Jugendlicher respektieren, das Christentum glaubwürdig leben und fähig sind, die Jugendlichen daran teilnehmen zu lassen und mit ihnen zu wachsen. Sie sollen gemeinsame Erfahrungen mit Jugendlichen auf ihre Glaubensdimension hin deuten können. Basis des personalen Angebotes, das auch den Gruppenleiter meint, ist die reflektierte Gruppe. Dort werden die Gruppenprozesse als Hilfe für den Reifungsprozeß des Jugendlichen genutzt. So verbessert sich das Miteinander, und Wahrhaftigkeit, Eigenständigkeit, Partnerschaft, Liebe und Solidarität werden zur Grundlage einer solchen Gruppe. Sie befähigt den Jugendlichen zu schöpferischer Entfaltung und gesellschaftlichem Engagement und ermöglicht ihm so indirekt die Erfahrung von Kirche. Aufgabe von Gruppenleitern und Mitarbeitern ist es, diese reflektierten Gruppen zu begleiten. Aufgabe der Hauptamtlichen ist es, die Mitarbeiter aus- und weiterzubilden. Das Sachangebot, beispielsweise Jugendheime, ist gegenüber dem personalen Angebot zweitrangig.[120]
1977/78 präzisiert der BDKJ mit der Bischöflichen Arbeitsstelle die katechetische Dimension seiner Jugendarbeit. Sie bestehe nicht nur bei Maßnahmen der religösen Bildung, sondern immer dort, wo Menschen vom christlichen Glauben und vom christlichen Hoffen Rechenschaft geben. Deshalb könne alles, was Inhalt kirchlicher Jugendarbeit ist, Katechese werden. Der BDKJ warnt vor einer Katechese, die Tradiertes kritiklos weitergibt, und fordert gerade für die Jugendarbeit einen von der Freiheitsgeschichte Israels ausgehenden kirchen- und gesellschaftskritischen Impuls. Von den Jugendlichen und erwachsenen Mitarbeitern erwartet er, daß sie ihr Glaubenswissen vertiefen, sich mit Fragen des Glaubens auseinandersetzen und sich mit der Bibel beschäftigen. Der BDKJ und die Bischöflichen Jugendämter sollen bei haupt- und nebenamtlichen Mitarbeitern dies durch Angebote fördern und Anregungen für die Praxis mit Jugendlichen geben. Der Jugendliche gilt als Subjekt der katechetischen Arbeit. Politisch-liturgisch lebendige Gemeinden werden als Voraussetzungen für eine gemeindeorientierte Katechese gesehen. Das Papier warnt davor, kirchlichen Jugendgruppen katechetische Programme von außen zuzuweisen, und davor, religiöse Defizite der kirchlichen Jugendarbeit anzulasten.[121]
Doch bleibt der Streit um die pastorale und religiöse Ausrichtung der kirchlichen Jugend(verbands)arbeit nicht aus. 1978 kritisiert Kardinal Jo-

[120] Ziele und Aufgaben, S. 5–16.
[121] Vgl. Die Katechetische Dimension.

seph Höffner, bei verschiedenen katholischen Jugendverbänden komme „das eigentlich Christliche zu kurz". Die Sozial- und Gesellschaftskritik gehe „nicht aus der Tiefe des Glaubens" hervor.[122]

Jugendbischof Heinrich Tenhumberg führt 1979 mit seinem „Bischöflichen Wort an die Mitarbeiter in der Jugendpastoral: Miteinander unterwegs" die Diskussion weiter. Neben Aussagen auf der Linie des Synodenbeschlusses zur Jugendarbeit spricht er von Vorfeld und Eigentlichem. Das Vorfeld ist für ihn das Lernfeld sozialen Verhaltens und humaner Arbeitsprozesse. Das Eigentliche bedeutet, dem jungen Menschen die Wege zu seinem Heil in Jesus Christus zu zeigen und ihm damit auch Zugang zu seiner Kirche zu erschließen. Diese Unterscheidung hat der Synodenbeschluß nicht mehr gekannt. Weiter fordert Tenhumberg bei den Mitarbeitern Kompetenzen im religiös-spirituellen Bereich, so in den Punkten Glaubenswissen, Glaubensleben, Religionspädagogik und Liturgie.[123] Die Forderung nach spiritueller Kompetenz der Mitarbeiter im Sinne einer Glaubensreflexion bleibt aktuell.[124]

Auf Widerspruch beim BDKJ stoßen 1980 Kardinal Höffners Aussagen, daß Verbände nur dann Zellen der christlichen Erneuerung sind, wenn die vielfachen Lebenskrisen der Zeit nicht in diese Gemeinschaften eindringen und wenn sie als vorrangiges Bildungsziel eine missionarische Avantgarde im Auge haben. Es ist, so Höffner, lange nicht genug, „im pluralistischen Markt von Sinnangeboten auch einen Stand zu übernehmen."[125]

1982 verabschieden die deutschen Bischöfe das Positionspapier „Aufgaben und Organisation der Arbeitsstelle für Jugendseelsorge der Deutschen Bischofskonferenz". Neben organisatorischen geht es auch um pastorale Fragen. Der BDKJ ist an den Vorarbeiten beteiligt. Im Positionspapier heißt es: „Sowohl die verbandliche wie die nichtverbandliche Jugendarbeit müssen als kirchliche Arbeit für alle Grundfunktionen der Kirche offen sein und deren Miteinander und Ineinander suchen. Dies schließt nicht aus, daß unterschiedliche Schwerpunkte gebildet werden; aber diese dürfen die anderen Aufgaben nicht ausgrenzen."[126]

1985 faßt der Bundesvorstand den religiösen Auftrag des BDKJ so: Evangelisierung heißt, „in der konkreten Not der Menschen anzusetzen und diese etwas von der Kraft spüren lassen, die vom Evangelium für die Gestaltung der Welt und damit auch für die Befreiung der Menschen ausgeht. Dies geschieht für Jugendliche vor allem durch das gelebte Zeugnis. Eine ausdrückliche Verkündigung setzt dieses Zeugnis voraus."[127]

---

[122] ID 1978, S. 227f.
[123] Vgl. Tenhumberg, Miteinander, insbesondere S. 18f und 27;
    Kommentar dazu:
    Wuchterl, 75 Jahre, S. 71ff;
    SdZ 1985, S. 655;
    Steinkamp, Kirche, S. 94f.
[124] SdZ 1980, S. 217f;
    Lechner, Perspektiven, S. 12.
[125] ID 1980, S. 43.
[126] Zitiert in: KB 1984, S. 439;
    Lechner, Pastoraltheologie, S. 181f.
[127] Zitiert in: Lechner, Perspektiven, S. 10.

Letztlich findet aber eine umfassende pastoraltheologische Standortbestimmung auf Dachverbandsebene nicht statt, obwohl seit Mitte der achtziger Jahre mehrere pastoraltheologische Theorieentwürfe in der Fachdiskussion stehen.[128] Dazu kommt, daß der ausdrücklich auf Fortschreibung und Integration in ein pastorales Gesamtkonzept angelegte Synodenbeschluß nicht weiterentwickelt wird und seine Rezeption für den pastoraltheologischen Bereich der Jugendarbeit schwierig ist.[129]

Bis Ende der 60er Jahre haben die wenigen theologischen Aussagen in der Jugendverbandsarbeit keinen Anlaß zur Kritik gegeben. Dabei spielt eine Rolle, daß eine plurale Theologie erst allmählich entsteht, und man sich daher theologisch nicht so leicht hat vergreifen können. Nun üben, wie schon angedeutet, auch dem BDKJ nahestehende Personen Kritik an seinen theologischen Positionen. Hauptvorwürfe sind: Jesuanismus, der die Göttlichkeit Jesu vernachlässigt; Tendenzen zur Selbsterlösung des Menschen durch Befreiung aus Unterdrückung; neomarxistische Gesellschaftsanalyse; Machbarkeitswahn; ein theologisch unausgegorener kritischer Amts- und Kirchenbegriff; einseitige Auswahl und Auslegung amtlicher Dokumente; Gruppenpädagogik und -dynamik als innerweltliche Heilslehren; Vernachlässigung von Gnade, Kreuzestheologie und Transzendenz; die immer noch ungenügende theologische Fundierung der pädagogischen Arbeit.[130] Die Defizite bleiben,[131] der Streit flacht später ab.

Umstritten ist die Kirchlichkeit des BDKJ. Der BDKJ sieht sich als katholischer Verband, der trotz Eigenständigkeit als freie Initiative junger Christen eine enge Bindung zur Kirche hat und in Einheit mit der Gesamtkirche arbeitet. Als ein Träger von Jugendarbeit der Kirche fordert er von ihr ideelle, materielle und personelle Unterstützung. Er will die Kirche durch engagierte Kritik mitgestalten und sie um die Glaubensformen junger Menschen bereichern. Er betont die Dynamik einer sich ständig erneuernden Kirche, fordert Transparenz bei Entscheidungsprozessen und versteht sich selbst in seiner Arbeit als Basiskirche.[132] Dennoch gibt es regelmäßig Kri-

---

[128] Vgl. Biemer, Handbuch I;
Fuchs, Prophetische Kraft;
Arbeitsstelle, Pastoralkonzept;
Lechner, Pastoraltheologie;
Isenberg/Ziebertz, Jugend.
[129] SdZ 1985, S. 653ff;
KB 1986, S. 6ff.
[130] Bleistein, Wandel, S. 14f;
Bleistein, Entwicklungen, S. 21;
Diözesanarchiv, Klinkhammer, Kasten 1-I, Interview Karl Heinrich vom 27.03.1985;
KB 1973, S. 249f und 450f;
Bundesvorstand, 25 Jahre, S. 35–37/67/73/79.
[131] SdZ 1979, S. 75ff;
HK 1979, S. 227;
vgl. auch exemplarisch die Auseinandersetzung zwischen dem Theologen Biemer und dem Soziologen Filsinger, in: Diakonia 1979, S. 329ff.
[132] Bundesordnung 1971, S. 251;
Grundsatzprogramm 1975, S. 285–287;
Bundesvorstand, 25 Jahre, S. 114ff;
KB 1973, S. 248.

tik, daß der BDKJ sich immer weiter von der Kirche entferne und sie zu oft und zu scharf kritisiere.[133]

Im Hintergrund stehen zwei unterschiedliche Vorstellungen von Kirchlichkeit. Die eine umreißt Kardinal Joseph Höffner 1972 in der Diskussion mit dem BDKJ-Hauptausschuß: Er erwarte, daß die Mitglieder eines kirchlichen Verbandes im Glauben und im sakramentalen Leben der Kirche verwurzelt sind und sich der Autorität des Lehramtes unterordnen.[134] Die andere Position beschreibt Bundespräses Jakobi 1973: Aus dem Evangelium abgeleitete Kritik an der Kirche wie auch gesellschaftliches oder politisches Engagement auf dem Boden des Evangeliums seien zeitgemäße Formen der Kirchlichkeit.[135]

Beide Positionen zeigen auch die Entwicklung des BDKJ auf. Höffners Definition entspricht dem Kirchlichkeitsverständnis des BDKJ in der ersten Phase seiner Geschichte, Jakobis Definition entspricht dem der zweiten Phase.

1977 präzisiert der BDKJ seine Rolle als Jugendverband in der Kirche: Die Gruppen der Verbände verstehen sich als Personalgemeinden und wollen das Leben der Ortsgemeinden mitgestalten. Der BDKJ grenzt sich gegenüber Verbänden ab, die kirchenamtlich errichtet sind und der Förderung des religiös-kirchlichen Lebens sowie des Apostolates dienen. Der BDKJ will ermöglichen, Pluralität in Gesellschaft und Kirche zu leben. Er will zu spezifischen Möglichkeiten der Glaubensgestaltung verhelfen und die Mitarbeit junger Menschen am Gesamtauftrag der Kirche ermöglichen. Und: „Die bewußte Entscheidung als Jugendverband Träger kirchlicher Jugendarbeit zu sein, bedeutet auch ein Ja zur verfaßten Kirche – christliche Kirche ist jeweils konkrete geschichtliche Kirche."[136]

Diese Aussagen scheinen insgesamt auch von der sogenannten Basis gedeckt zu sein. Eine Studie von 1979 stellt für die überwiegende Mehrheit der BDKJ-Mitglieder einen hohen Grad an kirchenbezogener Religiosität fest, sprich, sie identifizieren sich grundsätzlich mit der Kirche, engagieren sich und bekennen sich zu ihrem Christsein in der Kirche. Gerade dieses Christsein interpretieren und gestalten sie aber nach eigenen Überzeugungen. Akut deutlich wird dies in der Sexualmoral, wo sie sich mehrheitlich, so in Fragen der Verhütung oder des vorehelichen Geschlechtsverkehrs, der kirchlichen Lehre verweigern. Dagegen bejahen sie die mit der kirchlichen Sexualmoral verbundenen Werthaltungen wie das Verständnis von Sexualität als Ausdruck personaler Begegnung.[137]

Doch bleibt die Kirchlichkeit umstritten. Angriffe wechseln sich mit Zeiten friedlicher Koexistenz ab. Eine konstruktive Lösung wird dadurch erschwert, daß beide Seiten ihre Position höchstens austauschen, aber nicht zur Diskussion stellen. Darüber hinaus sind sich beide im eigenen Haus über die Definition von Kirchlichkeit nicht immer einig.[138]

---

[133] Bspw. in: Bundesvorstand, 25 Jahre, S. 33 und 67.
[134] ID 1972, S. 9f.
[135] ID 1973, S. 230.
[136] Die Bedeutung von Jugendverbänden 1977, S. 351f.
[137] Liegener, Sexualverhalten, S. 49f.
[138] HK 1989, S. 535;

Mit der Bundesordnung von 1971 gibt der BDKJ offiziell den Anspruch auf, *der* Träger kirchlicher Jugendarbeit zu sein. Er versteht sich nun als *ein* Träger.[139] Es stellt sich die Frage, ob die enge strukturelle Bindung zwischen BDKJ und kirchenamtlicher Jugendarbeit jetzt gelockert werden müßte. Dann wäre ein Koordinationsgremium für alle Gruppen und Institutionen der kirchlichen Jugendarbeit überfällig. Letztlich wird jedoch auf Bundesebene weder ein solches Koordinationsgremium geschaffen noch die enge strukturelle Verbindung spürbar gelöst. Die Mehrheit der Bischöfe, insbesondere Jugendbischof Heinrich Tenhumberg, wollen aus pastoralen Gründen keine deutliche Trennung kirchlicher Jugendarbeit. Der BDKJ sieht durch die bisherige Struktur seinen kirchenpolitischen Einfluß besser gewahrt.[140]

Jedoch bleibt die enge strukturelle Verbindung von kirchenamtlicher und verbandlicher Jugendarbeit umstritten. 1976 fordert Professor Hermann Steinkamp vehement die Trennung, weil die Verquickung lähmt, zehn Jahre später bestätigt der Pastoraltheologe Hans-Georg Ziebertz die Anfragen Steinkamps.[141]

Der BDKJ selbst kann sich nicht so recht einigen. Der Bericht einer Kommission bei der Hauptversammlung 1986 – er wird nicht beschlossen – sieht den BDKJ als wichtigsten Träger kirchlicher Jugendarbeit. Daher gilt für die Bischöflichen Jugendämter das Subsidiaritätsprinzip und die wohlwollende Förderung verbandlicher Arbeit. Ein Konsens, ob der BDKJ sich von der kirchenamtlichen Schiene lösen soll, kommt nicht zustande. Die einen erhoffen sich dadurch mehr Autonomie, die anderen befürchten, die – den Bischöfen stärker zugeordneten und daher eventuell in der Ausstattung bevorzugten – Jugendämter könnten den Verbänden zu starke Konkurrenz machen.[142]

Während sich auf Bundesebene kaum etwas ändert, geschieht in einer Reihe von Diözesen die Trennung doch. 1989 finden sich getrennte Strukturen in Trier, Aachen, Augsburg, Berlin, Köln und Osnabrück. Manchmal spielt dabei die bischöfliche Unzufriedenheit mit der verbandlichen Jugendarbeit eine Rolle. Jedoch können wesentliche Änderungen der Jugendarbeit auf beiden Seiten bisher noch nicht beobachtet werden.[143]

Die Stellung des Priesters im BDKJ wandelt sich. Weiterhin ist er gewünscht, aber eher als Gleicher unter Gleichen. Sein pastoraler Auftrag durch die kirchliche Leitung wird akzeptiert, ihm eine besondere Funktion für das religiöse und sakramentale Leben im Verband zugestanden und eine partnerschaftliche Zusammenarbeit angestrebt.[144] Im Gegensatz zu

vgl. auch die Hauptversammlung 1985. Hier sieht der radikale Flügel eine Unvereinbarkeit zwischen der kirchlichen Hierarchie und der Auffassung einer Kirche als Volk Gottes auf dem Weg. Dem BDKJ-Vorstand wird vorgeworfen, diese Kluft zu verschleiern, in: ID 1985, S. 102.

[139] Bundesordnung 1971, S. 251.
[140] Lechner, Pastoraltheologie, S. 178ff.
[141] KB 1976, S. 653ff;
KB 1986, S. 542.
[142] KB 1986, S. 543ff.
[143] HK 1989, S. 532f.
[144] Bundesordnung 1971, S. 251;

früher findet jedoch eine Wahl der Präsides durch die Laien statt – wenn auch die Kandidatur auf Bundesebene mit der Deutschen Bischofskonferenz abgesprochen sein muß –, die pastorale Verantwortung liegt nicht mehr allein in der Hand des Priesters, sondern verlagert sich auf den ganzen Verband, und die priesterliche Führungskompetenz für die gesamte Bildungs- und Erziehungsarbeit verschwindet. Stärker als früher kommt sein Dienst an der Einheit innerhalb des BDKJ und als Vermittler zwischen BDKJ und Kirchenleitung in den Blick. Die Zahl der Priester in Verbänden geht – wie in der gesamten kirchlichen Jugendarbeit – zurück.[145]

Die Rolle des Priesters wird bis 1980 mehrmals hinterfragt. Steinkamp fordert, die Dienstaufsicht der Jugendseelsorger und Verbandspräsides über die pädagogischen hauptamtlichen Mitarbeiter aufzugeben. Der Theologe Ludger Zinke spielt auf eine ausschließliche theologische Berater- und Moderatorenfunktion des Priesters im Verband an.[146] Jugendbischof Wolfgang Rolly und BDKJ sind sich jedoch in der Ablehnung eines solchen Modells einig, wenn sie auch die Rolle des Priesters im Verband unterschiedlich betonen. Der BDKJ sieht in ihm vor allem das freigewählte, gleichberechtigte Leitungsmitglied, Rolly dagegen eher den Vertreter der kirchlichen Hierarchie mit dem entsprechenden Auftrag, die Einheit zu wahren.[147]

Bei Rolly geht es in der Ablehnung des Moderatorenmodells eindeutig um den – permanent überschätzten – kirchlichen Einfluß auf die katholischen Jugendverbände durch die Präsides; beim BDKJ dürfte neben seinem Selbstverständnis die Angst vor innerkirchlichem Einflußverlust mitgespielt haben.

Die ökumenische Entwicklung ist in der nachkonziliaren Zeit stürmisch. Vor allem die Basis, frei von theologischen Bedenken, drängt. Auf Bundesebene nimmt die institutionalisierte Zusammenarbeit zu. Für ökumenische und entwicklungspolitische Fragen gründet man paritätisch besetzte Arbeitskreise. 1969 empfehlen die Bundesvorstandsgremien von BDKJ und evangelischer Jugend statt der herkömmlichen Jugend- und Bekenntnistage ökumenische Jugendtage zum Thema „Der Friede ist möglich“. 1970 gibt es den gemeinsamen „Friedensmarsch 70“ zur Entwicklungspolitik, dem Kampagnen unter wechselnder Federführung folgen. 1972 sprechen sich die Spitzen der katholischen und evangelischen Jugend dafür aus, den Jugendkreuzweg gemeinsam zu planen und durchzuführen. Bisweilen stößt man aber auch theologisch oder gesamtkirchlich auf Grenzen, beispielsweise beim Vorschlag, das Modell einer ökumenischen Gemeinde auszuprobieren.[148] Später nimmt der Schwung ab, die Zusammenarbeit funktio-

Grundsatzprogramm 1975, S. 287.
[145] Bundesordnung 1971, S. 251;
Grundsatzprogramm 1975, S. 287;
Lebendige Seelsorge 1971, S. 189ff;
KB 1969, S. 80f.
[146] KB 1976, S. 653ff;
KB 1976, S. 695f.
[147] ID 1979, S. 296;
KB 1980, S. 695.
[148] Bundesvorstand, 25 Jahre, S. 58ff;
Börger/Kortmann, Haus, S. 265f.

niert aber weiter gut. Gleichzeitig steigt die Zahl evangelischer Mitglieder im BDKJ.[149]
Jugendbischöfe sind Heinrich Tenhumberg (1970–1979) aus Münster, Weihbischof Wolfgang Rolly (1979–1986) aus Mainz und ab 1986 Franz Kamphaus aus Limburg.[150]

4.6. Pädagogische Grundlinien

Anfangs sollen vier pädagogische Theorien der Jugendarbeit kurz skizziert werden[151], da sie in unterschiedlichem Maße die pädagogische Arbeit des BDKJ beeinflussen:
Die sogenannte liberal-progressive Jugendarbeit[152] entsteht Mitte der sechziger Jahre. Sie hat das Ziel, den Jugendlichen zu befähigen, in der Industriegesellschaft ein menschenwürdiges Dasein zu führen. Stärker als in der bisherigen sozial-integrativen Jugendarbeit steht der Jugendliche mit seinen Bedürfnissen im Mittelpunkt, bleibt aber Objekt erzieherischen Handelns. Die liberal-progressive Jugendarbeit ist von der Gruppenpädagogik beeinflußt, deren Vorstellung von Gruppenarbeit aufgabenbezogen und in einem demokratisch-partnerschaftlichen Rahmen leiterorientiert ist. Die Gruppe bestimmt sich innerhalb eines vorgegebenen Rahmens selbst. Dieser Ansatz findet sich beispielsweise im bundesweiten Aktionsprogramm der KJG/KFG von 1968 wieder.[153]
Für die Anfang der 70er Jahre entwickelte antikapitalistische Jugendarbeit[154] sind Ausgangspunkte jeglicher Jugendarbeit die Klassengegensätze der Gesellschaft. Die Jugend ist kollektives Subjekt der Gesellschaftsveränderung, die Bedürfnisse werden im Rahmen der Klassengegensätze gesehen – der sogenannte objektivistische Bedürfnisansatz. Lernen geschieht wesentlich durch politische Aktion im Kampf gegen die Interessen des Kapitals, ein Gruppenverständnis im gruppenpädagogischen oder gruppendynamischen Sinn besteht nicht.
Ausgangspunkt für die etwa gleichzeitig formulierte emanzipatorische Jugendarbeit[155] ist die Feststellung, daß die bisherige Erziehung mit der gesellschaftlichen Forderung nach Demokratisierung nicht übereinstimmt. Diese Theorie will Politik und Pädagogik verbinden, indem der politischen Befreiungsaktion bestimmte Lernleistungen entsprechen müssen. Es geht um den Abbau des von außen kommenden Zwangs. Ziel ist die Selbstbestimmung der Jugendlichen; deswegen kann von Erziehung nicht gespro-

[149] ID 1980, S. 169;
   Klöcker, Katholisch, S. 294.
[150] ID 1979, S. 127/232/242;
   ID 1986, S. 250f.
[151] Bierhoff, Theorieansätze, S. 137ff.
[152] Vgl. Müller u. a., Jugendarbeit;
   Erl, Gruppenpädagogik.
[153] Körner, KJG, S. 20ff.
[154] dj 1970, S. 28ff;
   dj 1971, S. 13ff und 61ff.
[155] Vgl. Giesecke, Jugendarbeit 1971.

chen werden. Die Emanzipation umfaßt die Partizipation an kulturellen, politischen und beruflichen Aufgaben sowie die Mündigkeit als Bewußtseinshaltung. Diese Form der Jugendarbeit soll emanzipatorische Lernprozesse ermöglichen, die in anderen Sozialisationsinstanzen wie Schule oder Betrieb kaum möglich sind. Sie sieht sich daher als eine korrigierende Sozialisationsinstanz. Die gesellschaftsverändernde Funktion ist von der jugendlichen Selbstbestimmung abhängig. Diese geht auf die aktuellen Bedürfnisse ein, die allerdings im Kontext der Sozialisation des Jugendlichen gesehen und gedeutet werden müssen. Jugendarbeit hat so eine lebensbegleitende Dimension, da die Inhalte der Jugendarbeit aus den Lebenszusammenhängen der Teilnehmer entwickelt werden sollen. Konfliktbearbeitung gilt als wichtiger emanzipatorischer Lernprozeß. Die Gruppen sind in diesem Modell nicht mehr leiter- und aufgabenorientiert, die Selbsterfahrung des Jugendlichen gibt das Thema für die Gruppe ab. Leitbegriffe für die Berufsrolle der Pädagogen sind Solidarität und Beratung.

Die gruppendynamische Jugendarbeit[156] baut auf der emanzipatorischen Jugendarbeit auf. Sie findet ab Mitte der siebziger Jahre große Beachtung. Ausgangspunkt sind hier noch deutlicher die Selbsterfahrung der Gruppenmitglieder, bezogen auf Kommunikationsprozesse in der Gruppe und auf die Wahrnehmung gesellschaflicher Bedingungen. Der Gruppenleiter ist ein Trainer, der mit den Teilnehmern Interaktionsprozesse reflektiert. Durch Hereinnahme gesellschaftlicher Bedingungen ergibt sich als Ziel die Demokratisierung der Gesellschaft.

Vor allem die emanzipatorische und die gruppendynamische Jugendarbeit prägen die pädagogische Arbeit des BDKJ, auch wenn in den 80er Jahren die Theoriedebatten längst nicht mehr so heftig geführt werden und der Alltag der Jugendarbeit wieder stärker in den Blick rückt.[157]

Zwei zusätzliche einleitende Bemerkungen scheinen mir noch wichtig: Haben bisher pastorale Aspekte die Fragen der Pädagogik dominiert, tritt nun die pädagogische Fragestellung für die gesamte Bildungsarbeit in den Vordergrund und es verschwimmen im Nachgang des Konzils die Trennungslinien zwischen Pädagogik und Pastoral. Des weiteren gibt der BDKJ nun die pädagogische Arbeit an die Verbände ab.[158] Bei den Mitgliedsverbänden gibt es aber viele verschiedene pädagogische Ansätze und Akzente.[159] Die für dieses Kapitel relevanten Aussagen sind deshalb oft Grundsatzpapieren auf BDKJ-Ebene entnommen, die eine theoretisch verdichtete gemeinsame pädagogische Plattform der Verbände darstellen.

Die pädagogische Grundlage definieren Bundesvorstand und Referenten 1973: „Grundlage der pädagogischen Arbeit des BDKJ ist die Botschaft Jesu Christi, die mit dem Gebot der Liebe auf eine größere Befreiung des Menschen hinzielt."[160]

Das pädagogische Ziel formuliert der BDKJ im Grundsatzprogramm von 1975: „Der BDKJ will jungen Menschen bei ihrer personalen Verwirkli-

---

[156] Vgl. Fritz, Gruppendynamik.
[157] Faltermaier, Nachdenken, S. 470f und 491ff.
[158] Bundesordnung 1971, S. 252.
[159] Die Bedeutung von Jugendverbänden 1977, S. 348.
[160] Bundesvorstand, 25 Jahre, S. 119.

chung helfen. Sie vollzieht sich in der Erfahrung von Sinn und Freiheit, in der Orientierung an Werten und in der Übernahme von Verantwortung, in der Begegnung und Auseinandersetzung mit anderen Menschen, in der Mitgestaltung der Kirche und im Einsatz für eine menschenwürdige Gesellschaft."[161]

1977 beschreibt der BDKJ seine Zielgruppe, die jungen Menschen, noch einmal genauer: Kennzeichnend für die Jugendlichen sind weniger das Alter als der Ablösungsprozeß von der Familie und die starke Anbindung an Gleichaltrige; die Teilnahme an der schulischen oder beruflichen Ausbildung sowie die noch nicht oder erst beginnende Berufslaufbahn und längerfristige Festlegung auf eine spezielle Lebensform. Der BDKJ verneint eine spezielle gesellschaftliche Wegbereiterfunktion der Jugend, deren Rolle in der Gesellschaft wandelbar und von bewußter Positionsbestimmung sowie Wertsetzung abhängig ist. Die Mitgliedsverbände bieten den Jugendlichen Kontakte mit Gleichgesinnten bei größerer Eigenverantwortung als beispielsweise in Schule und Familie, wertgebundene und mitbestimmte Bildung sowie Platz für gemeinsame Interessenvertretung.[162]

Individuelle und gesellschaftliche Aspekte der personalen Verwirklichung sind für den BDKJ nicht zu trennen. Als konkrete Ziele gelten eigenständiges Denken und Handeln, Kreativität, Konflikt- und Kritikfähigkeit, kritisches politisches Bewußtsein, Toleranz und Kooperationsbereitschaft. Man sieht die pädagogische Arbeit des BDKJ als einen experimentierfreudigen Lern- und Lebensraum neben Schule, Elternhaus und Beruf.[163]

Das Verhältnis zur Tradition ist kritisch. Verfestigungen von traditions- und kulturbedingten Sichtweisen und Normen sollen aufgezeigt und überwunden werden.[164] Den Erziehungsanspruch im klassischen Sinne gibt der BDKJ weitgehend auf. Es geht ihm eher um einen Beitrag zur Orientierung.[165]

Ausgangspunkt der Pädagogik ist, wie in der Pastoral, die Orientierung an den existentiellen Bedürfnissen der Jugendlichen.[166] Diese ist nicht unumstritten. Kritisiert wird die Filterfunktion der Hauptamtlichen, die eventuell Bedürfnisse nur dann aufgreifen, wenn sie in ihr Konzept passen.[167]

Die zweite Grundlinie ist die Emanzipation. Es geht um die Hilfe zur Befreiung der Jugendlichen aus vielfältigen Prozessen entfremdender Not, aus Zwängen und Gewalt. Diese Zwänge sieht man teilweise im gesellschaftlich-ökonomischen Bereich, teilweise aber auch in der biographischen Sozialisation der Jugendlichen. Die Zwänge sollen durchsichtig gemacht und überwunden werden. Ziel ist die Befähigung zu autonomem Denken und

---

[161] Grundsatzprogramm 1975, S. 285.
[162] Die Bedeutung von Jugendverbänden 1977, S. 347ff.
[163] Bundesvorstand, 25 Jahre, S. 119f;
    Bildungskonzept 1971, S. 303.
[164] Bundesvorstand, 25 Jahre, S. 121.
[165] Bspw. kommt das Wort Erziehung in der Bundesordnung 1971 nicht mehr vor, vgl. Bundesordnung 1971.
[166] Bildungskonzept 1971, S. 304;
    Grundsatzposition der Hauptversammlung 1969, in: ID 1969, S. 198.
[167] KB 1973, S. 446ff;
    ID 1973, S. 229.

Handeln, Kritik- und Konfliktfähigkeit sowie kreative Gestaltung des eigenen Lebens.[168]

Den dritten Grundsatz umreißt das Stichwort Selbstverwirklichung. Der BDKJ will bei der Selbstverwirklichung junger Menschen ansetzen, die umrahmt ist von Selbstfindung und Selbstbestimmung. Die Selbstverwirklichung basiert auf der Sinnfrage und Identitätssuche Jugendlicher, die im Kontext der Sehnsucht nach Glück, Liebe, Frieden, Freude und Heil steht. Die Selbstverwirklichung muß aber die Perspektive des Glücks, Heils und der Identität aller einschließen. Dort findet sie auch ihre Grenze.[169]

Die drei Grundlinien Selbstverwirklichung, Emanzipation und Bedürfnisorientierung müssen in der pädagogischen Arbeit des BDKJ eng zusammenhängend gesehen werden. Sie stehen in Wechselbeziehung zueinander. Alle drei sind untrennbar verbunden mit dem politischen Engagement für eine gerechtere Gesellschaft.

Ähnlich wie die Verbände als Organisationen steht auch ihre Pädagogik im Schnittpunkt verschiedener Erwartungen. 1976 weist der Bundesvorstand des BDKJ die Forderung Hermann Steinkamps, Normen vorrangig zum Gegenstand von Lern- und Reflexionsprozessen in demokratischen Entscheidungsinstanzen zu machen, energisch zurück. Für den Bundesvorstand gilt, daß Normen für die personale Verwirklichung und für die Achtung der menschlichen Würde notwendig sind. Damit sie nicht vorschnell verneint oder oberflächlich nicht beachtet werden, müssen die Normen mit begründeter Autorität vertreten werden.[170]

In den achtziger Jahren nähern sich die Jugendverbände eher Steinkamps Position an, während konservative Pädagogen die Position des Bundesvorstands verschärfen. So stehen sich – vereinfacht – zwei pädagogische Konzepte gegenüber. Die konservative Seite betont: Die Gesellschaft sei in ihren fundamentalen Wertorientierungen verunsichert. Die Jüngeren sollten auf die Wertorientierungen der Älteren zurückgreifen. Die Orientierungen müßten von außen an die Jugendlichen herangetragen werden, da diese sie selbst nicht entwickeln könnten. Emanzipatorische Jugendarbeit verstärke nur das Wertevakuum. Das sehen die katholischen Jugendverbände anders: Es gebe heute einen Wertepluralismus, keinen Werteverfall. Pädagogische Arbeit solle Jugendliche befähigen, sich in dieser Vielfalt zurechtzufinden, indem sie sich kritisch damit auseinandersetzen und einen eigenen Standpunkt finden. Es sei nicht Aufgabe der Pädagogik, diese Vielfalt durch die Auswahl eines Identifikationsmodells zu entschärfen.[171]

Diesen beiden Vorstellungen entsprechen zwei verschiedene religionspädagogische Konzepte. Auf konservativer Seite besteht der Anspruch an

---

[168] Bildungskonzept 1971, S. 303–305;
Bundesvorstand, 25 Jahre, S. 119f;
Grundsatzprogramm 1975, S. 286.
[169] Bundesordnung 1971, S. 251;
Ziele und Aufgaben, S. 9;
Bundesvorstand, 25 Jahre, S. 119f.
[170] KB 1976, S. 653ff;
KB 1977, S. 179f.
[171] KB 1988, S. 255f.

die kirchliche und damit auch verbandliche Jugendarbeit, sich vornehmlich der Weitergabe kirchlich abgestimmter Glaubensvorstellungen und Werthaltungen an die junge Generation zu widmen. Die Jugendverbände haben ein anderes Ziel vor Augen: Die Jugendlichen sollen die Fähigkeit einüben, konkurrierende Lebensentwürfe beurteilen zu können, und eine christliche Identität ausbilden, die nicht allein als Übernahme kirchlicher Rollenerwartungen gedacht wird.[172] Der Streit ist bis heute nicht beigelegt.

Die Gruppe steht anfangs im Zeichen der Gruppenpädagogik und der Öffnung für informelle Zusammenschlüsse wie den Clubs.[173] Danach setzt sich – zumindest in der Theorie – zunehmend die gruppendynamisch beeinflußte, reflektierte Gruppe des Synodenbeschlusses durch, der ein hoher Eigenwert zugesprochen wird.[174] In den 80er Jahren finden sich emanzipatorisch-projektorientierte, gruppenpädagogische und -dynamische oder freizeitpädagogische Ansätze nebeneinander. Die verbindliche Jugendgruppe bleibt jedoch Kern der Verbandsarbeit.

Eine ähnliche Entwicklung ist beim ehemaligen Jungführer, dem jetzigen Gruppenleiter, zu beobachten. Weiterhin bildet er als Ehrenamtlicher den Kern der Verbandsarbeit. Er ist in den 60er Jahren – Einfluß der Gruppenpädagogik – nicht mehr Führer, sondern Partner und Berater. Selbstbestimmung und gruppeninterne Demokratie werden – in Grenzen – praktiziert. Die Leitung von Pfarreien und Dekanaten geschieht zunehmend in Teams. Dementsprechend nimmt die Gruppenpädagogik in der Ausbildung von Gruppenleitern einen bedeutenden Raum ein.[175]

Eine gruppendynamische Verschiebung ergibt sich in den siebziger Jahren. Die ehrenamtlichen Gruppenleiter und Gruppenleiterinnen, die weiter den Kern der Verantwortlichen bilden, gehören zum personalen Angebot und sollen befähigt werden, die Reflexion von Gruppen- und Interaktionsprozessen zu unterstützen, die Bedürfnisse des Gruppenmitgliedes gesellschaftlich und religiös zu deuten und am Leben der Gruppenmitglieder existentiell teilzunehmen.[176]

Im Anschluß an das Synodenpapier entfaltet Hermann Steinkamp das Modell der reflektierten Gruppe genauer: Das Leitbild des charismatischen Führers soll durch eine funktionale Autorität ersetzt werden, die von jedem Gruppenmitglied phasenweise durch Begabung oder Übung übernommen werden kann und die kontrollierbar ist. Der mit der funktionalen Autorität ausgestattete Leiter ist dann ein fast wertneutraler Kommunikationsfachmann, der Gruppenprozesse zusammen mit den Gruppenmitgliedern ana-

---

[172] KB 1990, S. 597.
[173] ID 1967, S. 47f;
KB 1971, S. 196ff.
[174] Bildungskonzept 1971, S. 305;
Ziele und Aufgaben, S. 15f;
Wuchterl, 75 Jahre, S. 70;
Bundesvorstand, 25 Jahre, S. 121;
vgl. auch das Kapitel 4.5.
[175] dj 1968, S. 455ff;
Biemer, Handbuch II, S. 80ff.
[176] Ziele und Aufgaben, S. 14f.

lysiert und reflektiert.[177] Das Modell beeinflußt vor allem die Arbeit mit Gruppen auf höherer Ebene, beispielsweise die Leiterausbildung auf Bundes- und Diözesanebene.

Kritik erfährt Steinkamps Modell unter anderem wegen der fehlenden Dimensionen der Offenbarung, des Evangeliums und der Kirche sowie wegen des fehlenden Lebensweltbezuges.[178] 1985 stellt der Theologe Tzscheetzsch ein Modell der Gruppenleiter-Ausbildung und Gruppenarbeit vor, das gruppenpädagogisch orientiert ist, gruppendynamische Elemente einbezieht und die theologische Dimension deutlich hervorhebt.[179] Entsprechend verschiedene Schwerpunkte hat die systematisierte Gruppenleiterausbildung, bei der die religiöse Persönlichkeitsbildung nicht mehr die zentrale Rolle spielt.[180] Generell gesehen gibt es hier in der verbandlichen Jugendarbeit keinen Einheitskurs, allerdings dürften die meisten pädagogischen Modelle bei der Leiterausbildung dem Entwurf von Tzscheetzsch etwas näherstehen.

Durch das in den 80er Jahre neu erwachende empirische Interesse an den ehrenamtlichen Mitarbeitern, meist Gruppenleitern, gewinnt man neue Informationen. Motive für die Mitarbeit sind vor allem, mit anderen zu kommunizieren, die eigene Identität und Persönlichkeit zu bilden, anderen zu einer Identität zu verhelfen sowie die eigenen Fähigkeiten im Umgang mit Menschen zu verbessern.[181]

Die Anforderungen an die erwachsenen Mitarbeiter, ob ehren- oder hauptamtlich, sind analog den Anforderungen an die Gruppenleiter hoch. Sie gehören zum personalen Angebot und sind verantwortlich für die Aus- und Weiterbildung der Gruppenleiter. Sie sollen dabei helfen, beispielsweise als Praxisberater, daß die Aktivitäten der Gruppen der Zielsetzung kirchlicher Jugendarbeit verpflichtet bleiben. Neben dieser Hilfe sollen sie durch ihre Person Verhaltens- und Identifikationsmodelle bieten, die den Jugendlichen bei der Selbstfindung unterstützen.[182]

Die Professionalisierung steigt weiter an. Anfang der 70er Jahre hat man Schwierigkeiten, die Planstellen mit geeigneten Bewerbern zu besetzen. Deswegen bemüht sich der BDKJ pädagogisch und jugendpolitisch um ein attraktiveres und bekannteres Berufsbild, um die Aus- und Weiterbildung der Hauptamtlichen sowie um Verbesserungen für den Übergang in einen Beruf nach der Jugendarbeit.[183]

---

[177] Vgl. Steinkamp, soziales Lernen.
[178] Biemer, Handbuch II, S. 108.
[179] Biemer, Handbuch II, S. 115ff.
[180] Biemer, Handbuch II, S. 82ff.
   Sielert, Mitarbeiter, S. 68ff;
   Hamburger, Mitarbeiter, S. 27ff.
[181] Sielert, Mitarbeiter, S. 68ff;
   Hamburger, Mitarbeiter, S. 27ff.
[182] Ziele und Aufgaben, S. 14f;
   Grundsatzprogramm 1975, S. 287;
   Bundesvorstand, 25 Jahre, S. 121f.
[183] ID 1969, S. 182;
   ID 1970, S. 161;

Innerhalb und außerhalb des BDKJ kommt es hier Anfang der 80er Jahre zu einer kritischen Debatte. Die Hauptvorwürfe: Hauptamtliche seien durch Informations- und Fachkompetenzvorsprung die heimlichen Drahtzieher in den Jugendverbänden; sie hielten die Jugendverbände künstlich aus Eigeninteresse am Leben; ihre Fachkompetenz und die mit den wachsenden Planstellen ebenfalls wachsende Bürokratisierung lähmten das Engagement der Ehrenamtlichen; die sozialpädagogisch ausgerichtete Qualifikation verführe dazu, Jugendliche von vornherein als defizitär anzusehen; die Pädagogisierung durch Hauptamtliche trage zur Profillosigkeit bei. Zugespitzt bezweifelt diese Kritik den zentralen Anspruch von Jugendverbandsarbeit: die Selbstorganisation Jugendlicher.[184] Im Bereich der katholischen Jugendverbandsarbeit kommt dazu noch die Frage nach der theologischen und spirituellen Kompetenz sowie das Problem der Dienstaufsicht von Theologen, meist Jugendseelsorgern, über die pädagogischen Mitarbeiter. Dies kann bei unterschiedlichen Ansichten, beispielsweise über den Umgang mit kirchlichen Normen, zu Konflikten führen.[185] Die Diskussion ist mittlerweile abgeflacht.

Eine Umfrage aus dem Jahre 1989 weist auf eine erhebliche Ungleichzeitigkeit zwischen Hauptamtlichen in der katholischen Jugendarbeit und der gesamten katholischen Kirche hin.[186] Befragt wurden Hauptamtliche (Priester, Pädagogen, Laientheologen) in zehn verschiedenen bundesdeutschen Bistümern, teils aus Verbänden, teils aus kirchenamtlichen Feldern. Im Gegensatz zur heute noch bestehenden Nähe zwischen Kirche und Unionsparteien fühlen sich nur 15,7% der Hauptamtlichen der CDU/CSU verbunden, dagegen 42,7% der SPD und 36,3% den Grünen. Nimmt man die unter 35jährigen – die Mehrzahl der Hauptamtlichen in der kirchlichen Jugendarbeit –, bekennen sich nur noch 9,8% zu den Unionsparteien. Einzig bei den Priestern gibt es eine CDU/CSU-Mehrheit.

Mit der kirchlichen Erneuerung nach dem Konzil sind 34% zufrieden, 64,7% gehen die Reformen nicht weit genug. Keine Anhänger findet die Ansicht, daß die Reformen zu weit gegangen sind.

Was die kirchliche Orthodoxie angeht, sprich das Festhalten an kirchlich autorisierten Positionen, findet sich im Durchschnitt eine knappe Zustimmung dafür, daß die Teilnahme an der Liturgie notwendig ist für ein gläubiges Christsein, und eine noch knappere Zustimmung, daß die Hauptamtlichen sich in ihrer Arbeit, die im weitesten Sinne als Verkündigung gesehen wird, an die kirchlich markierten Grenzen halten müssen. Deutliche Ablehnung erfährt die These „Das Amt ist zu Recht der Grundstein der ganzen Kirche" sowie die Betonung konfessioneller Unterschiede. Abge-

ID 1971, S. 150 und 161;
ID 1972, S. 51f.
[184] KB 1984, S. 191ff;
Junge Kirche 1982–1, S. 10ff;
dj 1982, S. 107ff;
dj 1984, S. 449;
Bildungspolitische Leitlinien 1977, S. 357.
[185] KB 1976, S. 653ff;
SdZ 1980, S. 217f.
[186] KB 1990, S. 592ff.

lehnt werden auch die Thesen „Gläubiger Christ kann man nur als Mitglied der Kirche sein" und „Hauptamtliche müssen Jugendlichen Pflichten verdeutlichen, die sich aus der Kirchenmitgliedschaft ergeben". Am nähesten stehen den Thesen der kirchlichen Orthodoxie – in dieser Reihenfolge – die Unionsanhänger, die Priester, die Älteren und die Theologen. Am fernsten stehen – ohne signifikante Unterschiede – die Anhänger der Grünen, die Jüngeren und die Pädagogen. Daß diese Ungleichzeitigkeit Spannungen hervorruft, liegt auf der Hand.

Die strikte Trennung zwischen Männern und Frauen, Jungen und Mädchen, wird bis auf einige Ausnahmen schnell abgebaut, obwohl es heftigen Widerstand bei Ehemaligen und im kirchlichen Milieu gibt.[187] Ab Mitte der 80er Jahre wird neu über geschlechtsspezifische Ansätze nachgedacht.[188]

Die methodische Vielfalt der Jugendarbeit bereichern neue, gruppendynamisch ausgerichtete Formen, die Reflexion steht in hohem Ansehen und die aus der offenen Jugendarbeit kommende Projektmethode zieht auch in die verbandliche Jugendarbeit ein.[189]

Die Idee der Lebensgemeinschaft in den Gruppen und die bischöfliche Sendung für Leitungsaufgaben der höheren Ebene verschwinden. Die betonte Altersstufenpädagogik gerät – mit Ausnahmen – in den Hintergrund.

4.7. Die Arbeit nach innen

Generell ist nun die Arbeit nach innen mehr mit der Arbeit nach außen verschränkt. Die dominierende politische Bildung hängt eng mit dem gesellschaftlichen Einsatz für eine gerechtere Welt zusammen.[190]

Das Ziel der politischen Bildung im BDKJ ist, „dem jungen Menschen aus Wertpositionen heraus Handlungskompetenzen für sein soziales und politisches Engagement zu vermitteln und ihm Hinweise auf Orientierungspunkte für seine Entscheidungen und Handlungen zu geben".[191]

Dazu sollen Informationen angeboten, Auseinandersetzungen mit Positionen ermöglicht, Fähigkeiten gestärkt und Möglichkeiten zur Erprobung von Alternativen geschaffen werden. Politische Bildung gilt als Persönlichkeitsbildung, ermutigt und befähigt zur Interessenvertretung und wendet sich an alle, nicht nur an eine Elite. Sie umfaßt theologische, politologische, soziologische, historische und wirtschaftliche Bereiche.[192] Die Tradition, den Wahlkampf als Testfeld der Anwendbarkeit politischer Bildung zu nutzen, wird intensiviert.[193]

---

[187] dj 1968, S. 458;
 Bundesvorstand, 25 Jahre, S. 66;
 Wuchterl, 75 Jahre, S. 66f.
[188] Vgl. Kapitel 4.10.
[189] Vgl. bspw. Forum 1970/71, S. 241ff.
[190] Bspw. Bildungskonzept 1971, S. 305.
[191] Quessel, Jugendverbandsarbeit, S. 35.
[192] A.a.O., S. 34f;
 vgl. auch das von der Hauptversammlung 1967 als Grundlage der politischen Bildungsarbeit angenommene Konzept, in: ID 1967, S. 166 und 180.
[193] ID 1969, S. 124/135/139;

Die Jahresthemen lauten: Die Freiheit wagen (1966/67); Der Glaube an Jesus Christus – Wahrheit und Wagnis (1967/68); Frieden ist möglich (1968/69); Allen Menschen Zukunft – Möglichkeit und Fortschritt als Aufgabe der Christen (1969/70); Kirche unterwegs (1971–73); Damit der Mensch nicht Opfer des Menschen sei (1973/74). In den Jahren 1974–1976 gibt es kein Jahresthema. Die Jahresaufgaben: Wir werben für unsere Zeitschriften (1966/67); Umgang mit der Heiligen Schrift (1967/68). Danach gibt es keine Jahresaufgaben mehr, ebenso werden die Bekenntnistage abgeschafft.[194]

Die Resonanz der Jahresthemen an der Basis läßt immer mehr nach. Deswegen beschließt die Hauptversammlung 1967, die Entwicklung von Jahresaufgaben den einzelnen Gliedgemeinschaften zu überlassen.[195] Aus den verbindlichen und detaillierten Jahresprogrammen wird ein Rahmenthema, das auf Füllung durch Mitglieds- und Diözesanverbände angewiesen ist.

Mitte der 70er Jahre setzt sich die Überlegung durch, das Jahresthema langfristiger zu gestalten und einen größeren Interpretationsrahmen vorzusehen. Der Dachverband soll koordinieren und den politischen Aspekt des Schwerpunktthemas in der Öffentlichkeit betonen.[196]

»Zukunft gestalten – Hoffnung leben" heißt das Thema von 1976 bis 1979. Der Schwerpunkt liegt in den Jahren 1977/78. Inhaltlich finden sich die Fragen unbegrenzten Wachstums in einer begrenzten Welt, Umweltzerstörung sowie die emotionale wie geistige Verarmung der Menschen in der heutigen Gesellschaft. Ziele des Themas sind: Information und Motivation der Jugendlichen, Änderung des eigenen Verhaltens und der eigenen Einstellung sowie politische Aktionen. Wie gut das Thema greift, ist umstritten.[197]

Von 1981 bis 1985 lautet das Thema „Frieden und Gerechtigkeit". Es beginnt mit Startpositionen, die als Orientierungshilfen gedacht sind. Sie enthalten eine kurze Analyse der aktuellen gesellschaftlichen Situation und theologische wie bildungspolitische Teile zu den Themen innergesellschaftlicher und politischer Frieden sowie „Eine Welt". Neu sind ein radikaler friedenstheologischer Ansatz, der deutliche Hinweis auf die Zusammenhänge zwischen den Themen „Frieden" und „Eine Welt" sowie die massive Skepsis gegenüber dem militärischen Sicherheitssystem. Der BDKJ fordert in den Startpositionen auch einseitige Abrüstungsschritte des Westens als vertrauensbildende Maßnahmen. Der neue Schwerpunkt läuft etwas zäh an, doch ziehen Hauptversammlung und Bundesvorstand 1985 eine überwiegend positive Bilanz. Das Thema hat ihrer Ansicht nach den BDKJ mitgeprägt und ist an der Basis auch aufgegriffen worden. Im Rahmen des Schwerpunktes zeigen sich allerdings innerhalb des Dachverbandes große

ID 1972, S. 131ff.
[194] Börger, 1945, o.S.
[195] ID 1967, S. 139f und 178.
[196] ID 1973, S. 166.
[197] ID 1976, S. 73;
    ID 1979, S. 245;
    BDKJ, Zukunft, S. 5ff.

Differenzen hinsichtlich der unterschiedlich radikalen friedenspolitischen Positionen der Verbände. Eine Konsequenz aus diesen Jahren: Ein neues Schwerpunktthema in dieser Form soll es nicht mehr geben, da es zu viele Kräfte bindet.[198]

1989 beschließt dann der BDKJ, sich am weltweiten „Konziliaren Prozeß für Gerechtigkeit, Frieden und Bewahrung der Schöpfung" zu beteiligen und hier auch inhaltlich in der Bildungsarbeit Akzente zu setzen.[199]

Eine neues Feld entwickelt sich durch die ansteigende Zahl der Kriegsdienstverweigerer. Der BDKJ engagiert sich in der Beratung und Betreuung.[200] Auf der anderen Seite entsteht Ende der 60er Jahre die Aktion Kaserne, die sich der Begleitung und Interessenvertretung der Soldaten aus den Reihen des BDKJ widmet.[201] Die fast verschwundene musisch-kulturelle Bildung faßt ab Mitte der 70er Jahre langsam wieder Fuß. Die Hauptversammlung 1974 verabschiedet ein Positionspapier zu neuen Ansätzen der musischen Bildung. Das Papier betont die Wichtigkeit musisch-kultureller Bildung für die Selbstverwirklichung des jungen Menschen und für seine Gotteserfahrung. Es fordert den Ausbau der musischen Bildung.[202]

Etwas in den Hintergrund gerät die soziale Bildung, die allerdings teilweise Platz in der politischen Bildung und im Rahmen sozialer Aktionen und Dienste findet. Gerade dort sieht man die Möglichkeit, nicht nur soziale Verhaltensweisen zu erlernen, sondern auch politische, religiöse und persönlichkeitsbildende Dimensionen sozialer Bildung für den Jugendlichen erfahrbar zu machen.[203]

Eine wichtige Rolle spielt die entwicklungspolitische Bildungsarbeit, die eng mit den entwicklungspolitischen Aktionen zusammenhängt. Sie wird intensiver, nicht zuletzt infolge ihrer Institutionalisierung durch einen gemeinsamen Arbeitskreis von BDKJ und evangelischer Jugend auf Bundesebene. Darüber hinaus beginnt eine didaktische Reflexion, die den Zusammenhang von Bildung und Aktion stärker beachtet, sowie eine Politisierung, die gesellschaftliche Zusammenhänge mehr in den Blick nimmt. Ziel der entwicklungspolitischen Bildungsarbeit ist, die jungen Menschen zu befähigen, die Zusammenhänge zwischen dem Wohlstand der Ersten und der Unterentwicklung der Dritten Welt zu erkennen.[204]

Begleitet wird dieser Bildungsansatz durch – oft in Zusammenarbeit mit der evangelischen Jugend veranstaltete – regelmäßige Kampagnen zur Weltwirtschaft. Mitte der 80er Jahre kommen die Kampagnen gegen Rüstungs-

---

[198] Vgl. Frieden und Gerechtigkeit;
Vosse, BDKJ, S. 89ff;
dj 1982, S. 344ff;
KB 1982, S. 447ff;
ID 1985, S. 101f.
[199] Bspw. ID 1989, S. 85ff und 215ff.
[200] Dienste, S. 293.
[201] Vgl. Börger/Kortmann, Haus, S. 190ff.
[202] ID 1974, S. 199.
[203] Soziale Dienste, S. 335f.
[204] Der BDKJ und seine entwicklungspolitische Verantwortung 1973, S. 315;
Scheunpflug, Geschichte, S. 25ff;
vgl. auch die Entwicklung der Sternsingeraktion, in: Moser-Fendel, Sternsingeraktion.

exporte und gegen die Verflechtung deutscher Unternehmen mit autoritären Regimen, so beim Engagement deutscher Banken in Südafrika, hinzu.[205]

Allerdings leidet die entwicklungspolitische Arbeit an der mangelnden breiten Verankerung in den Verbänden, an der Vernachlässigung der Zielgruppe Kinder und Jugendliche, an der zu geringen Vernetzung der Eine-Welt-Gruppen innerhalb und außerhalb der Verbände sowie an einer verbesserungswürdigen pädagogischen Fundierung und Umsetzung.[206]

4.8. Die Arbeit nach außen

Die markanteste Änderung gegenüber früher ist die radikale Politisierung, die weit über jugendpolitische Fragen im engeren Sinn hinausgeht. Im Zeitraum von 1966–1976 verabschieden Bundesvorstand, Hauptversammlung und Konferenzen mit BDKJ-Beteiligung rund 60 Stellungnahmen, die sich mit den jeweiligen aktuellen politischen Problemen befassen.[207] Die Politisierung bezieht wesentliche Impulse aus der Studentenbewegung.[208]

Die Arbeit des BDKJ zielt nun stärker darauf, Jugendliche zu politischen Aktionen zu ermutigen und zu befähigen. Die Wechselwirkung zwischen politischer Aktion und politischer Bildung spielt dabei eine wesentliche Rolle.[209]

Grundsatzpapier der Politisierung sind die „Gesellschaftspolitischen Leitlinien", im allgemeinen Teil 1971 von der Hauptversammlung des BDKJ verabschiedet. Der BDKJ betont darin seinen Willen zum gesellschaftspolitischen Engagement mit dem Ziel, Ungerechtigkeit abzubauen und die Gesellschaft zu demokratisieren. Dazu fordere die Botschaft Christi auf sowie die Tatsache, daß sich die Entfaltung des Menschen immer unter gesellschaftlichen Bedingungen vollziehe. Solidarität mit allen Menschen, insbesondere mit den unterdrückten und unterprivilegierten, sei dabei die Leitlinie. Dazu benutze der BDKJ das Instrumentarium der Demokratie, die er ausdrücklich bejahe. Deshalb konkretisiere er seine Arbeit nach außen durch Begründung, Bedingungen und Forderungen. Um die Politisierung zu stärken, fordert er einen gesetzlichen Bildungsurlaub für junge Menschen.[210]

Im Zuge der Politisierung, welche die Frage der Zusammenarbeit mit anderen Organisationen stärker aufwirft, präzisiert der BDKJ 1973 seine Vorstellungen dieser Zusammenarbeit: Der BDKJ will mit allen Organisationen oder Gruppen kontinuierlich und umfassend zusammenarbeiten, die

---

[205] Scheunpflug, Geschichte, S. 45ff und S. 66f;
vgl. Feldbaum, Solidaritätsarbeit.
[206] dj 1985, S. 545ff;
Scheunpflug, Geschichte, S. 85f.
[207] Bleistein, Wandel, S. 10.
[208] Ebd.;
Giesecke, Jugendarbeit, S. 37.
[209] Quessel, Jugendverbandsarbeit, S. 34ff.
[210] Vgl. Gesellschaftspolitische Leitlinien 1971.

als Grundlage Chancengleichheit, Pluralität, Meinungsfreiheit, Toleranz und prinzipielle Offenheit haben. Mit anderen Gruppen arbeitet der BDKJ nur punktuell und unter Bedingungen zusammen, die Vereinnahmungstendenzen verhindern sollen.[211]

1977 definiert der BDKJ sein politisches Mandat im Rahmen der gesellschaftlichen Ordnung der Bundesrepublik: „Die derzeitige Organisationsform katholischer Jugendarbeit bzw. Jugendverbände ist zu sehen im Hinblick auf die staatliche Ordnung in der Bundesrepublik Deutschland. Die Gestaltung dieser Ordnung und die Wahrnehmung von Aufgaben in diesem Staat ist nicht einzelnen speziellen Gruppierungen vorbehalten, sondern kann – prinzipiell gesehen – durch alle geschehen. Hierfür haben sich unterschiedliche Institutionen herausgebildet. Besonders durch die Organisation in Gruppen und größeren Vereinigungen wird der Einflußbereich größer – der einzelne erlangt durch eine solche Einbindung in Gruppen größeren Schutz und verliert einen Teil partieller Ohnmacht, der mit Isolation einhergeht. In den Mitgliedsverbänden des BDKJ haben sich in der Bundesrepublik Deutschland junge Menschen gemäß dem Recht auf Bildung von Vereinigungen zusammengeschlossen, um an der Gestaltung der Gesellschaft mitzuwirken. Durch den BDKJ vertreten sie gegenüber staatlichen Gremien ihre Position – diese haben sie u.a. in Gesellschaftspolitischen Leitlinien und deren Konkretisierung auf Einzelaspekte hin festgehalten – sie diskutieren sie und vertreten sie gegenüber Verfechtern anderer Konzeptionen im Jugend- und Erwachsenenbereich der Gesellschaft durch den BDKJ. Die dafür notwendige Meinungs- und Willensbildung im Verband vollzieht sich als permanente Aufgabe auf der Grundlage des christlichen Menschenverständnisses entsprechend demokratischer Prinzipien. Die Entscheidungen verpflichten je nach Art und Charakter Dachverband und Mitgliedsverbände, wie es in der Bundes- und Geschäftsordnung festgehalten ist.“[212]

Nicht immer ist man sich dabei im BDKJ einig. Vor allem in den 80er Jahren handelt es sich bei den politischen Stellungnahmen oft um zäh ausgehandelte Kompromißpapiere. Einzelne Mitgliedsverbände haben nicht selten eine weitaus radikalere Position.

Die theologische Begründung des starken politischen Engagements basiert auf einem biblischen Ansatz, der das Leben Jesu unter der Perspektive der sogenannten „Option für die Armen" sieht. Hinzu kommen Einflüsse aus der katholischen Soziallehre und der politischen Theologie.[213]

Die Politisierung bringt dem BDKJ einige Kritik. Die Hauptvorwürfe lauten: Linksrutsch, Pauschalismus, Übernahme neomarxistischer Gesell-

---

[211] Vgl. Zusammenarbeit 1973;
    vgl. Schröder, politische Gruppierungen.
[212] Die Bedeutung von Jugendverbänden 1977, S. 346.
[213] Lechner, Pastoraltheologie, S. 166ff;
    zur Soziallehre vgl.
    Dreier, Sozialethik und Schröder, Modell;
    zur politischen Theologie vgl.
    Metz, Politische Theologie sowie SdZ 1969, S. 73ff und SdZ 1970, S. 145ff.

schaftskritik, Inflation der Resolutionen, Mitläufertum, mangelnde Orientierung an der politischen Machbarkeit.[214]
Drei Themenkreise der politischen Arbeit sollen besonders hervorgehoben werden: Die Friedensfrage und die Ostkontakte, weil diese schon in den ersten Phasen politische Themen des BDKJ gewesen sind, und die Frage des § 218 StGB, weil dort der BDKJ – im Gegensatz zu den meisten anderen politischen Stellungnahmen – sich in Übereinstimmung mit den gesellschaftlichen Bündnispartnern von früher befindet.
Seit 1966 beschäftigt sich der BDKJ in Bildungsarbeit und politischer Vertretung wieder stärker mit der Friedensfrage. Im Gegensatz zu früher rücken nun die Kriegsdienstverweigerung, die ethische und politische Problematik des sogenannten Gleichgewichts des Schreckens sowie die theologische Auseinandersetzung um Krieg und Frieden in das Blickfeld.[215]
Ein Ergebnis ist die Erklärung „Dienste für den Frieden" der BDKJ-Hauptversammlung von 1969. Die Erklärung gliedert sich in fünf Kapitel: Das erste Kapitel beschreibt den Frieden als Aufgabe der Christen. Der christliche Glaube erfordere massive Mitarbeit am Frieden in dieser Welt. Jeder müsse prüfen, welchen Dienst er für den Frieden zu leisten habe – eine Entscheidung, die ihm weder die Kirche noch andere Institutionen abnehmen könnten. Es wird eine umfassende Friedenserziehung in Staat und Gesellschaft gefordert. Das zweite Kapitel sieht die Entwicklungshilfedienste und die sozialen Dienste im In- und Ausland als Friedensdienste, weil der Frieden auch durch das wirtschaftliche Nord-Süd-Gefälle bedroht wird. Das dritte Kapitel anerkennt den Wehrdienst als Beitrag zu Sicherung des Friedens, sofern die demokratische Ausrichtung gewahrt ist. Das vierte Kapitel wendet sich gegen jede Benachteiligung von Kriegsdienstverweigerern und fordert umfassende Maßnahmen für ihre Betreuung. Das Schlußkapitel faßt die Grundgedanken noch einmal zusammen und fordert weitreichende Anstrengungen in der Friedensfrage.[216]
Ein Vergleich mit Elmstein ist nicht leicht, da Thema und Entstehungsprozeß sich unterscheiden. Doch deuten sich folgende neuen Tendenzen an: Die Gleichberechtigung von Wehrdienstleistenden und Kriegsdienstverweigerern; die Betonung der individuellen Gewissensentscheidung; die neuen Formen von Friedensdiensten; der Zusammenhang zwischen weltweiter Sicherheit und dem Nord-Süd-Gefälle.
Knapp 20 Jahre später entwickelt der BDKJ seine friedenspolitische Position weiter. 1987 verabschiedet die Hauptversammlung die zwei Positionspapiere „Die Abschreckung überwinden – an einer Zivilisation der Liebe bauen" und „Den Frieden fördern: Auftrag für jeden Christen".[217] Diese Positionspapiere lösen die BDKJ-Erklärung „Dienste für den Frieden" von 1969 ab.
Die Delegierten lehnen das System der Massenvernichtungswaffen aus ethischen Gründen ab und fordern seine politische Überwindung. Sie fordern,

---

[214] Bundesvorstand, 25 Jahre, S. 32f/66f/77/80ff.
[215] Vosse, BDKJ, S. 39ff.
[216] Vgl. Dienste.
[217] ID 1987, S. 109.

alle atomaren Mittel- und Kurzstreckenraketen abzuziehen und zu verschrotten, die damals sogenannte doppelte Null-Lösung.

Zur Frage von Wehr- und Zivildienst erklärt der BDKJ, beide Dienste sind keine wirklichen Friedensdienste, da der Wehrdienst in die Abschreckungskonzeption der NATO und der Zivildienst in die Gesamtverteidigungskonzeption eingebunden ist. Der BDKJ fordert daher einen neuen Dienst für Frieden und Versöhnung.

Die Gewissenspflicht dreht der BDKJ um. Jeder Wehrpflichtige muß im Rahmen seiner prinzipiellen Abwägung vor seinem Gewissen begründen, ob er unter den Bedingungen des Abschreckungssystems den Wehrdienst ableisten darf. Wer sich nach dieser Prüfung gewissenhaft für den Wehrdienst entscheidet, handelt dann aber nicht ethisch verantwortungslos. Die Kriegsdienstverweigerung bewertet der BDKJ als eine Entscheidung, sich vom gegenwärtigen Abschreckungssystem zu distanzieren und zu seiner Überwindung einen konsequenten politischen Beitrag zu leisten.

Vereinfacht und schematisiert hat sich zum Thema Frieden die Stellung des BDKJ von 1952 bis 1987 folgendermaßen entwickelt: Volle Bejahung des militärischen Sicherheitssystems mit dem Wehrdienst als staatsbürgerlicher Pflicht (1952); Noch-Zustimmung zur militärischen Abschreckung bei Gleichrangigkeit von Wehrdienst und Zivildienst (1969); Ablehnung der militärischen Abschreckung und Bevorzugung des Zivildienstes aus ethisch-christlicher Sicht (1987).

Einen Meinungswandel vollzieht der BDKJ auch im Falle der Ostkontakte. Einstimmig beschließt die Hauptversammlung 1967 die Resolution „Ostkontakte im Dienste des Friedens". Konktakte zu Jugendorganisationen osteuropäischer Staaten sind demnach erwünscht, falls Gleichberechtigung bei der Programmgestaltung und der Zusammensetzung des Teilnehmerkreises sowie Gegenseitigkeit der Besuche gewährleistet sind. Da diese Voraussetzungen für Kontakte mit der FDJ zu dieser Zeit nicht gewährleistet sind, lehnt der BDKJ allerdings Treffen mit ihr ab.[218]

Politisches Aufsehen erregt drei Jahre später die Teilnahme von Bundesführerin Elsbeth Rickal und Bundesführer Wolfgang Reifenberg an der Regierungsdelegation von Bundeskanzler Willy Brandt, die zur Unterzeichnung des deutsch-polnischen Vertrages im Dezember 1970 nach Warschau reist. Die Bundesführung ist kurzfristig dazu eingeladen worden und hat nach Erfüllung von Bedingungen, wie beispielsweise einer eigenen Pressekonferenz und einer Gesprächsmöglichkeit mit polnischen Jugendseelsorgern, zugesagt. Für die Teilnahme sind bei der Bundesführung unter anderem moralische und jugendpolitische Gründe ausschlaggebend. Die Bundesführung wertet die Reise, die sie nach eigenen Aussagen nicht ohne Bedenken angetreten hat, durch die sich ergebenden Kontakte und durch die positive Reaktion von polnischer Seite als vollen Erfolg. Die Warschaureise löst inner- und außerverbandlich heftige Kritik, aber auch Zustimmung aus – meist entsprechend dem politischen Standort. Es wird aber auch der Bundesführung die politische Legitimation dafür bestritten. Die Hauptver-

---

[218] ID 1967, S. 179.

sammlung im Frühjahr 1971 billigt dann mit großer Mehrheit das Vorgehen der Bundesführung.[219]

Nicht ohne Bezug zu dieser Aktion spricht die Hauptversammlung sich im Herbst 1971 für die Ratifizierung des deutsch-polnischen Vertrages als Grundlage der Normalisierung der zwischenstaatlichen Beziehungen aus.[220]

1973 nimmt der BDKJ mit einer Delegation von rund 40 Teilnehmern und Teilnehmerinnen an den 10. (kommunistischen) Weltfestspielen der Jugend und der Studenten in Ost-Berlin teil. Nach langem Hin und Her, vor allem wegen verschiedener, noch nicht erfüllter Bedingungen, hat die Hauptversammlung im Frühjahr 1973 die Teilnahme mit knapper Mehrheit beschlossen. Die Zusammensetzung der Delegation ist aufgrund interner Probleme nach Ansicht des Bundesvorstandes für den BDKJ nicht repräsentativ, die politischen Äußerungen von Delegationsmitgliedern beim offiziellen Programm, zum Beispiel in Referaten, bewegen sich nicht immer auf dem Boden bisheriger BDKJ-Beschlüsse oder sind sehr weitreichende Interpretationen. Die gemischten Gefühle bei der Bewertung der Teilnahme wirken sich politisch möglicherweise zwei Jahre später aus, als die Hauptversammlung mit knapper Mehrheit beschließt, nicht an den 11. Weltfestspielen in Cuba teilzunehmen. Die Teilnahme an den Spielen in Ost-Berlin stößt in weiten Kreisen des deutschen Katholizismus auf Kritik.[221]

Massiv wehrt sich der BDKJ in den 70er Jahren mit politischen Stellungnahmen, aber auch mit Aktionen, gegen die Fristen- oder eine großzügige Indikationsregelung im Falle des § 218 StGB. Grundlage der Argumentation ist das Lebensrecht des ungeborenen Kindes, das einen Abbruch nur rechtfertigt, wenn es um die Entscheidung zwischen dem Leben der Mutter und dem des Kindes geht. Die Selbstbestimmung und die Selbstverwirklichung der Frau finden, so der BDKJ, ihre Grenze am Lebensrecht der Kinder. Der BDKJ fordert aber auch flankierende sozialpolitische Maßnahmen und den Abbau jeglicher Diskriminierung von Müttern mit unehelichen Kindern.[222] In den 80er Jahren wird es hier ruhiger. Wohl nicht zuletzt, weil es innerverbandlich keinen Konsens mehr gibt.

Aus seiner Nähe zu den Unionsparteien löst sich der BDKJ. 1967 betont die Hauptversammlung die Unabhängigkeit des BDKJ von den Parteien und überläßt es ausdrücklich den Mitgliedern, sich aufgrund der persönlichen Gewissensentscheidung für das Engagement in einer Partei zu entscheiden.[223] Die Mehrzahl der allgemeinpolitischen Stellungnahmen neigen in den 70er Jahren eher den Positionen der SPD zu, bspw. in der Frage der Ostkontakte. Später zeigt sich eine Nähe zu den Grünen, bspw. bei der frühen Ablehnung der Atomkraft oder im friedenspolitischen Bereich.

---

[219] ID 1970, S. 173ff;
 ID 1971, S. 1ff und 67.
[220] ID 1971, S. 169f.
[221] ID 1973 durchgehend, besonders S. 135ff und 199f.
[222] ID 1971, S. 177ff;
 ID 1973, S. 64f;
 ID 1974, S. 57f und 179.
[223] Vgl. Das Verhältnis zu den politischen Parteien.

Konsequent wehrt sich der BDKJ dagegen, in eine bestimmte politische Ecke gestellt zu werden, da er parteipolitische Unabhängigkeit als eine seiner wichtigsten Grundlagen ansieht.[224]

Doch auch Selbstkritik wird laut. So fragt Bundesvorsitzender Heinrich Sudmann 1978 bei der Hauptversammlung an, warum die Kritik an der Gesellschaftsordnung in der Arbeit des BDKJ – trotz der eindeutigen Bejahung dieser Gesellschaftsordnung in den Grundsatzaussagen – so im Vordergrund steht. 1989 kritisiert der Ex-Bundesvorsitzende Lothar Harles, daß das politische Mandat je nach Bedarf von der sogenannten Basis oder von Kompetenz und Meinung der Verantwortlichen hergeleitet werde. Harles fordert mehr Pluralität der Positionen im BDKJ und merkt an, daß dessen politische Gestaltungskraft nachlasse. Als Gründe sieht er extreme politische Positionen und eine tiefe Kluft zwischen „Fundamentalisten" und „Realpolitikern".[225]

Im DBJR übernehmen als Vorsitzende Verantwortung: Heinz-Josef Nüchel (1966–1967), Dr. Wolfgang Reifenberg (1969–1971), Josef Homberg (1979–1983) und Gertrud Casel (1987–1988). Stellvertreter sind Reifenberg (1971–1974), Heinrich Sudmann (1975–1978), Homberg (1978–1979) und Casel (1983–1987).[226] Innerhalb des DBJR wehrt sich der BDKJ gegen Bestrebungen, im Zuge einer umfassenden Politisierung das Einstimmigkeitsprinzip zu kappen oder die Arbeitsgemeinschaft in einen Dachverband umzuwandeln. Ebenso stellt sich der BDKJ gegen allzu eindeutige Versuche, den DBJR zum Wahlkampfhelfer der SPD zu machen. Inhaltlich setzt er unter anderem entwicklungspolitische und innerdeutsche Akzente.[227] Indem der BDKJ sich von der Institution Kirche politisch zunehmend löst und eigene jugend- und gesellschaftspolitische Vorstellungen entwickelt, wird sein Einfluß in der Jugendringarbeit größer. Politische Gemeinsamkeiten mit anderen weltanschaulichen Gruppen, so mit den Falken, wachsen.[228] Zu jugendpolitischen Fragen im engeren Sinn, beispielsweise Bundesjugendplan oder Jugendhilferecht, äußert sich der BDKJ ausführlich und versucht, die Interessen Jugendlicher und der Jugendverbände abzusichern.[229]

Ein Schwerpunkt der innerkirchlichen Interessenvertretung ist die Synode in Würzburg. Der BDKJ ist maßgeblich an der Entstehung beteiligt, arbeitet inhaltlich zu, hält Kontakt zu den Synodalen und verleiht seinen For-

---

[224] Vgl. Homberg, Linkskurs;
    HK 1989, S. 535.
[225] ID 1978, S. 158;
    HK 1989, S. 535f.
[226] DBJR, 1949–1979, A52-A54;
    ID 1979, S. 241;
    ID 1983, S. 11;
    ID 1985, S. 229;
    ID 1988, S. 258.
[227] ID 1972, S. 43f/69/73/78/168;
    ID 1973, S. 92ff;
    Börger/Kortmann, Haus, S. 301ff.
[228] Bundesvorstand, 25 Jahre, S. 52f.
[229] Börger/Kortmann, Haus, S. 252ff.

derungen durch kleinere Aktionen Nachdruck. Schwerpunkt dabei ist der Beschluß zur Jugendarbeit. Der BDKJ stellt 15 von 20 Mitgliedern der Vollversammlung, die aus dem Bereich Jugendarbeit berufen sind.[230]

Im ZdK ist Bundesvorsitzender Wolfgang Reifenberg Mitglied des wichtigen geschäftsführenden Ausschusses, Bundesvorsitzende Barbara Krause wird 1974 zur Vizepräsidentin des ZdK gewählt.[231] Mittlerweile versteht sich der BDKJ als kritische Minderheit auf dem linken Flügel gegenüber der ZdK-Mehrheit. Die Auseinandersetzung wird auch öffentlich geführt. Drei Beispiele: 1971 kritisiert der Leitartikel des „Informationsdienstes" des BDKJ die Inkonsequenz einer Erklärung des ZdK zur Ostpolitik. Im selben Jahr kritisiert der Bundesvorstand ausführlich und scharf die Thesen des politischen Beirats des ZdK. Dort werden die Verbände tendenziell in den nichtpolitischen Bereich der Gesellschaft verwiesen. 1972 verteidigt der Bundesvorstand die Kriegsdienstverweigerung vehement gegen eine sehr wehrdienstfreundliche Erklärung desselben Beirats.[232]

Auch später sorgt der BDKJ im ZdK immer wieder für Unruhe, indem er beispielsweise verklausulierte Wahlaufrufe zugunsten der Unionsparteien hinterfragt, sich gegen konservative jugendpastorale Tendenzen wehrt oder eine kritische Diskussion gegenüber Vereinnahmungstendenzen einfordert. Sein Einfluß schwankt: Manchmal sieht er sich als isolierten politischen Außenseiter, manchmal fühlt er sich als Partner ernst genommen und bringt seine Vorstellungen – zumindest teilweise – durch.[233]

Zu aktuellen innerkirchlichen Fragen nimmt der BDKJ ebenfalls Stellung. Zwei Beispiele: 1971 kritisiert der Bundesvorstand die Einstellung der Wochenzeitung „Publik", hinter der politische Motive vermutet werden und sieht „alle demokratischen Bemühungen im deutschen Katholizismus grundlegend in Frage gestellt".[234] 1980 hinterfragt er den Entzug der Lehrerlaubnis von Professor Küng und kritisiert die wenig partnerschaftlich-geschwisterliche Weise des Verfahrens.[235]

In der sogenannten „Dritte-Welt-Arbeit", später „Eine-Welt-Arbeit", weitet sich das Engagement des BDKJ aus, bekommt eine theoretische Grundlage, welche die Ausbeutungsfaktoren thematisiert, und wird um entwicklungspolitische Forderungen ergänzt. Es geht dabei u. a. um strukturelle Verbesserungen auf dem Weltmarkt, wie den Abbau der Außenhandelshemmnisse in den Industrieländern gegenüber Produkten aus Entwick-

---

[230] Lehmann, Einleitung, S. 32ff;
Grossmann, Zentralkomitee, S. 217;
ID 1970, S. 186;
ID 1971, S. 5f;
ID 1974, S. 186.
[231] ID 1972, S. 28;
ID 1974, S. 202.
[232] Bundesvorstand, 25 Jahre, S. 118;
ID 1971, S. 44f und 135ff;
ID 1972, S. 101f.
[233] ID 1978, S. 159;
ID 1979, S. 127;
ID 1983, S. 106.
[234] Vgl. ID-Sonderausgabe vom 26.11.1971.
[235] ID 1980, S. 4.

lungsländern sowie eine massive Aufstockung des deutschen Entwicklungshilfeetats.[236]

In der ersten Hälfte der 70er Jahre engagiert sich der BDKJ im Bereich der „Aktion Dritte-Welt-Handel" und wird später Gründungsgesellschafter der „Gesellschaft zur Förderung der Partnerschaft mit der Dritten Welt GmbH" (gepa), die entwicklungspolitische Bewußtseinsbildung und fairen Handel fördert.[237]

Seit 1975 gibt es eine gemeinsame Jugendaktion von Misereor und BDKJ. Sie zielt auf eine jugendgemäße Bearbeitung des jeweiligen Themas der Misereor-Fastenaktion. Bei der Sternsingeraktion wird der finanzielle Schwerpunkt zunehmend durch entwicklungspolitische Bildung ergänzt – nicht zuletzt durch das Engagement des BDKJ als Mitträger.[238]

In den 80er Jahren stabilisiert sich das entwicklungspolitische Engagement sowohl organisatorisch-strukturell als auch thematisch. Schwerpunkte der Arbeit bleiben Weltwirtschaft und südliches Afrika. Die Themen werden stärker unter Friedens- und Umweltaspekten aufgearbeitet, und die theologisch-kirchliche Perspektive kommt wieder häufiger in den Blick. Gegenüber den Anfängen in den 70er Jahren muß man, zusammen mit dem Partner evangelische Jugend, einen politischen Bedeutungsverlust hinnehmen, weil die Sachfragen immer komplexer werden und die Konkurrenz der sich ebenfalls mit diesen Fragen kompetent befassenden Organisationen ständig wächst.[239]

Auch die internationale Arbeit bekommt 1974 eine theoretische Grundlage. Dabei wird der Zusammenhang von internationaler Arbeit und Friedensarbeit betont, und es werden ethisch-politische Kriterien für die Auswahl von Partnern entwickelt. Nächstliegende Partnerinnen bleiben aber die katholischen Jugendorganisationen anderer Länder. Der BDKJ fordert eine partnerschaftliche Zusammenarbeit zwischen Jugendverbänden und Regierungsstellen. Ziele der internationalen Arbeit sind gegenseitige politische, kulturelle und soziale Lernprozesse.[240]

4.9. Die Zeitschriften

1966 kommt es zur Konzentration der BDKJ-Zeitschriften. In allen drei Altersstufen werden sie zusammengelegt. Für die jungen Erwachsenen gibt es ab April 1966 „Impuls", für die Jugendlichen „Top" und für die Kinder „Hallo". Herausgeber sind die Bundesführung und die Bischöfliche Haupt-

---

[236] Vgl. Der BDKJ und seine entwicklungspolitische Verantwortung 1973;
　　Bundesvorstand, 25 Jahre, S. 128f;
　　Scheunpflug, Geschichte, S. 38f.
[237] Börger/Kortmann, Haus, S. 114;
　　Scheunpflug, Geschichte, S. 48ff und S. 63f.
[238] Börger/Kortmann, Haus, S. 113f und 272;
　　Moser-Fendel, Sternsingeraktion, S. 349.
[239] Scheunpflug, Geschichte, S. 67f und S. 84f.
[240] Vgl. Internationale Arbeit 1974;
　　Bundesvorstand, 25 Jahre, S. 128f.

stelle. Zielgruppe sind neben Mitgliedern des BDKJ auch nichtorganisierte Jugendliche. Die genannten Zeitschriften gelten auch als Mitgliederzeitschriften von KJG und KFG.[241]

Alle drei Zeitschriften bemühen sich um Lebensnähe, bieten eine breite Themenpalette, lassen kritische Stimmen stärker zu und gehen beim Layout mit der Zeit. Grundlage bleibt das christliche Wertegerüst. Entsprechend geteilt sind allerdings die Meinungen: Sie reichen vom Lob über den journalistischen Stil und das Layout bis zum Vorwurf der platten Anbiederung an den Zeitgeist.[242]

Den Zeitschriften „Top" und „Hallo" stellt der Religionspädagoge Günter Stachel ein schlechtes Zeugnis aus. Inhaltlich und graphisch sind sie seiner Meinung nach kaum überzeugend, durchdrungen von einer aufgesetzten Modernität um jeden Preis. „Impuls" dagegen bescheinigt er sprachlich und graphisch ein hohes Niveau.[243] Eine fundierte Beurteilung dürfte allerdings aufgrund der kurzen Lebensdauer schwierig sein.

Die Auflage geht rapide in den Keller. Zwischen 1966 und 1968 sinkt sie bei „Top" von 68 000 auf 52 000, bei „Hallo" von 71 000 auf 43 000 und bei „Impuls" von 38 000 auf 29 000.[244]

Zur Jahreswende 1968/69 gibt der BDKJ mit seinem Verlag Haus Altenberg vor allem aus wirtschaftlichen Gründen die drei Zeitschriften an fremde Verlage ab und beendet damit das Kapitel Zeitschriften des BDKJ.[245]

Die „Jungführerin" und der „Jungführer" haben schon Mitte 1968 ihr Erscheinen eingestellt. Ihr Nachfolger, das „Forum", ist eine reine Verbandszeitschrift von KFG/KJG.[246]

Die Ursachen für das Sterben der Bundeszeitschriften sind vielfältig: Die kommerzielle Konkurrenz; die Zersplitterung und zu späte Konzentration; sinkende Mitgliederzahlen im BDKJ; das schwindende Bundesbewußtsein; die mangelnde finanzielle und personelle Ausstattung sowie Schwächen in Werbung und Vertrieb; der nicht immer an den Interessen der Jugendlichen orientierte Inhalt; der erst spät beseitigte pädagogisch-katechetische Schwerpunkt; das manchmal biedere Layout. Hinzu kam ein grundsätzliches Problem: Im Dachverband mangelte es an Leserpotential und, um sich außerhalb des BDKJ zu etablieren, fehlten die Gelder für die entsprechenden Investitionen. Nie gelöst wurde auch die letztendliche Zielsetzung: Verbandszeitschrift oder allgemeine katholische Jugendzeitschrift.[247]

---

[241] ID 1965, S. 124;
ID 1966, S. 1f.
[242] Börger/Kortmann, Haus, S. 209ff;
Sonderausgabe ID vom 10.12.1982, S. 7f;
Sonntagsblatt vom 01.05.1966, S. 18;
Diözesanarchiv, Nachlaß Neisinger, Kasten 12, 1.1.16., Brief Neisinger an Bokler vom 21.10.1965.
[243] KB 1967, S. 303ff.
[244] Hoeren, Jugendpresse, S. 67.
[245] A.a.O., S. 87 und 91f.
[246] Jungführerin 1967/68–6, S. 322f.
[247] Börger/Kortmann, Haus, S. 209ff;
Hoeren, Jugendpresse, S. 93ff und 128ff.

4.10. Die Mädchen- und Frauenarbeit

In der Mädchenbildungsarbeit geht es im Gegensatz zu früher um die Aufhebung traditioneller Rollenfixierungen mit dem Ziel, die Stellung der Frau in Verband, Kirche und Gesellschaft zu verbessern. Deutlich wird dies am 1969 von der Bundesführung der Hauptversammlung vorgelegten „Konzept für die Bildungsarbeit mit weiblichen Jugendlichen". Die Hauptversammlung verweist das Konzept an die Kommission Mädchenbildung. Es gilt aber in den siebziger Jahren als Grundlage der Arbeit.[248]

Ausgangspunkt des Konzepts ist die „Stellungnahme zur staatlichen Förderung der Mädchenbildung" von Helga Bilden. Darin weist die Autorin unter anderem nach, daß Mädchen und Frauen nicht nur in der Gesellschaft, sondern auch in Jugendverbänden benachteiligt sind.[249]

Das BDKJ-Konzept[250] stellt zur Situation der weiblichen Jugend fest, daß gesellschaftlich das traditionelle Leitbild der Frau, skizziert mit den Stichworten Unterordnung, Zuweisung auf den Familienbereich, Passivität und Emotionalität, noch dominiere. Die Kirche habe dieses Leitbild systematisch religiös vertieft. Die Lernchancen seien für Mädchen geringer, ihr Selbstbewußtsein schwächer. Die Bandbreite der Anforderungen an junge Mädchen sei dagegen hoch, so zum Beispiel bei der Vereinbarkeit von Familie und Beruf.

Ziel der Mädchenbildung ist, den Mädchen anstelle von statischen Rollenfestlegungen und Leitbildern eine kritische Sicht überholter Vorstellungen von Wesen und Aufgabe der Frau zu vermitteln. Die alten Vorstellungen sollten abgebaut werden. Inhaltliche Schwerpunkte sind nach dem Konzept unter anderem gesellschaftspolitische und soziale Fragen, die Vorbereitung auf die Doppelrolle in Familie und Beruf sowie die Begegnung der Geschlechter.

Das Konzept plädiert für eine tendenziell koedukative Jugendarbeit. Sie müsse Jungen und Mädchen zu gleichberechtigter Kooperation und flexibler Arbeitsteilung nach individuellen Bedürfnissen und Begabungen führen. Um die alten Leitbilder abzubauen, solle zur Vorbereitung in geschlechtsspezifischen Gruppen gearbeitet werden. Das entscheidende Einüben differenzierter egalitärer Kontakte sei aber nur in koedukativen Gruppen möglich.

Trotz des Konzepts bleibt die Rollenverteilung im BDKJ problematisch. 1975 gibt es immer noch wenig Mädchen und Frauen, die bereit sind, höhere Leitungsämter zu übernehmen. Bei Bildungsmaßnahmen sind meist Jungen die Wortführer, und das Interesse der Mädchen an Politik bleibt gering. Die Frage, ob die personale Verwirklichung von Mädchen grundsätzlich im Schatten der von Jungen steht, tritt allmählich stärker in den Vordergrund.[251] Die Stellung der Frau in der Kirche beginnt immer kritischer reflektiert und theologisch hinterfragt zu werden.[252]

[248] ID 1969, S. 196.
[249] dj 1969, S. 507ff.
[250] Abgedruckt in: Kay, Rollenbildung, S. 13ff.
[251] A.a.O., S. 7.
[252] Vgl. Schmid-Egger, Frau in der Kirche.

1979 verabschiedet der Arbeitskreis Mädchenbildung des BDKJ ein Konzept für das Programm „Mädchenbildung", das viele Gedanken des Konzepts von 1969 aufnimmt und weiterführt. Der Arbeitskreis betont die Notwendigkeit von Mädchenbildung im BDKJ angesichts der Benachteiligung von Frauen in allen Lebensbereichen. Ursache ist nach Meinung der Verfasserinnen das historisch gewachsene Patriarchat. Zielgruppe sind weiterhin Mädchen und Jungen im Sinne von Multiplikatoren bei teilweise geschlechtsspezifischer Arbeit. Ziel ist die Steigerung des Selbstbewußtseins und die Befähigung zur Partizipation im privaten und öffentlichen Bereich.[253]

Seit Anfang der 80er Jahre ist die feministische Mädchenbildung im BDKJ auf dem Vormarsch. Ausgangspunkt ist weiter die Benachteiligung von Mädchen und Frauen in Kirche, Gesellschaft und Jugendverband. Antiemanzipatorische Elemente in vorherrschenden Einstellungen und Verhaltensweisen werden hinterfragt, aufgegriffen und nach Möglichkeit beseitigt sowie die Frauen zu neuem Selbstverständis und Selbstbewußtsein ermutigt. Ziele sind die Befreiung aus Unmündigkeit, die Entwicklung einer selbstbestimmten weiblichen Gegenkultur in Abgrenzung zur männlichen und der selbstbestimmte Zugang zu Wissenschaft, Theologie, Politik und Wirtschaft. Dies sehen die Frauen als Voraussetzung für eine gleichberechtigte Partnerschaft zwischen Mann und Frau. Mittel auf diesem Weg sind Quotenregelungen, die durchgehend paritätische Besetzung der Leitungsämter oder die gezielte Bevorzugung von Frauen in Politik und Verband, beispielsweise bei Bewerbungen um hauptamtliche Stellen. Ein anderes Mittel ist die geschlechtsspezifische Arbeit.[254]

Der koedukative Ansatz wird zunehmend hinterfragt. Soziale und politische Räume nur für Mädchen und Frauen setzen sich auf den höheren Ebenen durch, ohne daß der BDKJ die Koedukation insgesamt aufgibt. Die eigene Gremienstruktur der Frauenjugend, Anfang der 70er Jahre eingeschlafen,[255] wird wiederbelebt und erweist sich als druckvolles politisches Mittel. Auf Bundesebene gibt es schon seit 1982 im Rahmen der Hauptversammlung informelle Treffen stimmberechtigter Frauen, 1987 tagt nach 17 Jahren zum ersten Mal die BDKJ-Frauenkonferenz als satzungsgemäßes Gremium wieder.[256]

Frauenpolitische Stellungnahmen flankieren diese Entwicklungen. Beispielsweise betont der BDKJ-Bundesvorstand 1984 in seiner Stellungnahme zum 6. Jugendbericht der Bundesregierung, daß ein wichtiger Maßstab der Chancengleichheit von Mädchen die Entwicklung von Leitbildern ist. Hier gebe es Defizite, denn in historischen Darstellungen großer Persönlichkeiten kämen die Frauen zu kurz. Massenmedien kultivierten einseitige Frauenbilder, und Schulbücher enthielten anti-emanzipatorische Elemente. An frauenpolitischen Maßnahmen fordert der Bundesvorstand: Eine ge-

[253] Vgl. Konzept Mädchenbildung 1979.
[254] Foitzik, Feministische Mädchenbildung, S. 289ff.
[255] Börger, Frauen, S. 16ff.
[256] ID 1987, S. 112;
   KB 1988, S. 283
   vgl. Pütz-Böckem, So hat's angefangen.

setzlich garantierte Erstausbildung; Ausweitung und Umsetzung des Modellprogrammes von Mädchen in gewerblich-technischen Berufen; bei gleicher Qualifikation Vorrang von Frauen bei der Stellenbesetzung; kritische Überprüfung der Mädchen- und Frauenbilder in Medien und Schulbüchern; Bereitstellung von Mitteln für Frauenforschung.[257]

1986 verabschiedet die Hauptversammlung eine Resolution gegen die Benachteiligung von Frauen und Mädchen am Arbeitsplatz und fordert strukturelle Maßnahmen, diese zu überwinden. 1987 lehnt sie jeden Versuch, Frauen in die Bundeswehr einzubeziehen, als Mißbrauch des Emanzipationsbegriffs ab.[258]

Bei derselben Hauptversammlung verabschiedet die Frauenkonferenz das Manifest „Anstiftung zur Eroberung weiblicher Zukunft". Der Slogan „Lust auf Macht" wird zum Leitwort der BDKJ-Frauen. Das Manifest faßt den bisherigen Weg der Mädchen- und Frauenarbeit im BDKJ zusammen und zeigt Perspektiven für die Zukunft. Es fordert, gesellschaftlich die Vereinbarkeit von Familie und Beruf für Männer und Frauen zu verbessern und Frauen bei der Besetzung von Arbeits- und Ausbildungsmöglichkeiten zu bevorzugen, bis auf allen Ebenen Parität hergestellt ist. Frauen sollten zu allen Diensten und Ämtern der Kirche zugelassen und die eigenständige Mädchenbildungs- und Frauenarbeit im BDKJ besser finanziell, personell und räumlich abgesichert werden. Es gelte, feministische Aspekte in der pädagogischen Arbeit durchgehend zu berücksichtigen.[259]

Am FSJ steigt das Interesse. Es gibt auch männliche Teilnehmer, der weibliche Anteil überwiegt aber bei weitem. Der Bildungscharakter – hier ist der BDKJ stark involviert – wird präzisiert. Subjektive Erfahrungen bei sich selbst und in der Arbeit sollen unter individuellen und gesellschaftlichen Aspekten angegangen werden, um sie persönlich zu verarbeiten und in politische Veränderungen umsetzen zu können.

Bei der Motivation zum FSJ kommen neue vielschichtige Motive hinzu, bspw. es als Chance zur beruflichen Orientierung oder als ganzheitliches Gegenüber zur eher kognitiv geprägten Schule zu sehen. Massiv wehrt sich der BDKJ in den 80er Jahren dagegen, das Jahr als arbeitsmarktpolitische Warteschleife für arbeitslose Jugendliche und als Eingreifreserve für den sich abzeichenenden Pflegenotstand zu mißbrauchen sowie im Zuge dieser Ideen die Bildungsarbeit zu beschneiden.[260] Der Dienst der Sonntagshelferinnen verschwindet.

[257] Foitzik, Feministische Mädchenbildung, S. 298 und 303f.
[258] ID 1986, S. 108;
 ID 1987, S. 111.
[259] ID 1987, S. 112.
[260] Vgl. Keßler, FSJ.

4.11. Zusammenfassung

Der BDKJ erlebt ab Mitte der 60er Jahre einen fundamentalen Wandel. Den Hintergrund bilden der gesellschaftliche Modernisierungsprozeß, ein kultureller Wandel der Wertorientierungen und innerkirchliche Reformen. Spürbare Impulse kommen von der die akademische Jugend politisierenden Studentenbewegung sowie durch die theologischen Aufbrüche des Konzils und der Würzburger Synode. Später beeinflussen den BDKJ Ökologie-, Friedens- und Frauenbewegung. Er versteht sich als profilierter Interessenvertreter junger Katholiken in Kirche und Gesellschaft mit emanzipatorisch-selbstverwirklichendem Bildungsansatz. Er sieht sein politisches Engagement im gesellschaftskritischen Kontext. Sichtbarstes Merkmal ist eine radikale Politisierung.

Dauernde Autonomiekonflikte und pastoraltheologische Auseinandersetzungen begleiten nun die Arbeit des BDKJ. Konservative Katholiken und teilweise auch die Kirchenleitung wollen seine Autonomie beschneiden. Sie kritisieren an der katholischen Jugendverbandsarbeit den politischen Linksrutsch im Rahmen einer durch das Verbandsmandat nicht gedeckten zu starken Politisierung und die Entfernung von der Kirche in Verbindung mit einem religiösen Substanzverlust. Sanktionen folgen teilweise, doch bleiben der BDKJ und seine Mitgliedsverbände weiterhin katholische Verbände innerhalb der Kirche, weil an einem fundamentalen Bruch beide Seiten nicht interessiert sind. Die strukturelle Verquickung mit der kirchenamtlichen Jugendarbeit wird meist nicht gelöst, obwohl sich der BDKJ nur noch als *ein* Träger kirchlicher Jugendarbeit sieht. Es gibt auch Kritik von progressiver Seite. Die Kritiker fordern statt der ihrer Ansicht nach verkrusteten Verbandsstruktur ein basisdemokratisches Netzwerk von Aktionsgruppen und die völlige Selbständigkeit gegenüber der Institution Kirche, stoßen aber auf wenig Resonanz.

Folgende Schlaglichter sollen darüber hinaus die Arbeit des BDKJ ab Mitte der 60er Jahre zusammenfassend verdeutlichen: Aus der selbstverständlichen Kirchlichkeit wird eine umstrittene, die man beweisen muß. Der BDKJ lehnt in einer Zeit stark zurückgehender Kirchlichkeit in der Gesellschaft jede Rekrutierungsfunktion für die Kirche ab. Er will sie durch engagierte Kritik mitgestalten und um die Glaubensformen junger Menschen bereichern. Eine kritische Loyalität löst nun die früher selbstverständliche und weitgehend bedingungslose Treue ab. Die Stellung des Priesters in der Verbandsleitung ist nicht mehr hervorgehoben. Es gibt in den Verbänden weniger Jugendseelsorger. Theologisch orientiert sich der BDKJ weniger an traditionellen kirchlichen Lehr(amts)aussagen, sondern eher an biblischen Aussagen über das Leben Jesu. Die religiöse Bildung im engeren Sinn, bspw. in Form der Bibelarbeit, geht zurück. Entsprechende Konflikte folgen, doch wird der Streit um die religiöse Dimension und die pastoraltheologische Verortung der BDKJ-Arbeit nicht gelöst.

Strukturell wandelt sich der Bund zu einem Dachverband mit weniger Kompetenzen und einem spezielleren Aufgabenfeld. Seine Position wird im Laufe der Jahre schwächer. Das Verhältnis Dachverband und Mitgliedsverbände verschlechtert sich, da manche der politisch radikaleren Mitgliedsverbände dem gemäßigten BDKJ-Bundesvorstand eine zu weiche Linie bei der Interessenvertretung vorwerfen. Die Mitgliedsverbände steigern ihren Einfluß gegenüber den Diözesanverbänden. Die Mitgliederzahl pendelt sich bei 500 000 ein, die satzungsrechtliche Trennung von Mannes- und Frauenjugend wird aufgehoben.

In Pädagogik und Pastoral löst der induktive den normativ-deduktiven Ansatz ab. Vor allem die Theorien der emanzipatorischen und der gruppendynamischen Jugendarbeit führen zu den Grundsätzen Bedürfnisorientierung, Emanzipation und Selbstverwirklichung. In den 80er Jahren stehen emanzipatorische, politische, gruppendynamische und freizeitpädagogische Ansätze nebeneinander und vermischen sich. Koedukative Modelle finden sich häufiger. Der BDKJ gibt seinen Erziehungsanspruch im Sinne einer Vermittlung fester Vorgaben weitgehend auf. Er verteidigt seine emanzipatorischen Tendenzen gegen von außen geforderte Wert- und Erziehungsvorgaben. Die Professionalisierung wächst, wird aber auch kritisch gesehen. Das wissenschaftliche und praktische Interesse am ehrenamtlichen Mitarbeiter steigt.

Kristallisationspapier der pädagogischen und pastoralen Reformen ist der Synodenbeschluß „Ziele und Aufgaben kirchlicher Jugendarbeit" von 1975. An ihm wirkt der BDKJ maßgeblich mit. Der Beschluß nennt als zentrales Motiv der Jugendarbeit den Dienst der Kirche an der Jugend und betont den Vorrang des personalen Angebotes.

Die anhand von Jahresthemen durchstrukturierte Bildungsarbeit läuft wegen mangelnder Resonanz aus. Es folgen mehrjährige Schwerpunktthemen, die eher unverbindlichen Rahmencharakter haben. Inhaltlich spielt das Thema Frieden mit deutlichen pazifistischen Anklängen eine wesentliche Rolle. Neu entdeckt werden die entwicklungspolitische Bildungsarbeit und das entwicklungspolitische Engagement.

Politisch löst sich der BDKJ aus seiner Nähe zu den Unionsparteien. Die personellen Verflechtungen gehen zurück und Spannungen tauchen auf. Die politischen Äußerungen, beispielsweise bei den Ostkontakten oder der Friedensfrage, zeigen eine Nähe zu SPD und Grünen, ohne daß der Dachverband mit irgendeiner Partei konform geht. Der Bundesjugendring bleibt ein Schwerpunkt der Arbeit.

Die Zeitschriften werden aus finanziellen Gründen eingestellt, Großveranstaltungen gibt es nicht mehr. Die Mädchen- und Frauenarbeit verwirft alte Rollenbilder und steht unter feministischen Vorzeichen. Ziele sind die inner- und außerverbandliche Gleichberechtigung und die Entwicklung einer schöpferischen weiblichen Gegenkultur. Die geschlechtsspezifische Arbeit gewinnt in diesem Rahmen neu an Bedeutung.

5. DER BDKJ IN DER DIÖZESE WÜRZBURG

5.1. Personen, Strukturen und Grundlagen

5.1.1. Ein neues Selbstverständnis

Entsprechend der Prozesse auf Bundesebene bestimmt auch der Bund in der Diözese sein Selbstverständnis neu. 1967 wird ein Arbeitskreis eingerichtet, der das Thema bearbeitet. Zwei Jahre später spricht sich die Diözesanversammlung dafür aus, daß der BDKJ ein Dachverband sein soll. Die Gliedgemeinschaften signalisieren Interesse an gemeinsamer Arbeit und die Dekanatsebene wird, nicht zuletzt für die Interessenvertretung bei der gerade entstehenden Rätestruktur, für notwendig erachtet.[1] Die Diskussion findet mit der Bundesordnung 1971 auch in der Diözese einen Abschluß. Unabhängig davon geht der Prozeß der Profilierung der Gliedgemeinschaften, später Mitgliedsverbände, weiter.[2] Das zeigt sich auch personell. Die KLJB löst 1971, die KJG zehn Jahre später die Personalunion zwischen ihrer eigenen Geistlichen Leitung und dem BDKJ-Diözesanpräses.[3] Parallel zur Diskussion um das Selbstverständnis arbeiten Mannes- und Frauenjugend immer enger zusammen und lösen schließlich die strukturelle Trennung auf. Ebenso schließen sich Ende der 60er Jahre viele Mitgliedsverbände zu einem Verband aus Frauen und Männern zusammen, wie beispielsweise die KJG und die KJF im Jahre 1969.[4]
Der Dachverband entwickelt sich zu einer umstrittenen Konstruktion, wird aber nie total in Frage gestellt. Ende der 70er Jahre häufen sich die Klagen der BDKJ-Diözesanleitung über das mangelnde Dachverbandsverständnis der Mitgliedsverbände. Ihnen wird vorgeworfen, einzig den eigenen Verband und nicht auch die gemeinsamen Anliegen aller Verbände im BDKJ im Blick zu haben. Es fehle eine angemessene Unterstützung des BDKJ durch die Mitgliedsverbände. Gemeinsame Überlegungen, den Dachverband zu stärken, bleiben in den nächsten Jahren weitgehend in Ansätzen stecken.[5]

---

[1] Bischöfliches Jugendamt, Kontenplan, Ordner 11, Protokoll der Diözesankonferenz der Führerschaft vom 28.04.1967;
Bischöfliches Jugendamt, Kontenplan, Ordner 11, Protokoll der Diözesanversammlung vom 09.–11.05.1969;

[2] Vgl. Bischöfliches Jugendamt, Kontenplan, Ordner 18 durchgehend, insbesondere die Protokolle der Gliedgemeinschaftskonferenzen.

[3] Sonntagsblatt vom 21.11.1971, S. 21;
Bischöfliches Jugendamt, Diözesanversammlungen, Rechenschaftsbericht für die DV vom 02.–04.07.1982.

[4] Bischöfliches Jugendamt, Kontenplan, Ordner 10, Jahresbericht 1967/68 von Jugendpfarrer Wiesler;
Sonntagsblatt vom 14.06.1970, S. 21.

[5] Bischöfliches Jugendamt, Diözesanversammlungen, Rechenschaftsbericht für die DV vom

Generell gesehen bringen die 80er Jahre eine massive Stärkung der Mitgliedsverbände gegenüber den Dachverbandsstrukturen mit sich, sowohl im Kräfteverhältnis auf Diözesanversammlungen als auch in der inhaltlichen Arbeit. Dieser Prozeß sorgt immer wieder für Spannungen.[6]

1989 legt der BDKJ-Diözesanvorstand bei der Diözesanversammlung seine „Thesen zum Dachverbandsverständnis des BDKJ"[7] vor. Anlaß sind Differenzen auf Diözesanebene und die Konflikte auf Bundesebene. In den Thesen werden als originäre Aufgaben des BDKJ die kirchen- und die jugendpolitische Vertretung beschrieben. Die Mitgliedsverbände werden aufgefordert, enger im BDKJ zusammenzuarbeiten und die Solidarisierungschancen im BDKJ bei ihrer eigenen inhaltlichen Schwerpunktsetzung zu berücksichtigen. Das Papier ist umstritten, und die Diskussion über den Dachverband hält an. Das Klima zwischen einigen – meist großen – Mitgliedsverbänden und dem BDKJ-Diözesanvorstand ist angespannt.[8]

Bei der Frage der Schulung von Verantwortlichen setzen sich die verbandseigenen Ausbildungskurse der Mitgliedsverbände weitgehend durch. Allerdings veranstaltet der BDKJ auf Kreisebene in Zusammenarbeit mit den Regionalstellen für kirchliche Jugendarbeit bis in die 80er Jahre Schulungen für Gruppenleiterinnen und Gruppenleiter aus der verbandlichen und nichtverbandlichen Arbeit. Das führt immer wieder zu Konflikten mit Mitgliedsverbänden, die auf Einhaltung einer subsidiären Funktion bestehen.[9]

Nach mehrjährigen innerverbandlichen Debatten sowie Diskussionen mit der Bundesebene und der Bistumsleitung verabschiedet die BDKJ-Diözesanversammlung 1979 eine Satzung, die nach bischöflicher und bundesverbandlicher Genehmigung noch im selben Jahr in Kraft tritt. Sie regelt das Zusammenspiel der Organe des BDKJ und die Koordinaten für die Arbeit im Dachverband.[10] Im Nachgang des Satzungskonfliktes auf Bundesebene beginnt auch der diözesane BDKJ Ende der 80er Jahre seine Satzung zu überarbeiten.[11]

Neuerungen gibt es bei der Leitungsstruktur. 1969 werden die Führungstitel abgeschafft und 1971 kommt es zu einem radikalen Umbau. Die BDKJ-

---

24.–26.06.1977 und für die DV vom 02.–04.07.1982 sowie Protokoll der a.o. Diözesanversammlung vom 30.10.1982.

[6] Bischöfliches Jugendamt, Diözesanversammlungen, Rechenschaftsberichte und Protokolle seit Anfang der 80er Jahre, durchgehend.

[7] Bischöfliches Jugendamt, Diözesanversammlungen, Rechenschaftsbericht für die DV vom 06.–08.10.1989.

[8] Bischöfliches Jugendamt, Diözesanversammlungen, Protokoll der DV vom 06.–08.10.1989.

[9] Bischöfliches Jugendamt, Diözesanversammlungen, Protokoll der DV vom 23.–26.05.1974 sowie der a.o. DV am 14.10.1979;
Sonntagsblatt vom 19.04.1981, S. 21.

[10] Bischöfliches Jugendamt, Diözesanversammlungen, Rechenschaftsbericht für die DV vom 21.–23.05.1976 sowie Protokoll der DV vom 23.–25.06.1978;
Sonntagsblatt vom 29.07.1979, S. 24;
Bischöfliches Jugendamt, Diözesanversammlungen, Protokoll der a.o. DV vom 14.10.1979;
vgl. BDKJ-Würzburg, Diözesanordnung 1979.

[11] Bischöfliches Jugendamt, Diözesanversammlungen, Protokoll der DV vom 10.–12.06.1988 sowie vom 06.–08.10.1989.
Allerdings kommt es innerhalb des in dieser Arbeit behandelten Zeitraumes nicht zur Verabschiedung einer neuen Diözesanordnung.

Leitung besteht nun aus einer Diözesanjugendleitung und einem Diözesanvorstand. Die Diözesanjugendleitung bilden der männliche und weibliche Diözesanjugendleiter, der Geistliche Leiter, der Geschäftsführer und die beiden Diözesanreferenten. Den Diözesanvorstand bilden Vertreter aller Mitgliedsverbände, Delegierte der Landkreise sowie beratende Mitglieder aus den Reihen der Hauptamtlichen in der kirchlichen Jugendarbeit. Dem Diözesanvorstand gehören bis zu 25 Männer und Frauen an. Beide Gremien werden auf der Diözesanversammlung gewählt. Die Diözesanjugendleitung ist bei den originären BDKJ-Aufgaben wie der Interessenvertretung in Kirche und Gesellschaft federführend und zuständig für die laufenden Geschäfte. Dem Diözesanvorstand sind die weitreichenderen Entscheidungen zwischen den Diözesanversammlungen vorbehalten.[12]

Mit dem Ausscheiden Jürgen Webers und Carola Wellers im Jahr 1975 verändert sich die Zusammensetzung und Aufgabenstellung des Gremiums Diözesanjugendleitung. Die ehrenamtlichen BDKJ-Diözesanjugendleiter gehören ihm nun nicht mehr an und der Schwerpunkt der Aufgaben liegt im Bereich Bischöfliches Jugendamt. Hintergrund ist die Kritik aus den Reihen der hauptamtlichen sozialpädagogischen Mitarbeiterinnen und Mitarbeiter des Jugendamtes an der Beteiligung ehrenamtlicher BDKJ-Leiter an Personalangelegenheiten, wie es bis 1975 praktiziert wurde.[13]

Probleme gibt es auch mit dem Gremium Diözesanvorstand. Vor allem die Vertretung der Mitgliedsverbände läßt zu wünschen übrig. Das Informations- und Kompetenzgefälle erschwert die Arbeit. Es fehlt der Platz für grundsätzliche inhaltliche Überlegungen, und viele Beschlüsse der Diözesanversammlung können nicht oder nur unvollständig umgesetzt werden. So kommt es mit der Diözesanordnung von 1979 zu einer neuen Struktur. Die BDKJ-Leitung nennt sich nun Diözesanvorstand und besteht aus je einem männlichen und einer weiblichen Vorsitzenden, entsprechenden Stellvertretern und dem BDKJ-Diözesanpräses.[14]

1988 schlägt der amtierende Diözesanvorstand wieder ein erweitertes zusätzliches Leitungsgremium, einen sogenannten Hauptausschuß, vor. Er verspricht sich dadurch mehr Transparenz, Zusammenarbeit und eine Beratung durch Mitglieds- und Landkreisverbände. Der Antrag findet aber keine Mehrheit.[15]

Die Überlastung der ehrenamtlichen Vorstände, das Problem der zwar nicht gewählten, aber durch ihre Hauptamtlichkeit einflußreichen Referen-

---

[12] Bischöfliches Jugendamt, Kontenplan, Ordner 18, Protokoll der Diözesanversammlung vom 09.–11.05.1969;
Bischöfliches Jugendamt, Kontenplan, Ordner 22, Protokoll der Diözesanversammlung vom 07.–09.05.1971;
Sonntagsblatt vom 06.06.1971, S. 27.

[13] Gespräch Göbel vom 24.11.1995;
Gespräch Leutbecher vom 04.12.1995

[14] Bischöfliches Jugendamt, Kontenplan, Ordner 40, Protokoll des Diözesanvorstandes vom 05.05.1972;
Bischöfliches Jugendamt, Diözesanversammlungen, Rechenschaftsbericht für die DV vom 24.–26.06.1977 sowie vom 23.–25.06.1978;
BDKJ-Würzburg, Diözesanordnung 1979, S. 7f.

[15] Bischöfliches Jugendamt, Diözesanversammlungen, Protokoll der DV vom 10.–12.06.1988.

ten sowie die Frage nach mehr Professionalität läßt 1979 die Forderung nach einem hauptamtlichen Vorstand aufkommen. Eine dazu gebildete Kommission listet Pro- und Contra-Argumente auf, und mehrmals wird beraten. 1982 spricht sich die Diözesanversammlung für die Beibehaltung der Ehrenamtlichkeit aus.[16]

Doch vier Jahre später hat sich die Meinung geändert, nicht zuletzt dadurch, daß immer wieder Kandidaten und Kandidatinnen für die Ämter im Vorstand fehlen. Die Diözesanversammlung befürwortet nun ein Modell mit vier halben Leitungsstellen und einem Referenten. Aber das Bischöfliche Ordinariat lehnt jede Hauptamtlichkeit deutlich ab. So kommt das Modell hauptamtlicher Vorstand nicht voran.[17]

Diözesanjugendführer ist bis 1970 Hermann Kuhn. Ihm folgt Karltheodor Huttner, der jedoch nach wenigen Monaten Amtszeit zurücktritt.[18] 1971 wird Jürgen Weber Diözesanjugendleiter.[19] Ihn löst 1975 Roland Dülg ab, dem 1977 Andreas Elsässer folgt.[20] 1979 übernimmt das Amt des Diözesanvorsitzenden Joachim Morgenroth.[21] Für ihn wird 1981 kein Nachfolger gewählt.[22] Ein dreiviertel Jahr später wird Michael Hanft Diözesanvorsitzender und bleibt es bis 1984.[23] Da sich nun kein Kandidat mehr findet, überbrücken kommissarische Vorstände das Leitungsvakuum. Erst zwei

---

[16] BDKJ-Würzburg, 40 Jahre, S. 14;
Bischöfliches Jugendamt, Diözesanversammlungen, Rechenschaftsbericht für die DV vom 06.–08.07.1979 sowie das entsprechende Protokoll;
Bischöfliches Jugendamt, Diözesanversammlungen, Protokoll der DV vom 02.–04.07.1982.

[17] Bischöfliches Jugendamt, Diözesanversammlungen, Rechenschaftsbericht für die DV vom 20.–22.06.1986 und entsprechendes Protokoll sowie Rechenschaftsbericht für die DV vom 10.–12.06.1988;
Sonntagsblatt vom 26.06.1988, S. 21.
Die Frage eines hauptamtlichen Vorstandes wird innerhalb des Zeitraumes dieser Arbeit nicht gelöst.

[18] Bischöfliches Jugendamt, Kontenplan, Ordner 21, Protokoll des Diözesanvorstandes vom 27.11.1970. Das Protokoll nennt persönliche Gründe als ausschlaggebend.
Karltheodor Huttner: Theologiestudent; Mitglied der KJG; Diözesanjugendleiter 1970.

[19] Bischöfliches Jugendamt, Diözesanversammlungen, Protokoll der DV vom 07.–09.05.1971.
Jürgen Weber: * 1945; Jurist; ab 1965 Stadtjugendführer von Würzburg; Diözesanleiter der KJG und 1969/70 stellvertr. BDKJ-Diözesanjugendleiter; Diözesanjugendleiter 1971–1975; danach: Kämmerer der Stadt Würzburg; Oberbürgermeister der Stadt Würzburg.

[20] Bischöfliches Jugendamt, Diözesanversammlungen, Protokoll der DV vom 27.–29.06.1975 sowie vom 24.–26.06.1977.
Roland Dülg: Student für das Lehramt an Realschulen; Mitglied Landkreisvorstand Haßberge; Diözesanjugendleiter 1975–1977; danach: Realschullehrer.
Andreas Elsässer: Student für das Lehramt an Realschulen; Mitglied Landkreisvorstand Bad Kissingen; Diözesanjugendleiter 1977–1979; danach: Realschullehrer.

[21] Bischöfliches Jugendamt, Diözesanversammlungen, Protokoll der DV vom 06.–08.07.1979.
Joachim Morgenroth: * 1956; Theologiestudent; Mitarbeit im DPSG-Diözesanvorstand; Diözesanvorsitzender 1979–1981; Priesterweihe 1985; danach: Bundeskurat der DPSG; Jugendpfarrer und BDKJ-Diözesanpräses in Würzburg.

[22] Bischöfliches Jugendamt, Diözesanversammlungen, Protokoll der DV vom 03.–05.07.1981.

[23] Sonntagsblatt vom 14.03.1982, S. 18;
Bischöfliches Jugendamt, Diözesanversammlungen, Protokoll der DV vom 29.–06.01.07.1984.
Michael Hanft: Theologiestudent; Mitglied der KJG; BDKJ-Landkreisvorsitzender in Kitzingen seit 1980; Diözesanvorsitzender 1982–1984; danach: hauptamtlicher Mitarbeiter im Eine-Welt-Laden Würzburg; Pastoralassistent.

Jahre später gibt es mit Michael Kroschewski einen neuen BDKJ-Diözesanvorsitzenden.[24] Alle Vorsitzenden nehmen ihr Amt ehrenamtlich wahr. Bei den Frauen folgt 1971 als erste Ehrenamtliche Irene Hartmann der langjährigen Diözesanjugendführerin Edeltrud Hohmann nach.[25] Carola Weller löst sie zwei Jahre später ab.[26] 1975 wird Ursula Kriener Diözesanjugendleiterin.[27] Ihr folgt 1978 Gabi Meixner.[28] Nach einjähriger Vakanz gibt es 1981 mit Rita Völker wieder eine Diözesanvorsitzende.[29] Nach ihrem Ausscheiden 1983 finden sich keine Kandidatinnen mehr, es folgt die Zeit der kommissarischen Vorstände. 1986 wird Gabi Göb Diözesanvorsitzende.[30] Ihre Nachfolgerin ist 1989 Elke Schneider.[31]

Mit Jahresbeginn 1967 löst Alfons Wiesler Wilhelm Heinz als Diözesanjugendseelsorger Frauenjugend ab.[32] Seit dem Ausscheiden von Theo Sell 1968 gibt es mit Wiesler nur noch einen Präses für den BDKJ.[33] 1972 folgt ihm Albert Leutbecher nach.[34] 1978 tritt Herbert Baumann das Amt an, der 1984 von Alfred König abgelöst wird.[35]

24 Bischöfliches Jugendamt, Diözesanversammlungen, Protokoll der DV vom 20.–22.06.1986.
 Michael Kroschewski: * 1964; Mitglied der Kolpingjugend; Student für das Lehramt an
 Gymnasien, Fachrichtungen Mathematik und Theologie; Landkreisvorsitzender in Miltenberg; Mitglied der kommissarischen Diözesanvorstände 1984–1986; Diözesanvorsitzender
 1986–1991; danach: Gymnasiallehrer.
25 Bischöfliches Jugendamt, Diözesanversammlungen, Protokoll der DV vom 07.–09.05.1971.
 Irene Hartmann: Mitglied der KJG; Studentin für das Lehramt an Gymnasien; Diözesanjugendleiterin 1971–1973; danach: Gymnasiallehrerin.
26 Bischöfliches Jugendamt, Diözesanversammlungen, Protokoll der DV vom 04.–06.05.1973.
 Weller ist hauptamtliche BDKJ-Referentin und nimmt das Amt der Diözesanjugendleiterin
 zusätzlich ehrenamtlich wahr.
 Carola Weller: Gemeindereferentin; BDKJ-Sozialreferentin und BDKJ-Referentin; Diözesanjugendleiterin 1973–1975; danach: Gemeindereferentin; Mitarbeiterin im Katechetischen
 Institut Würzburg.
27 Bischöfliches Jugendamt, Diözesanversammlungen, Protokoll der DV vom 27.–29.06.1975.
 Ursula Kriener: Fotografin; Mitglied Landkreisvorstand Bad Kissingen; Diözesanjugendleiterin 1975–1978.
28 Bischöfliches Jugendamt, Diözesanversammlungen, Protokoll der DV vom 23.–25.06.1978.
 Gabi Meixner: * 1953; Volksschullehrerin; Diözesanvorsitzende der KLJB 1974–1976; Diözesanjugendleiterin 1978–1980.
29 Bischöfliches Jugendamt, Diözesanversammlungen, Protokoll der DV vom 03.–05.07.1981.
 Rita Völker: * 1952; Bankkauffrau; Diözesanleiterin der KJG 1977–1981; Diözesanvorsitzende 1981–1983.
30 Bischöfliches Jugendamt, Diözesanversammlungen, Protokoll der DV vom 20.–22.06.1986.
 Gabi Göb: Erzieherin; Diözesanvorsitzende 1986–1989.
31 Bischöfliches Jugendamt, Diözesanversammlungen, Protokoll der DV vom 06.–08.10.1989.
 Elke Schneider: Miglied der KJG; Erzieherin; Mitglied Landkreisvorstand Aschaffenburg-Land; stellv. Diözesanvorsitzende 1987–1989; Diözesanvorsitzende 1989–1991.
32 Sonntagsblatt vom 15.01.1967, S. 12.
 Alfons Wiesler: * 1929; Priesterweihe 1956; Diözesanjugendseelsorger 1967–1972; danach:
 Religionslehrer an einer Berufsschule.
33 Sonntagsblatt vom 17.11.1968, S. 23.
34 Sonntagsblatt vom 30.07.1972, S. 28.
 Albert Leutbecher: * 1939; Priesterweihe 1965; Diözesanjugendseelsorger 1972–1978; danach: Rektor des Jugendhauses Volkersberg; Pfarrer in Kitzingen.
35 Bischöfliches Jugendamt, Rechenschaftsbericht für die DV vom
 23.–25.06.1978 sowie Protokoll der DV vom 29.06.–01.07.1984.
 Herbert Baumann: * 1945; Priesterweihe 1970; Diözesanpräses 1978–1984; danach: Pfarrer
 in Kitzingen.

Stellvertretende Diözesanjugendleiter und -leiterinnen beziehungsweise Vorsitzende sind: Rita Strauß, Jürgen Weber, Martin Flügel, Monika Helbig, Christine Muth, Franz Ebert und Elke Schneider.[36] Immer wieder sind die Ämter eine Zeitlang vakant.

Als kommissarische Vorstände tragen 1984–1986 Verantwortung: Brigitte Gentil, Maria Gumpert, Elisabeth Henrich, Michael Kroschewski, Christoph Nasemann, Heribert Sopp, Christoph Wagner und Hubert Lutz.[37]

Das Bischöfliche Jugendamt in Würzburg wächst weiter, und 1976 zieht man in das Kilianshaus neben dem Würzburger Dom um.[38] Der personelle Ausbau der Planstellen ist Ende der 70er Jahre weitgehend abgeschlossen. Allen großen Mitgliedsverbänden stehen Referenten oder Referentinnen zur Verfügung und die Diözese hat flächendeckend in den Regionen Jugendpfleger und -pflegerinnen, die auch zur Unterstützung der verbandlichen Jugendarbeit verpflichtet sind. Die Schwerpunkte ihrer Arbeit entwickelt anfangs ein Kuratorium aus Verbandsvertretern und nicht organisierten Verantwortlichen in der Jugendarbeit.[39] Die BDKJ-Diözesanstelle wird entlastet durch die Anstellung eines Geschäftsführers für das Bischöfliche Jugendamt, der auch für den BDKJ zuständig ist. Seit 1972 stehen dem BDKJ – infolge der nun ganz ehrenamtlichen Leitungsstruktur – zwei Referentenstellen zur Verfügung.[40]

Das Jugendhaus Volkersberg bleibt wichtig für die verbandliche Jugendarbeit im Bistum. Allerdings ist die Verwaltung und Leitung seit 1967 aus dem Jugendamt herausgelöst und direkt beim Bischöflichen Ordinariat angesiedelt. Weiterhin steht das Jugendhaus aber Veranstaltungen des BDKJ

Alfred König: * 1942; Priesterweihe 1978; Geistlicher Leiter der KJG auf Diözesanebene; Diözesanpräses 1984–1991; danach: Rektor des Jugendhauses Volkersberg.

[36] Bischöfliches Jugendamt, Kontenplan, Ordner 18, Protokoll der Diözesanversammlung vom 09.–11.05.1969;
Bischöfliches Jugendamt, Diözesanversammlungen, Protokoll der a.o. DV am 14.10.1979;
Bischöfliches Jugendamt, Diözesanversammlungen, Protokoll der DV vom 03.–05.07.1981;
Bischöfliches Jugendamt, Diözesanversammlungen, Protokoll der DV vom 20.–22.06.1986;
Bischöfliches Jugendamt, Diözesanversammlungen, Protokoll der DV vom 03.–05.07.1987.

[37] Bischöfliches Jugendamt, Diözesanversammlungen, Protokoll der DV vom 29.06.–01.07.1984;
Bischöfliches Jugendamt, Diözesanversammlungen, Protokoll der DV vom 21.–23.06.1985.

[38] Sonntagsblatt vom 21./28.12.1975, S. 40.

[39] Bischöfliches Jugendamt, Kontenplan, Ordner 18, Rundbrief Wiesler an Dekane und Dekanatsjugendseelsorger vom 24.07.1969;
Bischöfliches Jugendamt, Kontenplan, Ordner 22, Protokoll der Sitzung des Kuratoriums für allgemeine kirchliche Jugendarbeit vom 17.12.1971;
Bischöfliches Jugendamt, Diözesanversammlungen, Rechenschaftsbericht für die DV vom 27.–29.06.1975 sowie vom 04.–06.07.1980 (Bericht der Strukturkommission).

[40] Bischöfliches Jugendamt, Kontenplan, Ordner 10, Arbeitsberichte 1967/68 von Schuler und Hohmann, o.D.;
Bischöfliches Jugendamt, Diözesanversammlungen, Rechenschaftsbericht für die DV vom 21.–23.04.1972 (Anschriftenliste).
Aufgrund der engen Verquickung von Jugendamt und BDKJ kann in den 70er Jahren keine präzise Aussage getroffen werden, welche weiteren Planstellen des Jugendamtsbereichs, bspw. Mädchenbildung oder Kinderstufenreferat, dem BDKJ direkt verantwortlich zugeordnet waren. Es bestanden allerdings viele Berührungspunkte und oft eine intensive Zusammenarbeit.

und des Jugendamtes vorrangig zur Verfügung. Eine enge Zusammenarbeit ist von Hausleitung und Jugendamt gewünscht.[41] Gleichzeitig erfolgen bauliche Modernisierungs- und Erweiterungsmaßnahmen.[42]
Mit der Zeit entstehen weitere Jugendhäuser, beispielsweise in Münnerstadt und in Miltenberg, um dem wachsenden Bedarf gerecht zu werden. 1979 beginnt der Diskussionsprozeß über den Ausbau des Volkersberges zu einer Jugendbildungsstätte mit eigenem inhaltlichen Programm. Mitte der 80er Jahre planen BDKJ, Jugendamt und Ordinariat in dieser Frage eine Kooperation mit dem Bayerischen Jugendring und dem Bezirksjugendring Unterfranken und verstärken ihre Bemühungen um die Jugendbildungsstätte. 1989 kommt es schließlich zu einer Trägergemeinschaft aus BDKJ, Bischöflichem Ordinariat und Bezirksjugendring. Ein aus Vertretern dieser Gruppen gebildetes Kuratorium kümmert sich nun um den weiteren Verlauf.[43]
Die enge Verklammerung zwischen BDKJ und Bischöflichem Jugendamt bleibt teilweise bis Ende der 70er Jahre bestehen. Beispielsweise ist die BDKJ-Diözesanleitung bis Mitte der 70er Jahre bei Personalfragen der Mitgliedsverbände und der nichtverbandlichen kichlichen Jugendarbeit beteiligt. Die alle Hauptamtlichen umfassende Referentenbesprechung beschäftigt sich inhaltlich mit der Frage der Stärkung des Dachverbandes, und die Finanzen von Jugendamt und BDKJ-Diözesanstelle sind eng verquickt. Beide BDKJ-Referenten sind auch für die allgemeine kirchliche Jugendarbeit zuständig.[44]
Die Kritik an dieser Struktur wird immer lauter, nicht zuletzt aus den Reihen der Mitgliedsverbände. Nach der schon erwähnten Entflechtung von BDKJ-Diözesanleitung und Jugendamtsleitung kommt es Anfang der 80er Jahre zu einer deutlicheren Trennung zwischen BDKJ-Diözesanstelle und Bischöflichem Jugendamt, so durch einen eigenen Finanzbericht und Haushaltsentwurf des BDKJ.[45] Eine enge Zusammenarbeit bleibt aber bestehen. Allerdings stellt der BDKJ-Vorstand Ende der 80er Jahre fest, seinen Einfluß auf die gesamte kirchliche Jugendarbeit zu verlieren – möglicherweise eine Folge der genannten Strukturveränderungen. Er fordert, diese Fragen in den nächsten Jahren differenziert aufzuarbeiten.[46]

---

[41] Bischöfliches Jugendamt, Kontenplan, Ordner 13, Briefliche Regelung des Generalvikars betreffs der Verwaltung des Jugendhauses Volkersberg vom 07.11.1966.
[42] Sonntagsblatt vom 04.05.1969, S. 23;
Main-Post vom 21.04.1969, „Vom Volkersberg hinaus ins Land".
[43] Bischöfliches Jugendamt, Diözesanversammlungen, Rechenschaftsbericht für die DV vom 06.–08.07.1979 sowie entsprechendes Protokoll;
Bischöfliches Jugendamt, Diözesanversammlungen, Protokoll der DV vom 20.–22.06.1986;
Bischöfliches Jugendamt, Diözesanversammlungen, Rechenschaftsbericht für die DV vom 06.–08.10.1989.
[44] Bischöfliches Jugendamt, Kontenplan, Ordner 16, Geschäftsordnung des Bischöflichen Jugendamtes Würzburg vom 01.01.1969;
Bischöfliches Jugendamt, Kontenplan, Ordner 50, Ergebnisprotokoll der Arbeitsbesprechung vom 21.03.1972;
Bischöfliches Jugendamt, Diözesanversammlungen, Protokoll der DV vom 06.–08.07.1979 sowie Rechenschaftsbericht für die DV vom 04.–06.07.1980.
[45] Bischöfliches Jugendamt, Diözesanversammlungen, Protokoll der DV vom 06.–08.07.1979 sowie Rechenschaftsbericht für die DV vom 04.–06.07.1980.
[46] Bischöfliches Jugendamt, Diözesanversammlungen, Rechenschaftsbericht für die DV vom 06.–08.10.1989.

Im Kontext dieser Problematik zeigt sich auch die Personalunion zwischen BDKJ-Präses und Leitung des Bischöflichen Jugendamtes in der Person des Jugendpfarrers als Konfliktpunkt. Die Gegner einer solchen Verquickung versprechen sich mehr Freiheit für den BDKJ, die Befürworter befürchten bei einer Trennung Einflußverlust und zusätzliche Reibungspunkte zwischen verbandlicher und nichtverbandlicher Jugendarbeit. Das Problem spitzt sich zu. 1982 sieht sich der BDKJ bei der erneuten Kandidatur von Jugendpfarrer Baumann als Präses durch die Personalunion zu sehr in seiner Wahlfreiheit eingeengt. Baumann erhält nur eine hauchdünne Mehrheit und nimmt die Wahl nicht an. Einige Monate später stimmt eine außerordentliche Diözesanversammlung der Personalunion, die auch von der Bistumsleitung gewünscht wird, zu, und Baumann wird mit klarerer Mehrheit gewählt.[47] Doch die Spannungen in dieser Frage bleiben und brechen schon zwei Jahre später bei der Regelung von Baumanns Nachfolge wieder auf.[48]

In der Arbeit der Jungschar und Frohschar gibt es Veränderungen. Die Kooperation beider Altersgruppen wird immer enger, beispielsweise bei der Ausbildung von Gruppenleiterinnen und Gruppenleitern. Die Anbindung an den BDKJ lockert sich. 1972 werden Karlheinz Daum als Diözesanleiter der Jungschar und Toni Zeller als Diözesanleiterin der Frohschar verabschiedet. Danach löst man weitgehend die eigenständige Leitungsstruktur auf. Schließlich erfolgt 1974 die Umwandlung der bisherigen Stelle der Frohscharreferentin in ein Fachreferat für Kindergruppenarbeit, das keinem Verband mehr in besonderer Weise zugeordnet und auch für die nichtorganisierte kirchliche Jugendarbeit zuständig ist.[49] Später wird auch dieses Referat aufgelöst.

Um die Kooperation zwischen BDKJ und Ministranten zu verbessern, wird 1979 auf Diözesanebene der Ministrantenarbeitskreis im BDKJ gegründet. In ihm arbeiten auf Diözesanebene Ministrantenverantwortliche aus der organisierten und nichtorganisierten Jugendarbeit zusammen. Der Kreis bietet unter anderem liturgisch und pädagogisch orientierte Kurse, Wallfahrten nach Rom oder Ministrantentage in Würzburg an. Sein Leiter ist bis Mitte der 80er Jahre der Jugendpfarrer und BDKJ-Diözesanpräses, später der Referent für Ministrantenarbeit im Jugendamt. Trotz einiger Kontaktversuche und gemeinsamer Veranstaltungen bleibt die mangelnde Vernetzung des Arbeitskreises mit dem BDKJ und der verbandlichen Jugendarbeit ein Dauerproblem.[50]

---

[47] Bischöfliches Jugendamt, Diözesanversammlungen, Rechenschaftsbericht für die DV vom 06.–08.07.1979 sowie Protokoll der a.o. DV vom 30.10.1982;
Sonntagsblatt vom 18.07.1982, S. 20.

[48] BDKJ-Würzburg, 40 Jahre, S. 15.

[49] Bischöfliches Jugendamt, Kontenplan, Ordner 10, Protokoll der Diözesankonferenz der Frauenjugend 1967 o.D.;
Bischöfliches Jugendamt, Kontenplan, Ordner 10, Arbeitsbericht 1967/68 von Stocker, o.D.;
Sonntagsblatt vom 14.05.1972, S. 23;
Bischöfliches Jugendamt, Diözesanversammlungen, Rechenschaftsbericht für die DV vom 23.–26.05.1974.

[50] Bischöfliches Jugendamt, Diözesanversammlungen, Protokoll der DV vom 06.–08.07.1979;
Bischöfliches Jugendamt, Diözesanversammlungen, Rechenschaftsbericht für die DV vom 02.–04.07.1982;

Die BDKJ-Struktur auf Dekanatsebene zeigt Ende der 60er Jahre deutliche Schwächen. Führermangel, Schwäche der Gliedgemeinschaften auf dieser Ebene und mangelnder Kontakt zur Diözesanebene setzen den Dekanaten zu.[51]

Anfang der 70er Jahre kommt es zu einer fundamentalen Neustrukturierung der sogenannten Mittleren Ebene (bisher die Dekanate) des BDKJ. Ausgelöst durch die bundesweite Gebietsreform, sind die Dekanats- und Landkreisgrenzen nicht mehr weitgehend deckungsgleich. Der BDKJ beschließt 1973 nach intensiver Diskussion, die Landkreisebene zur neuen Mittleren Ebene des Dachverbandes zu machen; nicht zuletzt, um so die Vertretung in den Jugendringen besser abzusichern. Die Umstellung bringt Probleme mit sich, ist aber bis Mitte der 70er Jahre weitgehend abgeschlossen.[52]

Ende der 70er Jahre tauchen neue Schwierigkeiten auf. Manche der Landkreise haben sich so gut entwickelt, daß sich dort der BDKJ nicht mehr auf die originären Aufgaben der jugend- und kirchenpolitischen Interessenvertretung beschränkt, sondern letztlich die gesamte überregionale Jugendarbeit im Landkreis – von Freizeiten bis zu verschiedenen Schulungskursen – übernimmt. Die Folge ist, daß sich die Mitgliedsverbände nicht mehr entfalten können.[53]

Um diese Fehlentwicklungen zu verhindern und dem permanenten Vorständemangel auf dieser Ebene zu begegnen, beschließt die Diözesanversammlung 1984 ein zweijähriges Modellprojekt. Dabei soll getestet werden, ob die originären Dachverbandsaufgaben auch ohne einen BDKJ-Kreisvorstand von den Bezirksleitungen der Mitgliedsverbände erledigt werden können. Die begleitende Kommission stellt in ihrem Abschlußbericht fest, daß es auch ohne Kreisvorstand funktioniere, für eine kontinuierliche Arbeit ein gewählter Vorstand aber eine qualifizierte Stütze sei. Die Kommission empfiehlt eine flexible Lösung, je nach den Gegebenheiten vor Ort. Schon während der Experimentierphase hatten sich fast alle Landkreise dafür ausgesprochen, die bisherige Struktur beizubehalten.[54] In der Folgezeit nimmt bei den Landkreisvorständen die Tendenz zu, sich auf die originären Aufgaben zu beschränken.

Der BDKJ wird großteils aus den Haushaltmitteln der Diözese finanziert. Diese übernimmt die Personalkosten und gibt einen Sachkostenzuschuß

Bischöfliches Jugendamt, Diözesanversammlungen, Rechenschaftsbericht für die DV vom 06.–08.10.1989.

[51] Bischöfliches Jugendamt, Kontenplan, Ordner 10, Arbeitsbericht 1967/68 von Schuler und Hohmann, o.D., sowie Protokoll der Diözesanversammlung vom 03.–05.05.1968.

[52] Bischöfliches Jugendamt, Diözesanversammlungen, Rechenschaftsberichte und Protokolle durchgehend 1972–1975.

[53] Bischöfliches Jugendamt, Diözesanversammlungen, Rechenschaftsbericht für die DV vom 06.–08.07.1979 sowie das entsprechende Protokoll;
Bischöfliches Jugendamt, Diözesanversammlungen, Rechenschaftsbericht für die DV vom 01.–03.07.1983.

[54] Bischöfliches Jugendamt, Diözesanversammlungen, Protokoll der DV vom 29.06.–01.07.1984 sowie Protokoll der DV vom 21.–26.03.1985;
Bischöfliches Jugendamt, Diözesanversammlungen, Rechenschaftsbericht für die DV vom 20.–22.06.1986 sowie das entsprechende Protokoll.

von ca. 32 000 Mark, der sich im Zeitraum der selbständigen Finanzberichte des BDKJ kaum verändert. Die Ausgaben der Diözese für das Bischöfliche Jugendamt, den BDKJ und seine Mitgliedsverbände wachsen von rund 450 000 Mark (1970) auf ca. 2 400 000 Mark im Jahre 1989. Das bedeutet für 1970 rund 1,23% des gesamten Bistumshaushaltes und 1989 rund 1,36%.[55]

Die Diözesanordnung 1979 nennt folgende Mitgliedsverbände des BDKJ in der Diözese Würzburg:[56]

* Bund junger Katholiken in Wirtschaft und Verwaltung (Jung-KKV)
* Christliche Arbeiterjugend (CAJ)
* Deutsche Pfadfinderschaft St. Georg (DPSG)
* Gemeinschaft Christlichen Lebens – Jugend (GCL-J)
* Katholische Junge Gemeinde (KJG)
* Katholische Landjugendbewegung (KLJB)
* Katholische Studierende Jugend – Heliand – Mädchenkreis (KSJ-Heliand)
* Katholische Studierende Jugend – Bund Neudeutschland (KSJ-ND)
* Katholische Studierende Jugend – Gemeinschaft Christlichen Lebens (KSJ-GCL)
* Kolpingjugend
* Pfadfinderinnenschaft St. Georg (PSG)
* Junge Aktion (JA)
* Unitasverband (UV)

Als Anschlußverbände werden die Schönstattjugend und die Deutsche Jugendkraft (DJK) aufgeführt.
Die Zahl der Mitglieder im BDKJ ohne die Anschlußverbände DJK und Schönstatt sinkt von rund 15 000 bis 20 000 Anfang der 70er Jahre auf knapp 13 000 im Jahre 1989.[57]

5.1.2. Die Konfliktfelder

Auch der BDKJ in der Diözese Würzburg wird in der zweiten Phase seiner Geschichte stärker kritisiert. Der Schwerpunkt der öffentlichen Auseinandersetzung liegt dabei in den 80er Jahren. Oft sind die Kritiker ehemalige Verantwortliche im BDKJ. Viele Vorwürfe vermischen Bundes- und Di-

---

[55] Bischöfliches Jugendamt, Diözesanversammlungen, Rechenschaftsbericht für die DV vom 02.–04.07.1982 und die DV vom 06.–08.10.1989;
Sonntagsblatt vom 15.02.1970, S. 23 sowie vom 22.01.1989, S. 16f.
[56] BDKJ-Würzburg, Diözesanordnung 1979, S. 5.
[57] Bischöfliches Jugendamt, Kontenplan, Ordner 40, Mitgliederstatistik 1971;
Sonntagsblatt vom 30.07.1972, S. 24;
Bischöfliches Jugendamt, Diözesanversammlungen, Rechenschaftsbericht für die DV vom 06.–08.10.1989.
Die Zahlen gelten nur für beitragszahlende Mitglieder ohne die Anschlußverbände. Sie sind für die 70er Jahre aufgrund unklarer Zählkriterien schwer zu ermitteln.

özesanebene und trennen nicht zwischen Mitgliedsverbänden und dem Dachverband. Das erschwert die konkrete Einordnung. Dennoch wiederholen sich tendenziell auch in Würzburg zwei Brennpunkte der Kritik: Dem BDKJ werden eine linksorientierte starke Politisierung sowie ein Mangel an Kirchlichkeit und Religiosität vorgehalten.

Beim Punkt Politisierung werfen die Gegner dem BDKJ unter anderem Neomarxismus, rot-grüne Vereinnahmung, dauernde Gesellschaftskritik, politische Einseitigkeit und Intoleranz vor. Hinzu kommt der bekannte Zweifel am generellen politischen Mandat der katholischen Jugendverbände.[58]

Das Defizit an Kirchlichkeit und Religiosität im BDKJ zeigt sich nach Meinung der Kritiker beispielsweise in einer permanenten Kirchenkritik, mangelnder religiöser und christologischer Tiefe der Arbeit sowie geringer Beachtung der kirchlichen Morallehre.[59]

Die BDKJ-Leitungen verteidigen sich. Mit Blick auf die Kritik an der Politisierung verweisen sie unter anderem auf die gesellschaftliche Relevanz des Evangeliums und pochen auf ein allgemeines politisches Mandat für die Jugendverbände. Der BDKJ weist darauf hin, daß die Kritik an politischen Stellungnahmen erst dann massiv wurde, als die Jugendverbände sich in ihren Positionen von den C-Parteien entfernten.[60]

Zur Frage der Kirchlichkeit und Religiosität nennt der BDKJ beispielsweise das große kirchliche Erneuerungspotential der Jugend und den kreativen Lebensweltbezug ihres Glaubens. Beides bringe ungewohnte Wege mit sich.[61]

Die Haltung der Bistumsleitung ist in diesen Streitfragen schwer zu fassen. Auch dort gibt es kritische Stimmen, längere und größere Verstimmungen sind aber nicht zu finden und direkte Sanktionen gegen den BDKJ fehlen in der Diözese Würzburg völlig.[62]

Hinweise auf Spannungen geben aber die Krisen um die CAJ in den 70er Jahren[63] sowie der Konflikt um die BDKJ-Referentenstelle 1978/79. Trotz Zustimmung der BDKJ-Diözesanleitung und des Jugendpfarrers wird der Bewerber um diese Stelle vom Ordinariat abgelehnt. Als Gründe nennt man

---

[58] Sonntagsblatt vom 01.02.1981, S. 25;
Sonntagsblatt vom 01.11.1981, S. 15;
Sonntagsblatt vom 07.03.1988, S. 31.
[59] Diözesanarchiv, Klinkhammer, Kasten 1-I, Interview Neisinger vom 22.11.1984;
Diözesanarchiv, Klinkhammer, Kasten 1-I, Redemanuskript Baunach vom 09.11.1985;
Diözesanarchiv, Klinkhammer, Kasten 1-I, Buchmanuskript Franz Mahr Teil II, S. 50;
Sonntagsblatt vom 12.07.1987, S. 16f;
Sonntagsblatt vom 21.02.1988, S. 31.
[60] Bischöfliches Jugendamt, Diözesanversammlungen, Rechenschaftsbericht für die DV vom 03.–05.07.1987;
Sonntagsblatt vom 14.02.1988, S. 31;
Sonntagsblatt vom 10.04.1988, S. 20.
[61] Sonntagsblatt vom 14.02.1988, S. 31;
Sonntagsblatt vom 01.05.1988, S. 20.
[62] Diözesanarchiv, Klinkhammer, Kasten 1-I, Interview Heinz vom 06.06.1986;
Bischöfliches Jugendamt, Diözesanversammlungen, Rechenschaftsbericht für die DV vom 01.–03.07.1983;
Sonntagsblatt vom 13.07.1986, S. 18.
[63] Bischöfliches Jugendamt, Diözesanversammlungen, Rechenschaftsbericht für die DV vom 23.–25.06.1978 (Antrag Meixner);
Sonntagsblatt vom 30.09.1979, S. 24.

seine Überqualifikation sowie das Alter von schon 31 Jahren. Nach Meinung von Mitgliedern der BDKJ-Diözesanversammlung sind allerdings eher politische Hintergründe ausschlaggebend: der Bewerber war ein im BDKJ profilierter Kirchenkritiker und Friedensaktivist.[64]

Am deutlichsten wird die Kluft zwischen dem BDKJ und seinen Kritikern an der Gründung von Konkurrenzverbänden. Im November 1976 faßt die Katholische Pfadfinderschaft Europas (KPE) in der Diözese Fuß. Sie ist nicht koedukativ, lehnt neuere pädagogische Theorien ab und schätzt die Treue zur Kirche und zum Papst sehr hoch. Der BDKJ bezieht nach anfänglichen Kontakten Stellung gegen die KPE. Sie steht seiner Meinung nach nicht auf der Grundlage des Synodenbeschlusses „Ziele und Aufgaben Kirchlicher Jugendarbeit".[65]

Die KPE trifft zwar ein bestimmtes religiöses Defizit der Verbände und genießt durchaus Ansehen bei manchen Pfarrern der Diözese, kann sich aber nicht auf breiter Basis durchsetzen. Hinderlich sind unter anderem die personellen Querelen um ihren Leiter, Jesuitenpater Hönisch, und seinen extremen Kurs, bspw. in Fragen der Marienverehrung und Sühnetheologie sowie des Priester- und Weltbildes.[66]

Dennoch hat die KPE weiterhin Sympathisanten in der Diözese. Der Würzburger Theologieprofessor Hans-Joachim Schulz denkt 1985 in einem Strategiepapier über strukturelle Maßnahmen – unter anderem auf Diözesanebene – nach, die den BDKJ schwächen sollen. So fordert er, die Funktionen des BDKJ-Präses und des Jugendpfarrers zu trennen, das Jugendamt personell gegenüber den Verbänden auszubauen und die KPE in den Pfarreien nicht zu behindern.[67]

Anfang 1986 wird in Würzburg die Europäische Pfadfinderschaft St. Michael gegründet. Sie steht in der Tradition der Inhalte der KPE. Initiatoren sind Professor Schulz und der ehemalige Jugendseelsorger Prälat Karl Heinrich. Das Laienführungspersonal rekrutiert sich teilweise aus Absplitterungen der DPSG, ebenso wie mancher Stamm des neuen Verbandes. Die Michaelspfadfinder unterscheiden sich von den Jugendverbänden im BDKJ durch eine streng kirchliche Linie und eine Pädagogik, die sich eng an die ersten Jahre der katholischen Jugendarbeit nach dem Zweiten Weltkrieg anlehnt. Sie verstehen sich als bewußte Konkurrenz zum BDKJ, dem sie zu wenig spirituelle Ausstrahlung und Kirchlichkeit vorwerfen.[68]

---

[64] Bischöfliches Jugendamt, Diözesanversammlungen, Rechenschaftsbericht für die DV vom 06.–08.07.1979 sowie der beiliegende „Offene Brief der KLJB-Diözesanleitung".

[65] Sonntagsblatt vom 09.01.1977;
Sonntagsblatt vom 15.05.1977, S. 27;
Bischöfliches Jugendamt, Diözesanversammlungen, Protokoll der DV vom 29.06.–01.07.1984.

[66] Bischöfliches Jugendamt, Diözesanversammlungen, Rechenschaftsbericht für die DV vom 06.–08.07.1979;
vgl. Diözesanarchiv, Nachlaß Neisinger, Kasten 12, 1.1.27, Rundbriefe P. Hönisch 1981–1985.

[67] Diözesanarchiv, Nachlaß Neisinger, Kasten 12, 1.1.27, Papier „Kurskorrekturen" von Hans-Joachim Schulz vom 24.07.1985, S. 2.

[68] Deutsche Tagespost vom 05.02.1986, „Mut zu einem neuen Anfang";
Diözesanarchiv, Nachlaß Neisinger, Kasten 12, 1.1.27, Gründungsaufruf der Europäischen Pfadfinderschaft St. Michael (o.D.) sowie die Ordnung des Bundes und die Satzung vom

Der BDKJ kritisiert die Neugründung. Er wirft den Michaelspfadfindern Zersplitterung der Kräfte der katholischen Jugendverbände sowie eine überholte Pädagogik und Pastoral vor. Die Kirchenleitung der Diözese verhält sich abwartend und ist sich auch untereinander nicht ganz einig. Ohne die neue Gruppe ausdrücklich zu fördern, kann sie sich doch ein Nebeneinander vorstellen. Diesem Kurs entspricht die kirchliche Anerkennung der Michaelspfadfinder aufgrund des neuen Codex bei gleichzeitiger Beibehaltung der engen Verzahnung zwischen BDKJ und Bischöflichem Jugendamt.[69] Trotz reger Aktivitäten bleibt in den folgenden Jahren die Bedeutung des neuen Jugendverbandes in der diözesanen kirchlichen Jugendarbeit gering.

Die zwei anderen Konfliktfelder von Bundesebene – progressive Basiskritik und die Frage einer zu zahmen politischen Interessenvertretung durch den Dachverband – sind in Würzburg schwächer und blitzen nur ab und zu auf. So weist der Rechenschaftsbericht 1981 darauf hin, daß nicht wenige Jugendliche Verbandsstrukturen als verkrustet empfinden und mahnt, dies zu beachten. Parallel zur Satzungsänderungsdebatte auf Bundesebene Mitte der 80er Jahre gibt es auch in Würzburg Auseinandersetzungen zwischen Mitglieds- und Kreisverbänden. Die Leitungen der Kreise befürchten, verbandspolitisch in den Hintergrund zu geraten.[70]

5.2. Pastorale Grundlinien

Auch in der Jugendpastoral gibt es ab Mitte der 60er Jahre immer mehr Unruhe, und es kündigen sich Veränderungen an.[71] Der 1970 veröffentlichte und unter Beteiligung des BDKJ entstandene „Kirchliche Jugendplan für die Diözese Würzburg" reagiert ausdrücklich auf neuere Entwicklungen im Bereich der Jugendseelsorge. In seinen Vorbemerkungen heißt es: „Die gesellschaftlichen Veränderungen, die neuen Erkenntnisse der Jugendpädagogik ... der Jugendseelsorge und das neue Verständnis von Kirche und Christsein machen eine Überprüfung und Planung kirchlicher Jugendarbeit notwendig."[72]

18.04.1986;
Bischöfliches Jugendamt, Diözesanversammlungen, Protokoll der DV vom 20.–22.06.1986;
Fränkisches Volksblatt, Ausgabe Würzburg vom 27.06.1986, „BDKJ der Diözese kontra Europapfadfinder St. Michael".

[69] Diözesanarchiv, Nachlaß Neisinger, Kasten 12, 1.1.27, Kopie Brief Schulz an Raabe vom Gründonnerstag 1986;
Bischöfliches Jugendamt, Diözesanversammlungen, Rechenschaftsbericht für die DV vom 20.–22.06.1986 sowie das entsprechende Protokoll;
Fränkisches Volksblatt, Ausgabe Würzburg vom 27.06.1986/02.07.1986/04.07.1986, jeweils Rubrik Leserbriefe; Sonntagsblatt vom 31.08.1986, S. 18.

[70] Bischöfliches Jugendamt, Diözesanversammlungen, Rechenschaftsbericht für die DV vom 03.–05.07.1981;
Bischöfliches Jugendamt, Diözesanversammlungen, Protokoll der DV vom 21.–23.06.1985.

[71] Bischöfliches Jugendamt, Kontenplan, Ordner 11, Brief Dekanatsjugendführer Seifert an Bischof Stangl vom Mai 1967;
Fränkisches Volksblatt vom 29.04.1967, „20 Jahre BDKJ".

[72] Kirchlicher Jugendplan 1970, S. 49.

Der Plan geht von kirchlicher Jugendarbeit als „Dienst der Kirche an den Jugendlichen"[73] aus. Er hat emanzipatorische Ansätze und entfernt sich von der bisherigen intensiven Rekrutierungsfunktion der kirchlichen Jugendarbeit. Die Mitarbeit im BDKJ wird für Jugendliche, die sich länger binden wollen, empfohlen. Einen breiten Raum nimmt daher die Vorstellung der Verbände ein. Als Schwerpunkte der Arbeit nennt der Plan unter anderem die religiöse Vertiefung, die Vorbereitung auf Ehe und Familie sowie Hilfen für den Beruf und das Leben in der Gesellschaft. Er fordert eine Vernetzung mit den Sachausschüssen Jugend in den Räten und eine qualifizierte hauptamtliche Begleitung.[74]

Gleichzeitig greifen die Verantwortlichen in der Jugendpastoral der Diözese die vorhandene Unruhe auf und nehmen perspektivisch die Gemeinsame Synode der Bistümer in den Blick. Als Vorbereitung auf die Synode führt der BDKJ, angeregt durch Verantwortliche in der Jugendpastoral, eine breit angelegte Umfrage unter Gruppenleitern und Schülern verschiedener Schulrichtungen mit dem Titel „Synode '72" durch. Ziel soll sein, Gespräche über die kirchliche Jugendarbeit in den Pfarreien anzuregen, den Blick der Synodalen für die Basis zu schärfen sowie das Innovationspotential der kirchlichen Jugendarbeit in die Öffentlichkeit zu bringen.[75]

Mit Blick auf die Synode spricht sich die Mehrheit der Befragten für ein Mindestalter von 18 Jahren, die Öffentlichkeit der Vollversammlung sowie ein gemeinsames Letztentscheidungsrecht von Synode und Bischofskonferenz aus. Als wichtigste Themen der Synode nennen die Befragten Ehe und Familie sowie zeitgemäße Formen gelebten Glaubens.[76]

Zum Thema Kirche fordern sie Identität zwischen Botschaft und Praxis sowie politische Stellungnahmen im Sinne einer Anwaltschaft für Arme und Unterdrückte. Kritisiert werden inhaltlich umstrittene und schwer verstehbare Begründungen von Lehramt und Hierarchie, beispielsweise in Fragen der Unfehlbarkeit des Papstes oder der Empfängnisverhütung. Die ökumenischen Fortschritte gehen vielen zu langsam.[77]

Die in Würzburg stattfindende Synode ist auch für den diözesanen BDKJ eine Herausforderung. Personell ist er durch den Studenten Bernd Spieß beteiligt. Dieser legt jedoch schon Ende 1971 sein Mandat aus zwei Gründen nieder: Die Einstellung der Zeitung „Publik" sei ein kirchenpolitischer Rückschritt gegenüber den Optionen des Konzils, und die Synode selbst sei politisch wirkungslos, da ihr die Massenbasis fehle. Die langjährige Diözesanführerin Edeltrud Hohmann rückt für Spieß als Synodalin nach.[78]

---

[73] Ebd.
[74] Kirchlicher Jugendplan 1970, S. 49ff.
[75] Synode '72, S. 2.
[76] Synode '72, S. 3–9.
[77] Synode '72, S. 36f.
[78] Bischöfliches Jugendamt, Diözesanversammlungen, Rechenschaftsbericht für die DV vom 07.–09.05.1971;
Bischöfliches Jugendamt, Kontenplan, Ordner 50, Kopie Brief Spieß an Kardinal Döpfner vom 12.12.1971;
Bischöfliches Jugendamt, Kontenplan, Ordner 50, Protokoll der Arbeitsbesprechung vom 21.03.1972.

Der BDKJ begleitet vor allem die Jugendvorlage der Synode durch kreative flankierende Aktionen, um für das Papier zu werben und die Aufmerksamkeit der Synodalen darauf zu lenken. Inhaltlich gelingt es im Würzburger BDKJ jedoch nur bedingt, sich während der Synode mit den verschiedenen Fassungen intensiv auseinanderzusetzen sowie in den Jahren danach das beschlossene Papier breit zu streuen.[79]

Der Synodenbeschluß „Ziele und Aufgaben kirchlicher Jugendarbeit" empfiehlt den Bistümern, eigene diözesane Jugendpläne zu entwickeln. Die Diözese Würzburg nimmt dies zum Anlaß, den Jugendplan von 1970 grundlegend zu überarbeiten und zu erweitern. Fünf Jahre lang dauert dieser Prozeß, an dem der BDKJ wesentlich beteiligt ist. Dabei setzt sich der vom BDKJ erarbeitete Entwurf weitgehend durch. Ende 1980 tritt der neue Jugendplan in Kraft.[80]

Das Papier beginnt mit einer kurzen Beschreibung der Situation Jugendlicher. Er nennt als Spezifikum kirchlicher Jugendarbeit, daß sie „im selbstlosen Dienst den Jugendlichen zu gelebtem Christsein motivieren und befähigen will...Botschaft und Leben Jesu Christi sind dabei Grundausrichtung jeden Handelns."[81]

Ziele der Jugendarbeit sind, ja zu sich selbst zu sagen, sich auf Christus einzulassen sowie soziales Verhalten zu lernen. Weiter sollen der Mitvollzug der Lebenspraxis der Kirche sowie das Engagement in Kirche, Staat und Gesellschaft gefördert werden.[82]

Der Plan fordert, sowohl bei den Fragen und Bedürfnissen der Jugendlichen als auch bei der Botschaft des Glaubens anzusetzen. Er sieht Jugendliche als Subjekte der Jugendarbeit, betont die Wichtigkeit des personalen Angebots und empfiehlt, im Sinne der reflektierten Gruppe zu arbeiten. Der verbandlichen Jugendarbeit wird ein pastoraler Vorrang eingeräumt und sie wird ausführlich dargestellt. Erstmals finden sich Aufgabenbeschreibungen für Jugendpfleger sowie Regional- und Dekanatsjugendseelsorger.[83]

Schon wenige Jahre später beginnt, wie im Jugendplan vorgesehen, eine Fortschreibung. 1985 markiert die BDKJ-Diözesanversammlung Eckpunkte, und nach langen Diskussionen mit Kirchenleitung und Verantwortlichen wird er Ende 1989 in Kraft gesetzt.[84] Inhaltlich finden sich viele der BDKJ-Anregungen wieder.

---

[79] Bischöfliches Jugendamt, Kontenplan, Ordner 50, Protokoll des Diözesanvorstandes vom 14.12.1973;
Bischöfliches Jugendamt, Diözesanversammlungen, Rechenschaftsbericht für die DV vom 23.–26.05.1974 sowie vom 24.–26.06.1977.
[80] BDKJ-Würzburg, 40 Jahre, S. 14;
Bischöfliches Jugendamt, Diözesanversammlungen, Rechenschaftsberichte und Protokolle durchgehend 1977–1981.
[81] Kirchlicher Jugendplan 1980, S. 3.
[82] Ebd.
[83] A.a.O., S. 3ff.
[84] Bischöfliches Jugendamt, Diözesanversammlungen, Protokoll der DV vom 01.–03.07.1983 sowie vom 21.–23.06.1985;
Bischöfliches Jugendamt, Diözesanversammlungen, Rechenschaftsbericht für die DV vom 22.–24.06.1990.

In seinen jugendpastoralen Grundlinien bleibt der neue Jugendplan im Duktus des alten, führt diese aber weiter. Er beschreibt ausführlicher als sein Vorgänger die Situation Jugendlicher. Als neue Ziele kommen die narrative Dimension des Glaubens und die Erhaltung der Schöpfung hinzu, die anderen Ziele von 1980 werden präzisiert. Neu gefaßt sind die Inhalte, die sich in Persönlichkeitsbildung, Mitverantwortung in Kirche und Gesellschaft sowie in die Ausbildung ehrenamtlicher Mitarbeiter und Mitarbeiterinnen gliedern. Ebenfalls neu ist eine genauere Beschreibung des politischen Mandats der Jugendverbände, die auch entsprechende Kriterien für seine Ausübung nennt.[85]

Die Rolle des Priesters in der Jugendarbeit verändert sich. Findet man noch Ende der 60er Jahre die klassische Rollenaufteilung, die den Priester schwerpunktmäßig verantwortlich für die religiöse Vertiefung und den Laien für die pädagogischen Aufgaben sieht, verschwimmt dieser Unterschied in den 80er Jahren immer mehr. Die pastorale Verantwortung verlagert sich stärker auf den gesamten Vorstand und die herausgehobene priesterliche Leitungskompetenz geht stark zurück.[86]

Dies zeigt sich auch strukturell. Die Diözesanordnung von 1979 regelt erstmals die Wahl des Diözesanpräses des BDKJ: „Nach Rücksprache mit dem Bischof und mit seinem Einverständnis wird der Diözesanpräses des BDKJ von der Diözesanversammlung für drei Jahre gewählt".[87] Entsprechend wird erstmals 1979 BDKJ-Präses und Diözesanjugendseelsorger Baumann durch Wahl auf der Diözesanversammlung bestätigt. Durch die Rückbindung an den Bischof und die ein Jahr längere Amtsperiode als bei den anderen Vorstandsmitgliedern zeigt sich jedoch weiterhin seine besondere Stellung. Hinzu kommt, daß beim Diözesanpräses neben den Verbänden auch das Bischöfliche Jugendamt ein Vorschlagsrecht hat.

Immer dringlicher wird der Mangel an geeigneten Jugendseelsorgern. Infolge weniger Priesterweihen fehlen die Kapläne, die sich Zeit für die Jugendarbeit nehmen wollen und können. Um dies zu beheben, fordern Mitte der 70er Jahre der BDKJ und die Verantwortlichen in der Jugendpastoral, pro Landkreis einen Priester für die Jugendseelsorge freizustellen. Das Ordinariat zeigt sich aufgrund seiner Personalprobleme sehr zurückhaltend, und so zieht sich diese Frage über Jahre hin. Noch 1981 sind erst vier von zwölf Stellen – mit unterschiedlichem Freistellungsumfang – besetzt.[88] Gleichzeitig fordern BDKJ und Jugendseelsorger Ende der 70er Jahre immer deutlicher, theologisch ausgebildete Laien wie Gemeindereferenten oder Pastoralreferenten in die Jugendarbeit einzubinden und sie, zuerst einmal auf Pfarrebene, mit Aufgaben der geistlichen Leitung und Begleitung

---

[85] Kirchlicher Jugendplan 1989, S. 6ff.
[86] Bischöfliches Jugendamt, Kontenplan, Ordner 16, Geschäftsordnung des Bischöflichen Jugendamtes Würzburg vom 01.01.1969 (Aufgabenverteilung innerhalb der Diözesanführung);
Bischöfliches Jugendamt, Diözesanversammlungen, Rechenschaftsberichte und Protokolle durchgehend.
[87] BDKJ-Würzburg, Diözesanordnung 1979, S. 8.
[88] Bischöfliches Jugendamt, Diözesanversammlungen, Protokoll der DV vom 23.–26.05.1974 sowie vom 27.–29.06.1975;
Sonntagsblatt vom 26.07.1981, S. 20.

in Verbänden zu versehen. Nach anfänglichem Zögern stimmt die Bistumsleitung grundsätzlich diesem Anliegen zu, mahnt aber, für solche Funktionen keine traditionellen Titel wie die Bezeichnung Kurat zu verwenden.[89] Ende der 80er Jahre finden sich Pastoralreferenten als theologische Fachkräfte und Mitarbeiter in der Geistlichen Leitung von Jugendverbänden auf Diözesanebene. Auch nehmen theologisch ausgebildete Laien die Präses-Funktion auf Pfarrei- und regionaler Ebene wahr. Zu einer grundsätzlichen pastoraltheologischen Klärung der Frage des Einsatzes von Laien als eigenverantwortliche Geistliche Leiter und Leiterinnen in Jugendverbänden kommt es allerdings nicht.

Im Bereich der Ökumene drängt vor allem die Basis auf mehr Einheit und Gemeinsamkeit. Der auf Pfarrei- oder Kreisebene stattfindende ökumenische Jugendkreuzweg stößt auf Resonanz, den nun ökumenisch ausgerichteten Bekenntnistagen ist weniger Erfolg beschieden.[90] Auf Diözesanebene ist in den 70er Jahren keine nennenswerte Aktivität zu beobachten. Anfang der 80er Jahre kommt Bewegung in die Frage. Die Verantwortlichen im BDKJ und Jugendamt experimentieren mit ökumenischen Werkstatt-Treffen und planen eine Begegnung von Jugendseelsorgern beider Konfessionen, das mangels Beteiligung der katholischen Seite letztlich ausfällt. Der BDKJ-Diözesanvorstand trifft sich mit dem entsprechenden überregionalen Leitungsgremium der evangelischen Jugend. Es werden intensivere Kontakte durch gegenseitige Einladungen zu den Verbandskonferenzen vereinbart. Der BDKJ-Referent arbeitet im ökumenischen Arbeitskreis von BDKJ und Arbeitsgemeinschaft Evangelischer Jugend auf Bundesebene mit.[91]

Danach flachen die Aktivitäten – nicht zuletzt aufgrund der Überlastung des Vorstandes und anderer Prioritätensetzung – wieder weitgehend ab. Sie beschränken sich zeitweise auf die Vertretung im Ökumenischen Jugendrat in Bayern, die für den BDKJ ab Mitte der 80er Jahre der jeweilige Referent für Ministrantenarbeit im Bischöflichen Jugendamt wahrnimmt.[92] Entsprechend der Bundesordnung ist der BDKJ auch in der Diözese Würzburg seit 1971 nicht mehr *der* Träger der kirchlichen Jugendarbeit. Deutlich wird dies unter anderem durch mehr hauptamtliche Stellen für die nicht-verbandliche Jugendarbeit. Zum Teil waren diese Stellen früher dem BDKJ zugeordnet, beispielsweise das Schülerreferat; zum Teil werden sie neu ge-

[89] Bischöfliches Jugendamt, Diözesanversammlungen, Rechenschaftsbericht für die DV vom 04.–06.07.1979;
Sonntagsblatt vom 04.05.1980, S. 25.
[90] Bischöfliches Jugendamt, Kontenplan, Ordner 40, Protokoll des Diözesanvorstandes vom 16.06.1972;
Sonntagsblatt vom 01.06.1969, S. 11;
Sonntagsblatt vom 29.04.1973, S. 27;
Sonntagsblatt vom 10.04.1983, S. 19.
[91] Bischöfliches Jugendamt, Diözesanversammlungen, Rechenschaftsbericht für die DV vom 17.–19.04.1970;
Bischöfliches Jugendamt, Diözesanversammlungen, Rechenschaftsberichte und Protokolle durchgehend 1981–1984.
[92] Bischöfliches Jugendamt, Diözesanversammlungen, Rechenschaftsbericht für die DV vom 03.–05.07.1987 sowie vom 06.–08.10.1989.

schaffen, beispielsweise das Ministrantenreferat. Ebenso sind die nun in allen Kreisen tätigen Jugendpfleger und -innen auch für die nichtverbandliche kirchliche Jugendarbeit zuständig. Politisch wird der Verlust des BDKJ-Monopols erst durch die von den Mitgliedsverbänden forcierte klarere Trennung zwischen Bischöflichem Jugendamt und BDKJ-Diözesanstelle Anfang der 80er Jahre in vollem Umfang wirksam. Allerdings steht eine vollständige Trennung von Jugendamt und Jugendverbänden, inklusive der Aufhebung der Personalunion von Diözesanjugendpfarrer und BDKJ-Diözesanpräses, in der Diözese Würzburg auch weiterhin nicht zur Debatte. Der Dachverband sieht es aber dennoch als seine Aufgabe, Kontakte zur nichtorganisierten kirchlichen Jugendarbeit zu pflegen, und er plädiert in diesem Bereich für einen kooperativen Kurs.[93]

Nicht zuletzt aufgrund kritischer Anfragen von außen beschäftigt sich der BDKJ immer wieder mit dem Thema Kirche und seiner eigenen Position in ihr. Einerseits kritisiert er unter anderem den mangelnden Reformwillen der Kirchenleitung und ihre Fixierung auf die Sexualmoral. Vor allem in den 70er Jahren sind deutliche Forderungen nach mehr Mitbestimmung und Demokratie in der Kirche zu finden. Andererseits sind auch selbstkritische Töne zu hören. Man hinterfragt überzogene Kritik an Amtsträgern und mangelnde Akzeptanz substantieller Grundlagen der Kirche in den eigenen Reihen.[94]

Die Verankerung des BDKJ in der Würzburger Ortskirche steht aber nie zur Debatte. Die Autonomiefrage flackert zwar immer wieder einmal auf, hat aber nicht das Gewicht, daß beiden Seiten eine grundsätzliche Klärung nötig scheint. Regelmäßige Gespräche zwischen BDKJ und Kirchenleitung, insbesondere mit Bischof Josef Stangl und seinem seit 1979 amtierenden Nachfolger Bischof Dr. Paul-Werner Scheele, sowie mit den jeweiligen Seelsorgeamtsleitern Paul Bocklet und Wilhelm Heinz flankieren diese Situation.[95]

Eine weitere wichtige Rolle spielt im BDKJ die Frage der religiösen Verwurzelung der Jugendarbeit. Nachdem Anfang der 70er Jahre immer deutlicher wird, daß die traditionellen Methoden nicht mehr greifen, experimentieren die Verantwortlichen beispielsweise mit neuen Formen von Exerzitien. Ende der 70er Jahre fragt sich der BDKJ selbstkritisch, ob er seinen Seelsorgeauftrag an der Jugend zu stark vernachlässigt, und es wird ein neuer Anlauf ins Auge gefaßt. Letztendlich wird die auf Diözesanebene

---

[93] Diözesanarchiv, Klinkhammer, Kasten 1-I, Interview Heinz vom 06.06.1986;
Bischöfliches Jugendamt, Diözesanversammlungen, Rechenschaftsberichte und Protokolle durchgehend;
vgl. auch Kap. 5.1.1.

[94] Bischöfliches Jugendamt, Diözesanversammlungen, Protokoll der DV vom 23.–26.05.1974;
Sonntagsblatt vom 23.06.1974, S. 24;
Bischöfliches Jugendamt, Diözesanversammlungen, Rechenschaftsbericht für die DV vom 23.–25.06.1978 (Perspektivteil) sowie vom 02.–04.07.1982;
Sonntagsblatt vom 05.08.1984, S. 18.

[95] Diözesanarchiv, Klinkhammer, Kasten 1-I, Interview Heinz vom 06.06.1986;
Bischöfliches Jugendamt, Diözesanversammlungen, Rechenschaftsbericht für die DV vom 27.–29.06.1975;
Sonntagsblatt vom 15.01.1989.

eher praktisch ausgerichtete Frage der religiösen Verwurzelung der Jugendverbandsarbeit, ähnlich wie ihr pastoraltheologischer Hintergrund auf Bundesebene, nicht geklärt. Jugendliche mit einem hohen spirituellen Anspruch tun sich im BDKJ schwer.[96]

So erlischt die Kritik an der religiösen Arbeit der Jugendverbände nicht. Professor Hans-Joachim Schulz fordert Mitte der 80er Jahre die kirchliche Jugendarbeit „vom Altar her"[97] aufzubauen und die katechetische Dimension zu verstärken. Exerzitien, Wallfahrten, Glaubensstunden, eine erneuerte Bußpraxis und geistliche Führung sollen die Jugendarbeit prägen. Als Gradmesser geistlicher Intensität sieht Schulz die aus der Jugendarbeit entstehende Anzahl der Priester- und Ordensberufe.[98]

In liturgischen Fragen wird es nach einer lebensweltbezogenen reformerischen Aufbruchsstimmung Anfang der 70er Jahre ruhiger. Jugendgemäße liturgische Formen, ob in Eucharistiefeiern oder in Wortgottesdiensten, setzen sich aber auf breiter Basis durch. Theologisch arbeitet der BDKJ auf der Linie des Konzils und der Synode, warnt jedoch unter anderem vor Jesuanismus und Selbsterlösungstendenzen.[99]

5.3. Pädagogische Grundlinien

Die neuen pädagogischen Tendenzen gehen auch an der Diözese Würzburg nicht spurlos vorüber. 1973 verabschiedet die Diözesanversammlung ein Schulungskonzept der Mitgliedsverbände im BDKJ der Diözese Würzburg.[100] Die Stichworte Bedürfnisorientierung, Selbstverwirklichung und – abgeschwächt – Emanzipation prägen weitgehend die Zielformulierungen. Die Jugendarbeit soll bei den Bedürfnissen der Jugendlichen ansetzen und ihnen helfen, diese zu formulieren. Sie fördert die schöpferische Entfaltung des jungen Menschen in allen Lebensbereichen und übt Entscheidungs- sowie Konfliktfähigkeit ein.[101]

In den kirchlichen Jugendplänen von 1980 und 1989 findet sich dann das Stichwort Bedürfnisorientierung wieder – allerdings direkt gekoppelt an den Orientierungsanspruch der christlichen Botschaft. Die Selbstverwirklichung zeigt sich im Kontext von Selbstfindung und Entwicklung einer positiven Identität. Von einem emanzipatorischen Charakter der Pläne kann

[96] Bischöfliches Jugendamt, Diözesanversammlungen, Rechenschaftsbericht für die DV vom 21.–23.04.1972 sowie vom 27.–29.06.1975 und 23.–25.06.1978 (Perspektivteil); Sonntagsblatt vom 18.02.1973, S. 23; Diözesanarchiv, Klinkhammer, Kasten 1-I, Interview Heinz vom 06.06.1986.

[97] Diözesanarchiv, Nachlaß Neisinger, Kasten 12, 1.1.27, Papier „Kurskorrekturen" von Hans-Joachim Schulz vom 24.07.1985, S. 2.

[98] A.a.O., S. 2f.

[99] Sonntagsblatt vom 25.01.1970, S. 23; Bischöfliches Jugendamt, Diözesanversammlungen, Rechenschaftsbericht für die DV vom 23.–25.06.1978.

[100] Bischöfliches Jugendamt, Diözesanversammlungen, Protokoll der DV vom 04.–06.05.1973.

[101] Bischöfliches Jugendamt, Kontenplan, Ordner 41, Schulungskonzept der Mitgliedsverbände im BDKJ Diözese Würzburg, Würzburg o. J., S. 2f.

man weniger sprechen.[102] Manchmal werden im BDKJ auch selbstkritische Töne gegenüber pädagogischen Grundsatzdebatten oder emanzipatorischen Ansätzen laut.[103]

Rückgrat der verbandlichen Jugendarbeit bleibt die kontinuierliche Jugendgruppe, geleitet von altersnahen Gruppenleiterinnen und Gruppenleitern. Offene Jugendarbeit in verbandlicher Trägerschaft bleibt nach einem kurzen Aufschwung Ende der 60er Jahre ein Randphänomen.[104] Die verbindliche Jugendgruppe gilt als Hauptinstrument des personalen Angebotes und ermöglicht Jugendlichen eine eigenständige Entwicklung.[105] Die Jugendpläne empfehlen hier die Form der reflektierten Gruppe: „Wo immer Gruppen entstehen, sollen sie versuchen, im Sinn der reflektierten Gruppe zu arbeiten. Bei dieser Form werden mit der thematischen Arbeit und im spielerischen Tun auch die zwischenmenschlichen Beziehungen mit ihren Problemen zur Hilfe für den Reifungsprozeß der Jugendlichen."[106]

Dem Gruppenleiter und der Gruppenleiterin – bis Ende der 60er Jahre Jungführer und Jungführerin – kommt dabei eine zentrale Rolle zu. Sie gelten als Wegbegleiter junger Menschen und als wichtige Mitarbeiter in der Seelsorge, deren Rat einzuholen und ernst zu nehmen ist.[107] Das gilt analog auch für die anderen Leitungsfunktionen in den Mitgliedsverbänden oder im Dachverband. Generell tritt die ausgeprägte Führungskultur hinter einen partnerschaftlichen Leitungsstil zurück.

Immer wieder taucht die Klage über zu wenige und überforderte Leiterinnen und Leiter auf allen Ebenen auf. Der Diözesanvorstand nennt 1978 folgende Gründe für dieses Problem: Zeitmangel, Theorieüberfrachtung, mangelnde Unterstützung im eigenen Verband und von Erwachsenen sowie das gesellschaftliche Umfeld mit seinem Konsum- und Leistungsdruck.[108] Jedoch erreicht der Leitungsmangel keine die verbandliche Selbstorganisation bedrohende Dimension.

Die Schulungsarbeit bleibt auf allen Ebenen wichtig: „Schulungen dürfen nicht mehr zufällig sein. Jeder Verantwortliche muß in Zukunft eine qualifizierte Ausbildung erhalten,"[109] fordert das Konzept von 1973 und auch die Kirchlichen Jugendpläne legen Wert auf Ausbildung, Begleitung und

---

[102] Kirchlicher Jugendplan 1980, S. 3f;
Kirchlicher Jugendplan 1989, S. 6ff.

[103] Bischöfliches Jugendamt, Diözesanversammlungen, Rechenschaftsbericht für die DV vom 23.–25.06.1978 und vom 02.–04.07.1982.

[104] Fränkisches Volksblatt vom 29.04.1967, „20 Jahre BDKJ";
Bischöfliches Jugendamt, Diözesanversammlungen, Rechenschaftsbericht für die DV vom 17.–19.04.1970 sowie vom 07.–09.05.1971.

[105] Kirchlicher Jugendplan 1980, S. 4;
Kirchlicher Jugendplan 1989, S. 8.

[106] Kirchlicher Jugendplan 1980, S. 4;
Kirchlicher Jugendplan 1989, S. 9.

[107] Kirchlicher Jugendplan 1980, S. 10;
Kirchlicher Jugendplan 1989, S. 14.

[108] Bischöfliches Jugendamt, Diözesanversammlungen, Rechenschaftsbericht für die DV vom 23.–25.06.1978.

[109] Bischöfliches Jugendamt, Kontenplan, Ordner 41, Schulungskonzept der Mitgliedsverbände im BDKJ Diözese Würzburg, Würzburg o. J., S. 3.

Weiterbildung der Leiterinnen und Leiter.[110] Mit den 1973 gemeinsam von Dachverband und Mitgliedsverbänden vereinbarten Grundlinien gelingt es nach einigen Anlaufschwierigkeiten, eine breitere Qualifizierung von Gruppenleiterinnen und Gruppenleitern zu erreichen. Mehrmals kritisiert der Diözesanvorstand allerdings religiöse Defizite in der Ausbildung.[111]
In den 80er Jahren prägen verbandseigene Angebote mit spezifisch auf den jeweiligen Mitgliedsverband zugeschnittenen Inhalten die Schulungsarbeit. Mitbestimmung und Selbstverantwortung der Teilnehmerinnen und Teilnehmer erhalten hier innerhalb der Schulungen einen großen Stellenwert.[112] Spezielle Aufgabe der BDKJ-Diözesanstelle bleibt die Schulung der Leitungen auf Mittlerer Ebene. Darüber hinaus bietet sie bestimmte Bildungsveranstaltungen für Multiplikatoren und Multiplikatorinnen aus Mitgliedsverbänden und Dachverband. Das Angebot erstreckt sich von regelmäßigen Veranstaltungen wie Angeboten aus den Bereichen Öffentlichkeitsarbeit, Finanzwesen und Rhetorik bis zu einmaligen Aktionen wie einem politischen Bildungswochenende über Links- und Rechtsextremismus. Nicht wenige der Veranstaltungen fallen allerdings wegen Teilnehmermangel aus.[113]
Eine Verbesserung der Jugendarbeit verspricht man sich durch den Einsatz hauptamtlichen Personals. So sagt der kirchliche Jugendplan von 1970: „Die hauptamtlichen Fachkräfte können und dürfen die ehrenamtlichen Verantwortlichen nicht ersetzen. Sie können aber die Qualität der Jugendarbeit entscheidend verbessern."[114] Als Schwerpunkte der Arbeit werden Schulung, Beratung und Hilfe bei verschiedenen Aufgaben genannt.
Die Jugendpläne von 1980 und 1989 präzisieren das Anforderungsprofil für Hauptamtliche. Sie sollen glaubwürdig sein, Fragen aushalten können und bereit sein, mit jungen Menschen zu wachsen. Die ständige Bereitschaft, zu lernen und sich weiterzubilden sowie kreative Fähigkeiten sind dabei wichtige Faktoren. Hauptaufgabe ist die Beratung und Begleitung Ehrenamtlicher.[115]
Nach dem Ausbau der hauptamtlichen Struktur läßt auch die innerkirchliche Kritik daran nicht lange auf sich warten. Vor allem den Hauptamtlichen in den Verbänden wird vorgeworfen, diese zu politisieren, die Stukturen als „Durchlauferhitzer" der eigenen Interessen zu mißbrauchen sowie bei der Stärkung der kirchlichen Identität Jugendlicher zu versagen.[116]

---

[110] Kirchlicher Jugendplan 1980, S. 10;
Kirchlicher Jugendplan 1989, S. 14f.
[111] Bischöfliches Jugendamt, Diözesanversammlungen, Rechenschaftsbericht für die DV vom 27.–29.06.1975 sowie vom 06.–08.07.1979;
Bischöfliches Jugendamt, Diözesanversammlungen, Rechenschaftsbericht für die DV vom 06.–08.07.1979 sowie vom 03.–05.07.1981.
[112] Vgl. exemplarisch KJG, Schulungskonzept.
[113] Bischöfliches Jugendamt, Diözesanversammlungen, Rechenschaftsberichte für die DV vom 27.–29.06.1975; 24.–26.06.1977; 02.–04.07.1982; 29.06.–01.07.1984.
[114] Kirchlicher Jugendplan 1970, S. 63.
[115] Kirchlicher Jugendplan 1980, S. 3ff;
Kirchlicher Jugendplan 1989, S. 8ff.
[116] Bischöfliches Jugendamt, Diözesanversammlungen, Rechenschaftsbericht für die DV vom 03.–05.07.1981;

Neben dem hauptamtlichen Personal beschäftigt sich der BDKJ regelmäßig mit dem Thema ehrenamtliche erwachsene Mitarbeiter. Unbestritten ist, daß die Gewinnung solcher Mitarbeiter bei entsprechenden Voraussetzungen – beispielsweise Anerkennung einer nur beratenden Funktion – eine sinnvolle Hilfe sein kann. Jedoch gelingt es nur ansatzweise, diese Möglichkeit in der verbandlichen Praxis zu verankern.[117]

Dagegen schlägt sie sich in den Jugendplänen nieder. Das Papier von 1970 stellt fest, daß Jugendleiter erfahrene, offene und kooperative Erwachsene zur Beratung brauchen. Diese können auch bestimmte Gebiete eigenständig übernehmen, allerdings in einem partnerschaftlichen Verhältnis zu den Gruppenleitern.[118] Die Jugendpläne von 1980 und 1989 formulieren die Aufgabe erwachsener Mitarbeiter so: „Sie sollen Jugendliche unterstützen, beraten und begleiten und Orientierungshilfe anbieten."[119]

Die Freizeiten spielen beim diözesanen BDKJ keine große Rolle mehr. Als Veranstalter wird immer öfter das Bischöfliche Jugendamt genannt, und es findet eine Dezentralisierung auf die Außenstellen des Jugendamtes statt. Allerdings fließt teilweise noch bis in die 80er Jahre Arbeitskraft der BDKJ-Referenten in die Freizeiten des Bischöflichen Jugendamtes.[120]

Die Koedukation ist seit Ende der 60er Jahre im Kommen, wenn auch in der Praxis vor Ort die meisten Kindergruppen und viele Gruppen der Jugendstufe weiterhin geschlechtsspezifisch arbeiten. Der kirchliche Jugendplan von 1970 fordert mehr Begegnungsmöglichkeiten für die verschiedenen Altersstufen. Seine Nachfolger weisen auf die Möglichkeit sowohl koedukativer als auch geschlechtsgetrennter Gruppen hin. Dabei empfehlen sie aufgrund der besseren personalen Entfaltung für die beginnende Pubertät getrennte Gruppen, während vorher und nachher gemeinsame Veranstaltungen gefördert werden sollen. Dies sei notwendig, um dem anderen Geschlecht unbefangen und fair zu begegnen, auch wenn die Gefahr verfrühter sexueller Kontakte bleibe.[121]

Sonntagsblatt vom 07.03.1988, S. 31.

[117] Bischöfliches Jugendamt, Kontenplan, Ordner 11, Protokoll Konferenz der Führerschaft vom 28.04.–01.05.1967;
Bischöfliches Jugendamt, Diözesanversammlungen, Rechenschaftsbericht für die DV vom 06.–08.07.1979 sowie vom 06.–08.10.1989.

[118] Kirchlicher Jugendplan 1970, S. 63.

[119] Kirchlicher Jugendplan 1980, S. 11;
Kirchlicher Jugendplan 1989, S. 15.

[120] Bischöfliches Jugendamt, Diözesanversammlungen, Rechenschaftsbericht für die DV vom 04.–06.05.1973 (letzte Erwähnung von Freizeiten in einem Rechenschaftsbericht der BDKJ-Diözesanleitung);
Sonntagsblatt vom 25.09.1977, S. 24;
BDKJ-Rundbrief, März 1985 (eingeheftete Ausschreibung).

[121] Kirchlicher Jugendplan 1970, S. 50f;
Kirchlicher Jugendplan 1980, S. 4f;
Kirchlicher Jugendplan 1989, S. 9.

5.4. Die Arbeit nach innen

Das Interesse am jeweiligen Jahresthema läßt in der Diözese Würzburg ab Mitte der 60er Jahre immer deutlicher nach. Die Verantwortlichen reagieren, indem sie mit unterschiedlichem Erfolg neue Formen für die Gemeinschaftstage der Führerschaft ausprobieren. Schließlich werden Anfang der 70er Jahre die Gemeinschaftstage auf Dekanats- oder Kreisebene verlagert. Der Einfluß und die prägende Kraft der Jahresthemen schwinden.[122]

Eine ähnliche Entwicklung nimmt der Bekenntnistag. Er bekommt Ende der 60er Jahre einen ökumenischen Akzent, und es wird nach zeitgemäßen Formen und Themen gesucht.[123] Mit dem Niedergang der Jahresthemen läßt seine Bedeutung nach und er verschwindet schließlich ganz.

Nach dem Niedergang der Jahresthemen gelingt es lange Zeit keinem Thema, als Schwerpunkt in der BDKJ-Arbeit Fuß zu fassen. Erst mit dem bundesweiten Schwerpunktthema „Frieden und Gerechtigkeit" gibt es auch auf Diözesanebene Anfang der 80er Jahre wieder einen deutlichen inhaltlichen Akzent.[124]

Nachdem das Interesse am Thema Frieden steigt und die öffentliche Auseinandersetzung darüber auch den BDKJ zunehmend berührt, richtet die BDKJ-Diözesanversammlung 1981 nach einem ausführlichen Studienteil einen eigenen Arbeitskreis zum bundesweiten Schwerpunktthema ein. Hauptaufgabe ist die Beratung des Vorstandes in friedenspolitischen Fragen.[125]

Trotz einiger Anfangserfolge und einer nicht geringen Aufmerksamkeit für dieses Thema im diözesanen Katholizismus löst sich der Arbeitskreis knapp eineinhalb Jahre später wieder auf. Eine zu geringe Resonanz auf das Friedensthema innerhalb des BDKJ und Motivationsprobleme beim Arbeitskreis selbst lassen die Mitglieder resignieren.[126]

Dennoch bleibt das Thema im BDKJ-Diözesanverband noch präsent. Beispielsweise beschäftigt sich der Diözesanvorstand mit dem Positionspapier des Bundesvorstands zur Sicherheits- und Abrüstungspolitik und ruft im November 1983 während der bundesweiten Friedenswoche zu einem Fast-

---

[122] Fränkisches Volksblatt vom 17.10.1966, „Jugend sucht die echte Freiheit";
Bischöfliches Jugendamt, Kontenplan, Ordner 11, Protokoll der DV 1967 (kein genaues Datum), gezeichnet vom 15.01.1968;
Main-Post vom 16.10.1968, „Der Friede – die Jahrhundertaufgabe aller Christen";
Bischöfliches Jugendamt, Diözesanversammlungen, Protokoll der DV vom 07.–09.05.1971;
Kuhn, Würzburg, S. 12f.
[123] Bischöfliches Jugendamt, Kontenplan, Ordner 11, Brief Dekanatsjugendführer Seifert an Bischof Stangl vom Mai 1967;
Sonntagsblatt vom 01.06.1969, S. 11;
Sonntagsblatt vom 02.07.1972, S. 21.
[124] Bischöfliches Jugendamt, Diözesanversammlungen, Protokoll der DV vom 06.–08.07.1979;
BDKJ-Würzburg, 40 Jahre, S. 14.
[125] Bischöfliches Jugendamt, Diözesanversammlungen, Rechenschaftsbericht für die DV vom 03.–05.07.1981 sowie das entsprechende Protokoll.
[126] Sonntagsblatt vom 01.11.1981, S. 15;
Sonntagsblatt vom 08.11.1981, S. 14;
Bischöfliches Jugendamt, Diözesanversammlungen, Protokoll der außerordentlichen DV vom 30.10.1982.

und Gebetstag auf. Vier Jahre später befaßt sich der BDKJ anläßlich der Diskussion auf Bundesebene über die neuen Friedenspapiere noch einmal mit der Friedensfrage. Zusätzlich lehnt er – unter anderem aus friedenspolitischen Gründen – die geplante Verlängerung des Wehr- und Zivildienstes ab. 1988 veranstaltet er in Zusammenarbeit mit KJG und KLJB ein Forum zur Sicherheitspolitik mit Bundestagsabgeordneten und äußert sich auch öffentlich zu diesem Thema.[127]

Insgesamt gelingt aber eine breite Verankerung des Themas in Dachverband und Mitgliedsverbänden nicht. 1985 stellen die Mitgliedsverbände, ähnlich wie auf Bundesebene, den Sinn eines gemeinsamen Schwerpunktthemas aufgrund der Erfahrungen der letzten Jahre in Frage. Entsprechend gelingt es dem Diözesanvorstand zwei Jahre später auf der Diözesanversammlung nicht, den Bereich „Gerechtigkeit, Frieden und Bewahrung der Schöpfung" als neues Schwerpunktthema durchzusetzen.[128]

Die Wochenenden für Wehrpflichtige finden weiter statt. Zentrales Thema ist seit Anfang der 70er Jahre nicht mehr die Vorbereitung auf die Bundeswehr sondern die Entscheidung: Bund oder Zivildienst. Als Veranstalter tritt zunehmend das Bischöfliche Jugendamt in Erscheinung. Erste Ansätze, eine diözesane „Aktion Kaserne" zur Interessenvertretung von BDKJ-Mitgliedern in der Bundeswehr zu gründen, versanden.[129]

Seit Ende der 60er Jahre taucht im BDKJ verstärkt das Thema Wehrdienstverweigerung auf. Man fordert die Kirche auf, sich stärker seelsorglich um die Wehrdienstverweigerer zu kümmern.[130] Mit der Gründung des Arbeitskreises Friedensdienste im Jahr 1975 bekommt die Arbeit mit Wehrdienstverweigerern im BDKJ einen qualitativen Schub. Sein Arbeitsfeld ist die Beratung von Wehrdienstverweigerern, die Begleitung von Zivildienstleistenden sowie die Beschäftigung mit friedenspolitischen und friedenstheologischen Fragen. Der Kreis entfaltet in den Jahren bis 1978 eine rege inner- und außerverbandliche Aktivität. Beispielsweise versucht er gemeinsam mit der BDKJ-Diözesanversammlung mehr Plätze für Zivildienstleistende in Pfarrgemeinden zu schaffen, was aber am Widerstand des Ordinariates scheitert. Ende der 70er Jahre geht der Arbeitskreis in die Zuständigkeit des Bischöflichen Jugendamtes über und verliert somit seine verbandspolitische Bedeutung.[131]

[127] Bischöfliches Jugendamt, Diözesanversammlungen, Rechenschaftsbericht für die DV vom 01.–03.07.1983;
BDKJ-Rundbrief, September 1983, S. 9f;
Bischöfliches Jugendamt, Diözesanversammlungen, Rechenschaftsbericht für die DV vom 03.–05.07.1987 sowie das entsprechende Protokoll;
Sonntagsblatt vom 01.05.1988, S. 21;
Sonntagsblatt vom 13.11.1988.
[128] BDKJ-Rundbrief, März 1985, S. 8;
Bischöfliches Jugendamt, Diözesanversammlungen, Rechenschaftsbericht für die DV vom 03.–05.07.1987.
[129] Bischöfliches Jugendamt, Diözesanversammlungen, Rechenschaftsbericht für die DV vom 17.–19.04.1970 sowie 07.–09.05.1971;
Bischöfliches Jugendamt, Diözesanversammlungen, Protokoll der DV vom 06.–08.07.1979.
[130] Fränkisches Volksblatt vom 11.05.1968, „Jugend will dem Frieden dienen";
Bischöfliches Jugendamt, Kontenplan, Ordner 21, Resolution der Teilnehmer des Seminars „Friedensdienst mit und ohne Waffe" an den Generalvikar vom 08.03.1970.

Ende 1986 wird auf Initiative des BDKJ eine diözesane Arbeitsgemeinschaft der bundesweiten „Katholischen Arbeitsgemeinschaft für Kriegsdienstverweigerung und Zivildienst" (K.A.K.) gegründet. Ihr Ziel ist die Interessenvertretung der Wehrdienstverweigerer innerhalb und außerhalb der Kirche. Allerdings läuft die Arbeitsgemeinschaft schleppend an.[132]
Der 1966 wiederbelebte politische Arbeitskreis (PAK) erlebt nach einem kurzen Höhenflug längere Durststrecken. Erst 1973 geht es mit einer weiteren Wiederbelebung bergauf. Der neue Arbeitskreis veranstaltet kontinuierlich politische Bildungsmaßnahmen und bezieht Stellung. Die Palette der Veranstaltungen reicht von Anliegen des Synodenbeschlusses „Ziele und Aufgaben kirchlicher Jugendarbeit" über Chancen der Entwicklungspolitik bis zur Debatte über gesellschaftliche Grundwerte. Der PAK fordert die soziale Frage ein, thematisiert die Wahlen und bezieht Stellung zum Jugendhilferecht. Er ist der Diözesanversammlung rechenschaftspflichtig. Ende der 70er Jahre klagt er zunehmend über mangelnde Kontakte zu den Mitgliedsverbänden und es kommen Personalprobleme auf. 1979 wird der PAK im Zuge der Umsetzung der neuen Satzung ein Arbeitskreis des Vorstandes mit der Aufgabe, ihn zu beraten und Maßnahmen zur politischen Bildung durchzuführen. Doch ist sein Höhepunkt überschritten und er löst sich ein Jahr später auf.[133]
Danach gibt es in Verantwortung der BDKJ-Diözesanebene nur noch punktuelle politische Bildungsmaßnahmen, bspw. ein politisches Wochenende zum Thema Extremismus oder einen Informationsabend zu den neuen Medien.[134]
Von 1977 bis 1982 besteht auf Diözesanebene der Arbeitskreis „Jugend und Beruf". Er führt schwerpunktmäßig Bildungsseminare für berufstätige Jugendliche durch. Die Bandbreite der Themen reicht von den Jugendvertreterwahlen im Betrieb über wirtschaftspolitische Fragen bis zu Problemen in der Berufsausbildung. Viele der Teilnehmerinnen und Teilnehmer der Seminare kommen aus dem nichtverbandlichen Bereich. Anfang der 80er Jahre scheitert der Arbeitskreis mit seiner langjährigen Forderung, eine überverbandliche Stelle für berufsbezogene Jugendbildungsarbeit zu schaffen, endgültig am Nein des Ordinariates. 1982 löst er sich auf, weil das Interesse der Zielgruppe zurückgeht und der Arbeitskreis Personalprobleme hat. In einem Fazit bewertet er seine Arbeit aufgrund der positiven Reaktionen als erfolgreich. Allerdings sei es nicht gelungen, die Tätigkeit des Arbeitskreises inhaltlich und personell im Dachverband breiter zu verankern.[135]

[131] Bischöfliches Jugendamt, Diözesanversammlungen, Rechenschaftsberichte und Protokolle der DV in den Jahren 1975–1979 durchgehend sowie Rechenschaftsbericht für die DV vom 03.–05.07.1981.
[132] Bischöfliches Jugendamt, Diözesanversammlungen, Rechenschaftsbericht für die DV vom 03.–05.07.1987 sowie vom 10.–12.06.1988.
[133] Bischöfliches Jugendamt, Kontenplan, Ordner 9, Protokoll PAK vom 23.04.1966;
Fränkisches Volksblatt vom 28.02.1967, „Die östlichen Nachbarn";
Bischöfliches Jugendamt, Diözesanversammlungen, Protokoll der DV vom 04.–06.05.1973;
Bischöfliches Jugendamt, Diözesanversammlungen, Rechenschaftsberichte und Protokolle der DV in den Jahren 1974–1980 durchgehend.
[134] Sonntagsblatt vom 08.01.1984, S. 18;
Sonntagsblatt vom 16.11.1986, S. 19.

Mitte der 70er Jahre spielt der Bereich Schule in der Bildungsarbeit des Dachverbandes eine gewisse Rolle. Obwohl ein Arbeitskreis gegründet wird und die Diözesanversammlung für einen Schwerpunkt in dieser Richtung plädiert, kommt es zu keiner größeren Aktivität, und das Thema schläft schnell wieder ein.[136]

5.5. Die Arbeit nach außen

Auch im BDKJ der Diözese Würzburg läßt sich ab Ende der 60er Jahre eine verstärkte Politisierung der Jugendverbandsarbeit feststellen, jedoch unterhalb des Levels der Bundesebene. Die Politisierung betrifft sowohl die häufigeren eigenen politischen Stellungnahmen als auch die differenzierte Auseinandersetzung mit den Positionen aller Parteien. Vor allem in den 80er Jahren finden regelmäßige Gespräche mit Politikern und Politikerinnen aller Ebenen statt. In der Frage der Politisierung erleben die BDKJ-Leitungen innerhalb des diözesanen Katholizismus entweder Lob oder Kritik, je nachdem ob das Thema in die politischen Grundlinien der Gesamtkirche paßt oder ob es davon abweicht.[137]
Die Bandbreite der politischen Stellungnahmen und Aktionen ist groß. Zwei Beispiele: 1973 macht sich der BDKJ gegen die Fristenlösung und teilweise auch gegen das erweiterte Indikationsmodell im Falle des § 218 StGB stark. Anfang der 80er Jahre will er durch Unterstützung der Aktion Bürgerentscheid mehr Mitsprache in der Politik erreichen. Der BDKJ Würzburg löst sich zunehmend aus seiner CSU-Nähe und bemüht sich um parteipolitische Neutralität.[138]
Die zunehmende politische Dimension der Jugendverbandsarbeit findet sich auch im kirchlichen Jugendplan von 1989 wieder: „Kirchliche Jugendverbände ermöglichen den Jugendlichen, in der Praxis politisches und soziales Verhalten einzuüben. Jugendliche werden in ihrem persönlichen Leben immer mehr von politischen Ereignissen geprägt und beeinflußt, so daß es ihnen nicht gleichgültig sein kann, welche Inhalte diese haben. Oft leiden Jugendliche unter gesellschaftspolitischen Entscheidungen; in der Ju-

---

[135] Bischöfliches Jugendamt, Diözesanversammlungen, Rechenschaftsbericht für die DV vom 02.–04.07.1982;
Bischöfliches Jugendamt, Diözesanversammlungen, Protokoll der außerordentlichen DV vom 30.10.1982.
[136] Bischöfliches Jugendamt, Diözesanversammlungen, Rechenschaftsbericht für die DV vom 23.–26.05.1974; 27.–29.06.1975; 24.–26.06.1977.
[137] Main-Echo vom 30.04.1970, „BDKJ: Heraus aus dem Ghetto";
Bischöfliches Jugendamt, Diözesanversammlungen, Protokoll der DV vom 27.–29.06.1975;
Bischöfliches Jugendamt, Diözesanversammlungen, Rechenschaftsberichte für die DV vom 02.–04.07.1982; 01.–03.07.1983; 03.–05.07.1987.
[138] Bischöfliches Jugendamt, Kontenplan, Ordner 21, Protokoll des Diözesanvorstandes vom 27.11.1970;
Sonntagsblatt vom 03.06.1973, S. 24 sowie vom 10.06.1973, S. 24;
Bischöfliches Jugendamt, Diözesanversammlungen, Rechenschaftsberichte für die DV vom 23.–25.06.1978 sowie vom 01.–03.07.1983.

gendverbandsarbeit sehen sie die Möglichkeit, daß ihre Interessen vertreten werden."[139]

Als neuer politischer Inhalt taucht gegen Ende der 70er Jahre die ökologische Frage, oft zugespitzt auf die Energiediskussion, auf. Es finden Bildungsseminare statt, man beteiligt sich an Aktionen und unterstützt den ersten Deutschen Umwelttag in Würzburg. 1987 bezieht die BDKJ-Diözesanversammlung Position: Sie fordert den Verzicht auf die Wiederaufbereitungsanlage in Wackersdorf, den schnellstmöglichen Ausstieg aus der Kernenergie und eine alternative Energiepolitik.[140]

Die internationale Arbeit bekommt seit Ende der 60er Jahre einen klaren entwicklungspolitischen Akzent und findet immer mehr Interesse. 1969 verabschiedet die Führerschaft auf ihrem Gemeinschaftstag in Würzburg eine Resolution zum Thema Entwicklungshilfe. Die Verantwortlichen nennen darin das Elend in der sogenannten Dritten Welt unhaltbar und verpflichten sich zur Abhilfe. Vom Ordinariat fordern sie statt neuer Kirchenbauten mehr Geld für die Entwicklungshilfe.[141]

Auf BDKJ-Diözesanebene wird 1970 ein Ausschuß für Entwicklungshilfe eingerichtet, der Interessierte in entwicklungspolitischen Fragen beraten, Aktionen koordinieren und Öffentlichkeitsarbeit leisten soll. Jedoch verschwindet er nach kurzer Blütezeit wieder von der Bildfläche.[142]

Das Thema bleibt jedoch virulent, wenn auch die politische Dimension im Schatten der direkten Partnerschaftskontakte steht. 1980 wird zur Vorbereitung der Eröffnung der Misereor-Fastenaktion in Würzburg ein Arbeitskreis gegründet, der diese Gelegenheit nutzen will, um die entwicklungspolitische Arbeit der Verbände zu präsentieren und Impulse zu geben. Mangels Masse löst er sich schon ein halbes Jahr nach seiner Gründung wieder auf. Der BDKJ-Diözesanvorstand sieht eine Chance, entwicklungspolitisches Profil öffentlichkeitswirksam darzustellen, verschenkt.[143]

Nicht zuletzt durch die intensiven Kontakte mancher Mitgliedsverbände mit Partnern in Afrika oder Lateinamerika spielt das Thema dennoch weiter auf Diözesanebene eine Rolle. Beispielsweise denkt der Vorstand darüber nach, die Sternsingeraktion stärker entwicklungspolitisch zu begleiten. 1987 stellt eine Sonderausgabe des BDKJ-Rundbriefs die Bandbreite des Engagements in den Verbänden zum Thema Eine Welt dar und gibt grundsätzliche Informationen zur Partnerschaftsarbeit.[144]

[139] Kirchlicher Jugendplan 1989, S. 10.
[140] Sonntagsblatt vom 11.03.1979, S. 24;
BDKJ-Rundbrief, März 1985, S. 5;
Bischöfliches Jugendamt, Diözesanversammlungen, Protokoll der DV vom 03.–05.07.1987.
[141] Bischöfliches Jugendamt, Kontenplan, Ordner 16, Brief des Diözesanjugendführers Kuhn an das Bischöfliche Ordinariat im Oktober 1969 (ohne genaues Datum).
[142] Bischöfliches Jugendamt, Diözesanversammlungen, Rechenschaftsbericht für die DV vom 17.–19.04.1970 sowie vom 07.–09.05.1971.
[143] Bischöfliches Jugendamt, Diözesanversammlungen, Rechenschaftsbericht für die DV vom 23.–25.06.1978 (Perspektivteil);
Bischöfliches Jugendamt, Diözesanversammlungen, Protokoll der DV vom 04.–06.07.1980;
Bischöfliches Jugendamt, Diözesanversammlungen, Rechenschaftsbericht für die DV vom 03.–05.07.1981.
[144] Sonntagsblatt vom 15./22.08.1982, S. 23;
Bischöfliches Jugendamt, Diözesanversammlungen, Rechenschaftsbericht für die DV vom

Ein Jahr später richtet die Diözesanversammlung den entwicklungspolitischen Arbeitskreis (epa) ein. Er soll Fragen aus diesem Bereich aufgreifen
und den Erfahrungsaustausch der in diesem Feld tätigen Verbände fördern.
Eine seiner ersten Aktionen ist es, eine Arbeitshilfe zum Thema Verschul-
dung zu erstellen.[145]
Ein weiterer entwicklungspolitischer Akzent ist die Unterstützung der
Ökumenischen Entwicklungsgenossenschaft (EDCS) durch den BDKJ.
Die Genossenschaft bietet zu fairen Bedingungen Projektkredite in der sogenannten Dritten Welt an. 1989 schließlich protestiert der Diözesanvorstand im Rahmen einer bundesweiten Kampagne mit öffentlichkeitswirksamen Aktionen gegen die Verflechtungen der deutschen Wirtschaft mit dem
Apartheidsregime in Südafrika.[146]
Mit dem Schwerpunkt internationale Kontakte und Jugendbegegnungen ist
der Internationale Arbeitskreis (IAK) auch in den 70er Jahren sehr aktiv.
Jedoch lassen die Berührungspunkte mit den Verbänden nach, und es
kommt zu einer Verselbständigung, so daß 1979 die BDKJ-Diözesanversammlung empfiehlt, den Arbeitskreis an das Bischöfliche Jugendamt anzubinden. In den 80er Jahren spielt der IAK im BDKJ keine Rolle mehr.[147]
Bei den Ostkontakten zeigt sich der Würzburger BDKJ ab Mitte der 60er
Jahre zunehmend offen. 1967, im Jahr der auf Bundesebene verabschiedeten Erklärung „Ostkontakte im Dienste des Friedens", bietet der diözesane
BDKJ ein Fahrt nach Prag an. Sie dient der politischen Bildung und der Begegnung mit Menschen im Ostblock. Ein Jahr später nimmt Diözesanjugendführer Kuhn als BDKJ-Delegierter innerhalb der DBJR-Reisegrup-
pe an den Weltjugendfestspielen in Sofia teil. Trotz scharfer Kritik am ma-
nipulierten Programmablauf wertet er die Teilnahme positiv. Es sei gelungen, Vorurteile abzubauen und intensive Kontakte zu knüpfen. In dieser
Linie ist auch die Stellungnahme des Würzburger Diözesanvorstandes zur
umstrittenen Warschaureise der Bundesführung im Jahre 1970 zu sehen. Sie
wird als parteipolitisch neutrale Aktion im Sinne der Aussöhnung gewür-
digt.[148]
Das Thema soziale Aktionen taucht beim BDKJ immer wieder auf. 1973
fordert ein Antrag bei der Diözesanversammlung, soziale Aufgaben auf allen Ebenen verstärkt anzugehen. Jedoch geschieht auf Diözesanebene nur
wenig Greifbares. Ab Mitte der 70er Jahre wird das Thema Jugendarbeitslosigkeit im BDKJ immer bedeutender. Es findet ein Bildungswochenende

03.–05.07.1987.
[145] Bischöfliches Jugendamt, Diözesanversammlungen, Protokoll der DV vom 10.–12.06.1988
sowie Rechenschaftsbericht für die DV vom 06.–08.10.1989.
[146] Sonntagsblatt vom 21.05.1989, S. 22;
Bischöfliches Jugendamt, Diözesanversammlungen, Rechenschaftsbericht für die DV vom
06.–08.10.1989.
[147] Bischöfliches Jugendamt, Diözesanversammlungen, Rechenschaftsberichte (Berichte des
IAK) und Protokolle der DV in den Jahren 1970–1979 durchgehend. Danach taucht der
IAK in den Unterlagen nicht mehr auf.
[148] Sonntagsblatt vom 20./27.08.1967, S. 36;
Sonntagsblatt vom 27.10.1968, S. 9;
Sonntagsblatt vom 14.03.1971, S. 25.

mit arbeitslosen Jugendlichen statt, und die Delegierten der Diözesanversammlung beschäftigen sich bei einem Studienteil mit dieser Frage.[149] 1983 bildet die Diözesanversammlung einen Ausschuß, der mit einem Fonds aus Spenden und BDKJ-Geldern sowie durch begleitende Informationsarbeit zusätzliche Ausbildungsplätze in der Hauswirtschaft anregen will. Parallel dazu entsteht ein Informationsheft über Alternativprojekte, um das Thema „Neue Formen der Arbeit" bei interessierten BDKJ-Mitgliedern zu plazieren. Angedacht wird auch, arbeitslosen Jugendlichen mit abgeschlossener Berufsausbildung eine Anstellung in katholischen Einrichtungen und Pfarreien zu ermöglichen.[150]

Nachdem diese Pläne weitgehend scheitern, weil sie sich als undurchführbar erweisen oder das Anliegen von dem zwischenzeitlich gegründeten Solidaritätsfonds der Diözese übernommen wird, beschließt der BDKJ 1985 einen eigenen kleinen Betrieb im Raum Aschaffenburg zu gründen. Das Projekt mit dem Namen „CAJ-Jugendwerkstatt" wird federführend von der CAJ betreut. Zielgruppe sind auf dem Arbeitsmarkt schwer vermittelbare Jugendliche, denen man den Einstieg ins Berufsleben erleichtern will. Die Schreinerwerkstatt soll nach zwei Jahren auf eigenen Füßen stehen. Die Startgelder verschaffen Patenschaften einzelner Mitglieder der Jugendverbände, der Arbeitslosenfonds des BDKJ und ein Zuschuß des Ordinariates. Motor der Werkstatt ist eine Projektgruppe, an der der BDKJ beteiligt ist.[151] Zwei Jahre später bilanzieren die Verantwortlichen einige Erfolge. Rund 80% der Jugendlichen seien in feste Arbeitsverhältnisse vermittelt worden. Der Aufgabenbereich der Werkstatt wird um Tätigkeiten im sozialen Bereich erweitert. Als nicht durchführbar erweist sich der Plan, nach zwei Jahren auf eigenen Füßen zu stehen. Der Betrieb ist weiterhin von fremden Geldern abhängig und muß sich seine finanzielle Absicherung jeweils neu erkämpfen. Die BDKJ-Diözesanversammlung stimmt der Weiterarbeit des Projektes zu und erklärt ihre finanzielle und ideelle Unterstützung. Jedoch geht in den nächsten Jahren das Interesse an der Jugendwerkstatt im BDKJ-Diözesanverband zurück.[152]

---

[149] Bischöfliches Jugendamt, Diözesanversammlungen, Protokolle der DV vom 04.–06.05.1973; 21.–23.05.1976; 03.–05.07.1982;
Bischöfliches Jugendamt, Diözesanversammlungen, Rechenschaftsbericht für die DV vom 24.–26.06.1977.

[150] Bischöfliches Jugendamt, Diözesanversammlungen, Protokoll der DV vom 01.–03.07.1983;
Sonntagsblatt vom 18./25.12.1983, S. 36;
Sonntagsblatt vom 01.04.1984, S. 13;
BDKJ-Rundbrief, Januar 1984, Sondernummer „Leben und Arbeit".

[151] Bischöfliches Jugendamt, Diözesanversammlungen, Rechenschaftsbericht für die DV vom 29.06.–01.07.1984 (Bericht des Ausschusses Jugendarbeitslosigkeit) sowie das entsprechende Protokoll;
Bischöfliches Jugendamt, Diözesanversammlungen, Rechenschaftsbericht für die DV vom 21.–23.06.1985 sowie das entsprechende Protokoll;
Sonntagsblatt vom 03.03.1985, S. 19;
Sonntagsblatt vom 17.11.1985, S. 19.

[152] Bischöfliches Jugendamt, Diözesanversammlungen, Protokoll der DV vom 03.–05.07.1987;
Bischöfliches Jugendamt, Diözesanversammlungen, Rechenschaftsbericht für die DV vom 06.–08.10.1989;
Sonntagsblatt vom 18.10.1987, S. 21;
Sonntagsblatt vom 29.01.1989, S. 16f.

Durch die Einführung der Rätestruktur Ende der 60er Jahre ist der BDKJ besonders gefordert. Nach einem heftigen Streit mit dem geschäftsführenden Vorsitzenden der Katholischen Aktion über Anzahl und Modus der Jugendvertreter im Diözesanrat bekommt der BDKJ bei der Konstituierung des neuen Diözesanrates zehn Stimmen. Diözesanführerin Hohmann wird darüber hinaus in den Seelsorgerat entsandt.[153]

Doch gelingt es dem BDKJ in den nächsten zehn Jahren wenig, diese Basis politisch zu nutzen. Die Vertretung im Diözesanrat spielt in der BDKJ-Arbeit keine wesentliche Rolle und wird von einigen Mitgliedsverbänden nachlässig wahrgenommen. Die Stimmenzahl der BDKJ-Delegierten geht in den folgenden Legislaturperioden – wenn auch geringfügig – zurück.[154]

In den 80er Jahren verbessert sich die Vertretung im Diözesanrat, und die Rückbindung an die BDKJ-Diözesanversammlung wird stärker. Ebenso verbessert sich der Kontakt zu den Erwachsenenverbänden, und es gelingt zum Teil, die manchmal spürbare innerkirchliche Isolation zu überwinden. Der BDKJ-Diözesanvorstand koordiniert nun die Vertretung und nimmt sie subsidiär auch stärker für Mitgliedsverbände wahr. Allerdings ist er immer noch auf das Wohlwollen der Mitgliedsverbände angewiesen, weil ihm keine Mandate direkt zustehen. Um diese Situation zu ändern, spricht 1988 die Diözesanversammlung dem Vorstand zwei der inzwischen nur noch sieben Diözesanratsstimmen zu.[155]

Damit parallel geht eine stärkere politische Aktivität in der Vertretungsarbeit – allerdings mit unterschiedlichem Erfolg. Während beispielsweise der BDKJ mit der Kritik am aus seiner Sicht zu CSU-freundlichen Vorgehen des Diözesanratsvorstandes bei einer Bundestagswahl kaum auf Resonanz stößt, findet sein Aufruf zum diözesanen Fast- und Gebetstag für Frieden und Abrüstung einhellige Zustimmung. Ähnlich positiv ist das Echo auf das Projekt zur Jugendarbeitslosigkeit oder die Aktion „Gemeinsam die Schöpfung bewahren – Die Pfarrgemeinde mitgestalten" von KJG und KLJB. Seit Mitte der 80er Jahre haben darüber hinaus die Mitgliedsverbände im BDKJ die Gelegenheit, sich im Diözesanrat vorzustellen.[156]

Im Kontext des Diözesanrates ist der Sachausschuß Jugend ein anderer wichtiger Vertretungsbereich des BDKJ. In den Anfangszeiten nimmt er

---

[153] Bischöfliches Jugendamt, Kontenplan, Ordner 10, Brief von Diözesanführer Kuhn und Landesfeldmeister Klug an Dr. Meisenzahl vom 09.04.1968;
Sonntagsblatt vom 19.05.1968, S. 16f.
[154] Bischöfliches Jugendamt, Kontenplan, Ordner 22, Protokoll des BDKJ-Diözesanvorstandes vom 16.11.1971;
Bischöfliches Jugendamt, Diözesanversammlungen, Rechenschaftsberichte für die DV vom 27.–29.06.1975 sowie vom 23.–25.06.1978;
Sonntagsblatt vom 14.12.1975, S. 27.
[155] Bischöfliches Jugendamt, Diözesanversammlungen, Protokoll der DV vom 06.–08.07.1979 sowie vom 10.–12.06.1988;
Bischöfliches Jugendamt, Diözesanversammlungen, Rechenschaftsberichte für die DV vom 04.–06.07.1980; 03.–05.07.1981; 02.–04.07.1982; 01.–03.07.1983.
[156] Bischöfliches Jugendamt, Diözesanversammlungen, Rechenschaftsbericht für die DV vom 01.–03.07.1983 sowie vom 29.06.–01.07.1984;
Sonntagsblatt vom 16.03.1986, S. 12;
Sonntagsblatt vom 13.11.1988, S. 15.

diese Vertretung so überzeugend wahr, daß die Funktion des Sachausschusses in der zweiten Legislaturperiode des Diözesanrates im gegenseitigen Einverständnis von Diözesanratsvorstand und BDKJ in Personalunion vom BDKJ-Diözesanvorstand wahrgenommen wird. Danach gibt es wieder einen eigenständigen Sachausschuß Jugend im Diözesanrat, in dem der BDKJ aber präsent ist.[157]

In der Frage des Wahlalters bei Pfarrgemeinderatswahlen engagiert sich Anfang der 70er Jahre der BDKJ zusammen mit dem Bischöflichen Jugendamt für eine Herabsetzung. Als Teilerfolg kann er die Senkung des Wahlalters auf 16 Jahre verbuchen.[158] Beim Thema Jugend und Pfarrgemeinderat ist der BDKJ regelmäßig aktiv, beispielsweise durch Arbeitshilfen zur Wahl oder durch die Schulung von Jugendvertretungen im Pfarrgemeinderat.[159]

Der BDKJ Würzburg äußert sich auch zu aktuellen innerkirchlichen Fragen. Zwei Beispiele: 1971 bedauert der Diözesanvorstand das Einstellen von „Publik" und sieht hier eine Gefahr für den nachkonziliaren Aufbruch in der Kirche; 1988 erklärt er in einem offenen Brief seine Solidarität mit dem von konservativer Seite angegriffenen Chefredakteur der „Jungen Zeit", der in einem Artikel die kirchliche Lehrmeinung zur Empfängnisverhütung kritisch durchleuchtet hat.[160]

Die Vertretung auf Bundes- und Landesebene wird sehr unterschiedlich wahrgenommen, je nach den personellen Kapazitäten und den persönlichen Interessen der Vorstandsmitglieder. Während sie sich in den 70er Jahren auf das Notwendigste beschränkt, ist Anfang der 80er Jahre eine merklich höhere Aktivität festzustellen, die später wieder abflacht. Anfang der 70er Jahre sind darüber hinaus auch deutlich kritische Töne zur Arbeit der höheren Ebenen zu hören.[161]

Weiterhin stark präsent ist der BDKJ in der Jugendringstruktur. BDKJ-Vertreter spielen in den Vorständen von Kreis- und Stadtjugendringen eine

---

157 Sonntagsblatt vom 06.07.1969, S. 19;
Bischöfliches Jugendamt, Kontenplan, Ordner 22, Protokoll des Diözesanvorstandes vom 17.11.1971;
Bischöfliches Jugendamt, Kontenplan, Ordner 40, Brief Vorsitzender Dr. Meisenzahl und Weihbischof Kempf an das Bischöfliche Jugendamt vom 21.02.1972;
Bischöfliches Jugendamt, Kontenplan, Ordner 42, Protokoll des Diözesanvorstandes vom 21.09.1973;
Bischöfliches Jugendamt, Diözesanversammlungen, Rechenschaftsberichte für die DV vom 27.–29.06.1975; 23.–25.06.1978; 29.06.–01.07.1984; 21.–23.06.1985.

158 Bischöfliches Jugendamt, Kontenplan, Ordner 21, Vorlage „Mitarbeit Jugendlicher im Pfarrgemeinderat" vom November 1970;
Sonntagsblatt vom 06.12.1970, S. 21;
Sonntagsblatt vom 31.01.1971, S. 24.

159 Bischöfliches Jugendamt, Diözesanversammlungen, Rechenschaftsbericht für die DV vom 23.–25.06.1978 sowie vom 04.–06.07.1980;
Sonntagsblatt vom 21.03.1982, S. 14f.

160 Bischöfliches Jugendamt, Kontenplan, Ordner 22, Protokoll des Diözesanvorstandes vom 17.11.1971;
Sonntagsblatt vom 11.11.1988, S. 30.

161 Bischöfliches Jugendamt, Diözesanversammlungen, Rechenschaftsberichte durchgehend;
Bischöfliches Jugendamt, Kontenplan, Ordner 40, Protokolle Diözesanvorstand vom 16.06.1972 sowie vom 29.09.1972.

wichtige Rolle, und auch viele Vorsitzende kommen aus dem BDKJ. Die Anfang der 70er Jahre getroffene Entscheidung, die Mittlere Ebene des BDKJ auf Kreisebene anzusiedeln, zahlt sich nun wegen ihrer Kompatibilität mit der Jugendringstruktur aus.[162]
Allerdings kritisiert der Diözesanvorstand mehrmals, daß sich die Arbeit der Kreisjugendringe zu sehr auf die Verteilung von Zuschüssen beschränkt, anstatt auch politische Fragen wie die Gestaltung des Jugendwohlfahrtsgesetzes oder der Kommunalpolitik anzugehen.[163] Die von Diözesanebene angebotenen Schulungs- und Austauschtreffen stoßen zwar inhaltlich auf positives Echo, leiden aber durchgehend an einer geringen Teilnehmerzahl.[164]
Im Bezirksjugendring löst der ehemalige Diözesanjugendführer Hubert Betz 1967 Robert Wolf ab und bleibt bis 1972 Vorsitzender. Mit Peter Kraft, dem früheren Leiter des Politischen Arbeitskreises, stellt der BDKJ von 1981 bis 1989 nach einer Pause wieder den Vorsitzenden. Ihn löst im gleichen Jahr Harald Ebert (DPSG) ab. Als BDKJ-Vertreter im Vorstand tragen darüber hinaus Verantwortung: Arnulf Schuler, Alois Zang, Angelika Vey und Klaus Beier. Eng mit dem BDKJ und dem Bischöflichen Jugendamt ist der Bezirksjugendring auch auf der Ebene der Geschäftsführer verbunden. In den 70er Jahren nimmt der Geschäftsführer des BDKJ und des Bischöflichen Jugendamtes, Berthold Baunach, die entsprechenden Aufgaben ehrenamtlich wahr. Der spätere erste hauptamtliche Geschäftsführer des Bezirksjugendrings, Karl-Heinz Staab, stammt ebenfalls aus dem Bischöflichen Jugendamt.[165]
Während bis 1977 der BDKJ-Diözesanvorstand durch seine Sekretäre direkt im Vorstand des Bezirksjugendrings vertreten ist, delegiert er diese Aufgaben später an Ehemalige oder Vertreter der Mitgliedsverbände. Neben Personalproblemen im BDKJ-Vorstand dürfte dies auch durch die weitgehend reibungslose Zusammenarbeit mit Kraft und Staab bedingt sein.[166]
Über seine jugendpolitischen Aktivitäten und Bildungsmaßnahmen hinaus gelingt es dem Bezirksjugendring bis 1984 den jährlichen Zuschuß des Bezirks auf 288 000 Mark zu steigern. Bei einem Gesamthaushalt von 367 000 Mark werden 214 000 als Zuschüsse an die Mitglieder weitergeleitet. Jedoch deckt dies mittlerweile weniger als 50% der beantragten Gelder.[167]

[162] Bischöfliches Jugendamt, Diözesanversammlungen, Rechenschaftsbericht für die DV vom 04.–06.05.1973 sowie vom 02.–04.07.1982.
[163] Bischöfliches Jugendamt, Diözesanversammlungen, Rechenschaftsbericht für die DV vom 23.–25.06.1978 (Perspektivteil) sowie vom 06.–08.10.1989.
[164] Bischöfliches Jugendamt, Diözesanversammlungen, Rechenschaftsbericht für die DV vom 06.–08.07.1979 sowie das Protokoll der DV vom 02.–04.07.1982.
[165] Bezirksjugendring, 30 Jahre, o. S. ;
Bischöfliches Jugendamt, Diözesanversammlungen, Rechenschaftsberichte und Protokolle durchgehend 1970–1989.
[166] Bischöfliches Jugendamt, Diözesanversammlungen, Rechenschaftsbericht für die DV vom 10.–12.06.1988.
[167] Bezirksjugendring, 30 Jahre, o. S.

5.6. Die Zeitschriften

Über Jahrzehnte besitzt der BDKJ im Bistum Würzburg keine eigenständige Zeitschrift. Der regelmäßig erscheinende „Rundbrief" ist ein Mitteilungsorgan ohne eigenes inhaltliches Profil. 1980 wird er in seiner bisherigen Form abgeschafft, weil er durch die eigenen Zeitschriften der Verbände überholt ist und zu viel Geld kostet. Er soll durch Kurzmitteilungen und punktuelle thematische Arbeitshilfen ersetzt werden. Eine BDKJ-Zeitung mit inhaltlichem Profil ist von den Mitgliedsverbänden nicht gewollt, unter anderem, weil sie Konkurrenz für ihre eigenen Zeitschriften befürchten.[168] Im Kontext einer vor allem im externen Bereich intensiveren Öffentlichkeitsarbeit experimentiert der Diözesanvorstand in den folgenden Jahren mit regelmäßig erscheinenden Mitteilungsblättern ohne inhaltlichen Schwerpunkt, ergänzt durch thematische Ausgaben mit dem Charakter von Arbeitshilfen.[169]

1987 scheitert der Vorstand auf der Diözesanversammlung mit seinem Vorhaben, eine eigenständige diözesane Zeitschrift mit thematischem Profil aufzubauen. Ein Jahr später setzt sich diese Idee dann doch durch. Die Versammlung beschließt für den BDKJ auf Diözesanebene eine entsprechende Zeitung.[170]

Anfang 1989 ist es soweit: die erste Ausgabe der neuen Zeitschrift mit dem Namen „Monokel" ist gedruckt. Gentechnologie lautet das Schwerpunktthema. Das „Monokel" erscheint im klassischen Zeitungsformat viermal pro Jahr, hat eine Auflage von 2500 Exemplaren und geht an Leitungsverantwortliche im Dachverband und den Mitgliedsverbänden bis zur Ebene der Pfarrleitungen. Es will zur fundierten Meinungsbildung beitragen, über die Arbeit der Mitgliedsverbände und Landkreise informieren sowie Meinungen zwischen Basis und Leitung austauschen. Herausgeber ist der BDKJ-Diözesanverband, verantwortlich vertreten durch den Diözesanvorstand.[171]

Der neuen Zeitung gelingt es schnell, sich zu etablieren. Trotz der hohen Produktionskosten scheitert beispielsweise bei der Diözesanversammlung 1989 ein Antrag der KLJB, das „Monokel" auf drei Ausgaben pro Jahr zu beschränken. Die klare Mehrheit der Versammlung bewertet die neue Zeitung als wesentliche qualitative Verbesserung, die den Dachverband profiliert und dadurch auch den Mitgliedsverbänden und Landkreisen nützt.[172]

---

[168] Bischöfliches Jugendamt, Diözesanversammlungen, Protokoll der DV vom 04.–06.07.1980 sowie Rechenschaftsbericht vom 03.–05.07.1987.
[169] Bischöfliches Jugendamt, Diözesanversammlungen, Rechenschaftsberichte und Protokolle durchgehend 1981–1986.
[170] Bischöfliches Jugendamt, Diözesanversammlungen, Protokoll der DV vom 03.–05.07.1987 sowie vom 10.–12.06.1988.
[171] Bischöfliches Jugendamt, Diözesanversammlungen, Rechenschaftsbericht für die DV vom 06.–08.10.1989; vgl. Monokel 1/1989.
[172] Bischöfliches Jugendamt, Diözesanversammlungen, Protokoll der DV vom 06.–08.10.1989.

5.7. Die Mädchen- und Frauenarbeit

Entsprechend der Tendenz auf Bundesebene findet sich auch in Würzburg eine allmähliche Entwicklung von traditionellen Rollenfixierungen hin zu einem partnerschaftlichen Denken. Diese Entwicklung ist im verbandlichen Alltag spürbar, jedoch nicht in Konzepten oder Positionspapieren fixiert. Eine weitere Entfaltung zu ausgeprägten feministischen Positionen ist nirgends feststellbar.

Bis Anfang der 70er Jahre spielt die Mädchenbildungsarbeit im BDKJ weiter eine wichtige Rolle. Schwerpunkte sind die Schulentlaßtage an Haupt- und Realschulen, die der beruflichen Orientierung und der Persönlichkeitsbildung dienen. Nach wie vor auf Resonanz stoßen auch die Seminare zum Thema „Frau und Hauswirtschaft". Seit Ende der 60er Jahre sind die Schulentlaßtage koedukativ gestaltet und somit nur noch bedingt beim Thema Mädchenbildung einzuordnen. Später geht dieser Bereich in die Verantwortung des Bischöflichen Jugendamtes über und konzentriert sich immer stärker auf die Arbeit mit Schulklassen.[173]

Permanent ist die Mädchenbildungsarbeit von finanziellen Problemen bedroht. Zuschußkürzungen führen zum Ausfall von Maßnahmen und rufen Proteste der Diözesanverantwortlichen hervor. Wenn auch massive Einschnitte oft noch abgewendet werden, bleibt die Finanzierung doch ein Problembereich.[174]

Das Freiwillige Soziale Jahr (FSJ) etabliert sich in der Diözese immer mehr. 1972 sind 22 Stellen besetzt und es gibt bei der BDKJ-Diözesanstelle eine eigene Sozialreferentin. Doch gleichzeitig kommt es zu einer Krise. Der BDKJ stellt seine Beteiligung am FSJ ein, da die Teilnehmerinnen das Jahr nicht mehr als Dienst am Nächsten, sondern als Praktikum für ihre weitere berufliche Laufbahn ansehen. Der BDKJ sieht hier eine Sekundärmotivation, die nicht mehr dem Grundgedanken entspricht.[175]

Ende der 70er Jahre findet ein Neuanfang statt. Träger des FSJ sind nun der BDKJ und die Caritas. Knapp 30 Stellen stehen zur Verfügung. Während sich die Caritas primär um die praktische Begleitung an den – meist bei ihr angesiedelten – Einsatzstellen kümmert, ist der BDKJ für die Bildungsarbeit verantwortlich. Diese nimmt die Landesebene für den Würzburger

---

[173] Bischöfliches Jugendamt, Kontenplan, Ordner 18, Rechenschaftsbericht für die Diözesanversammlung vom 09.–11.05.1969;
Bischöfliches Jugendamt, Diözesanversammlungen, Rechenschaftsbericht für die DV vom 21.–23.04.1972.

[174] Bischöfliches Jugendamt, Kontenplan, Ordner 12, Rundbrief von Diözesanführerin Hohmann und Jugendpfarrer Wiesler an die unterfränkischen Landtagsabgeordneten vom 19.04.1968;
Bischöfliches Jugendamt, Diözesanversammlungen, Rechenschaftsbericht für die DV vom 17.–19.04.1970;
Sonntagsblatt vom 20.06.1971, S. 26.

[175] Bischöfliches Jugendamt, Diözesanversammlungen, Rechenschaftsbericht für die DV vom 21.–23.04.1972 sowie vom 04.–06.05.1973;
Bischöfliches Jugendamt, Kontenplan, Ordner 40, Protokoll der Jugendseelsorgekonferenz vom 25.–26.09.1972;
Bischöfliches Jugendamt, Diözesanversammlungen, Protokoll der DV vom 21.–23.04.1972.

BDKJ subsidiär wahr. Ende der 80er Jahre kommt es zu einem Rückgang der Bewerberinnen und Bewerber, und man bemüht sich um neue Werbestrategien. Aufgrund der Interventionen von BDKJ und Bischöflichem Jugendamt genehmigt das Bischöfliche Ordinariat drei Einsatzstellen im Bereich der kirchlichen Jugendarbeit, die innerhalb der einzelnen Referate und Arbeitsbereiche je nach Möglichkeit und Bedarf wechseln.[176]

Als Sonntagshelferinnen sind Ende der 60er Jahre rund 450 Mädchen in Krankenhäusern, Altersheimen und Kinderheimen tätig. Später wird die Zahl geringer, und schließlich verschwindet der Dienst der Sonntagshelferinnen ganz, obwohl er angesichts der erwähnten Krise in der Frage des FSJ neu gefördert werden soll.[177]

5.8. Die Großveranstaltungen

Nach 14 Jahren findet 1978 wieder eine größere diözesane Veranstaltung des BDKJ Würzburg statt. Anläßlich des 30jährigen Jubiläums der Gründung des Bundes und des 300jährigen Jubiläums der Wallfahrtskirche auf dem Volkersberg laden BDKJ und Jugendamt zum Jugendtag auf den Volkersberg ein. Der Tag hat das Motto „Kennzeichen Kreuz" und soll erleben lassen, „wie man glaubwürdig Lebensantworten aus dem christlichen Glauben suchen und geben kann".[178]

Rund 2000 Jugendliche und junge Erwachsene kommen zum Jugendtag. Das Fest beginnt mit einer Wallfahrt, die in einen Wortgottesdienst mündet. Es folgen Workshops, die das Thema Kreuz auf verschiedene Art und Weise entfalten: Verbände stellen sich vor, Dritte-Welt-Arbeit wird präsentiert und biblische Gleichnisse werden aktualisiert. Die abschließende Eucharistiefeier zelebriert der langjährige Diözesanjugendseelsorger Domkapitular Wilhelm Heinz. Er mahnt, gemeinsam an der Kirche zu bauen, auch wenn man sie manchmal als Kreuz empfinde.[179]

Rückblickend bewertet die Diözesanleitung den Jugendtag als Erfolg. Er habe bei den Jugendlichen Resonanz gefunden und das Image der kirchlichen Jugendarbeit und der Jugendverbände bei den Pfarrern vor Ort verbessert.[180]

Regelmäßiger überregionaler Kristallisationspunkt der kirchlichen Jugendarbeit wird in den 80er Jahren die Kiliani-Nachtwallfahrt. Ihr Vorläufer ist

---

[176] Sonntagsblatt vom 25.03.1979, S. 28;
Sonntagsblatt vom 09.04.1989, S. 28;
Bischöfliches Jugendamt, Diözesanversammlungen, Rechenschaftsberichte durchgehend 1982–1989.
[177] Bischöfliches Jugendamt, Kontenplan, Ordner 10, Protokoll der Diözesanversammlung vom 03.–05.05.1968;
Bischöfliches Jugendamt, Diözesanversammlungen, Rechenschaftsbericht für die DV vom 21.–23.04.1972 sowie vom 04.–06.05.1973.
[178] Sonntagsblatt vom 01.10.1978, S. 19.
[179] Sonntagsblatt vom 22.10.1978, S. 23f.
[180] Bischöfliches Jugendamt, Diözesanversammlungen, Rechenschaftsbericht für die DV vom 06.–08.07.1979.

der in den 70er Jahren mehrmals stattfindende Jugendtag in der Kiliani-Wallfahrtswoche.[181]

1981 startet erstmals – ebenfalls im Rahmen der Kiliani-Woche – die Nachtwallfahrt der Jugend. Veranstalter sind der BDKJ und das Bischöfliche Jugendamt. Unter dem Motto „Zeugen gesucht" sind die Teilnehmerinnen und Teilnehmer aufgerufen, sich bei einem mehrstündigen Fußmarsch Gedanken über ihr Christsein zu machen. Von zwölf verschiedenen Orten in der Umgebung von Würzburg laufen sie durch die Nacht zum Dom und feiern um vier Uhr früh Eucharistie mit Bischof Dr. Paul-Werner Scheele. Rund 1500 Jugendliche aus der ganzen Diözese sind gekommen. In seiner Predigt fordert der Bischof die Anwesenden auf, glaubwürdige Zeugen der christlichen Botschaft zu sein. Dem Gottesdienst schließt sich eine kurze Begegnung an.[182]

In den folgenden Jahren findet die Wallfahrt in ähnlicher Form statt, allerdings mit kleineren Variationen. So wird der Fußmarsch etwas gekürzt, der Gottesdienst findet zwei Stunden später statt, und das anschließende Fest der Begegnung dauert länger. Die Teilnehmerzahlen gehen zurück, und es kommen immer mehr jüngere Jugendliche. Die Bandbreite der Themen für die jeweilige Wallfahrt ist groß. Sie reicht von politischen Ansätzen bis zum individuellen Selbstfindungsbereich. Beispielsweise lautet 1985 das Motto „Schöpfung, Gabe und Aufgabe", während 1989 das Thema „Farbtopf Leben – malen mußt Du" heißt.[183]

Im selben Jahr beschließt die BDKJ-Diözesanversammlung eine neue Struktur der Veranstaltung. Der Wallfahrtscharakter soll betont und die Verbindung von Mystik und Politik durch mehr spirituellen Tiefgang besser verankert werden. Das Mindestalter der Teilnehmer wird auf 16 Jahre festgelegt. Die Wallfahrt soll nun eineinhalb Tage dauern und von den Mitgliedsverbänden des BDKJ in Kooperation mit dem Bischöflichen Jugendamt gestaltet werden.[184]

Im großen Stil feiert der Würzburger BDKJ 1987 seinen 40. Geburtstag. Über zwei Wochen verteilt finden verschiedene Veranstaltungen statt. Das zentrale Motto lautet: „Auf dich kommt es an." Ein Symposion beschäftigt sich mit dem Thema kirchliche Jugendarbeit, und ein Diskussionsabend greift die Abwendung der Jugend von der Kirche auf. Ein verlängertes Wochenende mit Eröffnungsveranstaltung, Festball, Diözesanjugendtag und Abschlußgottesdienst im Rahmen der Kiliani-Nachtwallfahrt bildet den Höhepunkt des Jubiläums. Eine Ausstellung des Diözesanarchivs „40 Jahre BDKJ – Personen, Stätten, Ereignisse" flankiert den Geburtstag historisch, eine Festschrift mit geschichtlichem Rückblick, aktueller Selbstdarstellung der Verbände und dem Programm des Diözesanjugendtages verbindet Vergangenheit und Gegenwart.[185]

---

[181] Bischöfliches Jugendamt, Diözesanversammlungen, Rechenschaftsbericht für die DV vom 21.–23.05.1976 sowie vom 23.–25.06.1978.

[182] Sonntagsblatt vom 05.07.1981, S. 24; Sonntagsblatt vom 26.07.1981, S. 20.

[183] Sonntagsblatt vom 28.07.1985, S. 19; Sonntagsblatt vom 23.07.1989, S. 23.

[184] Bischöfliches Jugendamt, Diözesanversammlungen, Protokoll der DV vom 06.–08.10.1989.

Ziel der Veranstaltungen soll sein, die Arbeit der Verbände und des Dachverbandes vorzustellen, inhaltliche Themen zu diskutieren und in der Diözese ein historisches Bewußtsein für die Geschichte des BDKJ zu schaffen. Nach Meinung der Veranstalter ist dies besonders durch die Eröffnungsveranstaltung und den Diözesanjugendtag gelungen, auch wenn die Beteiligung Jugendlicher hinter den Erwartungen zurückgeblieben ist.[186]
Bei der Eröffnungsveranstaltung verweist Diözesanvorsitzende Gabi Göb auf die prophetische Kraft der Jugend und betont die Bedeutung von Jugendverbänden als Solidarisierungsmöglichkeit und Einübungsfeld für Demokratie. Bischof Dr. Paul-Werner Scheele wünscht dem BDKJ das Bewußtsein, eine Gemeinschaft zu sein, den Mut zum Helfen und den Geist der Freude. Regierungspräsident Dr. Franz Vogt mahnt den BDKJ, die Entfremdung junger Menschen von der Kirche aufzufangen und verlangt von der Kirchenleitung, Freiräume für die Jugend zu lassen. Peter Kraft, Vorsitzender des Bezirksjugendrings, kritisiert scharf die gesamtkirchliche Tendenz, die Position des BDKJ zu schwächen. Die Kirche verliere so jugendpolitisches Terrain, das sie niemals mehr wiedergewinnen könne.[187]
Beim Diözesanjugendtag stellen sich die Mitgliedsverbände und der Dachverband in der Würzburger Innenstadt mit Info-Ständen und Aktionen vor. Nachmittags finden verschiedene inhaltliche Foren zu Themen aus der Arbeit der Mitgliedsverbände statt. Die Palette reicht von Okkultismus über Atomkraft bis zum Spannungsfeld von Glaube und politischem Handeln. Ein Kulturfest am Abend rundet den Tag ab. Bei der abschließenden Eucharistiefeier am anderen Morgen ruft Bischof Paul-Werner zur Gemeinsamkeit zwischen Kirche und Jugend auf.[188]

5.9. Zusammenfassung

Beim BDKJ in der Diözese Würzburg sind in der zweiten Phase seiner Geschichte massive Veränderungen zu beobachten. Sie beginnen ab Mitte der 60er Jahre und werden Anfang der 70er Jahre immer deutlicher. Der BDKJ Würzburg drängt auf eine Reform der Kirche, verfolgt in Pädagogik und Pastoral bedürfnis- und subjektorientierte Ideen und wird im Kontext gesellschaftskritischer Ansätze politischer.
Entsprechende Konflikte folgen. Dem BDKJ wird eine linksorientierte starke Politisierung sowie ein Mangel an Kirchlichkeit und Religiosität vorgeworfen. Die Bistumsleitung übt zwar kaum öffentliche Kritik, und auch Sanktionen gibt es keine. Spannungen zwischen Kirchenleitung und BDKJ

[185] Sonntagsblatt vom 07.06.1987, S. 16;
    Sonntagsblatt vom 26.07.1987, S. 21;
    vgl. BDKJ Würzburg, 40 Jahre.
[186] Bischöfliches Jugendamt, Diözesanversammlungen, Rechenschaftsbericht für die DV vom 10.–12.06.1988.
[187] Sonntagsblatt vom 19.07.1987, S. 21.
[188] Sonntagsblatt vom 19.07.1987, S. 21;
    Sonntagsblatt vom 26.07.1987, S. 21f;
    BDKJ Würzburg, 40 Jahre, S. 68ff.

sind dennoch vorhanden, können aber bewältigt werden. Die aus Widerstand gegen den Kurs des BDKJ gegründeten sehr konservativen Pfadfindergruppierungen fassen in der kirchlichen Jugendarbeit der Diözese nur schwer Fuß.

Folgende Schlaglichter sollen darüber hinaus die Arbeit des BDKJ Würzburg ab Mitte der 60er Jahre zusammenfassend verdeutlichen: Aus dem Bund wird ein Dachverband, der vor allem in den 80er Jahren gegenüber den Mitgliedsverbänden deutlich an Boden verliert und seine Funktion immer wieder definieren muß. Die Trennung zwischen Mannes- und Frauenjugend wird aufgehoben. Man experimentiert mit verschiedenen Leitungsformen auf Diözesanebene. Die enge Verklammerung zwischen BDKJ und Bischöflichem Jugendamt löst man in zwei Schritten Mitte und Ende der 70er Jahre, eine intensive Zusammenarbeit bleibt aber bestehen, nicht zuletzt durch die Personalunion zwischen Diözesanjugendpfarrer und BDKJ-Diözesanpräses. Anfang der 70er Jahre beschließt der BDKJ, statt der Dekanate die Landkreise zur neuen Mittleren Ebene zwischen Pfarrei und Diözese zu machen. Die Umstrukturierung gelingt, doch tauchen hier immer wieder Probleme auf, bspw. in der Frage der Subsidiarität zwischen Dachverband und Mitgliedsverbänden. Die Mitgliederzahl pendelt sich bei rund 13 000 ein.

Ein subjektorientierter Ansatz im Sinne des Synodenbeschlusses „Ziele und Aufgaben der kirchlichen Jugendarbeit" prägt nun Pädagogik und Pastoral. Der kirchliche Jugendplan der Diözese von 1970 zeigt in diesem Bereich erste Ansätze, die Pläne von 1980 und 1989 konkretisieren die Anliegen der Synode auf das Bistum hin. Deutlich ist hier aber das Stichwort Bedürfnisorientierung an den Orientierungsanspruch der christlichen Botschaft gekoppelt.

Die Stellung des Priesters in der Jugendarbeit ist nicht mehr so exponiert, in den 80er Jahren finden sich zunehmend Laientheologen als Jugendseelsorger. Die Ökumene stößt zeitweise auf großes Interesse. Der BDKJ verliert sein Monopol und ist nur noch ein Träger kirchlicher Jugendarbeit. Allerdings räumen die Jugendpläne von 1980 und 1989 der verbandlichen Jugendarbeit einen pastoralen Vorrang ein.

Rückgrat der verbandlichen Jugendarbeit bleibt die verbindliche Jugendgruppe, geleitet von altersnahen Gruppenleiterinnen und Gruppenleitern. Die Ausbildung der Gruppenleiter geht in die Verantwortung der Mitgliedsverbände über. Seit Ende der 60er Jahre erlebt die Jugendarbeit durch die wachsende Zahl von Hauptamtlichen eine Professionalisierung. Die Koedukation ist im Kommen, wenn auch in der Praxis vor Ort die meisten Kindergruppen und viele Gruppen der Jugendstufe weiterhin geschlechtsspezifisch arbeiten.

Der Niedergang der Jahresthemen ist nicht aufzuhalten, die Gemeinschaftstage verschwinden. Erst Anfang der 80er Jahre gibt es mit dem bundesweiten Thema „Frieden und Gerechtigkeit" wieder einen deutlicheren inhaltlichen Akzent, ohne daß eine breite Verankerung in Mitgliedsverbänden und Landkreisen gelingt. Der BDKJ verstärkt sein Engagement für die Wehrdienstverweigerer. Der Politische Arbeitskreis erlebt in den 70er Jahren eine Blütezeit, der Arbeitskreis Jugend und Beruf engagiert sich zeitweise in der Bildungsarbeit für berufstätige Jugendliche.

Im BDKJ der Diözese Würzburg läßt sich ab Ende der 60er Jahre eine verstärkte Politisierung der Jugendverbandsarbeit feststellen, jedoch in geringerem Maße als auf Bundesebene. Neben den erwähnten friedenspolitischen Bemühungen finden sich vor allem ökologische und entwicklungspolitische Akzente. Im sozialen Bereich kommt es nach einer mehrjährigen Vorlaufphase zu einem konkreten Projekt aus den Reihen des BDKJ: 1985 wird mit wesentlicher Unterstützung des BDKJ die „CAJ-Jugendwerkstatt" gegründet, um schwer vermittelbaren Jugendlichen den Einstieg ins Berufsleben zu erleichtern. Im Diözesanrat läßt die Vertretung des BDKJ zu wünschen übrig; in der Jugendringstruktur auf Kreis- und Bezirksebene spielt er dagegen eine wesentliche Rolle.

Nach Jahrzehnten ohne Publikationsorgan mit inhaltlichem Profil hat der Diözesanverband seit 1989 wieder eine Zeitung: das „Monokel". In der Mädchen- und Frauenarbeit ereignet sich eine allmähliche Entwicklung zu einem partnerschaftlichen Denken ohne Rollenfixierungen. Feministische Akzente sind aber nicht zu finden. Die intensive Mädchenbildungsarbeit läuft in den 70er Jahren aus, das Freiwillige Soziale Jahr (FSJ) etabliert sich trotz einiger Schwierigkeiten.

1978 findet mit dem Jugendtag „Kennzeichen Kreuz" auf dem Volkersberg wieder eine diözesanweite Großveranstaltung statt. Die 1981 gestartete Kiliani-Nachtwallfahrt ist in den folgenden Jahren beliebt. 1987 feiert der BDKJ Würzburg im großen Stil seinen 40. Geburtstag und nutzt die Gelegenheit, in Kirche und Gesellschaft auf sich aufmerksam zu machen.

6. SCHLUSSFOLGERUNGEN

6.1. Der Paradigmenwechsel

Katholische Verbände stehen immer im Spannungsfeld von Kirche und Gesellschaft. Diese beiden Pole prägen den Verbandskatholizismus. Vernachlässigen die Verbände die gesellschaftliche Situation, entsteht eine Wagenburgmentalität, die irgendwann in die sektiererische Bedeutungslosigkeit führt. Vernachlässigen sie die kirchliche Anbindung, droht das katholische Profil verlorenzugehen, und die weltanschauliche Basis wird brüchig.

Der eindeutige Orientierungspunkt des BDKJ in den ersten 20 Jahren seiner Geschichte ist die Kirche, konkret repräsentiert durch ihre verantwortlichen Leiter auf allen Ebenen. Eine konservative Grundstimmung in der Bevölkerung, die traditionelle Werte bevorzugt, sowie das hohe Ansehen der Kirche in der bundesrepublikanischen Gesellschaft unterstützen diesen Ansatz.

Einiges spricht für diese Einschätzung: Der BDKJ akzeptiert den Rahmen der Katholischen Aktion, die historisch dem deutschen Verbandswesen nicht entspricht, aber von den Bischöfen gewünscht wird. Er übernimmt das Konzept der missionarischen Seelsorge und eine starke institutionelle Verquickung mit kirchenamtlichen Strukturen. Diese bringt ihm ein – dem ursprünglichen Verbandsgedanken zuwiderlaufendes – Monopol kirchlicher Jugendarbeit. Ein Monopol mit allen Vor- und Nachteilen wie beispielsweise einer intensiven Förderung bei gleichzeitig geringerem politischen Spielraum.

Der BDKJ steht treu zur kirchlichen Hierarchie. Eine Differenzierung hinsichtlich eines Spannungsfeldes zwischen christlichen Glaubensgrundlagen und realer Kirche gibt es kaum. Die enge kirchliche Bindung zeigt sich im Stellenwert der – zumindest formalen – Religiosität auf Tagungen und Großveranstaltungen, im Diakonat des Jungführertums, in der bischöflichen Sendung für BDKJ-Führer ab Dekanatsebene, in der Distanz zur Ökumene, in der massiven Abgrenzung zum modernen außerkirchlichen Leben, in der strengen Sexualmoral, in der Übernahme des traditionellen und an Maria orientierten Frauenbildes und im Vorrang der religiösen Persönlichkeitsbildung, die den traditionellen kirchlichen Rahmen von Bibelarbeit, Eucharistie und Exerzitien nicht verläßt. Dem expliziten Christus- und Reich-Gottes-Bekenntnis sind alle Ziele und Aktionen untergeordnet. Die Rekrutierungsfunktion des BDKJ für die Kirche ist unumstritten, der hauptsächlich normativ-deduktive Ansatz der Jugendpastoral entspricht der damals vorherrschenden kirchlichen Praxis.

Die Zeitschriften des Bundes spiegeln bis Anfang der 60er Jahre die genannten Punkte wider. Sie dienen der religiösen Persönlichkeitsbildung und halten sich meist an die kirchliche Linie, auch wenn aus journalistischer Sicht als Jugendzeitschrift manchmal Mut und Risikobereitschaft gefordert wären. Ein gutes Beispiel ist die Frage der Sexualmoral.

Analog zur gesamten Kirche sympathisiert der Bund mit der CDU/CSU. Exponierter Kristallisationspunkt ist die Frage der Wiederbewaffnung. Als Kirchenleitung und Erwachsenenkatholizismus Stück für Stück auf Adenauers Wiederbewaffnungslinie einschwenken, zieht der BDKJ als einziger großer Jugendverband im Bundesjugendring nach.

Andere Parallelen sind der strikte Antikommunismus und das hohe gesellschaftliche Ansehen des BDKJ – beides im Gegensatz zu den einsetzenden Entwicklungen in einigen anderen Jugendverbänden. In die gleiche Richtung weist die Nichtrezeption pädagogischer und politischer Trends wie Koedukation und Ostkontakte.

Die Orientierung an der Kirche hat im BDKJ eine starke strukturelle Stütze: die Jugendseelsorger. Durch die hohe Zahl der Priesterweihen gibt es viele Kapläne, die sich in der Jugendarbeit engagieren. Durch die Aufteilung in Frauenjugend und Mannesjugend mit je eigenen Präsides haben diese in gemeinsamen Konferenzen entsprechend viele Stimmen. Diese Struktur führt beispielsweise dazu, daß 1957 – einschließlich der beratenden Pfarrer – die Hälfte der Mitglieder der Hauptversammlung Seelsorger sind. Die generell längere Amtszeit und das höhere Alter bringen durch Erfahrung und Routine Einfluß auf die Linie des BDKJ mit sich, ohne daß die Jugendseelsorger gleich auf ihre seelsorgliche Letztverantwortung pochen müssen. Hinzu kommt eine programmatische Idealisierung der Priesterpersönlichkeit. Eine Wahl der Präsides durch die Laien gibt es nicht. Das markanteste Beispiel für klerikalen Einfluß ist die Gründung des BDKJ. Hier spielen Laienführer nur die zweite Geige. Nicht zuletzt, weil es zwischen Kirchenleitung und Jugendseelsorgern in den ersten 20 Jahren des BDKJ noch kaum fundamentale Meinungsverschiedenheiten gibt, funktioniert die Stütze gut.

Konsequenterweise beginnt mit dem kirchlichen Umbruch des Konzils auch die Wandlung des BDKJ. Dies kündigt sich schon in den letzten Jahren der ersten Phase an, so durch den Aufschwung der Ökumene, durch die neue Gestaltung der Zeitschriften und der Bundesfeste sowie durch zahlreicher werdende Stimmen, die Pastoral und Pädagogik des Bundes kritisieren und diese reformieren wollen. Unterstützt und beeinflußt wird dieser Wandel von einem gesellschaftlichen Modernisierungsprozeß, der durch die aktive Integration der Katholiken in die bundesrepublikanische Gesellschaft nicht mehr primär außerhalb des katholischen Milieus, sondern mitten im Katholizismus wirkt.

Ab Mitte der 60er Jahre vollzieht sich radikal eine Art Paradigmenwechsel. Der BDKJ und seine Mitgliedsverbände orientieren sich nun schwerpunktmäßig nicht mehr an kirchlichen, sondern an gesellschaftlichen Entwicklungen, die nach Meinung des BDKJ im engen Zusammenhang mit christlichen Grundwerten stehen. Ein klassisches Beispiel ist der Einsatz für Gerechtigkeit und Frieden. Diese fundamentale Änderung des Blickwinkels korreliert mit einem Paradigmenwechsel des Konzils, der mit dem Begriff „aggiornamento", der partnerschaftlichen und offenen Hinwendung der Kirche zur Welt, gut beschrieben ist.

Ein weiterer Punkt flankiert den Umbruch im BDKJ: die deutliche Distanzierung vieler Katholiken von ihrer Kirche aufgrund der gesellschaftlichen und sozialen Wandlungsprozesse der sogenannten Postmoderne. Da die kirchlichen Deutungsmuster angesichts der neuen Situation oft nicht mehr plausibel sind, läßt die Integrationskraft der Kirche nach, und es werden neue Erklärungen gesucht.

In den Bereichen Pädagogik und Pastoral, Politik sowie Frauenarbeit soll der Paradigmenwechsel des BDKJ exemplarisch erläutert werden, indem die Rezeption wichtiger gesellschaftlicher Entwicklungen im Dachverband benannt und Unterschiede zu kirchlichen (Mehrheits)Positionen aufgezeigt werden.

In der pädagogischen und pastoralen Arbeit orientiert sich der BDKJ an den Grundlinien Emanzipation, Selbstverwirklichung und Bedürfnisorientierung. Hier übernimmt er vor allem die emanzipatorische und gruppendynamische Jugendarbeit, Trendsetter der damaligen Pädagogik. Ähnliches gilt für die sehr schnelle Durchsetzung der Koedukation und die Aufgabe des expliziten Erziehungsanspruchs im Sinne fester Vorgaben.

Distanz zum bisherigen Orientierungspunkt Kirche zeigen hier vor allem die Betonung der Stichworte Selbstverwirklichung und Emanzipation, die im katholischen Raum umstritten sind, sowie die ausdrückliche Hervorhebung der religiösen Dimension sozialen und humanen Verhaltens, dessen theologischer Eigenwert in der Kirche bis heute noch nicht breit rezipiert ist. Weiter signalisieren Distanz die nun geringere Rolle der religiösen Persönlichkeitsbildung als Grundlage pädagogischen Engagements, die rasche Übernahme der Koedukation und die Aufgabe des expliziten Erziehungsanspruchs – alles Entwicklungen, die im Katholizismus auf teilweise heftige Kritik stoßen.

Die radikale und gesellschaftskritische Politisierung sowie der deutliche Linksrutsch bei den politischen Aussagen bis hin zu manchen inhaltlichen Übereinstimmungen mit den Grünen entspricht dem Einstellungswandel eines – meist akademischen – Teils der gesellschaftlich und politisch aktiven jungen deutschen Generation. Ein gutes Beispiel ist die friedenspolitische Entwicklung des BDKJ bis hin zu pazifistischen Positionen. Hier bedeutet die Aneignung gesellschaftlicher Entwicklungen eine deutliche Entfernung von entsprechenden kirchlichen (Mehrheits)Positionen, wie sie sich beispielsweise im ZdK oder in der Deutschen Bischofskonferenz finden.

Die Mädchen- und Frauenarbeit des BDKJ löst sich von alten Rollenzuteilungen und bekämpft das Patriarchat. Das ist die klare Übernahme einer gesellschaftlichen Strömung, die allmählich breite Aufmerksamkeit findet. Daß hier ein Bruch mit kirchlichen Positionen und der Kirche, einem der klassischen Orte des Patriarchates aus der Sicht der Frauenbewegung, vorliegt, bedarf keiner Erläuterung.

Diesen Vorgängen entspricht eine Änderung im Kirchlichkeitsverständnis des BDKJ. Eine kritische Begleitung löst die bedingungslose Treue zur Kirche ab. Der BDKJ lehnt seine bisherige Rekrutierungsfunktion ab, fordert eine Demokratisierung, solidarisiert sich mit kritischen Minderheiten, orientiert sich zunehmend an biblischen statt an lehramtlichen Aussagen und hat – allerdings nicht systematisiert – ein eigenes theologisches und pastorales Verständnis, das sich eher an den genannten gesellschaftlichen Wertelinien orientiert und eine mögliche konsequente Weiterentwicklung des aggiornamento des Konzils in Richtung einer engen Partnerschaft mit der Moderne ist.

Die Orientierung des BDKJ an der Gesellschaft hat in den 70er und 80er Jahren eine strukturelle Stütze: die hauptamtlichen Mitarbeiterinnen und Mitarbeiter in der Jugendarbeit. Ihre Zahl steigt stark an, das Schwergewicht verschiebt sich von Theologen – meist Priestern – zu pädagogischen und hier vor allem sozialpädagogischen Fachkräften. Es besteht eine tiefe Kluft zwischen der politischen und kirchlichen Einstellung der Hauptamtlichen auf der einen und der ihrer Vorgesetzten in der kirchlichen Hierarchie sowie der Mehrheit der kirchlich engagierten Katholiken auf der anderen Seite. Beispiele sind die parteipolitischen Prioritäten oder die kirchliche Orthodoxie. Diese Unterschiede ähneln den Themen in den aufgezählten Rezeptionsprozessen und der Differenz in der Frage des Kirchenbildes.

Das ist teilweise erklärbar. In den 70er Jahren, zum Teil auch in den 80er Jahren, besteht ein Theorievakuum kirchlicher Jugendarbeit. Das schlägt sich in der pädagogischen und pastoralen Ausbildung der Hauptamtlichen nieder. In diesem Vakuum haben in den 70er Jahren die überzeugend wirkenden und mit einer an Jesus orientierten Gesellschaftskritik kompatibel scheinenden emanzipatorischen Theorien Fuß gefaßt und die Studierenden geprägt. Diese Prozesse flankieren, daß – im Gegensatz zu früher – viele Priester in der Jugendseelsorge in einigen wichtigen Fragen nicht mehr mit der Kirchenleitung übereinstimmen, und daß die gesamtkirchliche theologische und pastorale Pluralität viel Spielraum in der kirchlichen Jugendarbeit läßt.

Aus diesen Gründen kann von einer strukturellen Stütze gesprochen werden, ohne in das Klischee des manipulierenden Ideologen zu verfallen. So einfach laufen die vielfältigen innerverbandlichen Prozesse sicher nicht ab. Andererseits ist es auch nicht haltbar, so zu tun, als gebe es keinen Zusammenhang zwischen dem Professionalisierungsgrad und dem Kurs katholischer Jugendverbände in den 70er und 80er Jahren. Die genauen Wechselwirkungen müßten aber in einer eigenen Arbeit untersucht werden und erfordern eine differenzierte Ausleuchtung dieser durch die Konflikte um den BDKJ heiklen Frage.

Es liegt auf der Hand, daß die nun aufgezeigten Ungleichzeitigkeiten und Rezeptionsdissonanzen leicht zu Konflikten führen. Im Kontext der bisherigen Ausgangspositionen gibt es in den 70er und 80er Jahren neben kurzfristigem Konfliktmanagement folgende Alternativen: Entweder der BDKJ löst sich von der Einbindung in die kirchliche Struktur und arbeitet als unabhängiger christlicher Jugendverband; oder die Kirchenleitung trennt sich offiziell vom BDKJ und kümmert sich systematisch um den Aufbau einer ihr treu ergebenen Jugendarbeit. Doch schrecken beide Seiten vor solchen eindeutigen Alternativen zurück, und so ergibt sich in der zweiten Phase der Geschichte des BDKJ ein eigenartiger Schwebezustand: Die Mehrheit der kirchlichen Hierarchie will dem oft ungeliebten BDKJ nicht die finanziellen und personellen Mittel sowie den Begriff „katholisch" entziehen. Sie fürchtet die Negativbilanz. Auch die Mehrheit im BDKJ will die oft kriti-

232

sierte Institution Kirche nicht verlassen. Sie fürchtet, daß der BDKJ ohne ihre finanzielle und personelle Unterstützung in der Bedeutungslosigkeit verschwindet. Hinzu kommt, daß es im BDKJ noch Verantwortliche gibt, denen die Zugehörigkeit zur Kirche grundsätzlich etwas bedeutet und die deswegen dem Auszugsgedanken auch inhaltlich sehr skeptisch gegenüberstehen. Den Schwebezustand prägen je nach inhaltlicher und personeller Situation auf beiden Seiten konfliktreiche oder konfliktarme Zeiten sowie fruchtbarer oder unfruchtbarer Streit.

Perspektivisch gesehen gibt es jedoch für diese labile Konstruktion einen entscheidenden Risikofaktor: das Verhältnis von katholischer Kirche zur Moderne. Der BDKJ ist mit seinem Paradigmenwechsel einen Weg gegangen, zu dem Konzil und Synode die Tür geöffnet haben. Es geht letztlich um die Frage, wie sich katholischer Glaube, repräsentiert durch Schrift und Tradition, zur (post)modernen Welt verhält. Um diese Frage wird seit Jahren in der Kirche intensiv gerungen, der Ausgang ist nicht vorherzusehen. Der BDKJ hat sich weit auf die sogenannte Moderne eingelassen, sich mit ihr versöhnt. Er ist damit konsequent einen möglichen Weg für die Kirche der Zukunft gegangen. Bedeutung erhält dies vor allem, weil der BDKJ die wichtigste kirchliche Gruppierung ist, die einen solchen Weg eingeschlagen hat. Die Konflikte um ihn sind deshalb auch keine primär soziologischen zwischen konservativer Trägerorganisation und progressivem Jugendverband. Es sind Stellvertreterkämpfe um die Gestalt der katholischen Kirche von morgen. Das erklärt ihre Heftigkeit und ihre Beständigkeit seit fast 30 Jahren.

Setzt sich gesamtkirchlich die Ansicht durch, daß der Weg des BDKJ eine kirchlich legitime Möglichkeit ist, dann braucht dem Bund um seine Zukunft nicht bange zu sein. Setzt sich das Gegenteil durch – es gibt Jugendverbandsleitungen, aus deren Sicht das längst geschehen ist –, sind die Tage des BDKJ als katholischer Jugendverband innerhalb der Kirche gezählt. Und außerhalb der Kirche wird er sich schwertun.

6.2. Der zeitgeschichtliche Vergleich

Das Ergebnis ist eindeutig: die Entwicklungen auf Bundesebene und in der Diözese Würzburg verlaufen in beiden Phasen der Geschichte des BDKJ in den Grundlinien ähnlich. Die wichtigsten Tendenzen in Pastoral, Pädagogik und Politik stimmen grundsätzlich überein. Die quantitativ durchaus vorhandenen Unterschiede besitzen meist kein qualitatives Gewicht. In beiden Forschungsfeldern erweist sich darüber hinaus der Paradigmenwechsel Mitte der 60er Jahre inhaltlich und zeitlich sehr verwandt. Anhand einzelner Themenbereiche will ich dieses Ergebnis kurz entfalten.

In der ersten Phase der Geschichte des BDKJ finden sich auf Bundes- und Diözesanebene folgende wichtige Gemeinsamkeiten: Auf beiden Ebenen ist der Bund ein Kompromiß aus der Vielfalt der katholischen Jugendverbandsarbeit vor dem Zweiten Weltkrieg und der eher einheitsorientierten Pfarrjugend der NS-Zeit. Dominiert anfangs der Einheitsgedanke, finden sich innerhalb des BDKJ bald klare Emanzipationsbestrebungen der Mitgliedsverbände. Im Rahmen der kirchlichen Jugendarbeit besitzt der Bund ein Monopol. Sein hohes Ansehen in Kirche und Gesellschaft flankiert diesen Prozeß. Ausgeprägte Kirchlichkeit und Frömmigkeit sowie missionarischer Eifer zeichnen ihn sowohl in Würzburg als auch in Altenberg und Düsseldorf aus. In den 50er Jahren wird jedoch deutlich, daß weder das missionarische Apostolat im Verband breit verankert noch der hohe religiöse Standard aus der NS-Zeit gehalten werden kann.

In Pädagogik und Pastoral sind Jugendliche Objekte der Jugendarbeit, gegenüber denen ein expliziter Erziehungsanspruch besteht. Die reibungslose Integration in Kirche und Gesellschaft ist das Ziel. Durchstrukturierte Jahresthemen dominieren die Bildungsarbeit. Politisch steht der BDKJ den Unionsparteien nahe, und es gibt breitgefächerte Kontakte. Die Mädchen- und Frauenarbeit ist geprägt von einer traditionellen Rollenfixierung. Auf beiden Ebenen findet sich eine Blütezeit bis in die späten 50er Jahre hinein, während ab Anfang der 60er Jahre die kritischen Stimmen sich mehren. Jedoch finden bis Mitte der 60er Jahre keine grundsätzlichen Änderungen statt.

Neben diesen gemeinsamen Grundlinien gibt es in Würzburg regionale Besonderheiten. Schneller als in Altenberg kommt es zu einer effektiven zentralen Führung. Schon 1946 besteht eine diözesane katholische Jugendorganisation, die in ihren Grundlinien deutliche Ähnlichkeit mit dem ein Jahr später gegründeten Bundes-BDKJ aufweist. Im Gegensatz zum klerikalen Einfluß bei der Gründung des BDKJ in Altenberg führen in Würzburg die Laien Regie – ein Verdienst von Oskar Neisinger. In der Frage der Anerkennung verbandlicher Jugendarbeit hat er mit stärkerem bischöflichen Gegenwind zu kämpfen als Ludwig Wolker. Im Bereich der Spiritualität werden stärker als auf Bundesebene die Marienverehrung, der Christkönigsgedanke und die Eucharistie betont. Die Abgrenzung gegenüber dem außerkirchlichen modernen Leben führt man aggressiver. Im pastoralen und pädagogischen Bereich finden sich ein deutlicherer Lebensweltbezug sowie die mahnende Forderung nach Authentizität und Sensibilität. Oft schwanken in diesem Punkt allerdings die Unterschiede zwischen Würzburg und Altenberg/Düsseldorf, weil sie stark von den einzelnen Verantwortlichen abhängig sind.

Flankiert und angetrieben durch innerkirchliche Reformen und gesellschaftliche Modernisierungsprozesse kommt es sowohl auf Bundes- als auch auf Diözesanebene ab Mitte der 60er Jahre zu massiven Veränderungen. Es findet der beschriebene Paradigmenwechsel statt. Dabei gehen die Veränderungen in Düsseldorf rascher und radikaler als in Würzburg.

Folgende wichtige Gemeinsamkeiten prägen beide Ebenen in der zweiten Phase der Geschichte des BDKJ: Aus der bedingungslosen Kirchentreue wird eine kritische Loyalität, verbunden mit Reformbestrebungen und deutlichen Widerstandstendenzen. Es zeigt sich eine intensive Politisierung unter gesellschaftskritischen Aspekten. Der BDKJ löst sich aus der Nähe der C-Parteien. Pädagogik und Pastoral verfolgen subjektorientierte und bedürfnisorientierte Ansätze, der explizite Erziehungsanspruch wird aufgegeben. Das Monopol kirchlicher Jugendarbeit geht verloren, und die Mitgliederzahl zurück. Die Mitgliedsverbände werden gegenüber dem Dachverband immer stärker.

Es findet eine starke Professionalisierung statt, die Mädchen- und Frauenarbeit löst sich von traditionellen Rollenbildern. Die Jahresthemen verlieren ihre gestaltende Kraft, als neuer inhaltlicher Schwerpunkt taucht der Bereich Frieden auf. Diese zahlreichen und wesentlichen Änderungen bringen Konflikte mit sich, die Spannungen mit der Kirchenleitung und dem Erwachsenenkatholizismus wachsen. Hauptrichtung der Kritik am BDKJ ist der Vorwurf einer einseitigen linksorientierten Politisierung sowie ein Mangel an Kirchlichkeit und Religiosität.

Daneben gibt es auch in der zweiten Phase in Würzburg regionale Besonderheiten. Diese sind deutlicher zu erkennen als in der ersten Phase, was mit innerverbandlichen Pluralisierungs- und Dezentralisierungsprozessen erklärt werden kann. Das in Würzburg stärker spürbare katholische Milieu fördert die regionalen Besonderheiten, insbesondere wenn es um die verzögerte Rezeption progressiver Trends geht. Die Leitungen auf Diözesan- und Kreisebene beharren gegenüber der Bundesebene auf Eigenständigkeit in inhaltlichen Fragen und setzen entsprechende Akzente.

Klare Unterschiede sind bei folgenden Punkten zu erkennen: Bei ähnlicher inhaltlicher, aber im Ton maßvollerer Kritik sind die Konflikte mit der Kirchenleitung geringer, und es kommt zu keinen Sanktionen. Der BDKJ besitzt noch bis weit in die 70er Jahre – einige Zeit länger als auf Bundesebene – inhaltlich und praktisch ein Monopol kirchlicher Jugendarbeit. Die emanzipatorischen und die Selbstverwirklichung betonenden Tendenzen sind in Pastoral und Pädagogik geringer, ebenso das Ausmaß der Politisierung und die Verluste bei den Mitgliederzahlen. Im Feld des sozialen Engagements hat man mit der Jugendwerkstatt ein eigenes praktisches Projekt. Bei der Mädchen- und Frauenarbeit fehlen feministische Akzente. Großveranstaltungen auf diözesaner Ebene können einen Teil ihrer früheren Anziehungskraft bewahren.

QUELLEN

1. Ungedruckte Quellen

1.1. Archiv Jugendhaus Düsseldorf

ALTENBERGER BRIEF, Zum Jahresanfang 1947, Archivnummer A 85 (zit. Altenberger Brief, Jahresanfang 1947).

ALTENBERGER BRIEF 1947, Mitteilungen des BDKJ, Archivnummer A 86 (zit. Altenberger Brief 1947).

ALTENBERGER BRIEF 1948, Mitteilungen des BDKJ, Archivnummer A 87 (zit. Altenberger Brief 1948).

BISCHÖFLICHE HAUPTSTELLE für katholische Jugendseelsorge und Jugendorganisation in den deutschen Diözesen: Dezember-Bericht 1945 an die Diözesen, Altenberg 1945, Archivnummer A 84 (zit. Bischöfliche Hauptstelle, Dezember 1945).

BISCHÖFLICHE HAUPTSTELLE für katholische Jugendseelsorge und Jugendorganisation in den deutschen Diözesen: März-Bericht 1946 an die Diözesen, Altenberg 1946, ohne Archivnummer (zit. Bischöfliche Hauptstelle, März 1946).

DIE ERSTE HAUPTKONFERENZ der katholischen Jugendseelsorge und Jugendorganisationen in den deutschen Diözesen, 29.04.–03.05.1946 in Bad Soden-Salmünster, Bericht an die Diözesen, Altenberg 1946, Archivnummer 1904 (zit. Die erste Hauptkonferenz).

GRUPPE 57: Wohin geht der Weg des BDKJ? Der Bund in der Entscheidung, o. O. o. J., Archivnummer A 157 (zit. Gruppe 57).

KATHOLISCHE JUGENDVERBÄNDE nach dem 2. Weltkrieg bis zur Gründung des BDKJ – Inhalte, Strukturen, Personen, Archivnummer 531 (zit. Katholische Jugendverbände).

ORDNER zu den gemeinsamen Studientagungen der katholischen Akademie für Jugendfragen in Münster und des BDKJ-Bundesvorstandes, die zum „Bildungskonzept für kirchliche Jugendarbeit" von 1971 führten, ohne Nummer (zit. Ordner, Studientagung).

NEISINGER, O.: Ein neuer Weg katholischer Jugendarbeit. Ludwig Wolker und die Gründung des BDKJ, Vortrag zur Zeitgeschichte am 03.09.1982 im Rahmen des 87. Katholikentages in Düsseldorf, Archivnummer D 5.9 (zit. Neisinger, Weg).

TESSMER, J.: Zur Entwicklung der Bischöflichen Hauptarbeitsstellen für Jugendseelsorge, des BDKJ und der Diözesanjugendämter, Manuskript, Düsseldorf 1971, Archivnummer D 5.9 (zit. Tessmer, Entwicklung).

WOLKER, L.: Denkschrift an die deutschen Bischöfe 1947, Archivnummer A 88 (zit. Wolker, Denkschrift 1947).

WOLKER, L.: Planung für den Wiederaufbau der kirchlichen Jugendarbeit, Unterschondorf o. J., Archivnummer A 600 (zit. Wolker, Planung).

WOLKER, L.: Überblick über die katholische Jugendseelsorge und Jugendorganisation in den deutschen Diözesen, o. O. o. J., Archivnummer A 88 (zit. Wolker, Überblick).

ZUR „ENTWICKLUNG" des BDKJ nach seiner Gründung, Korrespondenz von Mitglieds- und Diözesanverbänden mit der damaligen Bundesführung 1948–1958, Archivnummer A 495 (zit. Zur „Entwicklung").

1.2. Bischöfliches Jugendamt Würzburg

BISCHÖFLICHES JUGENDAMT, AKTENMAPPE „DIÖZESANFÜHRUNG VON WÜRZBURG" ab April 1963, Bibliothek der BDKJ-Diözesanstelle (zit. Bischöfliches Jugendamt, Aktenmappe).
BISCHÖFLICHES JUGENDAMT, KONTENPLAN, ORDNER 1–91 Auswahl (zit. Bischöfliches Jugendamt, Kontenplan).
BISCHÖFLICHES JUGENDAMT, ORDNER 1–3 „BDKJ-DIÖZESANVERSAMMLUNGEN 1970–1993", BDKJ-Diözesanstelle (zit. Bischöfliches Jugendamt, Diözesanversammlungen).

1.3. Diözesanarchiv Würzburg

BESTÄNDE ZUR KIRCHLICHEN JUGENDARBEIT IN DER DIÖZESE WÜRZBURG, I. Bischofliches Jugendamt Würzburg, kirchliche Jugendarbeit, Kasten 1–3 (zit. Diözesanarchiv, Bischöfliches Jugendamt).
BESTÄNDE ZUR KIRCHLICHEN JUGENDARBEIT IN DER DIÖZESE WÜRZBURG, II. Sammlung von Frau Monika Klinkhammer-Schalke, Kasten 1–3 (zit. Diözesanarchiv, Klinkhammer).
NACHLASS OSKAR NEISINGER, Kasten 1–7/9–12/17/19/21–22 (zit. Diözesanarchiv, Nachlaß Neisinger).

1.4. Persönliche Auskünfte

HERBERT BAUMANN, Gespräch am 11.12.1995.
OTMAR GÖBEL, Gespräch am 24.11.1995.
WILHELM HEINZ, Gespräch am 18.12.1995.
EDELTRUD HOHMANN, Gespräch am 13.12.1995.
WERNER KÖSTER, Gespräch am 20.01.1996.
MICHAEL KROSCHEWSKI, Gespräch am 12.12.1995.
ALBERT LEUTBECHER, Gespräch am 04.12.1995.
JOACHIM MORGENROTH, Gespräch am 14.12.1995.
KARL-HEINZ STAAB, Gespräch am 29.11.1995.

2. Erklärungen, Resolutionen und Stellungnahmen des BDKJ

BILDUNGSKONZEPT KIRCHLICHER JUGENDARBEIT, vorgelegt auf der Hauptversammlung des BDKJ 1971, in: Biemer, Handbuch III, S. 302–307 (zit. Bildungskonzept 1971).

BILDUNGSPOLITISCHE LEITLINIEN des BDKJ, verabschiedet von der Hauptversammlung des BDKJ 1977, in: Biemer, Handbuch III, S. 353–375 (zit. Bildungspolitische Leitlinien 1977).

DAS VERHÄLTNIS DES BDKJ ZU DEN POLITISCHEN PARTEIEN, verabschiedet von der Hauptversammlung des BDKJ 1967, in: Biemer, Handbuch III, S. 288 (zit. Das Verhältnis zu den politischen Parteien).

DER BDKJ UND SEINE ENTWICKLUNGSPOLITISCHE VERANT-WORTUNG. Gesellschaftspolitische Leitlinien für Fragen der Entwicklungshilfe, verabschiedet von der Hauptversammlung des BDKJ 1973, in: Biemer, Handbuch III, S. 312–316 (zit. Der BDKJ und seine entwicklungspolitische Verantwortung 1973).

DIE BEDEUTUNG VON JUGENDVERBÄNDEN für das Leben von Kirche und Gesellschaft, verabschiedet von der Hauptversammlung des BDKJ 1977, in: Biemer, Handbuch III, S. 344–353 (zit. Die Bedeutung von Jugendverbänden 1977).

DIE KATECHETISCHE DIMENSION der kirchlichen Jugendarbeit, verabschiedet von der Jahreskonferenz der Jugendseelsorge 1977 und der Mitgliedsverbandskonferenz des BDKJ 1978, in: Biemer, Handbuch III, S. 244–249 (zit. Die katechetische Dimension 1977/78).

DIENSTE FÜR DEN FRIEDEN, verabschiedet von der Hauptversammlung des BDKJ 1969, in: Biemer, Handbuch III, S. 289–295 (zit. Dienste).

FRIEDEN UND GERECHTIGKEIT, Startpositionen zum Schwerpunktthema des BDKJ, beschlossen von der Hauptversammlung 1981, in: Biemer, Handbuch III, S. 405–418 (zit. Frieden und Gerechtigkeit).

GESELLSCHAFTSPOLITISCHE LEITLINIEN des BDKJ. Grundsatzteil, verabschiedet von der Hauptversammlung des BDKJ 1971, in: Biemer, Handbuch III, S. 295–300 (zit. Gesellschaftspolitische Leitlinien 1971).

GRUNDSATZPROGRAMM des BDKJ 1975, verabschiedet von der Hauptversammlung des BDKJ 1975, in: Biemer, Handbuch III, S. 284–287 (zit. Grundsatzprogramm 1975).

INTERNATIONALE ARBEIT als Beitrag zu einer überzeugenden Friedenspolitik. Konkretisierung der gesellschaftspolitischen Leitlinien des BDKJ für seine internationale Arbeit, verabschiedet von der Hauptversammlung des BDKJ 1974, in: Biemer, Handbuch III, S. 322–324 (zit. Internationale Arbeit 1974).

KONZEPT DES BDKJ FÜR DAS PROGRAMM MÄDCHENBIL-DUNG, verabschiedet 1979 vom Arbeitskreis Mädchenbildung im BDKJ, in: Biemer, Handbuch III, S. 376–390 (zit. Konzept Mädchenbildung).

SOZIALE DIENSTE in der katholischen Jugendarbeit als Teil der sozialen und politischen Bildung, verabschiedet vom Arbeitskreis der Sozialreferenten des BDKJ am 10.12.1975, in: Biemer, Handbuch III, S. 334–344 (zit. Soziale Dienste).

ZUSAMMENARBEIT MIT ANDEREN Organisationen und Gruppen, verabschiedet von der Hauptversammlung des BDKJ 1973, in: Biemer, Handbuch III, S. 311 (zit. Zusammenarbeit 1973).

LITERATUR

1. Einzelveröffentlichungen

AFFOLDERBACH, M.: Kirchliche Jugendarbeit im Wandel, Mainz/München 1977 (zit. Affolderbach, Wandel).

ALLERBECK, K./HOAG, W.: Jugend ohne Zukunft? Einstellungen,Umwelt, Lebensperspektiven, München 1985 (zit. Allerbeck/Hoag, Jugend).

ALBRECHT, D. u. a. (Hrsg.): Politik und Konfession. Festschrift für Konrad Repgen zum 60. Geburtstag, Berlin 1983 (zit. Albrecht, Politik).

AMERY, C.: Die Kapitulation oder Deutscher Katholizismus heute, Hamburg 1963 (zit. Amery, Kapitulation).

ARBEITSSTELLE für Jugendseelsorge der Deutschen Bischofskonferenz: Pastoralkonzept kirchlicher Jugendarbeit, Düsseldorf 1987 (zit. Arbeitsstelle, Pastoralkonzept).

BAYERISCHER JUGENDRING (Hrsg.): Ereignisse – Begegnungen – Entscheidungen. Zur 40jährigen Geschichte des Bayerischen Jugendrings. München 1988 (zit. Bayerischer Jugendring, Ereignisse).

BDKJ-Diözese Würzburg (Hrsg.): Diözesanordnung von 1979, Würzburg 1979 (zit. BDKJ-Würzburg, Diözesanordnung 1979).

BDKJ-Diözese Würzburg (Hrsg.): Festschrift und Programmheft zur 40 Jahr-Feier des BDKJ Diözese Würzburg, Würzburg 1987 (zit. BDKJ-Würzburg, 40 Jahre).

BDKJ-Diözesanführung Würzburg (Hrsg.): „Unsere Freiheit ist Christus." Programmheft zum Diözesantreffen am 03.07.1955, Würzburg 1955 (zit. BDKJ-Diözesanführung, Freiheit).

BDKJ im Erzbistum Köln (Hrsg.): Wandel und Kontinuität – 40 Jahre BDKJ im Erzbistum Köln, Köln 1989.

BDKJ – Bischöfliche Arbeitsstelle für Jugendseelsorge (Hrsg.): Zukunft gestalten – Hoffnung leben, Düsseldorf 1976 (zit. BDKJ, Zukunft).

BECK, C. u. a.: Ehrenamtliche Mitarbeiter in der Jugendarbeit. Eine empirische Untersuchung zu ihrem Selbstverständnis, Weinheim 1982.

BEILMANN, C.: Eine katholische Jugend in Gottes und dem Dritten Reich, Wuppertal 1989.

BENZ, W. (Hrsg.): Die Geschichte der Bundesrepublik Deutschland, Band 3: Gesellschaft, Frankfurt 1989 (zit. Benz, Geschichte).

BERGER, W. (Hrsg.): ad personam Ludwig Wolker, Buxheim 1975 (zit. Berger, Wolker).

BERTSCH, L. u. a. (Hrsg.): Gemeinsame Synode der Bistümer in der Bundesrepublik Deutschland. Beschlüsse der Vollversammlung. Offizielle Gesamtausgabe I, Freiburg 1976 (zit. Bertsch, Gemeinsame Synode).

BEZIRKSJUGENDRING UNTERFRANKEN (Hrsg.): 30 Jahre Bezirksjugendring Unterfranken 1955–1985, Würzburg 1985 (zit. Bezirksjugendring, 30 Jahre).

BEZIRKSJUGENDRING UNTERFRANKEN (Hrsg.): 40 Jahre Bezirks-jugendring Unterfranken 1955–1995, Würzburg 1995 (zit. Bezirks-jugendring, 40 Jahre).

BIEMER, G. (Hrsg.): Handbuch kirchlicher Jugendarbeit;
  BIEMER, G.: Der Dienst der Kirche an der Jugend, Freiburg 1985, Band I (zit. Biemer, Handbuch I);
  TZSCHEETZSCH, W.: Lernprozeß Jugendarbeit: Ausbildung jugend-licher Gruppenleiter, Freiburg 1985, Band II (zit. Biemer, Handbuch II);
  SCHMID, F.: Grundlagentexte zur katholischen Jugendarbeit, Freiburg 1986, Band III (zit. Biemer, Handbuch III);
  BIEMER, G./TZSCHEETZSCH, W.: Jugend der Kirche. Selbstdarstel-lungen von Verbänden und Initiativen, Freiburg 1988, Band IV (zit. Biemer, Handbuch IV).

BIERHOFF, B.: Theorieansätze zur außerschulischen Jugendbildung, in: Wollenweber, Jugendbildung, S. 135–163 (zit. Bierhoff, Theorieansätze).

BIRKE, A.: Katholische Kirche und Politik in der Phase des Neubeginns 1945–1949, in: Conzemius, Zeit, S. 180–193 (zit. Birke, Katholische Kir-che).

BLEISTEIN, R.: Die Entwicklung kirchlicher Jugendarbeit seit dem Zwei-ten Weltkrieg bis heute, in: Biemer, Handbuch IV, S. 11–25 (zit. Bleistein, Entwicklung).

BLEISTEIN, R.: Jugend – auf kritischer Distanz zur Kirche, in: Forster, Befragte Katholiken, S. 151–163 (zit. Bleistein, Distanz).

BLEISTEIN, R.: Hoffnung und Widerspruch. Die Jugendsynoden, Düs-seldorf 1973.

BLEISTEIN, R.: Kirchliche Jugendarbeit. Angebot oder Anbiederung, Düsseldorf 1976 (zit. Bleistein, Anbiederung).

BLEISTEIN, R.: Kirchliche Jugendarbeit im Wandel (1966–1976), in: Bun-desvorstand, Jugendarbeit, S. 7–24 (zit. Bleistein, Wandel).

BLEISTEIN, R./CASEL, G. (Hrsg.): Lexikon kirchlicher Jugendarbeit, München 1985.

BLÜCHER,V.: Die Generation der Unbefangenen. Zur Soziologie der jun-gen Menschen heute, Düsseldorf/Köln 1966 (zit. Blücher, Unbefange-nen).

BLUMENWITZ, D. u. a. (Hrsg.): Konrad Adenauer und seine Zeit. Poli-tik und Persönlichkeit des ersten Bundeskanzlers, Bd. II: Beiträge der Wissenschaft, Stuttgart 1976 (zit. Blumenwitz, Adenauer).

BÖHM, G.: Zur Entstehung gesellschaftskritischer Positionen im BDKJ seit Ende der sechziger Jahre, Dissertation, Rostock 1984.

BÖHNISCH, L. u. a. (Hrsg.): Handbuch Jugendverbände, München 1991 (zit. Böhnisch, Handbuch).

BÖRGER, B.: Frauen sind nicht Quote, sondern Qualität, in: Bundesstelle, Lust auf Macht, S. 4–28 (zit. Börger, Frauen).

BÖRGER, B.: Jugend in Deutschland nach 1945 – am Beispiel der organi-sierten jungen Katholiken, Manuskript Düsseldorf 1991 (zit. Börger, 1945).

BÖRGER, B./KORTMANN, K. (Hrsg.): Ein Haus für junge Menschen, Düsseldorf 1994 (zit. Börger/Kortmann, Haus).

BÖRGER, B./KRÖSELBERG, M. (Hrsg.): Die Kraft wuchs im Verborgenen. Katholische Jugend zwischen Elbe und Oder 1945–1990, Düsseldorf 1993.

BÖRGER, B./SCHROER, H. (Hrsg.): Sie hielten stand. Sturmschar im katholischen Jungmännerverband Deutschlands, Düsseldorf 1989 (zit. Börger, Sturmschar).

BOKLER, W. (Hrsg.): Katholische Jugend und Verteidigungsbeitrag, Altenberger Dokumente Heft 16, Altenberg 1956 (zit. Bokler, Verteidigungsbeitrag).

BOKLER, W. (Hrsg.): Manifeste der Jugend, Altenberger Dokumente Heft 3, Düsseldorf 1958 (zit. Bokler, Manifeste).

BOKLER, W. (Hrsg.): Prälat Ludwig Wolker, Altenberger Dokumente Heft 5a, Düsseldorf 1955 (zit. Bokler, Wolker).

BOKLER, W. (Hrsg.): Richtlinien und Leitsätze zur katholischen Jugendseelsorge und Jugendorganisation, Altenberger Dokumente Heft 1, Köln 1954 (zit. Bokler, Richtlinien).

BOKLER, W. (Hrsg.): Seelsorger der Jugend, Altenberger Dokumente Heft 5, Düsseldorf 1963.

BOKLER, W. (Hrsg.): Sport in katholischer Gemeinschaft, Altenberger Dokumente Heft 10, Düsseldorf 1959.

BRACHER, K.-D. (Hrsg.): Geschichte der Bundesrepublik Deutschland in fünf Bänden, Stuttgart 1981ff.

BREHM, T.: Gesellschaft im Wandel. Zur Annäherung von Katholizismus und Sozialdemokratie während der fünziger und sechziger Jahre, in: Doering-Manteuffel/Kaiser, Christentum, S. 109–121 (zit. Brehm, Gesellschaft).

BREMS, A. (Hrsg.): Die Runde der Treuen. Werkstoff zur Schulung und Bildung katholischen Jungführertums, Recklinghausen 1949 (zit. Brems, Runde).

BÜCKER, V.: Die Schulddiskussion im deutschen Katholizismus nach 1945, Dissertation Bochum 1989 (zit. Bücker, Schulddiskussion).

BUNDESFÜHRUNG der Frauenjugend (Hrsg.): Neue Wege der Mädchenbildung im BDKJ, Düsseldorf 1959 (zit. Bundesführung Frauenjugend, Neue Wege).

BUNDESFÜHRUNG des BDKJ (Hrsg.): Bundesordnung des BDKJ von 1948, Düsseldorf o. J. (zit. Bundesführung, Bundesordnung 1948).

BUNDESFÜHRUNG des BDKJ (Hrsg.): Bundesordnung des BDKJ von 1955, Düsseldorf 1955 (zit. Bundesführung, Bundesordnung 1955).

BUNDESFÜHRUNG des BDKJ (Hrsg.): 10 Jahre Bund der Deutschen Katholischen Jugend, Sonderausgabe der Zeitschriften Jungführer/Jungführerin, Düsseldorf 1957 (zit. Bundesführung, 10 Jahre BDKJ).

BUNDESFÜHRUNG des BDKJ (Hrsg.): 20 Jahre Bund der Deutschen Katholischen Jugend, Sonderausgabe der Zeitschriften Jungführer/Jungführerin, Düsseldorf 1967 (zit. Bundesführung, 20 Jahre BDKJ).

BUNDESLEITUNG der KJG (Hrsg.): Materialien zum Modell- und Forschungsprojekt Nr. 1, o.O., o.J. (zit. Bundesleitung der KJG, Materialien).

BUNDESORDNUNG des BDKJ von 1971, in: Biemer, Handbuch III, S. 251–272 (zit. Bundesordnung 1971).

BUNDESSTELLE des BDKJ (Hrsg.): Lust auf Macht. Eigenständigkeit und Partnerschaft – Kleine Chronologie der Bundeskonferenz Frauenjugend, Düsseldorf 1992 (zit. Bundesstelle, Lust auf Macht).

BUNDESVORSTAND des BDKJ (Hrsg.): 25 Jahre BDKJ, Düsseldorf 1973 (zit. Bundesvorstand, 25 Jahre).

BUNDESVORSTAND des BDKJ (Hrsg.): Gemeinsam sind wir Kirche der Zukunft. Hauptversammlung 1992, Informationsheft, Düsseldorf 1992.

BUNDESVORSTAND des BDKJ (Hrsg.): BDKJ. Grundsatzprogramm. Bundesordnung. Geschäftsordnung, Düsseldorf 1983 (zit. Bundesvorstand, Bundesordnung 1983).

BUNDESVORSTAND des BDKJ (Hrsg.): BDKJ. Grundsatzprogramm. Bundesordnung. Geschäftsordnung, Düsseldorf 1991 (zit. Bundesvorstand, Bundesordnung 1991).

BUNDESVORSTAND des BDKJ – Arbeitsstelle für Jugendseelsorge der Deutschen Bischofskonferenz (Hrsg.): Rechenschaftsbericht 1989, Jahresplan 1989/90, Düsseldorf 1989 (zit. Bundesvorstand, Rechenschaftsbericht 1989).

BUNDESVORSTAND des BDKJ – Bischöfliche Arbeitsstelle für Jugendseelsorge (Hrsg.): Jugendarbeit im BDKJ, Düsseldorf 1977 (zit. Bundesvorstand, Jugendarbeit).

BUNDESVORSTAND DES BDKJ – Bischöfliche Arbeitsstelle für Jugendseelsorge der Deutschen Bischofskonferenz (Hrsg.): Mosterts-Wolker-Schreeb. Antworten auf ihre Zeit, Düsseldorf 1976 (Bundesvorstand, Mosterts-Wolker-Schreeb).

CHAUSSY, U.: Jugend, in: Benz, Geschichte, S. 207–244 (zit. Chaussy, Jugend).

CONZEMIUS, V. (Hrsg.): Die Zeit nach 1945 als Thema kirchlicher Zeitgeschichte, Göttingen 1988 (zit. Conzemius, Zeit).

CRON, J.: Dreißig Jahre Bund Neudeutschland, Köln 1949 (zit. Cron, Neudeutschland).

DAIBER, K.-F.: Religiöse Orientierungen und Kirchenmitgliedschaften in der Bundesrepublik Deutschland, in: Kaufmann, Sonderheft, S. 61–73 (zit. Daiber, Religiöse Orientierungen).

DAMM, D. u. a. (Hrsg.): Jugendverbände in der BRD, Neuwied 1990 (zit. Damm, Jugendverbände).

DBJR u. a. (Hrsg.): Handbuch der Jugendarbeit, München 1955.

DBJR (Hrsg.): Jahrbuch 1970 (zit. DBJR, 1970).

DBJR (Hrsg.): Jahrbuch 1949–1979, Bonn 1979 (zit. DBJR, 1949–1979).

DBJR (Hrsg.): Kein Alter zum Ausruhen – 40 Jahre Deutscher Bundesjugendring, Düsseldorf 1989 (zit. DBJR, 40 Jahre).

DINKEL, B. (Hrsg.): Marxismus in katholischen Verbänden?, Köln 1989.

DIRKS, W.: Ein „anderer Katholizismus"?, in: Greinacher/Risse, Bilanz, S. 292–310 (zit. Dirks, anderer Katholizismus).

DOERING-MANTEUFFEL, A./KAISER, J.-C. (Hrsg.): Christentum und politische Verantwortung. Kirchen im Nachkriegsdeutschland, Mainz 1990 (zit. Doering-Manteuffel/Kaiser, Christentum).

DOERING-MANTEUFFEL, A.: Die „Frommen" und die „Linken" vor der Wiederherstellung des bürgerlichen Staats. Integrationsprobleme und Interkonfessionalismus in der frühen CDU, in: Doering-Manteuffel/Kaiser, Christentum, S. 88–107 (zit. Doering-Manteuffel, Integrationsprobleme).

DOERING-MANTEUFFEL, A.: Katholizismus und Wiederbewaffnung, Veröffentlichungen der Kommission für Zeitgeschichte, Reihe B: Forschungen, Band 32, Mainz 1981 (zit. Doering-Manteuffel, Wiederbewaffnung).

DREIER, W.: Sozialethik, Düsseldorf 1983 (zit. Dreier, Sozialethik).

DREWS, R.: Zur Krise katholischer Jugendverbandsarbeit, Frankfurt 1991 (zit. Drews, Krise).

EINWAG, O.: Werkhefte Katholischer Laien, Dissertation, Bamberg 1971.

EMEIS, D. u. a. (Hrsg.): Synode – Ende oder Anfang, Düsseldorf 1976 (zit. Emeis, Synode).

EMNID-Institut: Jugend zwischen 15 und 24. Zweite Untersuchung zur Situation der deutschen Jugend im Bundesgebiet, Bielefeld 1955 (zit. EMNID 1955).

EMNID-Institut: Jugend zwischen 13 und 24, Band II: Tabellenteil, Bielefeld 1975 (zit. EMNID 1975).

EMNID-Institut: Zur Beteiligung junger Menschen in der Bundesrepublik Deutschland in Jugendorganisationen, Bielefeld 1987 (zit. EMNID 1987).

EPPING, Ewald: Der BDKJ zwischen Inspirationen aus katholischer Soziallehre und politischer Theologie, unveröffentlichte Zulassungsarbeit, Münster 1985.

ERHARD, L. u. a. (Hrsg.) Grenzen der Demokratie? Düsseldorf/Wien 1973 (zit. Erhard, Grenzen).

ERL, W.: Gruppenpädagogik in der Praxis. Eine Einführung, Tübingen 1967 (zit. Erl, Gruppenpädagogik).

FABER, E./GEISS, I.: Arbeitsbuch zum Geschichtsstudium, Heidelberg 1983.

FALTERMAIER, M.: Deutscher Bundesjugendring, München 1959 (zit. Faltermaier, DBJR).

FALTERMAIER, M. (Hrsg.): Nachdenken über Jugendarbeit zwischen den fünfziger und achtziger Jahren. Eine kommentierende Dokumentation mit Beiträgen aus der Zeitschrift „deutsche jugend", München 1983 (zit. Faltermaier, Nachdenken).

FEHRLEN, B./SCHUBERT, U.: Die westdeutsche Jugendverbandsarbeit in der Nachkriegszeit, in: Böhnisch, Handbuch, S. 67–78 (zit. Fehrlen/Schubert, Jugendverbandsarbeit).

FELDBAUM, K. H.: Entwicklungspolitische Solidaritätsarbeit in den christlichen Jugendverbänden, in: DBJR, 40 Jahre, S. 188–198 (zit. Feldbaum, Solidaritätsarbeit).

FEND, H.: Sozialgeschichte des Aufwachsens. Bedingungen des Aufwachsens und Jugendgestalten im 20. Jahrhundert, Frankfurt 1988 (zit. Fend, Sozialgeschichte).

FEIFEL, E. u. a. (Hrsg.): Handbuch der Religionspädagogik, Band II, Gütersloh 1974 (zit. Feifel, Handbuch).

FEIGE, A.: Kirchenmitgliedschaft in der Bundesrepublik Deutschland. Zentrale Perspektiven empirischer Forschungsarbeiten im problemgeschichtlichen Kontext der deutschen Religions- und Kirchensoziologie nach 1945, Gütersloh 1990.

FIEGE, J. (Hrsg.): Jugendverbände ohne Jugend?, Frankfurt 1981.

FISCHER, A.: Pastoral in Deutschland nach 1945; Bd. I: „Missionarische Bewegung" 1945–1962; Bd. II: Zielgruppen und Zielfelder der Seelsorge 1945–1962; Bd. III: Kirche und Seelsorge in der Ära des Konzils und der Kulturrevolution; Würzburg 1986ff (zit. Fischer, Pastoral I–III).

FLITNER, A.: Soziologische Jugendforschung. Darstellung und Kritik aus pädagogischer Sicht, Heidelberg 1963 (zit. Flitner, Jugendforschung).

FOITZIK, D.: Feministische Mädchenbildung, in: Biemer, Handbuch IV, S. 287–307 (zit. Foitzik, Feministische Mädchenbildung).

FORSTER, K. (Hrsg.): Befragte Katholiken – zur Zukunft von Glaube und Kirche, Freiburg 1973 (zit. Forster, Befragte Katholiken).

FORSTER, K.: Deutscher Katholizismus in der Adenauer-Ära, in: Blumenwitz, Adenauer, S. 488–520 (zit. Forster, Deutscher Katholizismus).

FORSTER, K.: Neuansätze der gesellschaftlichen Präsenz von Kirche und Katholizismus nach 1945, in: Rauscher, Kirche, S. 109–133 (zit. Forster, Neuansätze).

FRIESICKE, K./WESTPHAL, H. (Hrsg.): Handbuch der Jugendarbeit und Jugendpresse, München 1967.

FRITZ, J.: Gruppendynamik und Jugendarbeit, München 1973 (zit. Fritz, Gruppendynamik).

FUCHS, O.: Prophetische Kraft der Jugend. Zum theologischen und ekklesiologischen Ort einer Altersgruppe im Horizont des Evangeliums, Freiburg 1986 (zit. Fuchs, Prophetische Kraft).

FUCHS, W.: Konfessionelle Milieus und Religiosität, in: Jugendwerk, Jugendliche I, S. 264–304 (zit. Fuchs, Milieus).

FÜHRUNGSSTELLE der KFG (Hrsg.): Ordnung für die Katholische Frauenjugendgemeinschaft im BDKJ, Düsseldorf o. J. (zit. Führungsstelle, KFG-Ordnung).

FUNK, H.: Mädchenarbeit, in: Böhnisch, Handbuch, S. 577–579 (zit. Funk, Mädchenarbeit).

GABRIEL, K.: Christentum zwischen Tradition und Postmoderne, Freiburg ³1994 (zit. Gabriel, Christentum).

GABRIEL, K./KAUFMANN, F.-X.: Der Katholizismus in den deutschsprachigen Ländern, in: Kaufmann, Sonderheft, S. 31–60 (zit. Gabriel/Kaufmann, Katholizismus).

GESCHICHTSVEREIN der Diözese Rottenburg-Stuttgart (Hrsg.): Rottenburger Jahrbuch für Kirchengeschichte, Bd. 7, Sigmaringen 1988 (zit. Geschichtsverein, Jahrbuch).

GIESECKE, H.: Die Jugendarbeit, München 1971 (zit. Giesecke, Jugendarbeit 1971).

GIESECKE, H.: Die Jugendarbeit, fünfte, völlig neubearbeitete Auflage, München 1980 (zit. Giesecke, Jugendarbeit).

GÖRRES-Gesellschaft (Hrsg.): Staatslexikon. Recht – Wirtschaft – Gesellschaft, Band I, Freiburg 1985 (zit. Görres-Gesellschaft, Staatslexikon I).

GOTTO, K.: Die katholische Kirche und die Entstehung des Grundgesetzes, in: Rauscher, Kirche, S. 88–108 (zit. Gotto, Grundgesetz).

GOTTO, K.: Die Wochenzeitung Junge Front/Michael. Eine Studie zum katholischen Selbstverständnis und zum Verhalten der jungen Kirche gegenüber dem Nationalsozialismus, Mainz 1970 (zit. Gotto, Junge Front).

GRAFF, M./TIEFENBACHER, H. (Hrsg.): Kirche – Lebensraum für Jugendliche? Beiträge zum Spannungsfeld Jugend – Religion – Kirche, Mainz 1980 (zit. Graff/Tiefenbacher, Kirche).

GREINACHER, N./RISSE, T. (Hrsg.): Bilanz des deutschen Katholizismus, Mainz 1966 (zit. Greinacher/Risse, Bilanz).

GROSSMANN, T.: Zwischen Kirche und Gesellschaft. Das Zentralkomitee der deutschen Katholiken 1945–1970, Veröffentlichungen der Kommission für Zeitgeschichte, Reihe B: Forschungen, Band 56, Mainz 1991 (zit. Grossmann, Zentralkomitee).

HAFENEGER, B.: Jugendverbandsarbeit von der Nachkriegszeit bis in die achtziger Jahre, in: Damm, Jugendverbände, S. 16–28 (zit. Hafeneger, Jugendverbandsarbeit).

HAFENEGER, B. (Hrsg.): Politisches Lernen in Jugendverbänden. Anregungen und Beispiele für Gruppenleiter, Bildungsreferenten, ehrenamtliche Mitarbeiter, Reinheim 1985.

HALBFAS, H.: Handbuch der Jugendseelsorge und Jugendführung, Düsseldorf 1960 (zit. Halbfas, Handbuch).

HALBFAS. H.: Jugend und Kirche. Eine Diagnose, Düsseldorf 1965 (zit. Halbfas, Diagnose).

HAMBURGER, F. u. a.: Ehrenamtliche Mitarbeiter in der Jugendarbeit, Weinheim 1982 (zit. Hamburger, Mitarbeiter).

HANSSLER, B.: Der Pluralisierungsprozeß im deutschen Katholizismus und seine gesellschaftlichen Auswirkungen, in: Langner, Katholizismus, S. 103–121 (zit. Hanssler, Pluralisierungsprozeß).

HANUSCH, R.: Jugendverbände und neue soziale Bewegungen. Tendenzen der achtziger Jahre, in: Böhnisch, Handbuch, S. 102–111 (zit. Hanusch, soziale Bewegungen).

HASTENTEUFEL, P.: Grenzen und Möglichkeiten der kirchlichen Jugendarbeit im Zeitalter der modernen Technik. Eine Analyse der Entwicklung des BDKJ unter Gesichtspunkten personalbestimmter Pädagogik, Dissertation, München 1962 (zit. Hastenteufel, Dissertation).

HASTENTEUFEL, P.: Handbuch der Jugendpastoral; Bd. I: Selbststand und Widerstand. Wege und Umwege personaler Jugendseelsorge im 20.

Jahrhundert; Bd. II: Mündigkeit im Glauben; Bd. III: Wege in die Welt von morgen; Freiburg 1967ff.

HASTENTEUFEL, P.: Katholische Jugend in ihrer Zeit; Bd. I 1900–1918; Bd. II: 1918–1933; Bamberg 1987/1989 (zit. Hastenteufel, Jugend I–II).

HASTENTEUFEL, P.: „Verwöhnt – verwaltet – verunsichert". Kirchliche Jugendarbeit 1945–1975, in: Bleistein, Anbiederung, S. 11–24 (zit. Hastenteufel, Verwöhnt).

HAUPTSTELLE Haus Altenberg (Hrsg.): Die Stammordnung der Mannesjugend im BDKJ, Düsseldorf 1952 (zit. Hauptstelle, Stammordnung 1952).

HAUPTSTELLE des BDKJ (Hrsg.): Bundesordnung 1962, Düsseldorf 1962 (zit. Hauptstelle, Bundesordnung 1962).

HAUSER, TH./HEYDEN, M.: Mädchen im Bund, Düsseldorf 1964 (zit. Hauser, Mädchen).

HAUSER, TH.: Soziale Dienste, Düsseldorf 1961 (zit. Hauser, Soziale Dienste).

HEDERER, J.: Die Jugendgemeinschaften und ihre Führer, Dissertation, München 1959 (zit. Hederer, Jugendgemeinschaften).

HEHL, U.: Der deutsche Katholizismus nach 1945 in der zeitgeschichtlichen Forschung, in: Doering-Manteuffel/Kaiser, Christentum, S. 146–175 (zit. Hehl, zeitgeschichtliche Forschung).

HEHL, U./HÜRTEN, H.: Der Katholizismus in der Bundesrepublik Deutschland 1945–1980. Eine Bibliographie, Mainz 1983.

HELWIG, G./JAUCH, E.-A.: Katholische Kirche, in: Helwig/Urban, Kirchen, S. 7–44 (zit. Helwig/Jauch, Katholische Kirche).

HELWIG, G./URBAN, D. (Hrsg.): Kirchen und Gesellschaft in beiden deutschen Staaten, Köln 1987 (zit. Helwig/Urban, Kirchen).

HENRICH, F.: Die Bünde katholischer Jugendbewegung. Ihre Bedeutung für die liturgische und eucharistische Erneuerung, München 1968.

HERDERS THEOLOGISCHES TASCHENLEXIKON, Band 6, Freiburg 1973 (zit. Herders Taschenlexikon).

HIRSCHMANN, J.: Wandlungen der für das katholische Verbandswesen bedeutsamen kirchlichen Ziele, in: Krauss/Ostermann, Verbandskatholizismus, S. 58–70 (zit. Hirschmann, Wandlungen).

HOCKERTS, H. G.: Zeitgeschichte in Deutschland, in: Aus Politik und Zeitgeschichte, Beilage zur Wochenzeitung „Das Parlament" vom 16.07.1993, S. 3–19 (zit. Hockerts, Zeitgeschichte).

HOEREN, J.: Die katholische Jugendpresse 1945–1970, München 1974 (zit. Hoeren, Jugendpresse).

HOLLENSTEIN, G.: Die katholische Kirche, in: Benz, Geschichte, S. 124–161 (zit. Hollenstein, Kirche).

HOMBERG, J.: Auf Linkskurs? Tendenzen innerhalb der Jugendverbände, in: Thomas-Morus-Akademie, Spaltung, S. 51–68 (zit. Homberg, Linkskurs).

HOMEYER, J.: Katholische Verbände – eine Lebensäußerung der Kirche, in: Sekretariat, Verbände, S. 5–42 (zit. Homeyer, Verbände).

HÜRTEN, H.: Kurze Geschichte des deutschen Katholizismus 1800–1960, Mainz 1986 (zit. Hürten, Geschichte).

HÜRTEN, H.: Zur Haltung des deutschen Katholizismus gegenüber der Sicherheitspolitik und Bündnispolitik der Bundesrepublik Deutschland 1948–1960, in: Langner, Katholizismus, S. 83–102 (zit. Hürten, Sicherheitspolitik).

HURRELMANN, K. u. a. (Hrsg.): Lebensphase Jugend. Eine Einführung in die sozialwissenschaftliche Jugendforschung, München 1985.

ISENBERG, W./ZIEBERTZ, H.-G. (Hrsg.): Jugend als prophetische Kraft? Kirchliche Jugendarbeit in der Diskussion, Schriftenreihe des Jugendhauses Düsseldorf Nr. 37, Düsseldorf 1989 (zit. Isenberg/Ziebertz, Jugend).

JAECKEL, G.: Deutsche Jugendzeitschriften, in: Müller-Zurlinden, Jahrbuch, S. 145–153 (zit. Jaeckel, Jugendzeitschriften).

JAIDE, W.: Generationen eines Jahrhunderts. Wechsel der Jugendgenerationen im Jahrhunderttrend. Zur Geschichte der Jugend in Deutschland 1871–1985, Opladen 1988 (zit. Jaide, Generationen).

JAIDE, W./VEEN, H.-J.: Bilanz der Jugendforschung. Ergebnisse empirischer Analysen in der Bundesrepublik Deutschland von 1975–1987, Paderborn 1989 (zit. Jaide, Bilanz).

JUGENDWERK der Deutschen Shell (Hrsg.): Jugendliche und Erwachsene '85. Generationen im Vergleich, 5 Bände, Opladen 1985 (zit. Jugendwerk, Jugendliche I–V).

KAUFMANN, F.-X. u. a. (Hrsg.): Gegenwartskunde, Sonderheft 5, Religion, Kirche und Gesellschaft, Opladen 1988 (zit. Kaufmann, Sonderheft).

KAUFMANN, F.-X.: Staatskirchenrecht und Kirchenorganisation in der Bundesrepublik Deutschland, in: Kaufmann, Sonderheft, S. 107–125 (zit. Kaufmann, Staatskirchenrecht).

KAUFMANN, L.:/KLEIN, J.: Johannes XXIII. Prophetie im Vermächtnis, Fribourg 1990 (zit. Kaufmann/Klein, Johannes XXIII.).

KAY, M.: Von der Rollenbildung zur personalen Verwirklichung. Mädchenbildung im BDKJ, Schriftenreihe des Jugendhauses Düsseldorf Nr. 20, Düsseldorf 1976 (zit. Kay, Rollenbildung).

KESSLER, N.: Freiwilliges Soziales Jahr – Soziale Bildungsarbeit, in: Biemer, Handbuch IV, S. 276–286 (zit. Keßler, FSJ).

KIRCHLICHER JUGENDPLAN für die Diözese Würzburg; veröffentlicht in der Seelsorgebeilage zum Würzburger Diözesanblatt vom 15.12.1970, S. 49–64 (zit. Kirchlicher Jugendplan 1970).

KIRCHLICHER JUGENDPLAN: Grundlinien – Felder – Ebenen kirchlicher Jugendarbeit, Diözese Würzburg, Würzburg 1980 (zit. Kirchlicher Jugendplan 1980).

KIRCHLICHER JUGENDPLAN: Grundlinien – Felder – Ebenen kirchlicher Jugendarbeit, Diözese Würzburg, Würzburg 1989 (zit. Kirchlicher Jugendplan 1989).

KLINGER, E./WITTSTADT, K. (Hrsg.): Glaube im Prozeß. Christsein nach dem II. Vaticanum. Für Karl Rahner, Freiburg 1984 (zit. Klinger/Wittstadt, Prozeß).

KLÖCKER, M.: Katholisch – von der Wiege bis zur Bahre. Eine Lebensmacht im Zerfall?, München 1991 (zit. Klöcker, Katholisch).

KÖCHER, R.: Wandel des religiösen Bewußtseins in der Bundesrepublik Deutschland, in: Kaufmann, Sonderheft, S. 145–160 (zit. Köcher, Wandel).

KJG-DIÖZESANVERBAND WÜRZBURG (Hrsg.): Schulungskonzept der KJG-Schulungsarbeit in der Diözese Würzburg, Würzburg 1982 (zit. KJG, Schulungskonzept).

KÖRNER, T.: KJG – ein Jugendverband im Wandel. Einfluß von Jugendarbeitstheorien und religionspädagogischen Konzeptionen auf die Programmentwicklung, unveröffentlichte Staatsexamensarbeit, Münster 1986 (zit. Körner, KJG).

KÖSTERS, C.: Katholische Verbände und moderne Gesellschaft. Organisationsgeschichte und Vereinskultur im Bistum Münster 1918–1945, Veröffentlichungen der Kommission für Zeitgeschichte, Reihe B: Forschungen, Band 68, Paderborn 1995 (zit. Kösters, Katholische Verbände).

KRAFELD, F.-J.: Von der Politisierung zur Pädagogisierung. Jugendverbände in den siebziger Jahren, in: Böhnisch, Handbuch, S. 93–101 (zit. Krafeld, Politisierung).

KRAUSS, H./OSTERMANN, H. (Hrsg.): Verbandskatholizismus? Verbände – Organisationen – Gruppen, Kevelaer 1968 (zit. Krauss/Ostermann, Verbandskatholizismus).

KRONENBERG, F./VOGEL, B. (Hrsg.): Heinrich Köppler. Christ und Politiker. 1925–1980, Düsseldorf 1990 (zit. Kronenberg, Köppler).

KRÜGER, H. H. (Hrsg.): Handbuch der Jugendforschung, Opladen 1988 (zit. Krüger, Handbuch).

KUHN, H./WEBER, J.: 25 Jahre BDKJ in der Diözese Würzburg. Ein zeitgeschichtlicher Rückblick, unveröffentlichtes Manuskript, Würzburg 1972 (zit. Kuhn, Würzburg).

LADES, H.: Jugendarbeit in Deutschland nach 1945, in: Müller-Zurlinden, Jahrbuch, S. 1–24 (zit. Lades, Jugendarbeit).

LANGNER, A. (Hrsg.): Katholizismus im politischen System der Bundesrepublik 1949–1963, Paderborn 1978 (zit. Langner, Katholizismus).

LECHNER, M.: Pastoraltheologie der Jugend. Geschichtliche, theologische und kairologische Bestimmung der Jugendpastoral einer evangelisierenden Kirche, München 1992 (zit. Lechner, Pastoraltheologie).

LECHNER, M.: Perspektiven kirchlicher Jugendarbeit, Reihe Zeitfragen, Presseamt des Erzbistums Köln, Heft 33, Köln 1985 (zit. Lechner, Perspektiven).

LECHNER, M./SCHMID, F.: Religion und Jugend in der Shell-Studie „Jugend und Erwachsene '85", München 1987.

LEHMANN, K.: Allgemeine Einleitung, in: Bertsch, Gemeinsame Synode, S. 21–67 (zit. Lehmann, Einleitung).

LEXIKON FÜR THEOLOGIE UND KIRCHE, Band 6, Freiburg 1986 (zit. Lexikon für Theologie und Kirche).

LIEGENER, H.-G.: Sexualverhalten und Religiosität. Eine Umfrage unter Mitgliedern verschiedener BDKJ-Verbände, Schriftenreihe des Jugendhauses Düsseldorf Nr. 30, Düsseldorf 1980 (zit. Liegener, Sexualverhalten).

LÖHR, W.: Rechristianisierungsvorstellungen im deutschen Katholizismus 1945–1948, in: Doering-Manteuffel/Kaiser, Christentum, S. 25–41 (zit. Löhr, Rechristianisierung).

LUDWIG, H./SCHRÖDER, W.: Sozial- und Linkskatholizismus. Erinnerungen – Orientierung – Befreiung, Frankfurt a. Main 1990 (zit. Ludwig/Schröder, Sozialkatholizismus).

MAIER, H./MATZ, U.: Grenzen der Demokratisierung. Ein „politisches Mandat" für die Jugendverbände?, in: Erhard, Grenzen, S. 407–418 (zit. Maier/Matz, politisches Mandat).

MAIER, H.: Schriften zu Kirche und Gesellschaft, Band I–III, Freiburg 1983ff (zit. Maier, Schriften I–III).

METZ, J. B.: „Politische Theologie", in: Herders Taschenlexikon, S. 51–58 (zit. Metz, Politische Theologie).

MORSEY, R.: Neubeginn in Trümmern. Der deutsche Katholizismus in der Besatzungszeit, in: Zentralkomitee, Kehrt um, S. 248–263 (zit. Morsey, Neubeginn).

MORSEY, R./GOTTO, K. (Hrsg.): Die Kirche in der Nachkriegszeit – Ihr Beitrag zum Wiederaufbau, Trier 1986 (zit. Morsey/Gotto, Die Kirche in der Nachkriegszeit).

MOSER-FENDEL, R.: Die Sternsingeraktion, in: Biemer, Handbuch IV, S. 347–355 (zit. Moser-Fendel, Sternsingeraktion).

MÜLLER, C. W. u. a.: Was ist Jugendarbeit? Vier Versuche zu einer Theorie, München ³1967 (zit. Müller u. a., Jugendarbeit).

MÜLLER-ZURLINDEN, J. (Hrsg.): Jahrbuch der Jugendarbeit, München 1949 (zit. Müller-Zurlinden, Jahrbuch).

MÜNCHMEIER, R.: Die Vergesellschaftung der Jugendverbände. Von den fünfziger Jahren bis zur Politisierung, in: Böhnisch, Handbuch, S. 86–92 (zit. Münchmeier, Vergesellschaftung).

NEISINGER, O.: Flugblätter – Katholische Jugend im Widerstand gegen den Nationalsozialismus, Würzburg 1982 (zit. Neisinger, Flugblätter).

NEISINGER, O.: Gelöbnis von Dortmund, Düsseldorf 1954.

NEISINGER, O.: Jungführerbildung, Düsseldorf 1955 (zit. Neisinger, Jungführerbildung).

NEISINGER, O.: Stellungnahme zum Beitrag von Paul Hastenteufel, in: Bleistein, Anbiederung, S. 25–29 (zit. Neisinger, Stellungnahme).

NIKLAUS, E.: Mädchen im Jugendverband. Zur Entwicklung weiblicher Identität bei Jugendgruppenleiterinnen, Stuttgart 1985.

NIPKOW, K. E.: Das Theorie-Praxis-Problem, in: Feifel, Handbuch II, S. 238–250 (zit. Nipkow, Theorie-Praxis).

NOELLE-NEUMANN, E./PIEHL, E. (Hrsg.): Eine Generation später. Bundesrepublik Deutschland 1953–1979, München 1983.

NWDR: Jugendliche heute. Ergebnisse einer Repräsentativbefragung der Hörerforschung des NWDR, München 1955 (zit. NWDR, Jugendliche).

OPGENOORTH, E.: Einführung in das Studium der neueren Geschichte, Paderborn 1989.

PAHLKE, G. (Hrsg.): Trotz Verbot nicht tot, Reihe Katholische Jugend in ihrer Zeit, Band III: 1933–1945, Paderborn 1995 (zit. Pahlke, Trotz Verbot).

PESCH, H. O.: Das Zweite Vatikanische Konzil. Vorgeschichte, Verlauf, Ergebnisse, Nachgeschichte, Würzburg ^{2}1994 (zit. Pesch, Konzil).

PÜTZ-BÖCKEM, M.-T.: So hat's angefangen ... und heute?!, in: Bundesstelle, Lust auf Macht, S. 29–31 (zit. Pütz-Böckem, So hat's angefangen).

QUESSEL, K.-R.: Jugendverbandsarbeit als gesellschaftspolitische Aufgabe, in: Bundesvorstand, Jugendarbeit, S. 32–39 (zit. Quessel, Jugendverbandsarbeit).

RAHNER, K./VORGRIMLER, H.: Kleines Konzilskompendium, Freiburg ^{4}1968 (zit. Rahner/Vorgrimler, Konzilskompendium).

RATHFELDER, G. u. a.: GYA – Das Jugendarbeitsprogramm der amerikanischen Armee im Nachkriegsdeutschland, Leinfelden 1987 (zit. Rathfelder, GYA).

RAUSCHER, A.: Christlich-soziale Bewegung, in: Görres-Gesellschaft, Staatslexikon I, Sp. 1138–1141 (zit. Rauscher, Bewegung).

RAUSCHER, A. (Hrsg.): Kirche und Katholizismus 1945–1949, Paderborn 1977 (zit. Rauscher, Kirche).

RAUSCHER, A. (Hrsg.): Soziallehre der Kirche und katholische Verbände, Köln 1980 (zit. Rauscher, Soziallehre).

REERMANN, C.: Die Bemühungen des BDKJ um die Berufserziehung der Mädchen, unveröffentlichte Diplomarbeit, Köln 1957 (zit. Reermann, Berufserziehung).

REIGROTZKI, E.: Soziale Verflechtungen in der Bundesrepublik. Elemente der sozialen Teilnahme in Kirche, Politik, Organisationen und Freizeit, Tübingen 1956 (zit. Reigrotzki, Verflechtungen).

REINEKE, A.: Jugend zwischen Kreuz und Hakenkreuz. Ereignisse, Erlebnisse, Erinnerungen, Dokumente, Paderborn 1987 (zit. Reineke, Kreuz).

REPGEN, K: Die Erfahrung des Dritten Reiches und das Selbstverständnis der deutschen Katholiken nach 1945, in: Conzemius, Zeit, S. 127–179 (zit. Repgen, Erfahrungen).

RICKAL, E.: Einleitung zum Synodenbeschluß „Ziele und Aufgaben kirchlicher Jugendarbeit", in: Bertsch, Gemeinsame Synode, S. 277–287 (zit. Rickal, Einleitung).

ROCHOLL-GÄRTNER, I.: Anwalt der Frauen – Hermann Klens, Paderborn 1978 (zit. Rocholl-Gärtner, Anwalt).

ROEGELE, O. B.: Publik – ein Lehrstück, in: Albrecht, Politik, S. 535–564 (zit. Roegele, Publik).

RÖSSLER, W.: Jugend im Erziehungsfeld, Düsseldorf 1957 (zit. Rössler, Erziehungsfeld).

ROMMERSKIRCHEN, J.: Neuorganisation und Selbstverständnis der katholischen Jugend nach 1945, in: Kronenberg, Köppler, S. 31–46 (zit. Rommerskirchen, Neuorganisation).

ROOS, L.: Katholische Jugendorganisationen im Spannungsfeld Kirche – Gesellschaft, Reihe Kirche und Gesellschaft Nr. 51, Düsseldorf 1980 (zit. Roos, Jugendorganisationen).

ROOS, L.: Pastorale und organisatorische Überlegungen zum Ort und Wirken der katholischen Verbände in Kirche und Gesellschaft, in: Sekretariat, Verbände, S. 65–74 (zit. Roos, Überlegungen).

SAUTER, R.: Ehrenamtlichkeit und Professionalität in der Jugendverbandsarbeit, in: DBJR, 40 Jahre, S. 215–225 (zit. Sauter, Ehrenamtlichkeit).

SCHARRER, J. (Hrsg.): Was die Jugend von der Kirche erwartet, Limburg 1971.

SCHEFOLD, W.: Die Rolle der Jugendverbände in der Gesellschaft. Eine soziologische Analyse, München 1972.

SCHELLENBERGER, B.: Katholische Jugend und Drittes Reich, Mainz 1975 (zit. Schellenberger, Jugend).

SCHELSKY, H.: Die skeptische Generation, Düsseldorf 1957 (zit. Schelsky, skeptisch).

SCHEUNPFLUG, A.: Die Geschichte der entwicklungsbezogenen Bildungsarbeit bei aej und BDKJ, Schriftenreihe des Jugendhauses Düsseldorf Nr. 54, Düsseldorf 1995 (zit. Scheunpflug, Geschichte).

SCHEWICK, B.: Katholische Kirche und staatlicher Wiederaufbau Westdeutschlands 1945–1950, Mainz 1980 (zit. Schewick, Katholische Kirche).

SCHMID-EGGER, B.: Frau in der Kirche, in: Kay, Rollenbildung, S. 21–27 (zit. Schmid-Egger, Frau in der Kirche).

SCHMIDT, U.: Linkskatholische Positionen nach 1945 zu Katholizismus und Kirche im NS-Staat, in: Ludwig/Schröder, Sozialkatholizismus, S. 130–147 (zit. Schmidt, Linkskatholische Positionen).

SCHMIDT, U.: Zentrum oder CDU: politischer Katholizismus zwischen Tradition und Anpassung, Opladen 1987 (zit. Schmidt, Zentrum).

SCHMIDTCHEN, G.: Katholiken im Konflikt. Überblick über die Ergebnisse der Synoden-Untersuchung und einige Schlußfolgerungen, in: Forster, Befragte Katholiken, S. 164–184 (zit. Schmidtchen, Katholiken).

SCHMIDTCHEN, G.: Zwischen Kirche und Gesellschaft, Freiburg 1972 (zit. Schmidtchen, Kirche).

SCHMOLKE, M. (Hrsg.): Publik – Episode oder Lehrstück, Paderborn 1974 (zit. Schmolke, Publik).

SCHRÖDER, E.: Der BDKJ – ein Dachverband katholischer Jugendverbände, in: Biemer, Handbuch IV, S. 26–35 (zit. Schröder, Dachverband).

SCHRÖDER, E.: Die katholischen Jugendverbände und ihr Verhältnis zu den politischen Gruppierungen, in: Rauscher, Soziallehre, S. 116–143 (zit. Schröder, politische Gruppierungen).

SCHRÖDER, E.: Modell einer laboristischen Ordnung. Anregungen der katholische Soziallehre für die kirchliche Jugendarbeit, Schriftenreihe des Jugendhauses Düsseldorf Nr. 31, Düsseldorf 1987 (zit. Schröder, Modell).

SCHULZ, G.: Einführung in die Zeitgeschichte, Darmstadt 1992.

SCHWAB, M.: Kirchlich – Kritisch – Kämpferisch. Der Bund der Deutschen Katholischen Jugend (BDKJ) 1947–1989, Würzburg 1994 (zit. Schwab, Kirchlich).

SEEBER, D. A.: Das Zweite Vaticanum. Konzil des Übergangs, Freiburg 1966 (zit. Seeber, Konzil).

SEKRETARIAT der Deutschen Bischofskonferenz (Hrsg.): Katholische Verbände. Studientag der Vollversammlung der Deutschen Bischofskonferenz vom 21. September 1988, Bonn 1988 (zit. Sekretariat, Verbände).

SIELERT, U.: Emanzipatorische Jugendarbeit. Theoretische Grundlage, curriculare Ausdifferenzierung, didaktisch-methodische Exemplifizierung, Rheinstetten 1976 (zit. Sielert, Emanzipatorische Jugendarbeit).

SIELERT, U.: Die Mitarbeiter in den Jugendverbänden, München 1978 (zit. Sielert, Mitarbeiter).

SONDERMANN, W.: Kirchliche Jugendarbeit in der Krise?, München 1983.

SPOTTS, F.: Kirchen und Politik in Deutschland, Stuttgart 1976.

STANKOWSKI, M.: Linkskatholizismus nach 1945. Die Presse oppositioneller Katholiken in der Auseinandersetzung für eine demokratische und sozialistische Gesellschaft, Köln 1976 (zit. Stankowski, Linkskatholizismus).

STASIEWSKI, B./VOLK, L. (Bearbeiter): Akten der deutschen Bischöfe über die Lage der Kirche 1933–1945, Band VI, Mainz 1985 (zit. Stasiewski/Volk, Akten VI).

STEINKAMP, H.: Jugendarbeit als soziales Lernen, Mainz/München 1977 (zit. Steinkamp, soziales Lernen).

STEINKAMP, H.: Kirche als Ort des Generationengesprächs, in: Graff/Tiefenbacher, Kirche S. 90–103 (zit. Steinkamp, Kirche).

STEINKAMP, H.: Ziele und Aufgaben kirchlicher Jugendarbeit, in: Emeis, Synode, S. 167–176 (zit. Steinkamp, Ziele).

SYNODE '72, Ergebnis einer Befragung von 1200 Jugendlichen der Diözese Würzburg, Würzburg 1969 (zit. Synode '72).

TENHUMBERG, H.: Miteinander unterwegs. Bischöfliches Wort an die Mitarbeiter in der Jugendpastoral, Bonn 1979 (zit. Tenhumberg, Miteinander).

THOMAS-MORUS-AKADEMIE (Hrsg.): Droht die Spaltung der kirchlichen Jugendarbeit? Politisches Mandat und pastoral-religiöser Auftrag, Bensberg 1982 (zit. Thomas-Morus-Akademie, Spaltung).

THUN, TH.: Die religiöse Entscheidung der Jugend. Eine religionspsychologische Untersuchung nach Niederschriften von Schülern beider Bekenntnise in der Volksschule, der höheren Schule und der Berufsschule, Stuttgart 1963 (zit. Thun, religiöse Entscheidung).

TZSCHEETZSCH, W.: Es lebe Christus in deutscher Jugend. Personen, Stationen und Standpunkte in 50 Jahren kirchlicher Jugendarbeit, unveröffentlichtes Manuskript eines Vortrags am 06.11.1995 in Altenberg (zit. Tzscheetzsch, Christus).

VOLK, L. (Hrsg.): Akten Kardinals Michaels von Faulhaber, Mainz 1978 (zit. Volk, Akten Faulhaber).

VOLLNHALS, C.: Kirchliche Zeitgeschichte nach 1945, in: Doering-Manteuffel/Kaiser, Christentum, S. 176–191 (zit. Vollnhals, Kirchliche Zeitgeschichte).

VOSSE, J.: Der BDKJ – sein friedenspolitisches und sicherheitspolitisches Denken, unveröffentlichte Diplomarbeit, Münster 1989 (zit. Vosse, BDKJ).

WACHTER, E.: Der Heliand-Bund, in: Geschichtsverein, Jahrbuch, S. 268–276 (zit. Wachter, Heliand).

WEISKIRCH, W.: Nie wieder Kommiß!, Würzburg 1955.

WEISS, W. (Hrsg.): Zeugnis und Dialog. Die katholische Kirche in der neuzeitlichen Welt und das II. Vatikanische Konzil, Würzburg 1996 (zit. Weiss, Zeugnis).

WESTPHAL, H.: Probleme der Zusammenarbeit der demokratischen Jugendverbände in Deutschland, in: Wisser, Politik, S. 271–286.

WILLEMS, H./WINTER, R.: Jungenarbeit, in: Böhnisch, Handbuch, S. 65–68 (zit. Willems/Winter, Jungenarbeit).

WISSER, R. (Hrsg.): Politik als Gedanke und Tat, Mainz 1967 (zit. Wisser, Politik).

WÖLBER, H. O.: Religion ohne Entscheidung. Volkskirche am Beispiel der jungen Generation, Göttingen 1959.

WOLLENWEBER, H. (Hrsg.): Außerschulische Jugendbildung und Jugendarbeit, Paderborn 1981 (zit. Wollenweber, Jugendbildung).

WUCHTERL, K. (Hrsg.): Der Vergangenheit eine Zukunft. 75 Jahre Jugendhaus Düsseldorf, Düsseldorf 1984 (zit. Wuchterl, 75 Jahre).

WULF, C.: Ehrenamtliche Mitarbeiter unterstützen. Eine empirische Studie zu Voraussetzungen und Möglichkeiten der Unterstützung ehrenamtlicher Mitarbeiter in Jugendverbänden, Dissertation, Mainz 1986.

WURZBACHER, G. u. a.: Gruppe – Führung – Gesellschaft. Begriffskritik und Strukturanalyse am Beispiel der Christlichen Pfadfinderschaft Deutschlands, München 1961.

ZAUNER, S. W.: Die Katholische Aktion – Ursprünge, Entwicklungen, Chancen des als Katholische Aktion organisierten Laienapostolates, in: Theologisch-Praktische Quartalsschrift 1977–1, S. 37–47 (zit. Zauner, Katholische Aktion).

ZENTRALKOMITEE der deutschen Katholiken (Hrsg.): Kehrt um und glaubt – erneuert die Welt. 87. Deutscher Katholikentag vom 1. September bis 5. September 1982 in Düsseldorf. Die Vortragsreihe: Gestalten des Glaubens – Zeugen des Glaubens, Fragen zur Zeitgeschichte nach 1945, Paderborn 1982 (zit. Zentralkomitee, Kehrt um).

ZIEBERTZ, H.-G. (Hrsg.): Kirchliche Jugendarbeit – wohin? Schriftenreihe des Jugendhauses Düsseldorf Nr. 35, Düsseldorf 1986.

ZIELE UND AUFGABEN KIRCHLICHER JUGENDARBEIT. Ein Beschluß der Gemeinsamen Synode der Bistümer in der Bundesrepublik Deutschland, Reihe Synodenbeschlüsse Heft 8, Bonn 1975 (zit. Ziele und Aufgaben).

ZINNECKER, J.: Jugendkultur 1940–1985, Opladen 1987.

2. Periodika, Zeitungen, Zeitschriften

Allgemeine Sonntagszeitung
Aus Politik und Zeitgeschichte
BDKJ-Rundbrief
Befreiung
Christ in der Gegenwart
Diakonia
Deutsche Jugend
Deutsche Tagespost
Fährmann
Forum
Fränkisches Volksblatt
Frankfurter Hefte
Glaube und Vernunft
Herder Korrespondenz
Informationen der Geschäftsstelle des DBJR
Informationsdienst des BDKJ (ab 1992 BDKJ-Journal)
Hochland
Junge Kirche
Katechetische Blätter
Lebendige Seelsorge
Lebendige Zelle
Main-Echo
Main-Post
Michael
Monokel
Publik-Forum
Stimmen der Zeit
Theologisches
Theologisch-Praktische Quartalsschrift
Vlotho-Rundbrief
Wacht
Wort und Wahrheit
Würzburger katholisches Sonntagsblatt
    (bis einschließlich 1949 unter dem Namen „Würzburger Bistumsblatt")

ABKÜRZUNGEN (Auswahl)

a.a.O.	– am angegebenen Ort
a.o. DV	– außerordentliche Diözesanversammlung
APO	– Außerparlamentarische Opposition
BDKJ	– Bund der Deutschen Katholischen Jugend
bspw.	– beispielsweise
ca.	– circa
CAJ	– Christliche Arbeiterjugend
DBJR	– Deutscher Bundesjugendring
d.h.	– das heißt
dj	– deutsche jugend
DJK	– Deutsche Jugendkraft
DPSG	– Deutsche Pfadfinderschaft St. Georg
d.V.	– Anmerkung des Verfassers
DV	– Diözesanversammlung
ebd.	– ebenda
ev.	– eventuell
EVG	– Europäische Verteidigungsgemeinschaft
FDJ	– Freie Deutsche Jugend
FH	– Frankfurter Hefte
FSJ	– Freiwilliges Soziales Jahr
GYA	– German Youth Activities
Hrsg.	– Herausgegeben von
HK	– Herder Korrespondenz
IAK	– Internationaler Arbeitskreis
ID	– Informationsdienst des BDKJ
KAB	– Katholische Arbeitnehmerbewegung
Kap.	– Kapitel
KB	– Katechetische Blätter
KFG	– Katholische Frauenjugendgemeinschaft
KJG	– Katholische Jungmänner-Gemeinschaft/ Katholische Junge Gemeinde
KLJB	– Katholische Landjugendbewegung
KPE	– Katholische Pfadfinderschaft Europas
Kpl.	– Kaplan
KSJ	– Katholische Studierende Jugend
MAK	– Missionsarbeitskreis
MC	– Marianische Congregationen
ND	– Bund Neudeutschland
Nr.	– Nummer
NS	– Nationalsozialismus
NWDR	– Nordwestdeutscher Rundfunk
o. D.	– ohne Datumsangabe
o. J.	– ohne Jahresangabe
o. O.	– ohne Ortsangabe
o. S.	– ohne Seitenangabe

o. V.	– ohne Verfasserangabe
PAK	– Politischer Arbeitskreis
PF	– Publik-Forum
PSG	– Pfadfinderinnenschaft St. Georg
SdZ	– Stimmen der Zeit
Sonntagsblatt	– Würzburger katholisches Sonntagsblatt
StGB	– Strafgesetzbuch
u. a.	– unter anderem
WAY	– World Assembly of Youth
vgl.	– vergleiche
ZdK	– Zentralkomitee der deutschen Katholiken